트레킹의 원리

머리말

_ 이환종

트레킹의 선물

글로벌적global 트레킹의 말뜻은 세상의 모든 걷기 여행을 포함한다. 트레킹을 단지 풍경을 즐기고 동료들과 즐거운 시간을 보내기 위한 행위로만 인식한다면, 트레킹에 담겨 있는 무궁무진한 가능성을 보지 못할 것이다. 넓은 세상으로 나아가 세상을 경험함으로써 얻는 몸과 마음의 활력은 험난하거나 단조로운 우리의 일상생활을 지탱하게 해주는 중요한 버팀목으로 작용한다. 트레킹이 일상생활을 지탱하게 하는 중요한 버팀목으로 작용하는 근거는 바로 그러한 활력에서 비롯되는 '몸과 마음의 건강'이라고 할 수 있다. 충분히 걷고 휴식함으로써 육체적인 건강의 상태를 가능하게 하며, 세상의 다양한 사람들과의 만남은 정신적인 안정감과 활력을 부여한다. 그리고 많은 도전적인 트레킹을 통하여 만들어진 극복의 의지력 역시 일상생활을 잘 영유하게 만드는 훌륭한 활력을 제공한다. 이러한 육체의 활력, 정신적인 안정감, 극복의 의지력들은 트레킹이 주는 건강한 선물이다. 더불어 세상을 천천히 걸음으로써 알게 되는 세상의 이치와 자아의 발견은 트레킹이 가지고 주는 특별한 선물이기도 하다.

꽉 채운 만족스러운 삶

미국 대학생들의 필독 교양 도서, 헨리 데이비드 소로의 『월든Walden』은 2년을 넘게 자연 속에서 오두막을 짓고 생활한 체험을 기록한 책이다. 소로는 일찍이 자연의 체험을 통하여 다양한 생태주의적 성찰을 보여준다. 그 성찰은 자연을 통한 나 자신의 존재와 그 존재의 의미, 상업주의에 의한 자연의 변질과 자연으로부터 인간의 소외, 간소한 삶에 의한 불필요한 욕망의 억제, 인간이 자연의 일부라는 자연과의 동일성, 그리고 공생성 등이다. 트레킹은 소로가 말한 '내가 이 세상을 헛되이 살지 않기 위한' 최적의 공간으로 활용이 가능하다. 이 책에서 자연을 비롯한 넓은 세상으로 가기 위한 방법을 제시할 뿐만 아니라, 그곳에서 자연과 세상을 통찰할 수 있도록 마음의 작용법을 제시하고자 하였다. 건강한 삶을 위해 '야성의 강장제'의 필요성을 강조한 소로가 그러했듯이 이 책을 통하여 건강하고 '꽉 채운 만족스러운 생활'로 안내받기를 기대해 본다.

자연의 신비로움

시골에서 태어나 어린 시절을 보낸 시골의 풍경이 각인imprinting되어서 그런지, 아니면 본 저서에서 설명하는 사바나 원칙savanna principle 또는 바이오필리아biophilia 때문인지 모르지만, 오래전부터 자연을 자주 찾고 전국의 명산을 많이 찾아다녔다. 근래에는 젊은 시절에 앓은 폐결핵 후유증 등으로 인하여 정상인에 비해 폐 기능이 30% 이상 저하되었다. 그러한 상태에서도 폐 기능의 회복을 기원하며 꾸준히 자연을 찾아 트레킹을 하였다. 처음에는 조심스럽고 남들보다 몇 배는 힘들었지만, 지금은 일반인들과 같이 힘차게 걸을 수 있다. 신체의 부담감을 극복하고 높은 산도 오르고 자연 길을 꾸준히 걸으면서 지금은 남들 못지않은 건강한 생활을 지내고 있다.

이는 자연의 신비이자 인체의 신비라고 말해도 될 정도이다. 자연에서의 걷기는 신기하게도 나의 몸을 거의 정상인으로 만들어 주었다. 물론 오르막길에서 호흡하는 데에는 정상인들과 차이가 있지만 크게 개의치 않고, 트레킹의 매력에 푹 빠져서 대자연과 다양한 세상을 즐기며 경험하고 있다.

지금까지 40여년 동안 꾸준히 국내 트레킹을 다녔다. 61세부터는 해외 트레킹에도 도전했다. 폐기능이 저하된 것을 처음으로 알게 되었을 때 이제 더 이상 트레킹을 못 하나 하고 낙담했으나, 이후 자연 길을 걸으면서 점점 회복되어 해외 고산 트레킹에도 도전했다. 신체적인 두려움을 안고 처음에는 낮은 곳부터 시작하여 점차적으로 높은 곳을 시도하여, 63세에 부탄 드룩패스 최고 고도 4,210m, 잉카트레일 4,200m, 안나푸르나 베이스캠프 4,130m, 64세에 인도 라다크 마카벨리 5,150m, 에베레스트 베이스캠프와 칼라파타르 5,550m 및 68세에 안나푸르나 서킷 5,416m 등 다수의 고산 트레킹을 완주했다. 의사로서 폐기능 감소의 의미를 잘 알고 있었기에 고소병에 대한 두려움이 많았던 만큼, 고소병에 대한 공부를 많이 하고 예방 요법을 철저히 시행하였다. 다른 어떠한 몸의 부위가 불편한 분들께 용기를 주기 위해 다녀온 곳을 열거해 보았다.

공상과학영화에서나 볼 수 있었던 자동화 기계들이 현실화되고, 이러한 기계적인 문명의 발달은 우리의 활동성을 더욱 위축하게 하고, 육체와 정신 건강을 위협하고 있다. 트레킹은 우리의 가장 오래된 본능을 자극하여 우리의 몸과 마음을 원래의 건강한 상태로 회복시켜 주는 훌륭한 운동법이다. 집 주변의 트레일을 활용하여 자연 속에서 걷는 것을 생활화한다면, 트레킹은 이 시대가 필요로 하는 가장 적절한 운동이자 마음의 건강법이라고 감히 말하고 싶다. 모쪼록 이 저서가 트레킹을 시작하고자 하시는 분, 트레킹을 통하여 보다 더 건강해지고자 하시는 분, 깊은 트레킹 지식에 관심이 있는 분, 해외 트레킹을 하고자 하시는 분들께 조금이나마 도움이 되었으면 한다. 그리고, 이 저서의 집필에 참여할 수 있는 기회를 주신 조태봉 대장님께 감사드리고, 발간에 도움을 주신 바른북스 출판사에 감사드린다. 마지막으로, 많은 트레킹에 묵묵히 길동무가 되어준 가족에게 감사의 뜻을 전한다.

머리말

_ 조태봉

인문학적 방식의 기술책

 이 책은 트레킹에 관련된 기술서적이지만 쓰여진 방식은 인문학적 방식이다. 이 책을 접할 때는 여러 가지 인문 교양서의 총합이라는 생각으로 접해야 한다. 그 여러 가지 인문 교양서들의 제목을 만들어 보자면 '완벽한 걷기 자세에 관하여', '트레킹에서 발생하는 심리', '신비로운 자연의 세계', '여행과 행복에 관한 사유', '우주와 생명과 인생 이야기' 등이다. 이러한 인문학적 사실을 바탕으로 이 책에는 트레킹뿐만 아니라 세상의 많은 지식들을 포함하고 있다. 이는 "걷기는 자신을 넓은 세계로 열어놓는 것이다. 발로, 다리로, 몸으로 걸으면서 자신의 실존에 대한 행복한 감정을 되찾는 것이다."다비드 르 브르통의 『걷기 예찬』라는 걷기의 정의에서 비롯된다.
 이 책은 기존의 많은 트레킹 추천 길 안내서적이나 기술서적, 혹은 걷기 관련 에세이 서적과는 다르게, 트레킹에 대한 기술육체의 작용과 심리정신의 작용를 모두 담고 있다. 더불어, 그 기술과 심리는 2개의 별도의 개체가 아닌, 서로가 어우러져 작용하는 하나의 현상이라는 사실을 중요하게 다루고 있다. 우리의 육체와 정신이 서로 연결되어 있다는 사실을 아는 사람도 많지만 알지 못하는 사람들 역시 많다. 이러한 육체와 정신이 만나서 만들어지는 트레킹의 원리가 독자들에게는 이채롭게 보여질 수 있다. 그러나 이러한 원리는 세상 어느 곳을 걷는 누구에게나 매우 중요한 사실이다. 그럼에도 불구하고 그 사실에 대하여 알려주고 있는 서적은 찾아보기 힘든 실정이다.

지금 트레커들의 책장에는 어느 곳에 아름다운 길이 있는지, 내가 그 길을 걸을 때 어떤 감동을 받았는지에 관한 책들만 있을 가능성이 크다. 어떻게 그 길들을 걸어야 하는지 그 걷는 방법에 대하여 설명하는 책은 찾아보기 힘든 게 사실이다. 이러한 사실은 이 책을 쓰게 된 직접적인 동기가 되었다. 이 책은 어느 곳을 걸어야 하는가에 대한 책이 아니라, 이 세상을 어떻게 걸어야 하는가에 대한 책이다. 이러한 사실들에 대한 설명이 어렵거나 지루하지 않도록, 낮은 눈높이로 일상에서 나누는 대화처럼 수월하게 설명하려고 노력했다. 이 책을 쉽게 써야 하는 근거는 자연에서 긴 시간을 보내는 사람을 닮아야 한다는 근거에서 비롯되었다. 자연의 모습은 단순simple하며, 어떠한 것도 의도적으로 변형시키지 않으며, 어렵게 보이지도 않기 때문이다.

트레킹의 원리

이 책의 부제 '신비한 자연과 직립보행의 만남'은 이 책에서 말하려는 트레킹의 원리를 함축하고 있다. '신비한 자연'은 육체 작용으로 의미가 있고, '직립보행'은 어떻게 걸어야 하는지, 세상을 어떻게 보아야 하는지에 대한 인간만이 가질 수 있는 정신 작용으로 의미가 있다. 즉, 트레킹의 원리는 자연에서 만들어진 육체의 움직임과 그것을 관리하는 지향적인 정신의 작용이 함께 어우러지는 현상이다. 트레킹에서는 육체적인 작용과 정신적인 작용을 모두 체험할 수 있는데, 정작 우리는 육체적인 작용을 중요시하거나 이 두 가지를 분리해서 생각한다. 육체의 움직임에 대한 원리에 관심을 가진다면 좀 더 효율적인 움직임이 가능해지고, 정신의 원리가 무엇인지 알아둔다면 트레킹에서 더욱 효과적인 결과를 얻게 되며 세상을 더 깊이 이해하게 되는 기쁨을 누리게 된다. 트레킹의 원리는 육체와 정신이 함께 어우러져 작용하는 결괏값이어야 한다.

　이러한 원리들을 가만히 들여다보면 두 발로 걷는 행위가 얼마나 위대한 동작인지, 우리 몸이 얼마나 복잡한 메커니즘을 가지고 있는 신비로운 생명체인지, 그리고 이 세상은 얼마나 넓고 아름다운 것인지를 알게 된다. 우리가 지금 접하려고 하는 트레킹은, 생각하는 이상으로 많은 원리를 가지고 있다. 그 원리는 단지 세상을 구경하려는 행위에서 벗어나, 우리의 근본적인 움직임과 세상의 이치라고 하는 과학적이고도 철학적인 모습이 담겨 있다. 이 책에서는 그 원리를 설명할 때 생물학, 철학, 의학, 체육학, 심리학 등 다양한 방식으로 접근하고 설명했다. 어렵게 보일 수 있는 이러한 논리들 역시 일상적인 눈높이에 의한 설명으로 쉽게 설명하려고 노력했다. 이러한 배경으로 주요 학술적 내용을 설명할 때에는 국내외 저명한 참고문헌들을 제시하여 내용에 신뢰성을 갖도록 하였다.

　이렇게 논리적인 인증법으로 내용의 신뢰성을 위해 많은 시간을 할애하였으며, 이것은 절대적으로 서울대학교 의과대학 이환종 명예교수님의 도움이 있었기에 가능하게 되었다. 사실 교수님은 필자보다 더 많은 트레킹 경험을 가지고 계시고 지금도 장거리 트레킹을 완주하신다. 트레킹에 관한 의학적 지식 또한 전문가의 경험에서 우러나온 실체적 기술이기에 이를 반영하여 이 책은 초안에서부터 많은 부분들이 수정, 보완되었다. 이 책의 전반적인 내용에 교수님께서 학술적인 근거를 제시하셨기에, 이 책으로 하여금 그동안 증명되지 못했던 트레킹의 많은 논리에 대한 원리를 제시하게 되었다.

　트레킹은 획일적인 도시 생활에서 쇠퇴되어 가는 우리들의 육체와 마음에 활력과 자유로움을 가져다주며, 나아가서는 세상 모든 걷기에서의 경험과 사유로 인하여 우리의 의식에 지향적인 성장의 기회를 부여해 준다. 우리가 지금까지 인식하지 못했던 트레킹의 다양한 부분에 관심을 갖게 된다면, 트레킹을 인간의 근본을 알게 해주는 가장 고전적이면서도 미래 지향적인 움직임으로 인식하게 되며, 심신의 건강을 위한 가장 완전한 움직임으로 이해하게 될 것이다. 이렇게 근본적이면서도 완전한 움직임에 대한 책을 발간하는 것에 대하여, 필자와 관계되어 있는 모든 분들에게 감사를 드리며, 바른북스 출판사 관계자 여러분들에게도 감사드린다. 나의 유전자를 물려받아 준 민주와 여동에게 이 책을 선사한다.

목차

머리말

신비로운 트레킹   제1부

1장 자연의 신비 ——————————————— 20
2장 인간의 진화 ——————————————— 27
3장 자연의 선물 ——————————————— 37
4장 인간적인 것들 ————————————— 42

트레킹의 역사   제2부

1장 네발에서 두 발로 ——————————— 56
2장 트레킹의 르네상스 —————————— 61
3장 현대 지구촌의 트레킹 ———————— 70

트레킹의 심리 — 제3부

1장 두 가지 심리학설 — 86
2장 자연에서 오래 걷기 — 93
3장 사색과 명상 — 101
4장 열린 마음 — 113
5장 현상학적 태도 — 117

트레킹의 기술 — 제4부

1장 트레킹의 원리 — 128
2장 자연과의 교감법 — 135
3장 완벽한 걷기 자세 — 143
4장 두 발에서 다시 네발로(트레킹 폴 기술) — 149
5장 인체의 에너지 — 154
6장 길 찾기/트레킹 앱/독도법 — 162

트레킹의 효과 | 제5부

1장 걷기의 효과 ──────────── 176
2장 태양의 후손 ──────────── 193
3장 숲의 향기 ──────────── 204
4장 트레킹의 부작용 ──────── 213

트레킹의 의미 | 제6부

1장 일상에서의 탈출 ──────── 227
2장 건강한 생활 ──────────── 237
3장 수용, 긍정, 극복, 자존감 ── 242
4장 자연에서의 발견 ──────── 252
5장 행복에 관한 사유 ──────── 257

트레킹의 실행(실습) | 제7부

1장 사전 준비 —————————————————— 292
2장 준비물 ———————————————————— 296
3장 배낭 꾸리는 법/체력 만들기/스트레칭 ————— 315
4장 백패킹/비박/야생동물 ——————————————— 320
5장 고소병(고산병) ————————————————— 331
6장 조난과 응급처치법 ———————————————— 338
7장 극한 상황의 대처법 ———————————————— 346

세계 베스트 트레일(world best trail) 33선 | 부록

유럽 지역 – 11선 ——————————————————— 355
아시아 지역 – 7선 ——————————————————— 379
오세아니아 지역 – 4선 ———————————————— 394
아메리카 지역 – 8선 ————————————————— 403
아프리카 지역 – 3선 ————————————————— 422

참고문헌

제1부

신비로운 트레킹

제1부에서는 우리가 만나고 싶어 하는 신비한 자연이나 세상이 어떤 것이며, 그것이 트레킹과 어떠한 관계가 있는지 과학적 사실을 바탕으로 설명한다. 트레킹의 기술들을 알기 전에, 우리가 만나야 하는 자연이나 세상이 어떤 것인지 알아야 한다. 그것들이 어떻게 생겨났고, 지금 우리와 어떤 관계가 이루어지는지, 그 생성 과정과 실체의 모습에 대하여 관심을 가져야 한다. 그 관심이 비록 간단한 개요에 머무는 것일지라도, 하루 종일 그곳에서 걸어야 하는 우리에게는 여러 가지 면에서 많은 도움이 될 것이다.

우리는 지금 이 시간에 여기에 살고 있다는 사실이 얼마나 대단한지를 잘 느끼지 못한다. 다람쥐 쳇바퀴와도 같은 일상의 단조로움에 젖어버렸기 때문이다. 우리가 두 발로 서서 걷는 것이 얼마나 신비로운 움직임인지 안다면, 혹은 우리가 서 있는 이 세상의 정체를 조금이라도 알고 있다면, 지금 이곳에 존재한다는 그 대단한 사실의 일부를 알게 된다. 그 사실을 가장 잘 알려주는 행위가 두 발로 걷는 '걷기 여행'이며 '트레킹'이다. "모든 자연에는 어떤 신비한 것들이 들어 있다In all things of nature there is something of the marvelous."고 인류의 스승 아리스토텔레스는 말했다.[1] 트레킹은 그 신비로운 자연에서 이루어지는 행위이기에, 그 신비로움을 풀어내는 가장 적절한 행위이다. 이러한 이유로 우리가 트레킹을 만난 것은 행운이다.

트레킹trekking은 세상의 모든 걷기 여행이다. 그리고 가장 오래되고 근본적인 움직임이다. 인류가 두 발로 걷기 시작할 때부터 생존을 위해 이동하던 행위가 지금의 트레킹과 동일하며, 지금의 트레킹은 생존을 위한 이동의 목적보다는 자연과 문화 그리고 사람을 비롯한 넓은 세상을 만나고 체험하는 것을 목적으로 삼고 있다. 오롯이 두 발로만 걷는 여행은 세상을 느끼는 관능으로의 초대이며, 세상을 온전하게 경험하는 행위이다.[2] 천천히 걸음으로 인하여 세상의 민낯과 마주하게 되고, 그것들의 이면에 있는 마음과도 만나게 된다. 자동차와 같이 빠른 속도로 가는 여행에서는 만나지 못하는 경험이다. 점점 빨라지고 자극으로 치닫는 마음으로는 세상의 속살과 만나기 힘들 것이다. 설령 그렇게 빠른 속도로 많은 세상을 보고 경험한다고 하더라도 세상의 온전한 모습을 보기는 힘들 것이다. 세상이란 나의 몸과 마음을 통하여 직접 부딪치고 섞이고 어우러지는 가운데 그 진짜의 모습을 드러내기 때문이다.

여기에서의 세상에는 자연도 있고 도시도 있고 사람도 있지만, 무엇보다도 자연nature과 밀접하다. 트레킹은 언제나 햇빛, 바람, 비, 추위, 더위 등 자연에 노출되어 걸어야 한다. 그러므로 트레킹에서의 세상은 자연과 동일한 범위로 취급된다. 트레킹에서의 자연이란, 눈앞에 보이는 산, 숲, 햇빛, 바람, 비를 말하기도 하고, 넓게는 세상이기도 하고 우주cosmos이기도 하다. 마주하는 세상은 자연과 동일하며, 그 범위는 생각하기에 따라 크게 달라진다. 그러나 기왕이면 좀 더 넓게 보는 게 좋겠다. 우물 안에서 보는 세상과 산 위에서 보는 세상은 다르기 때문이다.

1장 자연의 신비

"모든 자연에는 어떤 신비한 것들이 들어 있다."고 말한 아리스토텔레스는 물리학자이자, 형이상학자, 철학자, 생물학자, 윤리학자이다. 그에게 자연의 탐구는 모든 학문을 풀어내는 과정이었다. 경험주의적인 자연관과 자연의 질서를 강조한 아리스토텔레스는 무엇보다도 생물학 분야에서 많은 저술을 남겼다. 지금으로부터 2,400년 전 그가 집필한 생물학 분야의 저술은 현존하는 그의 전체 저술 가운데 5분의 1이 넘는다. 그는 의사의 아들로 태어났기 때문에 어렸을 때부터 생물학에 관심이 많았던 것은 그의 운명이라고도 할 수 있다. 그에게 있어서 자연의 신비를 푸는 작업이 학문적 탐구이고, 그는 이 탐구를 이성적 사유 없이는 불가능하다고 생각했다. 그는 이러한 자연에 대한 이성적 사유를 기반으로 지금까지 인류 문명에 지대한 영향을 주게 된 물리학, 형이상학, 시, 생물학, 동물학, 논리학, 수사, 정치, 윤리학, 도덕 과학 등 많은 분야의 저서를 남겼다. 그의 위대한 발자취는 자연에 대한 이성적 탐구에서 비롯된 것이다.

현대에서 사회생물학sociobiology의 창시자, 에드워드 윌슨Edward Wilson, 1929~2021은 이렇게 말했다. "우리의 몸과 마음이 자연에서 만들어졌음으로 인하여, 우리 몸과 마음에는 자연을 그리워하는 기질이 담겨져 있다."[3] 이 말은 우리들의 존재가 자연과 매우 밀접한 관계에 있다는 사실을 단적으로 표현한다. 그럼에도 불구하고 우리는 자연이라는 실체에 대하여 그렇게 아는 게 별로 없다. 그저 알고 있는 상식이라고는 몇 가지 나무 이름이나 동물의 이름, 혹은 그것들이 인간들에게 쓰여지는 용도 몇 가지이다. 그러나 자연은 그것들보다 훨씬 방대하며 훨씬 미세한 것까지도 포함하고 있다. 자연은 지구, 태양, 별, 우주를 포함한 넓은 대자연이기도 하지만, 우리가 인식 가능한 자연 현상들, 즉, 나무가 햇볕을 받으려고 하늘을 향해 뻗어 있는 모습, 사람이 숲속에서 걸음으로써 발생하는 모든 마음, 생명이 생겨나서 살아가고 죽어가는 현상을 포함하고 있다. 그리고 가까이서도 잘 보이지 않는 미세한 곤충들과 그 곤충들을 구성하고 있는 더 미세한 박테리아들을 포함한다.

우리가 천체과학자나 생물학자가 아니더라도 거대하거나 무한대로 넓은 우주의 탄생과 일반적으로 자연이라고 부르고 있는 식물, 생물, 무생물들이 생겨나기까지의 과정을 간단하게나마 알아두는 것은 자연을 좋아하는 우리가 그것을 이해하고 감상하는 데 도움이 된다.

A. 우주와 지구의 생성

우주는 138억 년 전 빅뱅big bang이라는 대폭발로 인해 생겨났으며, 지금도 우주가 그 폭발의 여운으로 계속 팽창하고 있다는 이론이 정설로 여겨지고 있다. 그 폭발로 인해 수많은 먼지 파편들이 뭉쳐서 수많은 성운은하들이 만들어졌으며, 그중에 은하계-태양계-지구라는 가스와 불火덩어리들도 만들어졌다. 그 은하계의 크기는 우주 전체에 비하면 사하라 사막의 모래알 1개 정도라고 생각하면 그 크기가 상상이 될지 모르겠다. 46억 년 전 우리 은하계에 태양을 비롯하여 지구와 행성들이 만들어졌다. 그때는 태양이나 지구도 가스와 불덩어리였다. 그 사실은 지금 우리 인간의 관점에서 생각하면 아주 운이 좋은 경우라고도 생각된다. 그 태양과 행성들의 분리가 성사되지 않았다면 지금의 지구, 그리고 그곳에서 신기하게도 살아가는 인간을 포함한 모든 생명체들은 존재하지 않았기 때문이다. 그야말로 한 번의 주사위가 던져지면서 기가 막힌 상황이 전개된 것이다. 이렇게 시간과 공간을 넓게 확장하여 생각하니 우리는 참으로 억세게도 운이 좋은 존재들이라는 게 새삼스럽게 느껴진다.

B. 최초의 생명체

그렇게 가스와 불덩어리로 영원히 남을 것 같았던 지구가 서서히 온도가 식으며 물바다이 생기고 그 물속에서 기적적으로 아주 작은 생명체들이 만들어졌다. 그러한 작은 생명체는 다른 은하계 다른 행성에는 볼 수 없는 신기하기 그지없는 단세포 유기물이었다. 우리가 알고 있는 한 우주의 모든 것들은 죽어 있다. 별이며, 공간이며, 돌덩어리이며, 불덩어리이며, 먼지이며, 모든 것들은 스스로 움직이지 못하고 그냥 그대로 머물러 있거나, 떠밀려 다니며 움직이고 있다. 그러나 그 작은 생명체는 미세하지만 스스로 살아서 움직이는 것이었다. 그리고 그 생명체는 현재 지구의 자연을 있게 한 시발점, 즉 공통조상이 된다. 그것을 학계에서는 루카(LUCA)* last universal common ancestor

---

* 루카(LUCA) 혹은 cenancestor은 현재 지구에 살아 있는 모든 생명들의 공통조상이다. 이 공통조상은 약 35억 년에서 38억 년 사이(고시생대)에 출현한 것으로 보고 있다. 찰스 다윈은 1859년 『종의 기원』에서 보편적 공통조상 이론을 내보이며 이렇게 기술하였다 "그러므로 내가 유추해 보건데 이 지구상에 살았던 모든 유기체는 아마도 생명이 처음 불어 넣어진 하나의 어떤 원시적인 형태에서 유래했다고 추론해야 한다." 그 책의 마지막 문장은 가설을

라고 부른다.[4] 그 이후로 지구에서 햇빛을 이용하여 광합성 작용으로 산소를 만들어 내는 생명체 시아노박테리아cyanobacterium; 남세균가 35억 년 전에 등장했다. 물론 상징적인 지구 생명체의 공통조상인 루카가 있지만 화석으로 남아 있는 것은 시아노박테리아가 최초이다.

시아노박테리아 이전에는 지구에 산소가 없었다. 미국 매사추세츠주에 있는 애머스트 대학Amherst College의 린 마굴리스Lynn Margulis, 1935~2011 교수는, 지구에 산소를 불어 넣은 주인공으로서, 생명 진화의 계기를 만들게 된 원핵세포가 시아노박테리아라는 것을 밝혀냈다. 시아노박테리아가 햇빛을 이용한 광합성을 통해 최초로 산소를 만들었고 그래서 지구에 생명체가 가득하게 만든 장본인이라는 사실을 알아내었다. 한때 지구에는 바닷속에 그러한 박테리아가 믿을 수 없을 정도로 매우 많았다고 한다. 결국 지구의 모든 생명체는 시아노박테리아의 후손이다. 그 후손들은 식물이거나 동물이거나 지금도 광합성 작용으로 생명을 유지하고 있거나, 광합성을 하는 종들을 영양분으로 섭취하며 서로에게 필연적인 관계를 형성하고 있다.

C. 인류의 등장과 생태계 변형

지금으로부터 5억 4천만 년 전 캄브리아기에 바다에서 폭발적으로

다시 기술하면서 시작한다. "생명이 처음에 몇 개 또는 한 개에 불어 넣어졌다는 견해에는 그것이 가진 몇 가지 힘과 함께 숭고함이 깃들어 있다." 현재 과학자들은 이 모든 생명들의 공통조상이 바닷속 열수 분출공에서 생겨났다고 주장하고 있다.

생명체가 불어나면서 바다에만 존재하던 생명체가 육지로 올라와 식물이 되고 곤충이 되고 공룡으로 진화한다. 빙하기와 운석의 충돌과 같은 생명체의 멸종 시기를 최소한 5차례 이상 겪은 지구 생명체들[5]은 그 끈질긴 생명력으로 극한의 환경에 적응하여 나름대로의 모습으로 진화한다. 지금으로부터 약 1만 2천 년 전 지구상에 존재하던 인류영장목 사람과 중에 호모 사피엔스* 종이 수렵채집 생활에서 농경생활로 그 생활방식을 변경하면서 지구의 생태계는 급속한 변화를 일으키기 시작한다. 사냥을 하기 위해 산에 불을 지르는 게 일상이었고, 많은 동물종과 식물종을 수확하고 재배하면서 생태계의 많은 부분이 재배치되었다. 그로 인하여 많은 전염병이 발생하기에 이르렀다.[6] 급기야는 약 150여 년 전, 어찌어찌해서 인간이 탄소를 연료로 하는 각종 기계들을 만들어 내기 시작했고 그 이유로 지구의 생태계는 더욱 빠른 속도로 돌변했다. 그 돌변이라는 표현은 나빠지고 있다고 표현을 해도 틀리지 않다는 사실을 우리는 알고 있다. 지구 생태계의 역사를 하루 24시간으로 본다면, 지구의 생태계가 급속도로 돌변한 시각은 23시 59분 59초 즈음이다. 이후에 지구의 환경이 다시 원시시대의 그것으로 돌아가게 되는 확률은 미지수로 평가되고 있다. 그것은 순전히 호모 사피엔스라는 영장류의 현명한 의지력에 달려 있다.

---

* 호모 사피엔스: 세계의 모든 사람을 칭하거나 다른 동물과 구분할 때는 인류(人類)라고도 부른다. 현생 인류는 비슷한 종이 모두 멸종하고 호모 사피엔스(Homo sapiens) 한 종만이 생존해 있다. 인류의 진화 과정을 고고학적인 용어로 나열하자면 500만 년 전 거주했던 최초의 인류인 오스트랄로피테쿠스가 있었고, 그들과 함께 약 200만 년 전까지 거주한 호모 하빌리스가 있고, 이어서 골격의 구조가 확실한 직립보행의 형태를 갖추고 있는 호모 에렉투스가 등장하여 약 170만~30만 년 전까지 생존했다. 호모 사피엔스는 석기 시대의 중기, 약 30만 년 전에 등장하여 지금까지 살고 있다. 그 이름은 '슬기로운 사람'의 라틴어로 1758년에 칼 폰 린네(Carl von Linné)가 고안했다.

D. 생명체의 본질

 지구에 존재하는 모든 생명체들은 태양이 만들어 내었다고 해도 과언이 아니다. 지구인들을 포함한 모든 생명체들은 시아노박테리아에서 진화하여 어찌어찌하다가 식물이 되고 곤충이 되고 동물이 되어서 일생을 태양의 보호 아래에서 살다가, 그 항상성*을 유지하지 못하게 되면 죽음으로 일생을 마감한다. 이러한 지구의 생태학적 특징은 태양이 만들어 낸 거대한 작용이다. 박테리아가 광합성을 하여 지구에 산소를 불어 넣게 된 이유도 태양의 작용이며, 지구인이 생명 활동을 할 수 있도록 영양분을 보충하는 음식들도 햇빛을 이용하는 광합성으로 자라는 식물들이며 그것을 먹고 자란 동물들이다. 지구에 존재하는 모든 생명체들은 햇빛에 의해 에너지를 공급받으며, 생명체들은 자연이라는 무위** 현상에 의해 스스로 살아간다. 지구의 아버지는 햇빛을 주는 태양이며, 지구의 어머니는 그 햇빛으로 모든 생명체들을 보살피는 무위자연無爲自然이다.

---

* 항상성: 생물(생명)체가 여러 가지 환경변화에 대응하여 생명 현상이 제대로 작동할 수 있도록 일정한 상태를 유지하는 성질. 대부분의 생명 현상들은 이 성질을 유지하기 위해 일어난다. 항상성은 생명 현상에 있어 매우 중요한 개념으로, 질병이 발생하는 핵심적인 정의 중 하나가 바로 이 '항상성이 깨져 면역력이 떨어지는 것'이다. 그러므로 사실상 '항상성이 영구히 깨져서 돌이킬 수 없게 되는 것'을 죽음을 정의하는 개념으로 사용하기도 한다.

** 무위(無爲; action without intention)는 노자와 장자로 대표되는 중국 고대부터 내려오는 도가(도교) 철학에서 가장 중요시하는 행동 원리로 일체의 부자연스러운 행위, 인위적 행위가 없음을 뜻한다. 노자의 『도덕경』 57장에 무위에 대하여 잘 표현된 문장이 있다. "그러므로 성인은 이렇게 말씀하셨다. '나는 (의도적으로) 아무것도 하지 않을 것이고, 사람들은 스스로 변화할 것이다. 나는 가만히 있는 것을 좋아할 것이고, 사람들은 스스로 바르게 될 것이다. 나는 그것에 대해 아무런 걱정도 하지 않을 것이고, 사람들은 스스로 부유해질 것이다. 나는 야망을 나타내지 않을 것이고, 사람들은 스스로 원시적인 단순함에 도달할 것이다.'"

결국, 우리 인간들도 절대적인 태양의 영향권 아래에서 진화하여 지금의 모습으로 만들어진 생명체이다. 현재, 대부분의 시간을 시멘트 건물에서 보내고 있는 인간들은 태양의 에너지가 부족함에 따라 발생하는 모든 현상들을 이해하지 못하고 있다. 주말이면 숲으로, 광야로 나가서 햇빛을 적극적으로 받아들이는 이유가 유전자˙ 깊은 곳에 태양에 대한 복종심이 들어 있기 때문이 아닌지 생각해 본다. 또한 그 사실은 우리가 자연의 한 종種: species이기 때문에 생겨나는 자연스러운 현상일 수도 있다. 인간을 비롯한 모든 생명체는 태양이 만들어 낸 유기물에 지나지 않으며 시간이 흐르면 다시 먼지나 돌 같은 무기물로 돌아간다. 그중에 인간은 무기물로 돌아가는 사실을 무척이나 두려워하는 존재이다. 다른 생명체에서는 그러한 현상을 찾아보기 힘들지만 인간에게는 특별하게도 과도하게 작용된다. 그런 두려움을 잊으려고 참새처럼 수다를 떨고, 음식을 탐닉하고, 전자 게임에 심취한다. 우리는 천천히 세상을 걸으면서 그 두려움에 대하여 사유해 보아야 한다.

---

* 유전자(gene)는 유전의 기본단위이다. 지구상의 모든 생물은 유전자를 지니고 있다. 유전자에는 생물의 세포를 구성하고 유지하고, 이것들이 유기적인 관계를 이루는 데 필요한 정보가 담겨있으며 생식을 통해 자손에게 유전된다. 세포 내에서 유전자는 DNA(deoxyribonucleic acid) 서열 가운데 여러 가지 정보를 갖는 부분을 뜻한다. DNA의 대부분은 정보가 없는 무작위 서열로 구성되어 있는데 인간의 게놈 가운데 99%가 비부호화 DNA 서열에 해당한다. 한편, 생쥐와 침팬지의 비부호화 DNA 가운데 80%, 99%가 인간의 것과 상동성을 보인다. 이는 서로가 진화적 과정에서 볼 때 가까운 친척임을 시사한다.

2장 인간의 진화

A. 자연 선택설

　우리는 TV나 영화에서 원시적인 동식물들의 모습을 신비롭고 아름다운 모습으로 바라보기도 하고, 때로는 먼 길을 마다하지 않고 그러한 자연을 찾아서 트레킹을 즐기기도 한다. 그런데 그 신비롭게 보이는 것들은 오랫동안 자연에 있었던 당연한 모습들이다. 다만 그 모습들이 우리가 지금 살아가는 방식과 너무 달라 보이기에 신비스럽게 보이는 것뿐이다. 그것들은 생물학과 자연과학으로 모두 설명이 가능한 사실이다. 놀라운 것은 우리도 예전에는 그렇게 신비스럽게 살았다는 것이다. 우리가 사람으로 취급받은 것은 두 다리로 서서 걸어 다니게 된 시점부터이다. 우리가 두 다리로 서서 걸어 다니기 시작한 시기를 학계에서는 약 500만 년으로 보고 있다.[7] 물론 최초의 두 발 직립보행을 했다는 오스트랄로피테쿠스Australopithecus의 화석이 400만 년 전의 것으로 발견되었지만, 그보다도 훨씬 전에 두 발 직립보행의 흔적이 있는 초기 인류의 화석이 여럿 발견되었기 때문에 500만 년 전으로 보고 있다. 그전에는 우리도 TV에서 보는 동물들처럼 네발로 기어다녔다.

찰스 다윈은Charles Darwin, 1809~1882 그의 저서 『종의 기원The Origin of Species by Means of Natural Selection』의 서론에서 지금의 우리 몸이 만들어진 원리에 대하여 이렇게 적었다. 이 원리는 '자연 선택natural selection'이라는 학설로서 그 당시 세상을 변화시킨 가장 유명한 문구가 되었다. "각각의 종에서는 실제로 생존할 수 있는 것보다 더 많은 개체가 태어난다. 그 결과 계속해서 생존 투쟁이 일어나게 된다. 이 때문에 복잡하고 때때로 변화하는 생활환경이라는 조건으로 아무리 미비하더라도 어떤 방식으로든 그 유기체에게 이로운 변이가 나타나게 되면, 그 유기체는 더 많은 생존 기회를 부여받을 것이고, 그로 인해 자연에 의해 선택될 것이다. 이렇게 선택된 변종은 대물림이라는 강력한 원리를 통해 새롭게 변화된 형태를 널리 전파할 것이다." 다윈의 '자연 선택론'은 네발로 걷던 우리 몸이 자연에서 오랫동안의 환경 적응을 통하여 두 발로 걷는 몸이 되었다는 사실을 과학적으로 증명하였다.

우리는 텔레비전에서 제품과 관계가 없는 아름다운 자연의 모습을 보여주며 광고하는 모습을 어렵지 않게 보게 된다. 예를 들어, 에어컨 광고라든지 화장품, 자동차 광고들을 보면, 제품들과는 관계없는 아름다운 자연의 모습들이 자주 등장한다. 그러한 광고를 습관적으로 봐야 하는 우리들은 그 제품을 사용하게 되면 아름다운 자연과 함께 지내는 편안하거나 기분 좋은 효과를 누리게 된다는 착각에 빠지게 된다.[8] 이러한 사실은 현재 우리의 몸과 마음이 자연과 깊은 관계를 맺고 있다는 사실을 증명하고 있다.

실제로 사람이 자연과 간접적으로라도 접촉하게 되면 뇌에서 일어나는 반응이 달라진다. 영국의 브라이턴과 서식스 의과대학Brighton and Sussex Medical School의 연구자들은 뇌와 신체, 배경 소음의 연관성에 대하여 조사했다. 자연에서 나는 소리와 인공환경에서 나는 소리를 비교하여 듣는 동안 사람의 뇌에 어떤 반응이 나타나는지를 연구한 것이다. 참가자들은 인공적인 소리를 들을 때는 내향적인 반응을 보였고, 자연의 소리를 들을 때에는 외향적인 성향을 보였다. 내향적인 반응은 걱정스럽고 시무룩한 기분과 연관된 것이고, 외향적인 반응은 그 반대되는, 안정되고 기분이 좋아지는 상태를 말한다. 또한 이 효과는 자연의 소리가 주의력을 회복시켜 주며 스트레스를 완화시켜 준다는 설명도 덧붙였다.[9] 실제로 이와 관련하여 자연의 소리를 듣거나 자연 속을 걸어갈 때는, 부교감신경이 활성화되고, 교감신경의 활동이 감소된다는 연구 결과도 있다.[10] 신경계는 교감신경계싸우고 도망가는와 부교감신경계휴식하고 회복하는로 구성되어 있는데, 자연의 소리를 듣게 되면 부교감신경이 활성화되어 혈압이 내려가고 맥박도 느려지며 소화력도 올라간다는 실험 결과이다.

B. 유전자에 관하여

그러면 어떤 작용에 의해서 대자연이나 숲의 여러 가지 풍경을 접했을 때 왠지 모를 안정감과 평화로움을 느끼게 되는 것일까? 그 왠지 모를 느낌은 어디에서부터 전해져 오는 비밀의 작용인가? 그 비밀의 이야기를 풀기 위한 하나의 학설이 있다. 물론 이 학설은 다윈의 『종의 기원』에서 비롯된 학문으로 '진화심리학evolutionary psychology'이라는 자연과 인간의 관계에 대한 심리를 풀어내는 논리이다. 즉, 사람의 마음은 어떤 과정을 통하여 지금의 형태로 만들어졌는가? 그리고 그것의 구성요소는 어떤 것이며 그것들은 어떻게 조직되었는가? 등에 관련된 학문이다. 진화심리학에서의 핵심 개념은 '사바나 원칙savanna principle'으로서 인간이 적어도 아주 오랫동안 아프리카의 사바나와 같은 드넓은 초원과 울창한 숲이 있는 곳에서 살아왔기 때문에, 그렇게 오랫동안 자연 속에서 진화되면서 쌓여온 인간의 습성들이 지금도 우리의 육체와 의식을 구성하고 있는 뇌를 비롯한 신경세포 속 유전자에 각인되어 있다는 이론이다. 생명체 유전자의 대부분은 세포의 핵 속에 디옥시리보핵산(DNA)deoxyribo nucleic acid 형태로 존재한다, 유전자는 각 생명체의 유전 정보를 가지고 있다. 즉, DNA는 각 개체가 생명 현상을 유지하는 데 필요한 단백질 등 여러 가지 물질을 생산하는 데 필요한 유전자 정보를 가지고 있다는 뜻이다.

　DNA의 큰 특징의 하나는 신기하게도 스스로 세포 분열을 하며, 세포가 분열할 때 자신의 DNA를 매우 정밀하게 복제하여 한 개체 내에서는 유전 정보가 유지된다는 것이며, 사람의 경우 세대가 넘어갈 때에 부모 양쪽으로부터 받은 유전 정보가 혼합되어 다음 세대에 전달된다. 이와 같이 부모 양쪽으로부터 물려받은 DNA가 자손에게 전달되는 속성은 이후의 자손 개체에서도 계속해서 유지된다. 내가 부모님의 외모와 닮은 것, 부모님의 성격과 질병을 가지고 태어나는 것은 이와 같이 부모로부터 유전 정보를 가지고 있는 유전자를 물려받기 때문이다. 유전자에 담긴 정보는 우리가 상상할 수 없을 정도로 방대하고 신비스럽다. 그것들 중에는 가까운 조상들에게서 물려받은 정보로부터 수천수만 세대를 거쳐 변하지 않고 전달되는 형질도 있다. 이러한 유전자에 담긴 정보들은 지금 현대과학이 계속 연구해야 하는 과제로 남아 있다.

　트레킹은 이렇게 오래도록 전달된 유전자에 담긴 정보들 즉, 원시적 본능에서 비롯된다. 기나긴 시간을 자연에서 거침없이 걷고 뛰어

다니던 인간은 최근에 와서 급속하게 산업화된 사회 속에서 걷거나 뛰어다니지 않고 자동화 기계에 의지하며 그렇게 거침없이 움직이는 행위를 게을리하고 있다. 지금 우리의 질병의 많은 부분은 이러한 몸과 마음의 구조를 인정하지 않는 상태에서 움직이지 않으려 하거나, 안일해진 일상의 습관으로 말미암아 넓은 세상으로 나아가지 않는 데서 발생하는 역효과에 의한 현상이다. 트레킹은 그러한 역효과의 현상을 방지하면서 우리의 몸과 마음을 예전의 그 활기차고 자유로운 모습으로 되찾아 보려는 현대적인 스포츠이자 심신을 단련하기 위한 가장 오래된 움직임이다. 그것은 마치 우리 속에 갇힌 야생마가 넓은 들판을 그리워하며 몸부림치는 본능적인 움직임과도 같다.

우리 몸과 마음이 아직도 자연과 깊게 연관되어 있음을 증명하고 있는 유전자의 정체는 우리 트레커들에게 매우 중요하니 좀 더 알아보기로 하자. 유전자의 복제 현상은 우리들이 자연으로 들어가게 만드는 본능의 심리를 설명하는 데 중요한 실마리를 제공한다. 1976년에 출간된 진화생물학 교양서인 『이기적 유전자The Selfish Gene』는 진화생물학자 클린턴 리처드 도킨스Clinton Richard Dawkins, 1941~의 주 저서로 일반인 대상의 생물학 교양서적 가운데 가장 많이 알려진 책이기도 하다. 이는 찰스 다윈의 저서 『종의 기원』 이후 최대이다.

이 책에서 도킨스는, "인간을 포함한 모든 생명체는 유전자에 의해 창조된 생존 기계이며, 자기의 유전자를 후세에 남기려는 꼭두각시에 불과한 존재"라고 정의하였다.[11] 즉 우리 몸은 유전자의 지시에 의해 움직이는 꼭두각시일 정도로 유전자의 프로그램에 의해 영향을 받는다는 뜻이다. 그는 이 사실을 뒷받침하는 근거로 크게 두 가지 사실을 제시한다. 첫 번째는 초기 생명체에서 유전자가 만들어진 모습을 보면 알 수 있다는 것이다. 초기 생명체는 30~40억 년 전 스스로 자기를 복제하는 유전자가 생겨나면서 본격적으로 시작된다. 그 유전자는 다른 경쟁적 유전자들과의 싸움에서 자신을 보호하기 위해 세포벽 같은 것을 만들었는데 이것이 유전자의 생존 기계 혹은 운반자의 시작이다. 이 초기의 생존 기계는 유전자의 진화를 거쳐 지금의 인간, 동물, 곤충, 식물과 같은 안전한 생존 기계로 진화되었다. 두 번째는 세대를 거쳐서 영원히 살고 있는 유전자의 모습에서 그 근거를 찾을 수 있다고 했다. 세대를 거쳐 지속적으로 살아남는 것은 종도 아니고 개체동물, 곤충, 식물 등도 아닌 그것을 구성하고 있는 유전자라는 사실이다. 이 부분에서 도킨스는 "유전자는 유전자를 품고 있는 육체 즉 생존 기계가 노쇠하기 전에 다른 자손을 복제하여 다음 세대에서 생존하고 그 행위를 영원히 반복한다."라고 말한다. 그의 말에 의하면 유전자는 그렇게 해서 이론적으로 수백만 년에서 1억 년을 살 수 있다.[12]

도킨스는 그 책에서 유전자의 신비스러운 복제의 기술과 복제되는 내용들에 대하여 다양하게 제시하였는데 그중에 우리에게 가장 흥미를 주는 내용이 유전자의 '학습내용의 복제'이다. 그는 달콤함을 느끼거나 모든 따스한 느낌, 방실거리는 아이의 얼굴 등은 기분 좋은 느낌의 학습으로, 뱀을 보거나, 악천후를 만나거나, 쓴맛 등은 기분 나쁜 느낌으로 학습되어 후세에 복제되어 전달한다고 말한다.[13] 이러한 원초적 본능 중에 울창한 숲에 대한 감각은 배고픔을 해소하거나, 몸을 안전하게 숨길 수 있는 좋은 느낌으로 저장되어 있을 것이다.

특히 이 책에서는 모방자 밈meme 개념을 처음으로 사용했는데, "밈이란 유전자와는 구별되는 문화와 관련된 복제의 기본단위다."라고 정의했다. '밈'은 인간의 사고와 문화도 마치 유전자처럼 복제되고 전파된다는 개념이다.[14] 이러한 도킨스의 여러 가지 주장들로 볼 때 유전자가 우리 몸에서 얼마나 많은 역할을 수행하고 있는지 추측이 가능하다. 이러한 사실에 비추어 볼 때 그의 말 중에 "인간은 유전자의 꼭두각시에 불과하다."라는 말은 틀린 말은 아닌 듯싶다. 이러한 도킨스의 주장은 우리의 몸은 아직도 원시시대의 그 몸과 같으며, 마음이나 습관도 그 시대의 것과 별반 차이가 없으며, 그러한 이유로 우리가 자연을 찾아서 그때처럼 오랜 시간을 걸어야 한다는 것을 시사하고 있다. 우리의 몸과 마음은 자연의 미세한 일부분이며, 단지 사고하는 능력이 생긴 이후로 유전자의 명령에 거부할 수 있는 능력이 생기게 되었다. 도킨스는 이 부분에 대하여 이렇게 말했다. "우리는 유전자의 기계로 만들어졌고 밈의 기계로서 자라났다. 그러나 우리에게는 우리의 창조자에게 대항할 힘이 있다. 이 지구에서 우리 인간만이 유일하게 이기적인 자기 복제자의 폭정에 반역할 수 있다."[15) 자연에서 생겨나서 자연의 지배를 받는 우리 몸과 마음이 어떻게 유전자의 폭정을 거부하고 지향적인 의식을 가질 수 있는지는 우리가 가져야 할 가장 큰 질문이자 이 책의 주제이기도 하다. 계속해서 이 질문에 대하여 사유해 보도록 하자.

C. 일상생활과 유전자

도시 생활을 하고 있는 지금은 대부분 앉아서 생활을 하고 있거나 인간이 만든 인공구조물 속에서 생활한다. 이러한 현상은 유전자의 명령을 거부하는 행위 중의 한 부분이다. 직장에서 일을 하거나 학교에서 공부를 할 때도 대부분의 시간 동안 앉아서 한다. 서서 일을 한다고 하더라도 그것은 기나긴 원시시대 때 움직였던 근육의 방향과는 다른 움직임이며, 주거하는 공간도 대부분이 인공구조물인 시멘트로 구성되어 있다. 그러므로 그 속에서 생활하는 인간의 육체는 고통을 당할 수밖에 없는 처지가 된다. 그 고통받는 이유는 간단하다. 하루 종일 걷고 도망치는 데 적절하게 설계된 몸인데 걷지도 뛰지도 않으며, 자연에서 살도록 만들어진 몸인데 마당도 없는 시멘트 구조물 속에서 살고 있기 때문이다.

우리는 500만 년이라는 세월의 길이를 잘 생각해 봐야 한다. 그 유전자에 각인되는 '학습내용'들이 자리 잡기까지 우리 인간은 어떠한 경로를 거쳐 왔는지, 도대체 이 500만 년이라는 세월의 길이는 얼마나 긴 것인지 인식할 필요가 있다. 사실 인간이 영장류로서 유인원과 같은 입장으로 숲에 등장한 것은 500만 년보다 훨씬 오래전인 6,500만 년 전이라고 한다. 그 시기는 공룡이라는 파충류가 특정한 사건으로 혜성과의 충돌 혹은 식량의 부족 지구상에서 사라지고 새로운 생명의 종들의 활동이 시작되는 시기이다. 지금 인간의 몸을 형성하고 있는 골격, 근육, 뇌, 신경계, 심장, 폐, 소화기 등 모든 부분들은 그때부터 만들어지기 시작하여 지금의 육체로 완성된 것이다. 그러니까 인간의 신체적 구조나 심리의 구조가 형성된 시기는 500만 년보다도 훨씬 전으로 거슬러 올라간다는 것이 사실이다. 그렇기 긴 시간 동안의 자연에서의 수렵과 채집 생활 그리고 야생적인 생활에 비추어 볼 때, 본격적으로 도시 생활을 하기 시작한 100년 남짓한 시간은 지금 우리에게 어떠한 의미를 부여하고 있는지 곰곰이 생각해 보아야 한다.

다시 한번 실감할 수 있도록 강조하는데, 직립보행을 하는 육체가 형성된 이후 지금까지 500만 년의 기간 중 99.999% 기간 동안은 오직 자연에서만 살아온 셈이다. 그 기나긴 자연에서의 시절 이후, 급격한 도시에서의 생활은 우리 인간들에게 매우 중차대한 변화를 주고 있다. 그 변화에는 몸과 마음이 모두 포함된다. 우리의 몸과 마음은 오랜 시간 동안 자연에서 각인되어 온 그 '학습내용'에서 분리되어 살고 있다. 그럼으로써 인하여 생겨나는 중차대한 변화에 대하여 우리는 지금 신중하게 주시하고 있다. 이 시점에서 그 중차대한 변화로 인해, 오랜 학습내용에서 분리되어 혼돈을 느끼고 있는 우리의 유전자에 안정적인 조치를 해주어야 한다는 결론에 도달하게 된다. 예를 들어, 어머니의 뱃속과도 같은 익숙함을 느껴오던 원시시대의 자연과 흡사한 환경에서의 생활시간을 늘려준다든지, 식용 식물채집으로 인해 하루 평균 4시간 이상을 걷거나 사냥을 위해 뛰거나 잠복하던 자연에서의 활동시간을 보상해 주어야 한다. 즉 우리 몸속의 유전자에 작용되는 불균형에 대한 보상의 시간을 주어야 한다. 이것은 꼭 트레킹을 위한 시간에만 적용되는 것이 아니며, 우리가 살고 있는 주거환경에도 적용되어야 하며, 일하는 작업장, 공부하는 환경 등 모든 생활환경에 적용해야 하는 중요한 생활의 방침이 된다. 완벽하지는 않더라도 급격하게 변한 생활환경을 완화할 수 있는 그런 환경이 필요하다.

　이러한 논리는 많은 학자들에 의해서 증명이 되었다. 대표적으로 심리학자이면서 미국 일리노이 대학의 '인간환경연구소'의 소장인 프랜시스 쿠오Frances Kuo 박사는 나무와 녹지가 사람에게 심리적 안정감을 주면서 인지력을 증강시킨다는 사실을 발견했다.[16] 그는 연구를 통해 녹지가 풍부하게 조성된 아파트에 살고 있는 주민은 회색 시멘트로 둘러싸인 아파트에 살고 있는 주민보다 심리적 안정감과 주의력, 기억력이 우수한 사실을 발견했다.

　이렇듯 자연을 보고 안정감을 느끼는 것은 원초적이고 근본적인 심성이다. 만약에 앞으로 몇백 년 뒤에 우리의 주거지가 이상한 방향으로 발전되어서 공중에 떠 있거나 날아다니는 생활 패턴으로 변하게 된다면인간의 의도나 핵의 잘못된 사용 등으로 상상 가능, 이는 500만 년 동안 자연의 대지 위에서 구축되어 온 우리 습성들의 대혼란을 짐작하게 하는 일이다. 우리의 생활환경이 점점 편리함을 추구하여 모든 일들이 손가락에 의한 버튼을 누르는 방식으로 변하거나 주로 비행물체를 타고 생활하는 환경으로 변한다면 우리의 손가락은 점점 길어지고 다리는 걷지 않아서 가늘어질 것이다. 공상영화에 나오는 그 망측스럽게 생긴 오징어를 닮은 모습으로 서서히 바뀌어 갈 수 있다는 말이다. 그렇게 된다면 대지에 발을 붙이고 살았던 인간적인 마음씨들은 사라지게 되며, 자연이 주는 안정감이나 평화로움은 찾아보기 힘들게 될 것이 분명하다. 생각만 해도 끔찍스럽다.

3장 자연의 선물

A. 선물과 본질

 자연으로 들어가면 신선하고 질이 좋은 선물들을 얻는다고 생각한다. 자연의 깊은 곳으로 갈수록 더 많이 그리고 더 유익한 것들이 존재하고, 그것은 일명 맑은 햇살, 맑은 물, 맑은 공기, 숲의 내음, 자연의 열매 등을 포함한다. 그러나 우리가 자연에게서 선물을 받는다는 것은, 우리가 자연을 선택하여 그 속에서 선물을 받는 게 아니라, 오랜 시간 동안 자연이라는 환경에 잘 적응했기 때문에 당연히 주어진 환경이라는 사실을 인식해야 한다. 즉 자연은 선물이 아니라 우리의 본질이다.
 다윈의 『종의 기원』에서 가장 중요한 이론인 '자연 선택론'은 우리가 착각하고 있는 이 부분을 잘 설명하고 있다. 그의 이론에 따르면, 우리 조상들이 두 발로 걷게 된 것은 조상들의 의지에 의해서 그렇게 된 것이 아니라, 순전히 자연의 선택에 의해 그렇게 된 것이다. 여기에서 자연은 환경과 동일하다. 우리가 선물로 착각하고 있는 자연의 환경은 지금 우리를 존재하게 하는 우리의 본질이다. 네발로 걷는 유인원들보다 두 발로 걷는 유인원이 자연이라는 환경에 잘 적응하여 번성했다. 두 발로 걷는 작용도 자연이며 그 주변의 공기와 물, 햇빛, 많은 먹거리들도 자연이며 환경이다. 인간이 먹고 자란 그 자연들은 인간이 번성하기에 가장 적절한 환경이다. 만약에 우리가 지구가 아닌 명왕성에서 진화했다면 신선한 공기와 물, 햇빛, 많은 먹거리는 생소한 선물이 된다.

천체물리학자이자 인류학자이기도 한 칼 세이건Carl Sagan, 1934~1996은 자신의 저서 『코스모스Cosmos』에서 이렇게 말했다. "지구의 자연환경이 인류에게 훌륭한 조건을 제공하는 것같이 느껴지는 것은, 인류를 포함한 모든 생물들이 지상에서 태어나서 바로 그곳에서 오랫동안 성장해 왔기 때문이다. 초기 생물들 중에서 지구 환경에 잘 적응하지 못한 종들은 모두 사라져 버렸다."[17] 우리 인간은 이 지구라는 자연환경에서 오랫동안 살아남기 위해서 그 오랜 세월만큼이나 여러 방면으로 고군분투하였으며, 그런 오랜 세월 동안의 환경 적응법은 그 세월만큼이나 깊게 우리의 유전자 속에 축적되어 지금까지 우리 몸을 지배하고 있다.

물론 지금 우리가 누리고 있는 도시에서 먹는 음식과 주거환경 그리고 보온 효과가 좋은 의복들은 원시시대의 그것들보다 기능 면에서 월등하게 좋기도 하다. 그러나 지금의 도시 환경이나 생활 습관이 우리 몸에 모두 좋은 것만은 아니다. 먹는 것은 그때보다 훨씬 값싸고 자극적이어서 비만과 영양 불균형으로 이어지기 쉽고, 생존에 필요한 공기의 질은 그때보다 좋지 못하다. 그리고 앉아서 생활하는 습관은 각종 성인병과 체력의 저하로 질병에 노출되기 쉽다. 이러한 이유로 말미암아 우리들은 현재의 입맛에 맞는 음식과 보온성이 좋은 의복을 지참하고 자연을 찾아 그 광경을 즐긴다. 그리고 어떤 이들은 자연 선택으로 만들어진 우리의 몸을 그 조건에 부합하기 위해 그 속에서 걷는 행위를 즐긴다.

햇빛으로 인하여 비타민 D 합성을 유도하여 뼈 강화를 비롯한 신진대사를 활성화시킬 수 있다는 사실, 그리고 숲에서 나오는 피톤치드가 우리 몸에서 바이러스에 감염된 세포를 공격하는 NK세포natural killer cell; 자연살해세포 기능을 증가시킨다는 사실, 천적이 나타났을 때 우리 몸은 스스로 코르티솔이라는 호르몬을 분비하여 몸의 에너지원인 혈당 생성을 촉진하여 민첩한 움직임에 도움을 준다는 사실, 과격한 운동 중에 우리 몸은 통증을 잠재우기 위해 엔도르핀을 유발한다[18]는 사실, 이렇게 대형 컴퓨터보다도 더욱 정밀하게 우리 몸을 작동시키는 사실들은 우리 스스로가 그렇게 만든 게 아니라 오랜 시간 자연이 만들어 준 것들이다. 정확하게 말하자면 자연이 선택한 매우 정밀하고 복잡한 시스템이다. 더불어 인체의 모든 구성요소와 작용은 서로 긴밀하게 상호작용 하며, 이를 통해 생명 유지와 번식에 필요한 다양한 기능을 수행한다.

'자연의 선물'이라는 것을, 우리가 도시 생활을 함에 있어서 그래도 가끔 자연을 찾을 때 얻을 수 있는 몸에 좋은 몇 가지 것들이라고 가정해 보자. 그래도 그 몸에 좋은 몇 가지 것들을 영양제를 분류하듯이 나열해 본다면, 자연의 유익함이나 자연과 인간과의 관계에 대하여 잘 모르는 사람들에게는 꽤 괜찮은 정보가 될 것이다. 그 몸에 좋은 몇 가지에는, 단지 몸에 좋은 영양소들만 있는 게 아니다. 자연으로 들어가면서 얻어지는 심리적인 효과도 존재하며, 자연에서 움직임으로 인하여 얻어지는 운동 효과 등 실로 광범위한 효과가 포함된다.

B. 공생의 관계

다시 말하자면 자연이 주는 것들은 어떠한 선물이 아니고 인간을 키워낸 최적의 환경이다. 자연이라는 어머니가 주는 영양분들의 좋은 점을 열거하는 것은 구차한 일이 된다. 왜냐하면 그것들은 지금의 인간으로 만들어 준 모든 환경들이며, 지금의 인간을 존재하게 한 근본 요소들이기 때문이다. 그것들은 인간에게 없어서는 안 될 필수 요소이며, 그것들에 의하여 인간으로 살아갈 수 있다. 그리고 그것들은 일방적으로 자연이 우리에게 주는 것이 아니라, 우리가 자연의 구성요소이므로 우리가 자연에게 주는 것일 수도 있다. 즉 상호작용이 적용된다.

지금부터 3억 5천만 년 전, 공룡들을 번성시켰던 겉씨식물들은 꽃가루 또는 씨를 바람에 날려 자손을 번성시켰다. 그 이후, 지구에는 겉씨식물들이 더욱 번성하면서 온 지구를 덮다시피 성장하였다. 그러나 꽃을 피우면서, 곤충의 다리에 꽃가루를 묻히게 하면서 자손을 번식시키는 속씨식물현화식물이 등장하면서 지구 생태계는 겉씨식물군보다도 속씨식물군의 절대적인 우세로 변하게 된다. 바람에 꽃가루 또는 씨를 날려 자손을 번식시키는 방법보다, 곤충의 다리에 꽃가루를 묻혀서 수정하거나 조류, 설치류나 포유류에게 열매를 제공하면서 씨앗을 퍼트려 번식하는 방법이 정확하고 우세했다.[19) 20) 21)] 여기에서 중요한 사실은, 속씨식물 이전에 번성했던 겉씨식물은 공룡들의 주요 먹잇감이었고, 공룡들은 일방적으로 겉씨식물의 포식자였을 뿐이다. 그러나 곤충과 설치류, 포유류들은 속씨식물의 꿀이나 열매를 받으며 꽃가루나 씨를 옮겨주면서 공생, 공존함으로써 자손을 번식시키는 데 우세를 보이면서 서로가 다양하고 넓은 종으로 번식하는 데 성공한 셈이다.

그 당시 덩치가 매우 거대했고 엄청난 포식자였던 공룡들은 키가 큰 겉씨식물이 줄어들자, 키가 작은 속씨식물에 만족하지 못하면서 그 개체수가 현격하게 줄어들기 시작했고, 작은 공룡으로 진화하였다.[22)] 지금의 우리 인류가 그런 셈이다. 우리가 자연의 한 구성요소로 생각하지 못하고 자연을 먹잇감으로만 인식하거나 우리를 안락하게 해주는 이용의 대상으로 인식한다면, 거대한 공룡의 꼴을 벗어나기 어렵게 될 것이다. 자연은 다양하게 번식되어야 하는 것이 자연의 순리이며 원칙이다. 그러기 위해서는 속씨식물과 협동하는 여러 생명체들과도 같이, 우리에게도 다른 동식물들과 서로 공생, 공존의 작용이 성사되어야 한다. 우리가 자연으로 들어가서 얻게 되는 많은 선물들은 자연이 일방적으로 우리에게 주는 것이 아니라 우리가 자연의 구성원이기 때문에 당연히 얻어지는 결과이며, 우리가 자연에 주는 게 있어야 한다는 동등한 공생의 원리가 작용되어야 한다. 거대한 공룡의 겉씨식물에 관한 일방적인 이용의 논리는 자연의 공정한 심판을 받은 것이며, 지금 이 시간 우리도 그 심판대의 바로 앞에까지 불려 와 있는 게 아닐까 싶다.

4장 인간적인 것들

　우리가 넓은 세상을 걸으면서 보고 싶어 하는 것들은 아름다운 자연, 오래된 유적지, 다양한 문화와 예술, 친절한 사람들, 그리고 시시때때로 변하는 풍경들이다. 그것들을 자세히 들여다보면, 모두 오래되고 변하지 않는 것이며, 인간적인 것들이다. 궁극적으로 우리가 만나고 싶어 하는 것들은 인간적이며 변하지 않는 것들이라는 사실이다. 자연이 오래되고 변하지 않는 것이라는 사실은 앞에서 충분히 설명하였으니 인간적인 것들에 대하여 알아보자. 그 인간적인 것들에는 오래되고 찬란한 유적지, 아름다운 자연과 어우러지는 오래된 마을, 그 마을에 사는 사람들, 그들이 만들어 주는 맛있는 음식, 오래도록 변치 않는 그들의 마음, 그들이 머물고 있는 소박하거나 오래된 집, 그들과 함께 지낸 동네 어귀에 있는 그들을 닮은 돌조각들, 그리고 그 돌조각에 얽힌 오래된 이야기이다.

A. 오래된 유적지

　우리들은 오래된 유적지를 보면서 감동을 받는다. 그것들이 오래될수록, 모습이 찬란할수록 그것들은 추앙으로 발전하여 우리를 그곳으로 인도하게 만든다. 지금의 시대에는 많은 것들이 빠르게 변하고 있다. 기술, 문화, 사회구조, 사람. 심지어 기후도 변하고 있다. 효율과 편리함을 위해 세상 사람들은 경쟁적인 속도에 동참하고 있다. 그리하여 우리의 심장과 뇌의 움직임은 가만히 있을 때에도 빠른 속도로 움직여진다. 그러한 이유로 우리의 유전자는 수십만 년, 수백만 년 전의 것이기에 변하지 않는 인간의 마음을 그리워한다. 오래된 옛길에 있는 시골 사람들, 오래된 유적지, 오래된 도시의 뒷골목. 그것들은 변하지 않고 남아 있는 인간의 마음이며 인간의 문화이며 예술이다. 헤르만 헤세는 자신이 사용한 오래된 것을 보낼 때마다 그것에게 작별을 고하고 추도사를 바쳤다. 우리에게도 오래된 것에 대하여 사랑하고 그리워하는 마음이 있다. 단지 그것들에 대한 인식과 사랑의 표현이 미숙할 뿐이다. 그 인식과 사랑의 일환으로 우리는 오래된 것들을 찾아 나선다.

대부분이 그렇듯이 훌륭한 자연과 유적지는 유네스코 세계유산에 등재된다. 유네스코 세계유산에는 자연유산과 문화유산, 그리고 이 둘의 특징을 동시에 지닌 복합유산으로 구분된다. 그중에, 문화유산의 선정 기준을 한마디로 압축하면 이렇다. "전 인류에게 공통적으로 중요한 탁월한 문화의 보편적 가치가 있는 유형적, 무형적 문화를 선정한다." 여기에서 공통적으로 중요한 보편적 가치란 오래되고 변하지 않은 인간적인 문화이며 예술이다. 그리고 그것이 바로 인류의 가치이다. 그것이 미신적이거나 비합리적인 모습이라도 인류의 보편적인 가치를 포함하고 있다면 그것은 훌륭한 문화이자 예술로 유네스코 문화유산에 선정된다. 즉 그 보편적인 가치는 인류가 오랫동안 간직한 본연의 성품이며 보편적인 욕망이다.

진화생물학자의 아버지라 불리는 에드워드 윌슨Edward Wilson, 1929~2021에 따르면 예술이 보상, 쾌락, 공포 회로를 통해 뇌에서 강화되는 방식은 우리의 생존과 관련이 있다고 했다. 예술은 진화의 시절에도 그랬던 것처럼, 오늘날에도 여전히 소통과 연결을 돕는 원초적인 기능을 수행한다고 말했다. 또 한 인류학자 엘렌 디사나야케Ellen

Dissanayake, 1933~도 예술이 인류의 진화와 적응 능력에 필수적인 역할을 해왔다는 데 동의했다. 그녀는 자신의 저서 『호모 에스테티쿠스Homo Aestheticus』에서 자기표현과 예술 창작은 인간의 기본적인 욕구라고 주장했다. 그리고 그녀는 예술이 인간의 출현, 적응, 생존에 중심적이었고, 미적 능력은 모든 인간에게 타고난 것이며, 예술은 음식, 따뜻함 또는 쉼터와 같이 인간의 기본적인 필수요건이라고 주장했다.[23]

프랑스와 스페인에 걸쳐 있는 산티아고 순례 길Camino de Santiago은 스페인 북서부의 산티아고에 있는 성 야고보의 무덤콤포스텔라 대성당으로 가기 위한 고대부터 생겨난 여러 갈래의 순례길이다. 교황 베네딕토 16세는 "그 길은 열렬함, 회개, 환대, 예술, 문화의 수많은 증거가 뿌려진 길이며, 이는 우리에게 구대륙의 영적 뿌리에 대해 웅변적으로 말해줍니다."라고 산티아고 순례길에 대하여 말했다. 여기에서 열렬함, 회개, 환대, 예술, 문화는 인류가 오래전부터 가지고 싶었던 위대하고 보편적인 가치이며 욕망이다. 그리고 그 위대하고 보편적인 가치로 만들어진 콤포스텔라 대성당은 인류의 생존을 위한 걸작품이다. 우리는 그 길을 걸으면서 그 위대함을 찬양하고 우리의 죄를 사무치게 회개한다. 그리고 그 위대하고 보편적인 가치에서 우리의 삶에 대하여 깊은 통찰을 되새긴다. 우리는 이러한 보편적 인류의 가치들에서 위안을 얻고, 감동을 받는다. 그리고 그것들은 그 오래된 세월만큼이나 우리의 성품과 욕망으로 보편화되고 단단하게 체화된다.

B. 소박한 것들

중국 윈난성에 있는 호도협 트레일Hutiaoxia; tiger leaping gorge hike은 세계에서 매우 깊은 협곡에 나 있고 매우 오래된 길 중 하나이며, 중국, 티베트, 인도를 연결하는 차마고도茶馬古道; ancient tea route의 한 구간이다. 이 고대의 길에는 그 역사만큼이나 오래된 숙소들이 정겨운 마을에 자리 잡고 있다. 그들은 중국 나시Nakhi족이며 모계사회의 전통을 아직도 가지고 있다. 할머니방祖母部屋은 이것을 상징한다. 한 집안의 어른인 최연장 여성이 사는 방으로 이곳에 선조의 제단이 있으며 집안 내의 미성년자들은 모두 이곳에서 살게 된다. 지나가는 여성들의 모습이 초라하다고 해서 함부로 대하면 큰일이 벌어진다. 그녀들의 성격은 호도협의 산세만큼이나 드세기 때문에 곧바로 난처한 지경에 빠질 수 있다. 그러나 그녀들이 해주는 음식과 보살핌은 눈물이 날 정도로 감동적이다. 우리 자신의 친할머니와도 같이 정성스럽고 사랑스럽다.

소박한 것은 인류의 보편적 가치이기 이전에 인류의 보편적인 모습이다. 인류는 원래 욕심이 없었다. 수렵과 채집을 하면서 먹고살던 시절, 그저 하루하루 가족과 동료들이 먹을 음식과 잠잘 곳만 있으면 문제가 없었다. 그 시절 관심사의 대부분은 적당한 먹거리와 가족들의 안전이었다. 그러던 인류에게 욕심과 사치라는 것이 생겨났다. 그 시기는 한 장소에서 농작물을 재배하고 가축을 기르며 식량의 대량생산을 꿈꾸던 농경사회부터이다.[24] 그리고 문명이 현대화되면서 그 욕심은 농경사회에 비하지 못할 정도로 거대해지고 인류의 보편적 가치와는 거리가 먼 방향으로 발전되었다.

먹거리의 대량생산으로 인하여 농경사회의 정치, 종교 지도자들이 생겨났고, 그 지도자들에 의해 사치라는 것이 시작되었다. 대부분의 인류는 하루 종일 농사일에 전념해야 했으며, 흉년이 들면 배고픔에 허덕여야 했다. 그러나 그 지도자들은 사치를 감추고 즐길 수 있었다. 그 당시 대부분의 인류는 노동시간에 구애받지 않고 자유롭게 수렵채집을 하던 때보다 소박함의 순도가 달라졌을 것이다. 19세기 말 산업혁명이 시작되면서 인류는 기계와 산업의 부속품으로 전락하며 그 소박함의 순도는 대거 상실되기 시작한다. 인류의 산업화는 인류를 사람human으로 보는 것보다 경쟁자 내지는 물질의 소비자로 보는 경향을 만들어 놓았다.

그래도 아직까지 소박함은 남아 있다. 문명이 침입하지 못한 오지 산간마을에서, 욕망의 그늘에서 완전히 벗어난 할머니의 미소에서, 오래된 성당이나 사찰을 지키는 성직자의 옷깃에서 그 오래된 소박함을 보게 된다. 그 오래된 소박한 마음은 욕망의 잔인함에 황폐해지고 전자파에 흡수되어 정서를 상실하고, 오랫동안의 외로움에 말라비틀어진 우리의 가슴에 향기로운 단비를 내려 촉촉이 적셔준다.

그 오래된 소박함은 우리가 생각하는 부드럽거나 인자하거나 친절한 일반적인 경향성을 벗어날 수도 있다. 소박하다는 것은 반드시 나의 감성에 잘 어울리는 것과는 다르다. 그것은 나의 감성이 아니라 인류의 오래되고 보편적인 성품이다. 인류는 내가 살고 있는 이 시점에서 매우 오래전의 시간부터, 내가 살고 있는 장소에서 매우 멀리 떨어진 지역에서, 셀 수 없을 정도로 다양하게 존재했기 때문이다.

티베트 사람들에게는 독특한 장례문화가 있다. 히말라야 산지의 매서운 추위와 험한 지형은 시신을 매장하기가 어렵다. 티베트 사람들은 새들이 시신을 먹고 그 새가 하늘을 높이 날면 죽은 사람의 영혼도 하늘로 올라간다고 믿었다. 그러한 환경은 시신을 험준한 산지의 특별한 장소에 내다 놓아 새들이 쪼아 먹게 하는 독특한 장례문화를 만들었다. 우리 기준으로 이 방법을 생각하면 시신을 훼손하며 방치하는 매우 잘못된 방법으로 인식되기 쉽다. 이 방법은 비문명적으로 보이지만 인류 문명 이전에 생겨난 인류의 보편적인 사랑의 마음이 담겨 있다. 그 장례를 치른 가족들은 그날 밤 새가 되어 하늘 높이 날아가서 모든 것이 자유롭고 풍성한 하늘나라에 도착한 망자의 모습을 상상하게 된다. 그 장례문화가 부도덕적인 행위라고 느껴지는 사실은 우리의 마음이 소박함을 잃고 인류의 보편적인 모습에서 멀어진 사실에서 비롯된 게 아닌가 되짚어 보아야 한다. 우리는 인류의 오래되고 다양한 소박함을 이해해야 한다. 그것이 세상의 경험이며 나의 시야를 넓히는 트레킹의 이유이다.

C. 다양한 풍경

트레킹의 시작은 인류가 두 발로 걷기 시작한 시점과 동일하다. 인류는 굶어 죽지 않으려고 오랫동안 걸으면서 식물의 열매와 뿌리를 채집하였고 오랫동안 뛰거나 걸으면서 동물을 사냥했다. 정착지의 채집 식물이나 열매들이 소비되면 거주지를 이동해야 했으며, 동물 사냥 역시 다른 구역으로 이동하는 형태가 그들에게 유리했다. 정기적인 이동은 그들에게 일상생활이었으며 생존을 위한 필사적인 움직임이었다. 물론 지금의 트레킹처럼 걸어서 이동했을 것이고, 먹을거리와 몇 가지 생활용품들을 등이나 어깨에 지고 이동했을 것이다. 플라이스토세˙ 시대의 잦은 빙하기는 인간을 장거리 트레커로 만드는 데 중요한 요인으로 작용했다. 아프리카에서 출현한 호모 사피엔스는 빙하기가 찾아오자 고향을 등지고 유럽과 아시아 그리고 멀리 아메리카 대륙까지 이동했다.[25] 이러한 환경은 인류를 멀리 이동하는 데 적합한 몸과 마음을 만들어 주는 또 하나의 강력한 요인이 되었다.

인류는 인류 역사 500만 년 중 0.0001%를 차지하는 문명시대를 제외한 대부분의 시간을 자연에서 살았다. 자연에서 생겨난 인류가 식량과 생존을 위해 다른 지역으로 걸어 다니는 것을 일상으로 삼았던 시간이 인류 역사의 대부분을 차지한다. 이동이 생활이었던 그들에게 새로운 풍경은 두려움의 대상이자 희망의 대상이었다. 그것이 아름다운 풍경이든 그렇지 않은 풍경이든 새로운 장소는 필히 맞닥트려야 할 운명이자 새로운 희망을 위한 환경이었다.

스웨덴의 정신과 의사이자 세계적 베스트셀러 작가인 안데르스 한센Anders Hansen, 1971~은 그의 저서 『인스타 브레인Instar Brain』에서 우리의 뇌가 새로운 이미지나 정보들을 찾기 위해 가만히 있지 않고 항상 활동하고 있다는 사실을 진화론적 관점에서 설명하고 있다. "수렵 채집 생활에서 인류는 희망의 장소로 가기 위해 이동 중에 항상 새로운 정보들을 뇌에 입력해야 했고, 그럴 때 뇌에서는 희망의 도파민이 증가했다. 그런 이유로 지금의 우리 뇌는 기대감에 의해 새로운 풍경을 원하고 새로운 볼거리들이 가득한 유튜브의 짧은 동영상shorts에

˙ 플라이스토세(pleistocene; 제4기 신생대)는, 가장 최근의 빙하기로 국제 지질과학 연맹에서 기원전 260만 년부터 기원전 9700년까지로 정의했다. 인류가 직립보행을 하며 원시생활을 하던 대부분의 시간들이다. 빙하기라고 해서 항상 추웠던 것만은 아니고, 중간중간 기온이 올라갔던 간빙기도 있었다.

빠지고 있다."[26)] 또한 그는 이동에 따르는 도파민은 의욕과 기억, 운동 조절에 영향을 미치는데 이는 만족감을 주는 보상 물질이 아니라 오히려 새로운 좋은 터전을 발견하는 것에 대한 기대감 때문에 생겨나는 것이라고 말한다. 우리 조상들은 많이 움직이고 더 멀리 움직이는 사람은 더 많은 식량을 얻게 된다는 기대감을 가지고 있었다. 수렵 채집 시절의 오랜 이동 생활에 의한 기대감은 그렇게 오랜 시간 동안 자연 선택에 의해 유전자 지침을 만들었다.

찬란하거나 소박한 문화유적지가 눈에 보이는 유형적인 인류의 보편적인 가치라면, 다양한 풍경을 보고자 하는 마음은 무형적인 인류의 보편적인 가치이자 본능이다. 그것이 아름답거나 그저 그런 풍경이라도 우리가 걸을 수 있는 길 위에 펼쳐진다면 그 풍경들은 어떤 좋은 것을 볼 수 있다는 기대감에 의하여 우리에게 걷게 하는 힘으로 작용한다. 그 기대감이란 찬란한 유적지도 있을 것이며, 오래된 마을의 소박한 사람들의 마음도 있을 것이다. 시시각각 변하는 그저 그런 시골 풍경은 일상을 벗어난 정겨운 전원 풍경이다. 그것이 매우 인상적인 풍경이 아니더라도 시시각각 변하는 풍경은 우리를 지루하지 않고 흥미롭게 걷게 해주는 모습들이다. 우리가 그 풍경들을 지루하게 생각하지 않고 즐겁게 바라보게 되는 이유는, 오래전부터 우리 마음속에 있었던 본능에 의한 기대감과 지속적인 자극에 의해서이다.

우리는 지금 다람쥐 쳇바퀴 돌듯 매일 동일한 시간에 동일한 장소를 지나면서 동일한 풍경을 보고 있다. 이 바보 같은 행동은 우리가 스스로가 만들어 놓은 안락함과 욕망으로 치닫고 있는 사회구조에 의해 만들어진 현상이다. 안락함으로 인하여 멀리 가지 않는 습관이 생기고 욕망으로 인하여 피곤해진 몸과 마음은 멀리 가지 않는 일상을 만들어 놓았다. 이러한 사회구조는 넓은 들판과 산야를 거침없이 다니던 야생마를 좁은 우리 속에 가두어 놓은 경우와 같이 우리들을 일상이라는 좁은 장소에 가두어 놓았다. 일상생활로서 새로운 장소, 미지의 세계로 이동을 하던 자유로운 영혼은 지금 좁은 일상에 갇혀서 시름시름 앓고 있다. 그 결과로 몸은 비대해지고 마음은 쇠약해져서 병에 걸리거나 스스로 목숨을 끊는 경우도 있다. 우리의 영혼이 자유로웠을 시기에 움직이지 않아서 쇠약해진 몸과 다음이 있었을까? 스스로 목숨을 끊는 경우가 있었을까? 쇠약한 마음을 가지고 있는 사람들이 많은 여행을 다녔다면 적어도 그러지는 않을 것이다. 다양한 세상을 구경하고 체험한다면 체험한 만큼 몸과 마음은 강해진다. 마치 트레킹이 일상이었던 그 시절의 그 사람들처럼.

모든 것을 사랑하라 – 도스토옙스키 (소설가, 1821~1881)

모든 동물과 풀들
모든 것을 사랑하라.

네 앞에 떨어지는
빗줄기까지도…

만일 네가 모든 것을 사랑할 수 있다면
모든 것 속에 담긴 신비를
보게 되리라.

만일 네가 모든 것 속에 담긴 신비를 본다면

날마다 더 많이
모든 것을 이해하리라.

그리고 마침내
모든 것을 받아들이고
너 자신과 세상 전체를
사랑하게 되리라.

제2부
트레킹의 역사

『역사란 무엇인가』의 저자 에드워드 핼럿 카Edward Hallett Carr, 1892~1982는 "역사란 현재와 과거 간의 끊임없는 대화"라고 말했다. 이 말은 과거와 현재 그리고 미래가 서로 밀접하게 연관되어 있다는 뜻이다. 트레킹의 과거와 현재를 알면 미래에 내가 할 수 있는 트레킹을 알게 된다. 트레킹은 변하지 않는 것처럼 보이지만 인간이 진화하듯 변하고 있다. 걷는 방법에 대한 기술이 개발되고, 물품들이 가벼워지고, 자연과 세상을 감상하는 심리들이 생겨나고 있다. 마치 전화기가 단지 통신을 위해 개발되어서 지금은 통신을 비롯한 인터넷과 사진 촬영, 계산기, 앱(APP)application 등 다양한 기능으로 진화되듯, 트레킹도 그 목적과 기술에 있어서 많은 변화가 있었다.

　트레킹으로 하여금 진지한 여행을 하고 싶다면, 그것에 대하여 진심으로 다가가고 싶다면, 트레킹의 변천 과정을 살펴보아야 하고, 더 근본적으로 '인간이 언제부터, 무슨 연유로 걷기 시작했을까?'라는 질문도 해보아야 한다. 그리고 현재 내가 가지고 있는 트레킹의 관념에 대하여 살펴보아야 한다. 그것이 내가 지향해야 할 트레킹의 방향성을 발견하는 일이다. 그 방향성은 트레킹이 지니고 있는 무궁무진한 이익과 효과적으로 만나게 해주는 빛과 같은 존재가 되어준다.

　트레킹은 세상의 모든 걷기 여행이기에 세상의 많은 것을 담고 있다. 직립보행의 역사, 탐험의 역사, 문명의 역사, 사회구조의 역사, 투쟁의 역사, 건강의 역사 등 많은 세상의 역사가 트레킹과 연결되어 있다. 이집트 알렉산드리아 도서관˙에 담겨 있던 세상의 다양한 지식과 역사처럼, 트레킹에는 세상의 다양한 지식과 역사들이 숨겨져 있다. 그와 연관하여 트레킹의 역사에는 우리가 알지 못했던 트레킹의 본질이 숨어 있으며, 앞으로 우리가 어떻게 트레킹을 해야 할 것인지에 대한 해답이 들어 있다.

˙ 알렉산드리아 도서관은 현재 이집트 알렉산드리아에 있었으며, 설립 당시 세계 최대의 도서관이었다. 아리스토텔레스의 도서관에 영향을 받아 기원전 300년에 프롤레마이오스 1세의 명령으로 시작하여 프톨레마이오스 2세 때 완성되어 기원 후 391년까지 존속했다. 프롤레마이오스 1세는 아리스토텔레스를 스승으로 모신 알렉산더 대왕의 정신을 이어받은 후계자이다. 프톨레마이오스 1세의 명령은 세상의 모든 책과 정보를 수집하라는 것이었다.

1장 네발에서 두 발로

인간이 두 발로 걷기 전까지는 다른 동물들과 별반 다른 게 없었다. 사자나 스라소니가 다가오면 걸음아 나 살려라 도망이나 가야 했고, 그들이 먹다 남은 고기들을 발견했을 때는 이게 무슨 횡재냐 하고 감사히 먹어야 했다. 그 고기가 싱싱하든 맛이 갔든 관계없이.

지구 위에 인간이라고 불리는 원숭이와 비슷한 동물이 지금과 같이 두 발로 서서 걷기 시작하게 된 이유는 무엇일까? 이러한 질문에 대한 답은 단순한 호기심을 벗어나, 우리 신체 구조에 대한 근본적인 변형 단계를 인식하고, 그 속에서 두 발로 곧게 서서 걷는 행위에 대한 작용과 효과에 대하여 다가서게 해준다. 그리고 이러한 과정은 두 발로 서서 하루 종일 걸어야 하는 트레커들에게는 매우 중요한 사항일 수밖에 없다.

이러한 우리의 신체 구조에 대한 탐구는 트레킹이라는 다분히 원시적인 움직임의 본질을 이해하는 것이기도 하며, 나아가서 일상에서 늘 함께하고 있는, 걷기가 건강에 미치는 영향에 대한 신중한 관심의 표명이기도 하다. 우리가 언제 우리 몸에 관하여 이렇게 신중한 관심을 가진 적이 있었던가? 우리가 이렇게 걷기의 본질에 대하여 탐구하는 마음을 가지고 있다면, 이 시간부터는 우리 몸을 잘 이해하고 관리하도록 적극적인 마음의 상태로 접어들고 있다고 생각해도 되겠다.

A. 최초의 인간

1978년 영국의 인류학자 리키 부부Mary Leakey, 1903~1996; Louis Seymour Bazett Leakey, 1903~1972가 남아프리카의 라에톨리에서 최초의 직립 인류 오스트랄로피테쿠스 아파렌시스Australopithecus afarensis의 발자국을 발견했을 때 이렇게 말했다. "영장류의 발달 과정에서 직립보행의 역할은 아무리 강조해도 지나치지 않다. 직립보행은 인간의 조상을 그 밖의 원시종과 구별하는 핵심적인 요소이다. 이 고유한 능력은 두 손을 해방시켜 무수한 가능성 즉, 물건을 나르고 도구를 만들고 섬세한 작업을 진행할 가능성을 열었고, 사실은 이러한 하나의 발전으로부터 모든 현대적 테크놀로지technology가 발생하였다. 지나친 단순함일지 모르지만 앞다리가 누리게 된 새로운 자유가 도전장을 내밀었고 두뇌는 그 도전에 답하기 위해서 확장되었다는 공식도 가능하다. 인류는 이렇게 생겨났다."

유인원과에 있었던 영장류가 두 발로 걷게 된 이유는, 생존의 원칙에서 멀리 보거나, 손을 이용하여 높은 곳에 있는 열매를 따거나, 천적들과의 싸움에서 이기기 위해 돌이나 뼈 같은 무기를 사용하기 위함이라는 게 정설이다. 그러나 두 발로 걷게 된 직접적인 이유가 바로 이것이라는 증거는 아직 발견되지 않았으며, 두 발로 걷게 되기까지는 아주 오랜 시간이 걸렸다는 것은 확실해 보인다. 적어도 300만 년이라는 긴 시간에 걸쳐서 직립보행의 진화가 이루어졌다. 네발에서 두 발로 일어서고, 그 상태에서 앞으로 걷기가 이렇게 많은 시간이 걸리는 것을 봐서는 허리를 허공에 세우고 두 발로만 걷는 행위가 보통 어려운 게 아니라는 사실을 짐작하게 한다. 지구상의 생명체 중에 허리를 곧게 펴고 두 발로만 걷는 존재가 우리 인간밖에 없다는 사실이 무척이나 새삼스럽게 느껴진다.

B. 두 발 직립보행의 특성

갓난아이의 유전자 속에는 수백만 년 동안 만들어진 걷기에 대한 학습내용이 저장되어 있다. 아이는 엄마 뱃속에서 나와 바로 걸을 수 없다. 유전자에 내재된 걷기 프로그램이 근육과 연결되기까지 일정 기간 동안 적절한 훈련이 필요하다. 아이는 수없이 넘어지고, 여러 가지 우여곡절을 경험하면서 결국은 두 발 직립보행에 성공한다.

진화적 관점에서 볼 때, 네발에서 두 발로 걸으려면 유전자 변이가 일어나야 하고, 엉덩이 전체 근육이 그것에 맞게 변해야 한다. 인간의 두 발 걷기란, 캥거루처럼 단순하게 두 발이 동시에 나아가며 깡충깡충 뛰는 것이 아니라, 한 발이 나가고 뒷발이 따라 나가는 지속적인 동작이 가능한 걷기의 형태이다. 한 발이 나갈 때 일정 시간은 아주 짧은 시간이지만 한 발로 지탱하며 몸의 균형을 잡아야 하는 어려움이 있고, 앞으로 쓰러지는 몸의 균형을 잡은 뒤, 앞으로 나간 다리로 바닥을 밟은 후 뒷다리를 재빠르게 들어 또 앞으로 내밀어야 한다. 이는 네발로 걷는 행위보다 매우 복잡하고 정교한 균형감각이 필요한 움직임이며, 다른 동작으로의 변형 즉, 돌아서기, 굽히기, 점프하기, 차기 등의 연결이 가능한 효율적인 움직임이다.

이러한 두 발 직립보행은, 두뇌와 척수의 세포들이 컴퓨터보다 복잡한 신경회로를 작동시켜, 걷기에 필요한 신체 부위의 근육을 순서에 맞게 움직임으로써 가능해진다. 아기가 두 발로 일어서서 어른처럼 수월하게 걸으려면 두뇌와 신경, 근육, 신체 등이 종합적으로 발달해야 하며, 그것들의 총체적인 균형감각이 빠짐없이 작동해야 한다. 단순히 두 다리의 힘만 길러진다고 두 발 걷기가 가능한 게 아니다. 이러한 두 발 걷기의 균형감각은 포유류의 네발 보행에 비해 에너지 소비량이 경제적이고, 먼 거리를 갈 수 있게 하며, 싸움에서 다양한 각도에서 무기사용을 가능하게 하였고, 나아가서는 다양한 손기술의 발전으로 문명을 만드는 데 토대가 되었다.

두 발 직립보행이라는 진화 과정에서 매우 특이한 신체의 변화는 대둔근gluteus maximus; 엉덩이 근육의 발달이다. 대둔근의 발달은 두 발 걷기를 가능하게 한 일등 공신이다. 인간의 대둔근은 다른 네발로 걷는 유인원과는 비교되지 않을 정도로 많은 근육량을 가지고 있다. 대둔근은 다리를 뒤쪽에서 앞쪽으로 당기거나 곧게 서게 하도록 다리를 골반에 고정시키고 균형을 잡아주는 등 직립보행에 필요한 특별한 역할을 수행한다.

이러한 두 발 직립보행의 진화는 기적적인 사실이며 진화론적으로도 매우 어려운 과정이다. 이렇게 가능성이 매우 희박한 두 발 걷기를 존경하는 우리 조상님들께서 일찌감치 깨우친 덕에, 우리는 그에 따른 선물들이 보물창고에서 보물 쏟아지듯 엄청난 혜택들을 받고 있다. 그 선물은 우리가 익히 알고 있는 불의 사용, 도구의 사용, 그림의 사용, 언어의 활용, 고도의 문명 등 오랫동안 친구로 지내던 다른 포유류들은 상상도 못 할 엄청난 것들로 발전되었다. 언어의 활용에 관한 예를 들어보면, 두 발 걷기는 개나 말과 같이 네발 걷기를 하는 다른 동물과 달리 숨을 고르기 쉽게 해주었다.[1] 그로 인하여 두 발 걷기로 진화된 인류의 폐는 숨을 자유자재로 조절하고 전체 에너지를 절약할 수 있게 되었다. 그러다가 그들은 입을 통해 정교한 언어의 표현이 가능한 유일한 포유류가 되었다.

한편, 인간의 두 발 직립보행에 따른 후유증으로 아직도 시달리는 고통들이 있다. 허리가 허공으로 세워짐에 따라 대둔근 위쪽에 붙어 있는 척추에 중력의 무게감이 가중되어 허리의 통증이 증가되었다. 그에 따라 골반이 작아지고 태아의 두뇌가 커짐에 따라 출산의 고통이 증가되었다. 그리고 네발 달린 유인원에게는 없는 치질의 고통이 생겨났다.[2] 그러나 두 발 걷기에 의한 진화는 인간의 입장에서 볼 때, 많은 면에서 실보다 득이 많은 경이로운 변화임에 틀림없다. 가령 자동차나 비행기들이 두 발 걷기의 역할을 대신해 주는 지금에도, 두 발 걷기의 균형감각은 달리기, 트레킹, 구기 운동, 격투기, 스트레칭 등, 건강을 위한 운동의 수단으로 발전하여 인간의 수명연장을 가능케 하며 계속해서 인간들에게 새로운 가능성을 제시하고 있다.

나아가서 이러한 걷기에 관한 발전된 관심은, 단순히 두 발로 걷는 이유가 이쪽에서 저쪽으로 옮겨가는 단순한 이동의 방법에만 국한되어 있지 않는다는 것을 알려준다. 두 발로 걷기라는 이 오래된 움직임을 살펴보면, 그 걷고 있는 모습에서 그 사람의 생활 패턴과 건강의 척도, 개인이 겪어온 숱한 인생살이가 녹아 있는 것을 엿볼 수 있다. 그리고 우리가 어떤 걷기 자세로, 어떤 몸짓으로 이 세상과 접촉할 것인가도 알아낼 수 있다. 두 발로 걷는 역사와 그 걷는 원리에 대하여 관심을 가지는 것은, 트레킹과 관련된 대부분의 것에 대한 관심이다. 그리고 그것은 나에 대한 관심, 그리고 세상에 대한 관심이다. 이제부터 당신은 주변에서 걷는 사람을 보게 되면, 예전과는 달리 사람들의 걷는 자세를 관찰하게 될 것이다. 힘차게 가슴을 펴고 활기차게 걷는지, 아니면 세상 근심을 모두 가지고 있는 사람처럼 바닥을 보고 구부정한 상태로 걷는지.

2장 트레킹의 르네상스

  기나긴 자연의 시간 속에서 완성된 인간의 두 발 걷기는 이 척박한 우주에서 찾아보기 힘든 문명이라는 것을 만들어 냈다. 문명이라는 역사는 인간의 두 발 걷기의 역사에 비하면 지극히 짧은 시간에 만들어졌지만 채찍질을 하지 않아도 저절로 앞으로 나아가는 기차를 만들거나, 사료나 먹이를 주지 않아도 저절로 움직이며 생필품을 만들어 내는 신기한 기계들을 만들어 냈다. 19세기 말, 영국에서 일어난 이른바 산업혁명의 기세는 불과 몇 년 사이에 영국과 그 주변 유럽국가 도시들을 공장지대로 만들어 버렸다. 공룡의 멸망을 불러일으킨 백악기 말의 그 암울했던 지구의 대기층을 연상케 하는 시커먼 연기로 덮힌 하늘이 포유류의 한 가지 종에 불과하던 인간들에 의해 다시 재현되고 있었다.
  500만 년을 숲속에서 동물처럼 뛰어다니던 인간들은, 저절로 움직이는 거대한 금속기계를 만들더니, 급기야 스스로 그 금속기계의 부속품이 되었다. 하루의 절반은 자동기계의 부속품으로 일하고, 그 나머지 절반도, 공장의 굴뚝 연기가 하늘을 덮은 도시의 그늘에서 생활하게 된다. 이러한 광경은 찰리 채플린의 영화 「모던 타임즈Modern Times, 1936」를 보면 금방 알게 된다. 주인공인 공장 노동자찰리 채플린분는 커다란 자동기계의 나사를 조이는 작업을 기계처럼 똑같은 동작으로 매일 똑같이 반복한다. 일을 하지 않을 때도 그는 나사를 조이는 감각이 몸에서 생겨나서 눈에 보이는 나사와 흡사한 물건들을 보면 모조리 조여버리는 강박적인 행동을 보인다. 이로 인해 그는 정신병원에 들어가게 된다. 이러한 영화 속 주인공의 모습은 19세기나 지금이나, 기계와 산업구조의 일부로 살아가는 인간의 강박적인 심리 패턴을 대변해 주고 있다.

이때부터 사람들은 의식적으로 자연을 찾아, 부족했던 두 발 걷기의 욕구를 해소하고 자연과의 접촉 시간을 충족하려는 행동을 개시한다. 이는 오랜 시간을 자연에서 거침없이 걷고 뛰며 지냈던 자유로운 심리기제가 기계의 일부분으로 변모된 것에 대한 반항의 심리이다. 이는 마치 오랜 세월 동안 넓은 들판에서 뛰어다니던 야생마를 좁디좁은 우리 안에 가두어 사육함으로써 발생하는 야생마의 몸부림과도 같다. 다시 설명하자면 당시 사람들이 공장지대를 벗어나 자연을 찾아 마음껏 걷는 행위는, 오랜 세월 동안 자연에서 만들어진 그들의 유전자가 새로운 도시 환경에서 급속하게 위협을 받음으로써 몸부림치는 본능에 의한 행동이라고 할 수 있다.

A. 최초의 걷기 여행클럽

1880년 영국에서 생겨난 최초의 걷기 여행클럽 '맨체스터 YMCA 방랑클럽Manchester YMCA Rambling Club'은 토요일 오후부터 일요일 저녁까지 초원과 숲길 그리고 시골길을 끊임없이 방랑자들처럼 걸었다.[3] 이 클럽이 가지고 있는 걷기의 특징은 원시시대부터 산업혁명 이전까지의 그것과는 매우 다른 형태를 보였다. 먹고살기 위해 장소를 이동하거나 사냥을 위해 걷거나 뛰거나 매복하는 개념이 아니었다. 이들이 걷는 데는 어떤 뚜렷한 대가성이 없었다. 이 클럽 회원들이 자연과 시골길을 걷는 이유는 단지 건강하고 즐거워지기 위함이었다. 기계의 부품으로 살면서 받았던 스트레스를 공기 좋고 경치 좋은 야외에서 날려버리고 함께 걷는 사람들로 인해 만들어진 연대감으로 인하여 참가자 모두가 행복해지는 게 걷는 이유였다. 이때부터 인간은 500만 년이나 지속된 걷는 이유에 대한 새로운 전환기를 맞이했다.

1884년 영국에서 만들어진 '숲속의 방랑자 클럽The Forest Ramblers' Club'은 '맨체스터 YMCA 방랑클럽'과 유사한 걷기클럽이지만 다른 점이 있었다. 그들의 걷는 즐거움 중에는 '걷기 좋은 소로좁고 걷기 좋은 길의 권리'에 대한 의식이 추가되었다.[4] 그 당시 영국 토지의 90%는 귀족들이나 거대 지주들의 사유지였다. 그런 까닭에 경치 좋은 야외에서 걸으면서 즐거움이나 자유를 만끽하려면 마음대로 걸을 수 있는 통행로를 확보해야 하는 문제가 발생한 것이다. 이들은 그러한 문제를 해결하기 위해 많은 사회적인 접근을 시도하고, 더불어 그 뜻하는 바를 보여주는 행사의 개념이 포함된 걷기 여행* 즉, 트레킹을 하였다. 이러한 사회적인 문제해결이 목적으로 추가된 걷기클럽walking club은 영국을 비롯한 오스트리아, 독일, 그리고 태평양을 건너 미국에서 유행처럼 생겨났다. 바로 트레킹의 르네상스 시대가 도래한 것이다.

1892년 미국에서는 박물학자 존 뮤어John Muir, 1838~1914에 의해 시에라클럽Sierra Club이 탄생했다. 서부 개척 시대에 무리한 금광개발이나 댐 건설로 인한 자연의 훼손을 막으려는 노력이 클럽 활동의 주제

---

* 영국에서는 지금도 트레킹이라는 표현보다 걷기 여행(walking tour)이라는 용어를 즐겨 쓴다. 걷기 여행은 트레킹이나 하이킹과 같은 개념으로 '특별한 장비가 없이 맨몸으로 자연 지역이나 전원 지역을 걷는 행위'로 애용하고 있다.

였다. 그들은 그러한 행동의 일원으로 요세미티 국립공원의 경계를 세워 자연을 보호했으며 세계 최초로 야생 보호법을 의회에서 통과시키는 과정을 주도 했다. 이러한 시에라클럽의 자연보호에 관한 영향력은 지금도 전 세계적으로 광대하게 퍼져있다.

1895년 오스트리아에서는 '자연의 친구들The Friends of Nature'이 교사와 학생, 대장장이에 의해 창설되었으며, 이전의 자연보호나 소로의 통행 권리를 주장하던 걷기클럽과는 다르게 좀 더 적극적이었다. 그들의 목적은 더 많은 정치적인 이유를 포함했다. 그들의 세력은 시간이 지나면서 주변 국가에 지부를 운영하는 것으로 세력이 강화되더니, 자유로운 걷기 여행을 위하여 직접 토지를 매입하는 등 적극적인 활동성을 보여주었다. 결국 '자연의 친구들'은 그러한 성향으로 사회주의의 개념을 도입하게 되고, 정치적인 성향을 짙게 풍기는 걷기클럽으로 발전했다.

19세기 말에서 20세기 초는 걷기 여행의 황금기였다. 이 시기에 도시를 떠나 전원 길을 걷는 트레킹은 여행의 수단을 넘어서 생활에서 없어서는 안 될 중요한 행위로 사람들의 생활 속에 자리 잡게 된다. 그들은 함께 자연과 전원을 걸음으로써 건강을 되찾고, 동료들과 함께 여행함으로써 얻어지는 소속감의 즐거움도 맛보았다. 더불어 함께 걸음으로 인하여 그동안 경험하지 못했던 사회적 권리를 보장받는 등 커다란 희망도 갖게 되었다. 이러한 시민 주도적인 새로운 활동 영역을 구축한 대규모의 걷기클럽들은 지금까지도 서구 트레킹 역사의 발전을 주도하고, 자연보호와 소로의 통행권 권리행사 등을 위해 많은 활동을 이어가고 있다.

B. 등반과 트레킹의 관계

　등반climbing 혹은 mountaineering은 산업혁명이 본격화되기 이전인 18세기 말부터 생겨났다. 15세기 말부터 시작된 유럽의 해양 진출에서 시작된 인도와 아메리카 신대륙의 발견은 그 당시 유럽인들에게는 새로운 세계에 대한 탐험 의지의 촉매제 역할을 했다. 1786년 알프스 몽블랑 근처에 살던 의사 미셸 가브리엘 파카르Michel G. Paccard는 사냥꾼인 자크 발마Jacques Balmat의 도움으로 알프스산맥에서 제일 높은 몽블랑4,807m 정상을 오르게 된다. 이들은 등반에 관한 변변한 장비도 없이 죽음을 무릅쓰고 그 당시 유럽인들이 지대한 관심을 가졌던 알프스의 최고봉을 오름으로써 등반 역사의 장을 열었다.

　이들의 도전은 성공 가능성이 희박한 목숨을 건 무모한 행동으로 생각할 수 있으나 분명 인간의 한계를 극복한 위대한 탐험이었다는 것이다. 이들이 몽블랑을 그렇게 오른 것은 자연과학자이자 광물학자인 '오라스 베네딕트 드 소쉬르Horace Bénédict de Saussure'라는 사람이 건 거액의 상금이 주요 이유였다고 한다. 이러한 탐험은 이후에 특별한 등반 기술이 포함된 등반의 역사로 발전하였으며, 탐험과 기록 그리고 정상 정복을 즐기기 위한 등반으로 뚜렷한 발전을 이어갔다. 그리고 등반은 한동안 귀족들의 소유물로 인식되었다. 이 당시 생겨난 등반클럽은 그 형태와 목적성에서 볼 때, 19세기 말에 생겨난 걷기클럽과는 많은 부분이 달랐다.

　자연을 탐험한다는 주제는 서로 같지만 등반클럽은 특별한 기술에 의한 정상 정복이라는 확실한 목적성을 보유한 반면, 걷기클럽은 수평적인 참여의 개념을 중요하게 생각하고 자연과 사람을 만난다는 추상적인 목적을 담고 있다. 이러한 이유로 이 둘의 관계는 서로 다른 양상을 보여주었다. 19세기 말에 시작된 걷기클럽은, 그전에 시작된 등반클럽과는 어떠한 직접적인 연관성은 없어 보인다. 기술적인 면에서나 그 목적성, 참여자들의 신분을 보더라도 연관성은 없어 보인다. 그러나 그 당시 걷기클럽이나 등반클럽의 주요 목적이 어떠한 것이든, 그것에 참여하도록 이끄는 커다란 힘은 자연이라는 환경이었다. 자연에서 걷거나 오르고, 자연을 체험함으로써 건강해질 수 있고, 참여하는 사람들은 하나의 공동체가 되어 행복해진다. 이러한 주제들은 두 행위의 공통점이며, 지금까지도 두 행위를 지탱하는 가장 주요한 주제다. 이 둘은 서로 다르면서도 속마음은 서로 같다.

C. 걷기의 정신적 진화

그렇게 사람들이 자연으로 돌아가서 두 발 직립보행을 함으로써 또 하나의 고차원적인 의식의 싹이 올라오기 시작했다. 사람들은 장거리 걷기를 통하여 고달픈 생활고에서 벗어나, 사는 것에 대한 근본적인 질문을 갖기 시작했다. 그러한 고차원적인 의식은 순례라는 장거리 걷기에서 생겨났을 가능성이 크다. 그러한 고차원적인 의식의 행위가 당시의 트레킹에서 어느 정도 발생했는지는 알기 힘들다. 그렇지만 그 당시를 풍미했던 많은 철학자나 사상가들의 발자취에서 그 사실을 유추해 볼 수 있다.

루소는 1782년 발간된 자신의 저서 『고독한 산책자의 몽상』에서 사색에 관한 이야기를 이렇게 정의한다. "사색은 자연에 의해 촉발되는 즐거운 기억의 연장일뿐만 아니라, 아무런 대상 없이 자신의 존재감만으로 영혼 전체가 채워지는 초월적인 체험을 의미한다. 다시 말해서, 남의 시선과 평판과 무관하게 자기 자신으로서 존재할 수 있을 정도로 회복된 자아의 향유로서 존재의 본질을 체험하는 행위이다." 또한 루소는 "사람에게는 세 가지 스승이 있는데, 첫째가 대자연이며, 둘째는 인간, 셋째는 사물이다."라고 할 만큼 자연과 사색에 대한 의미를 강조했다.

『자라투스트라는 이렇게 말했다』를 남긴 프리드리히 니체Friedrich Nietzsche, 1844~1900는 유랑하는 철학자였다. 그의 유랑생활에는 주기가 있었다. 겨울에는 지중해에서, 여름에는 스위스의 고지대 엥가딘의 산과 계곡에서 보냈다. 1879년 발간된『방랑자와 그의 그림자』그리고 1883년 발간된『자라투스트라는 이렇게 말했다』는 니체가 엥가딘의 숲과 호숫가에서 산책하며 쓴 책이다. 스위스 동부를 가로지르는 산림 지역인 엥가딘에는 실스 호수, 실바플라나 호수, 샤페레 호수, 생모리츠 호수가 있었다. 니체는 해발 1,800m 지대에 있는 아름다운 호반을 따라 숲속 길을 매일 혼자 걸었다. 그렇게 산책하는 데 보통 8시간에서 10시간이 걸렸다고 한다. 말이 산책이지 그것은 트레킹이었다. 니체는 엥가딘뿐만 아니라 자신이 머물렀던 여러 고장에서 오랜 시간 산책을 했다. 산책이란 니체에게는 현실적인 구원이었다. 니체는 동료 프란츠 오버베크에게 이런 내용의 편지를 썼다. "나는 이제 엥가딘을 내 것으로 만들었네. 아주 놀랍도록 내게 꼭 맞는 곳에 온 것 같군! 나는 이런 유형의 자연과 잘 맞아. 이제 고통이 좀 덜하다네. 이런 느낌을 얼마나 원했던지." 니체의 유명한 명언 중에 "진정 위대한 모든 생각은 걷기로부터 나온다All truly great thoughts are conceived by walking."라는 말은 그가 얼마나 산책에 의지하였는지를 보여주는 말이다.

이 시기 척박했던 사회에서 커다란 변화를 이끈 철학자들은 사색을 통하여 인간이 인간답게 살 수 있는 방법을 제시해 주었고, 사람들은 그것에 환호하며 인간 구원에 관하여 스스로의 불씨를 일으켰다. 그런데 그러한 철학 의식이 그 당시 걷기 여행에서 적절하게 사용되었는지는 의문이다. 그 당시에는 철학자들을 제외하고는 사색을 위해 장거리 걷기를 할 사람들은 드물었기 때문이다. 그 당시 여러 사람이 함께 다녔던 걷기 여행으로는 사색이나 명상의 성격이 짙은 걷기가 어렵다는 것을 짐작할 수 있다. 그러나 걷기 여행의 구조를 자세히 들여다보거나 걷기 여행을 직접 체험한 사람들이라면, 여러 사람들이 사회적인 이슈를 전달하기 위해 왁자지껄 걷는다고 하더라도, 스스로 사색이나 사유에 빠질 수 있는 조건은 충분히 존재한다는 사실을 알게 된다.

그 조건은, 자연 속이든 도시이든 장시간 걷는 동안에는 그렇게 크게 할 일이 없다는 사실이다. 지속적으로 걷는 내내 구호를 외쳐야 하는 조건만 없다면 4시간이든 10시간이든 많은 시간을 나 자신과 보낸다. 그러한 조건은 그 당시 걷기 여행에도 자기 구원을 위한 사색의 시간을 만들었을 가능성을 보여준다. 단지 그것이 크게 두드러지지 않았던 것은, 그 당시 걷기 여행의 행태가 대부분 단체성_{사회적 문제이든, 단지 즐거움이든}을 가지고 있기 때문이다.

걷기의 르네상스 시대는 걷기에 관한 새로운 발견의 시대였으며, 걷기에 대한 정신적 진화가 싹트던 시대였다. 걷기의 목적이 이곳에서 저곳으로 이동하고자 하는 1차원적인 목적에서 벗어나, 전혀 다른 차원의 목적이 포함되기 시작했다. 그것은 이동의 목적과는 전혀 다른 단순한 즐거움을 위한 것이거나, 단체의 목적을 위한 것이거나, 때때로 개인의 성찰을 위한 공간이다. 그 시대의 트레킹은 인간 구원의 측면에서도 지대한 역할을 수행했다. 그것은 공장지대에서의 탈출뿐만 아니라, 인간이 누려왔던 근본적인 활력의 회복이라든지, 억압받던 생활로부터의 회복, 사회 구성원으로서의 소속감 등 많은 부분에서 수행됐다. 그 시대 트레킹이 보여준 영향력은 스마트폰에 영혼을 빼앗긴 이 시대에도, 사람들을 자연을 찾아서 오랫동안 걷게 함으로써 자아를 찾게 하는 데 커다란 동력으로 작용되고 있다.

3장 현대 지구촌의 트레킹

A. 트레킹의 현대 시대

　트레킹의 현대 시대는 언제부터인가? 이러한 질문에 대하여 정의하려는 시도는, 지금 우리가 완성하려는 트레킹의 상태나 방향성을 규정하는 데 매우 중요하기 때문이다. 트레킹의 르네상스 시대였던 19세기 말이 트레킹의 현대 시대의 시작이라고 규정하기에는, 그 시절의 트레킹과 지금의 그것에는 많은 차이점이 있다. 지금 트레킹을 하는 이유는 예전보다 개인 성향의 목적들이 강하게 작용한다. 지금은 최첨단 기술에 의한 정보들의 홍수와 대결 구도로 발전된 사회구조에서 많은 것들이 개인 성향으로 발전했다. 그럼으로 인하여 예전에 주류를 이루었던 단체 트레킹이 지금은 소규모 혹은 개인 트레킹으로 변모하고 있다. 지금은 비록 단체 트레킹으로 진행되더라도 그것의 목적은 단체의 목적이 아닌 개인의 휴식이나 건강, 탐험에 목적을 두고 있을 가능성이 많다.
　지금의 사회구조는 나날이 알아야 하고 배워야 할 정보들도 많아지고, 뒤처지지 않으려고 세심한 것까지 신경 써야 하고, 또한 성공적인 업무를 위하여 보다 공격적인 심리를 요구한다. 이러한 긴장이나 대결적인 구조가 만연할수록 자연을 벗 삼아 마음을 이완시켜 주거나 스트레스를 풀어주는 트레킹은 현대인들에게 꼭 필요한 행위가 되어가고 있다. 자연은 사회에서 쇠퇴되거나 소외된 우리의 생물학적 특성을 재생시켜 주는 장소이기 때문이다.[5] 걷는 그곳이 자연이든 시골이든 고

색창연한 도시이든, 일에서 해방된 그곳은 경직된 사람들의 마음을 부드럽게 만들어 준다. 그리고 그곳에서 만나는 사람들이나 원주민들은 내가 속해 있는 사회와는 다른 우호적인 사람들이기 때문에, 경직된 마음에서 부드럽거나 생기 있는 생물학적 특성을 되살려 준다.

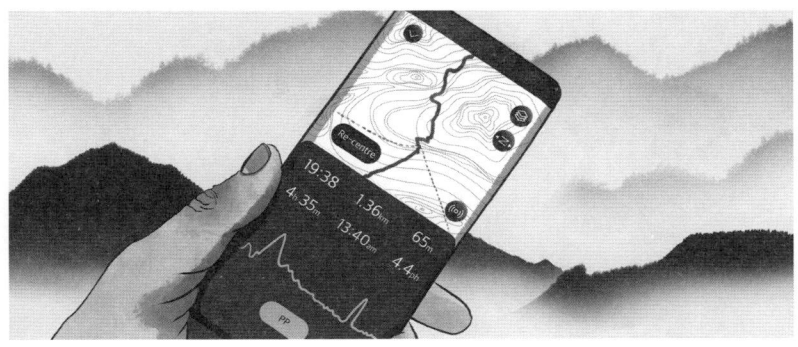

트레킹의 현대 시대를 알리는 관점으로 지적되는 사실은 GPS* 기능의 대중화이다. GPS 기능이 대중화된 2000년대부터는, 위험이 도사리고 있고 아름답기도 한 자연의 한가운데로 들어가는 데 보다 자유로워졌으며, 전문가의 도움 없이도 다양한 트레일의 도전이 가능해졌다. GPS 기능이 포함된 트레킹 어플리케이션(APP)application 앱을 스마트폰에 탑재하고 야생 속에서의 길 찾기 기능이 자동화되면서, 건

---

* 전[全] 지구 위치 파악 시스템(global position system, GPS)은 미국의 인공위성을 토대로 운영되는 위치 추적 시스템이며 전 세계에 무료로 제공된다. 2만km 상공에서 하루에 두 번 공전하는 27개의 인공위성에서 신호를 받을 수 있다. 그러므로 지구 어디에서든 GPS 기기만 있으면 5개에서 8개 정도의 위성에서 신호를 받아 사용할 수 있다. 2000년대 이후부터는 그 위치 파악의 정확도가 높아졌고, 차량, 핸드폰에 GPS 기능이 내장되기 시작하면서 그 수효가 일반화되었다.

강한 사람이라면 누구나 트레킹을 즐길 수 있는 트레킹의 현대 시대가 도래한 것이다.

원시나 고대 시기에는 북극성이나 태양을 기준으로 방향을 추정하면서 광야나 산길을 걸었다. 그러다가 중세와 근대에는 간략한 개념도 형식의 종이지도를 보면서 여행했다. 이러한 정확도가 보장되지 않는 길 찾기 방법으로 여행 중에 많은 난관에 봉착하기도 하고, 목적지에 도달하기 위해서는 많은 시간이 소비되었다. 그로 인하여 옛날 사람들은 미지로의 여행을 굉장히 도전적이고 모험적인 여정으로 인식했고 부담스럽게 생각했다. 그러나 최근에는 스마트폰에 장착된 길 찾기 앱이 스스로 알아서 길을 안내해 주기 때문에, 조금만 신경 쓴다면 세상 어느 곳을 간다고 하더라도 크게 두려움 없이 찾아갈 수 있는 세상이 되었다. 그리고 GPS에 의한 정확한 위치 추적은 위급한 상황에 처한 사람을 구출하는 데 큰 도움을 준다. 지금의 트레킹 앱은 트레킹의 위험성에 대한 문턱을 낮추는 데 크게 일조했으며, 다양한 커뮤니티 기능으로 인하여 트레킹에 대하여 흥미와 성취감을 갖게 해주는 데도 큰 역할을 하고 있다. GPS의 다양하고도 획기적인 기능은 트레킹의 현대화와 대중화를 이끌어 낸 상징적인 의미를 가지고 있다.

더 넓게 보자면, 트레킹의 현대 시대로의 진입에는 포괄적인 과학 기술technology이 지대한 역할을 해냈다. 과학 기술의 적용은 트레킹 용품의 기능과 걷는 방법을 효율적으로 발전시켰으며, 인터넷의 활용은 자신이 다녀온 트레일이나 그 길에 대한 생각을 많은 사람들에게 쉽게 전파할 수 있으므로, 트레킹의 좋은 점을 여러 사람들에게 알려주는 계기가 되었다. GPS의 기능으로 인하여 인솔자가 없는 자유로운 트레킹이 가능해졌다는 사실은, 트레킹에서 체험되는 흥미나 감동의 정도가 더욱 다양해지고 뚜렷해진다는 것을 의미하기도 한다. 인솔자를 따라가지 않고 자신이 직접 주도하는 여행은, 체험하는 모든 시간들이 주도적인 선택이기 때문에 더욱 감동적일 수밖에 없기 때문이다. 트레킹의 과학 기술의 적용은 트레킹의 많은 모습을 바꾸어 놓았다. 그것은 트레킹의 기술이나 내면의 심리를 포함하는 많은 변화를 포함하고 있다.

B. 고독을 즐기는 트레커들

개인적이고 대결구조로 이루어진 현대사회에서는 늘 긴장이라는 마음의 상태를 스스로 마음 한쪽에 깔아놓는다. 그 긴장은 사회구조에서 비롯되었고 그 사회구조는 사람들에 의하여 만들어졌다. 그러한 단절되고 긴장된 사회구조에서 사람들은 호젓한 환경을 찾아서 여행을 떠나고, 그곳에서 열린 마음들을 만나길 기대한다. 호젓함이란 그 긴장 구조 사회에서의 탈출을 의미하며, 나만의 시간이 확장되면서 최고로 자유로운 휴식의 상태로 들어가는 것을 의미한다.[6)] 호젓한 환경은 자연스럽게 고독을 불러일으키게 한다. 고독은 진정한 자유와 마음을 열어주며 그러한 상태에의 낯선 환경은 일상에서 가로막힌 새로운 영감을 불러일으켜 주기도 한다. 독일의 철학자 폴 틸리히Paul Tillich, 1886~1965는 "고독solitude은 혼자 있는 즐거움, 외로움loneliness은 혼자 있는 고통"이라 정의했다. 현대인들은 고통이 아닌 즐거움과 자유를 찾아서 스스로 고독한 상태로 들어간다.

전 세계의 수많은 트레킹 클럽에서 혹은 트레킹 여행사에서 단체 트레킹이 진행될 때에도 그곳에는 파트너 없이 홀로 참석하거나 소규모로 참석하는 사람들이 많아지고 있다. 이것은 호젓한 자연을 찾기 위한 하나의 방법이며 자유로운 마음이 되기 의한 방법이기도 하다. 단 트레킹이 진행될 때에는 크게 웃고 떠들어서는 안 된다. 예전에는 그게 트레킹의 재미 중의 하나여서 그 재미로 여행을 했을 수도 있었겠지만 지금은 그런 행동이 주변 사람들에게 커다란 실례가 된다. 더군다나 인기 있는 트레일을 걸을 때는 주변에 다른 팀들이 지나갈 수 있는데, 이런 때에 다른 팀에게 방해가 되는 행위는 삼가야 한다. 한쪽으로 비켜서 지나가야 하고 가벼운 인사 정도는 괜찮겠지만 크게 떠들어서는 실례가 된다. 이는 현재 세계적인 트레킹의 모습이며 흔적 남기지 않기 운동 즉, LNT* 운동으로 대변되고 있다. 이러한 행동들은 개인의 고독을 위한 것이며, 주변에 살고 있는 모든 자연들을 위한 모두의 방침이다.

근대시대의 트레킹은 몇십 명, 혹은 몇백 명 단위의 단체적 성향이 뚜렷했었다. 그 단체의 목적은 그들의 경치, 그들의 건강, 그들의 낭만과 자유, 그들의 단결과 화목, 그들의 쟁취 같은 것들이었다. 물론 그 와중에도 가질 수 있는 개인적인 의미가 있었을 것이다. 나의 휴식, 나의 낭만, 나의 건강, 의식의 성장 같은 목적들이 긴 시간 지속되는 트레킹에서 완성되었을 것이다. 그러나 개인들에게 부여되는 그것들은 단체의 목적성에 비해 상대적으로 관심이 부족했거나 그 효과에는 한계가 있었을 것이다. 개인의 목적보다는 단체의 목적을 중요하게 여

---

* leave no trace: LNT 운동은 1980년대 미국에서 시작되어 전 세계적으로 확산되고 있는 주요 7개 조항의 환경 보호운동이다. 1. 사전에 충분히 계획하고 준비하기. 2. 지정된 지역에서 탐방하고 야영하기. 3. 쓰레기를 바르게 처리하기. 4. 본 것을 그대로 두기. 5. 캠프파이어의 영향을 최소화하기. 6. 야생 동식물을 보호하기. 7. 다른 탐방객을 배려하기.

겼기 때문이다.

　지금의 개인 혹은 소규모의 여행은 아무런 목적이 없어도 된다. 단지 나의 건강과 휴식 혹은 고독한 자유를 위한 여행이어도 된다. 남들과 발걸음을 맞추어야 하고 단체의 테두리에서 벗어나면 안 되는 규제는 개인행동에 제약이 가해진다. 고독은 그러한 테두리에서 벗어나서 일탈의 기회를 부여한다. 나 혼자라면 그동안 해보지 않았던 행동들을 마음껏 할 수 있다. 혼자서 분위기와 감정을 다잡고 노래를 부를 수 있고, 평소에는 망측하다고 생각했던 희한한 동작으로 춤을 출 수도 있다. 게스트하우스나 트레킹에서 만난 사람들은 그들 서로가 견제의 대상이 아니며 그러한 견제의 마음을 스스로 해체하기를 원하기 때문에 서로가 배려해 주는 사람이 된다. 이러한 이유로 그들의 만남은 이해관계가 없는 허물없는 사이가 되기도 한다. 이러한 열려 있는 교감들에 접근하기 위해서는 나 자신의 도시적 습관이나 위선을 내려놓는 마음의 자세가 필요하다. 그러한 열려 있는 마음의 여행은 혼자만의 여행이거나 아니면 내가 엉뚱한 짓을 하더라도 이해를 해줄 수 있는 사람들과 함께한다면 가능하다.

　현대 시대에는 군중 속에서도 고독감을 느끼게 된다. 그것은 현대 사회가 만들어 낸 사회적 구조의 탓이다.[7] 트레킹에서는 오히려 고독을 즐기려는 성향이 크게 작용한다. 그것이 여행사에서 제공하는 단체 트레킹 패키지일지언정 대부분의 트레커들이 원하는 목적성은 유사하다. 그 목적에는 멋진 자연의 풍경이 우선이겠지만 그 속에는 호젓함과 고독감에서 비롯되는 최고로 자유로운 마음의 상태를 포함하고 있다. 그리고 고독의 최정점에는 오로지 나 자신과 함께하는 깊은 사유의 시간도 존재한다.

　그 사유들은 트레킹 중에 체력이 고갈되어 가는 시간에서 만들어지며, 여행 중에 만났던 사람과 헤어지는 순간에도 등장한다. 그리고, 거대한 산군 같은 자연의 풍경과 마주할 때 등장하기도 한다. 그것은 개인일수록 고독할수록 그리고 탐방로에 사람이 없을수록 체험되는 감정의 크기는 커지게 되며 사유의 깊이는 넓고도 깊어진다. 지금은 많은 사람들이 휴식을 하려고 일상을 떠난다. 그러면서 스스로 고독한 상태를 만들어 놓고 그 속에서의 경험으로 말미암아 순도 높은 휴식과 자유를 누리고 있다.

C. 진정한 건강을 위하여

원시와 근대시대 트레킹 방법은 건강이라는 관점에서 보았을 때 그렇게 과학적이지 못했다. 원시시대는 굶어 죽지 않으려고 혹은 추위에서 벗어나려고 하루 종일 광야나 산길을 걸었다. 천적들이 구역을 침범하거나 식량을 찾아 이동할 때에는 몇 날, 며칠 혹은 몇 주 동안을 변변한 신발이나 충분한 휴식도 없이 쫓기듯 걸었다고 추측된다. 이는 건강과는 관계가 없는, 오직 생명 보존과 종족 보존을 위한 트레킹이다.

트레킹의 르네상스 시대라 불리었던 때는 단체 혹은 사회를 향한 목적이 분명했다. 그 당시 유럽에서 생겨난 많은 걷기클럽에서는 즐거움을 위한 야외 걷기를 통하여 행위의 가능성이 확장되었으며, 그러한 움직임은 세상을 바꾸는 데 커다란 일조를 하였다.[8] 이미 언급했지만 이러한 현상은 개인의 건강이나 휴식보다는 그들의 낭만과 화목, 그들의 쟁취 등 그들의 목적을 위해 개인이 움직이는 성향이었다. 즉 그 목적이 모두의 것이라고는 하지만, 단체의 목적을 위한 성향이 지배적이었기에 개인의 진정한 건강성은 부족했을 거라는 논리가 형성된다. 그 당시의 사회 풍조가 극단적이고도 전체적인 이데올로기가 성행했던 사실로서 그러한 성향을 충분히 추측할 수 있다.

사회구조가 개인주의로 변모하면서 지금의 트레킹은 개인의 즐거움이나 건강 휴식 같은 개인의 이익을 우선으로 변모하고 있다. 지금의 트레킹은 현대인들이 가지고 있는 현대병들을 치료해 주는 훌륭한 의사 역할을 강조하고 있다. 가벼워지고 기능성이 강화된 트레킹 용품이나 의류 그리고 식품들은 좀 더 건강한 상태에서 트레킹을 지속 가능하게 해준다. 트레킹 폴trekking pole; stick; 스틱의 개발은 하반신에 집중되던 체력을 두 손과 두 발로 분배하며 오랫동안 체력을 유지하고 부상을 줄이며 걸을 수 있게 해주며, GPS에 의한 트레킹 앱의 개발은 트레킹 거리와 고도를 정확하게 확인해 주면서 자신의 체력에 맞는 트레킹 자료를 산출하게 해준다. 이러한 진화된 트레킹 용품들은 많은 사람들이 트레킹에 접근하게 하는 데 일조를 하면서, 트레킹은 이제 대부분의 시간을 앉아서 생활하는 현대인들의 갖가지 현대병을 예방하고 고쳐주는 의사 역할을 하고 있다. 그리고 이렇게 친근한 모습으로 변모한 트레킹은 현대인들에게 경쟁적인 사회구조에서 벗어나서 건강하고 우호적인 유대감을 만들어 주면서 정신과 의사 역할도 하고 있다.

최근에는 많은 트레킹 개념 중에 진정한 건강성이 대두되고 있다. 예전에도 트레킹에서 건강이라는 개념은 중요하게 여겨졌지만, 대부분 트레킹의 화려한 겉모습들에 의해 소외되기 일쑤였다. 화려한 자연의 풍경이나 그곳에서 이룩한 개인들의 갖가지 영웅담들은 세찬 바람이 되어서 진정한 건강성을 저 멀리 날려버리고는 했다. 지금은 과학적이고 논리적인 사고방식이 지배적이어서 트레킹에서의 건강은 점점 관심의 중심이 되고 있다. 현대로 들어서면서 개인의 관심이 화려한 경력보다는 실제로 개인에게 중요한 것들이 무엇인가로 옮겨가고 있다. 진정한 건강을 위한 행위로서 트레킹을 생각하고 있는 국가들은 트레킹의 건강성에 대하여 어떻게 생각하고 있는지 알아보자.

트레킹의 역사를 만든 **영국**은 국가에서 트레킹을 전적으로 지원해 주고 있다. 그 지원의 폭은 법적으로나 경제적으로나 매우 넓다. 사유지라 할지라도 그곳에 주요 트레일이 지나간다면 누구나 그곳에서 트레킹이 가능하도록 법으로 보호해 주고 있다. 이러한 사실은 오래전부터 국민들이 만든 단체 걷기의 힘에서 비롯된 힘의 결과이기도 하다. 시민단체 걷기의 힘이 이러한 결과를 만든 것이다. 지금까지 영국에서 이어지는 그 단체 중에 대표적인 것이 영국 걷기연맹과 램블러 협회이다. 앞에서도 소개했지만 영국에서는 트레킹의 뜻으로 걷기 여행walking tour이나 램블링rambling이라는 단어를 사용하고, 걷는 사람은 램블러rambler라는 단어를 사용한다. 걷기연맹 홈페이지에서는 당일 트레일부터 여러 날이 걸리는 장거리 트레일까지 수많은 트레일들을 소개하고 있다.[9] 램블러 협회 홈페이지에는 마음을 열고 함께 걸으며 즐길 수 있는 사람들을 위한 걷기클럽을 소개하고 있으며, 건강을 위한 트레킹의 방법과 효과 그리고 다양한 트레일들에 관하여 소개하고 있다. 특히 램블러 협회는 트레킹과 건강에 대하여 많은 지면을 할애하며 소개하고 있다.[10]

트레킹을 랑도네randonnee라고 부르는 **프랑스**에서도 이에 대해 국가에서 전적으로 지원하고 있다. 그 지원의 폭은 세계에서 으뜸이라고 해도 과언이 아니다. 그 지원의 중심에는 프랑스인들의 건강에 대한 열정, 그리고 사회적 소속감이 자리 잡고 있다. 프랑스 랑도네 연맹 홈페이지에는 3,000여 개에 달하는 지역별 랑도네 클럽을 소개하고 있으며, 누구라도 원한다면 본인이 살고 있는 지역의 랑도네 클럽에 가입하여 여러 사람들과 함께 걸을 수 있도록 했다.[11] 또한 랑도네 연맹 홈페이지에는 남녀노소 누구나 수월하게 걸을 수 있는 당일 코스들로부터 여러 날이 걸리는 난이도 있는 랑도네까지 다양한 코스들이 소개되어 있다. 현재 프랑스에는 총 연장 18만km에 달하는 훌륭하고 다양한 코스들이 개발되어 있다. 이러한 여건은 랑도네가 프랑스인들에게 최고의 인기 스포츠로 자리 잡게 하는 계기를 제공했고, 스포츠 종목들 중에 국민들이 가장 사랑하는 여가 활동으로 자리 잡게 만들었다. 물론 랑도네 홈페이지에는 야외에서 건강하게 걷는 방법과 자연을 포함한 모두에게 지켜야 할 규칙들이 중요한 사항으로 소개되어 있다.

최고의 원시 자연을 가지고 있는 오스트레일리아와 일본에서도 자연에서 걷기는 그들이 알고 있는 여가 활동 중에서도 으뜸으로 여기고 있다. 광활하고 때 묻지 않은 오스트레일리아에는 부시 워킹bush walking이라는 이름으로 수많은 트레일이 개발되었고, 영국, 프랑스와 같이 가벼운 당일 코스와 심도 깊은 장거리 코스로 구분되어 소개되고 있다.[12] 특히 오스트레일리아 부시 워킹 공식 홈페이지에서는 건강에 대한 개념을 강조하여 소개하고 있다. 열린 마음을 나누며 건강과 활력을 나눌 수 있도록 지역클럽들을 소개하고, 부상과 긴급상황의 대처 방법, 트레킹에 효율적인 음식들과 용품들, 야외나 자연에서 효과적으로 걷는 방법, 아이들과 함께 걷기 등 진정한 건강을 위한 조언들을 소개하고 있다.

일본은 국토의 70%가 산림자원으로 되어 있고, 세계에서 처음으로 산림욕이라는 건강 걷기를 개발하여 호응을 얻고 있다. 일본도 다양한 난이도의 산악 트레일과 불교와 토속신앙을 위한 장거리 순례길들이 개발된 트레킹 천국이다. 특히 일본에서의 산림욕은 오래전부터 일본인들의 관심사였던 명상meditation이 결합된 숲길 걷기의 방식으로 대중들에게도 인기를 끌고 있다. 일본 국립공원 홈페이지에서는 육체와 정신 건강에 대한 산림욕 걷기에 관하여 소개하고 있다.[13]

트레킹에 지대한 관심을 가지고 있는 각국의 기관들은 건강에 관하여 많은 관심과 지원을 아끼지 않고 있으며 이는 세계적인 추세라고 해도 과언이 아니다. 그러나 이러한 트레킹에서의 진정한 건강개념은 한때 트레킹의 개척자들에 의해서 조롱당하기도 했다. 미국의 위대한 트레커 찰스 플레처 루미스Charles Fletcher Lummis는 1,600km 장거리 트레킹에 성공한 후에, 그의 저서『대륙을 횡단하는 부랑자A Tramp Across the Continent(1892)』의 서두에서 이렇게 말했다. "나는 시간이나 돈을 쫓은 것이 아니라 삶을 쫓았다. 여기서 삶이란 가엾은 건강 지상주의자가 말하는 딱한 의미의 삶이 아니다. 나는 좀 더 참된 의미, 좀 더 넓은 의미의 삶으로서…." 이러한 개념을 품은 그의 도전적인 트레킹은 143일 동안 계속되었으며, 그의 트레킹 일기는 매주 신문에 연재되었다. 그는 완주 기간에 팔이 부러지는 부상을 당했고, 폭설 속에 갇혀서 죽을 뻔한 위기를 맞기도 했다. 루미스의 도전정신은 그 당시 개척정신을 강조하던 미국인들에게 강인한 정신을 대변했고 지금도 많은 진지한 미국 트레커들은 그를 트레킹의 개척자 혹은 영혼의 성찰자로서 귀감의 대상으로 삼고 있다.

다른 스포츠들도 그러하겠지만 지금의 트레커들은 육체와 마음의 건강 그리고 영혼의 성찰 사이에서 고민하고 있다. 최고의 기록이 최고의 영혼이 되는 것은 아니지만 트레킹에 있어서 더 멀리 걷고, 더 오지에 가고 싶은 욕구는 누구나 마음 한구석에 가지고 있는 궁극적인 희망이다. 그러나 최고의 기록에 도달하기 위해서는 루미스처럼 육체의 어느 부분을 영혼의 제단에 바쳐야 할 상황이 도래하기도 한다. 그럼에도 불구하고 자신의 최고 희망, 혹은 자신의 한계를 뛰어넘는 기록은, 의식의 성장으로 이어지는 인간의 보편적인 욕구의 심성이 아닐 수 없다.

건강과 기록이라는 두 마리의 토끼를 잡는 방법은 역시 과학적인 방식으로 접근이 가능하다. 과학적인 트레킹의 방법으로 두 가지의 목적들을 모두 체험할 수 있는 것이다. 그리고 지금 현대의 트레킹 기법은 그 노력의 일환으로 여러 가지 기술들을 개발하였고, 계속해서 개발하고 있는 상태이다. GPS 앱에 의한 정확한 거리와 고도의 측정으로 체력 안배를 효과적으로 조정할 수 있으며, 가벼운 배낭이나 용품들, 충분한 휴식, 최적의 영양식, 트레킹 폴 사용에 의한 안전하고 효과적인 걷기, 부상에 대비한 정확한 의학상식, 그리고 이러한 기술적 토대 위에 적용해야 하는 트레킹의 심도 있는 심리가 바로 그것이다.

결국은 건강과 영혼의 성찰로 대치되는 두 가지의 이상적인 욕구에 관한 갈등은 트레킹에 있어서 가장 고심해야 할 문제이기도 하다. 이러한 트레킹의 궁극적인 방법들에 대한 고민은 트레커들의 과제이기도 하며, 그 둘의 원활한 관계는 가장 관심 있게 보아야 할 트레킹의 원리이다. 그 트레킹의 원리는 앞으로 '제4부 트레킹의 기술/1장 트레킹의 원리'에 등장하는 트레킹의 정의, "트레킹은 나의 육체와 정신이 세상과 만나서 함께 작용하는 행위"에 대한 원리이기도 하다.

제3부
트레킹의 심리

신비하거나 추상적인 트레킹에서 우리에게 적용되는 기본 심리들이 무엇인지 알아보는 일은, 트레킹을 보다 효과적으로 즐기는 데 중요한 과학적 태도이다. 그것은 트레킹을 단지 즐기는 것에 그치지 않고, 트레킹의 정체를 알려고 시도하는 첫걸음과도 같다. 그 정체들은 트레킹 중에 느껴지는 즐겁거나 안정적인 마음, 그리고 자유로운 마음, 야생동물을 견제하는 마음 등 여러 가지 마음의 작용 원리이다. 우리가 모든 세상의 걷기에서 건강해지는 이유도 그러한 심리들에서 비롯된다.

이러한 심리들은 일상이나 도시에서 활동할 때 느껴지는 것들과는 다르기에 트레커들이 주목해야 한다. 실제로 장시간의 트레킹에서는 다양한 사건으로 트레킹을 하고자 하는 마음에 위기가 찾아오기도 한다. 독이 있는 벌레에게 물렸다든지, 동료와 말다툼을 하여 분위기가 썰렁해졌다든지, 고갯길을 넘으며 두 다리가 천근처럼 무거워질 때가 바로 그러한 경우들이다. 이러한 문제들은 '제1부'에서 소개한 자연과 인간과의 총체적인 관계를 이해하고, 앞으로 소개되는 심리들과 그 작용에 관한 원리들을 이해한다면 무난히 극복할 수 있다.

제3부에서는 자연과 인간관계의 총체적인 개요와 그 둘의 관계를 바탕으로 트레킹에서 발견 가능한 '마음의 작용'을 소개하려 한다. 즉 인간이 자연에서 오랫동안 진화하면서 발생한 진화심리를 바탕으로, 트레커의 입장에서 보다 긴밀하게 작용되는 심리들과 그에 따른 현상들이 소개된다. 1장부터 4장까지가 마음을 움직여 주는 근본적인 심

리들이라면, '5장 트레킹의 현상학'은 그 근본 심리들을 바탕으로 발생하는 다양한 현상의 실체에 접근하는 방법이다. '트레킹의 현상학'은 다양한 세상에서 만나는 현상들이 트레커의 몸과 마음에 어떻게 작용되는지 '현상학現象學; phenomenology'이라는 철학의 학설을 이해하기 쉽게 트레킹에 적용한 논리이다.

 '현상학'이라는 철학은 세상을 '객관적'이거나 '통속적'으로 이해하는 풍조에서 벗어나서, '경험'을 통한 현상으로 세상의 본질을 찾는 학문이라 생각하면 된다. 이 현상학 원리를 트레킹에 적용함으로써 트레킹에서 어떠한 경험이 가능한지, 혹은 어떠한 경험을 했는지, 그 경험의 본질에 접근이 가능하도록 유도해 준다. 궁극적으로 이러한 현상학의 이해는 트레킹에서 경험이 가능한 자연과 오래된 문화 그리고 인간의 상호작용들을 정확하게 이해하고 좀 더 넓은 자아의식의 세계와 만날 수 있도록 이끌어 준다.

▍1장 두 가지 심리학설

A. 바이오필리아 학설

 "인간을 비롯한 모든 생명체의 유전자 속에는 자연환경으로의 회귀 본능이 내재되어 있다. 그러므로 인간은 자연을 그리워할 수밖에 없으며, 자연으로 가거나 간접적으로 자연을 접하게 되면 마음에 안정을 가져온다. 그러한 이유로 인간은 자연과 그 속에 속한 모든 생물을 사랑해야 한다." 인간과 자연의 심리 관계를 대변해 주는 미국 하버드대학교 에드워드 윌슨Edward Wilson, 1929~2021 교수의 '바이오필리아biophilia' 학설이자 저서의 핵심이다.[1] 그는 사회생물학sociobiology의 창시자로 불리며, 그의 '바이오필리아' 학설은 인간의 사회적 행동을 오랜 기간의 진화 과정에서 생긴 결과이며, 그 결과로 인간과 자연과는 떼려야 뗄 수 없는 밀접한 관계를 가지고 있다는 논리를 설명하고 있다.

 바이오필리아 학설은 크게 세 가지 기반으로 설명되고 있다. '진화적 기반', '심리적 메커니즘', '자연에 대한 감정'이 그것이다.[2] **첫 번째** '진화적 기반'은 우리 조상이 생존을 위해 자연환경, 즉 자연의 음식과 피난처, 햇빛, 물 등에 적응했으며, 그 적응에 관한 학습도가 높을수록 생존하고 번식할 가능성이 높아졌기에 더욱 적극적으로 자연과 관계를 맺을 수밖에 없었다. 그러한 이유로 지금도 우리의 마음에는 진화 과정에서 좋은 관계를 맺어온 자연적 성향을 선호하는 경향이 있다는 논리이다. 즉 푸른 나무가 있거나 보이는 주거지, 달거나 고소한 음식, 따스한 햇빛, 맑은 물 등을 좋아하는 경향이다. **두 번째** '심리적 메커니즘'은 '진화적 기반'으로 발생한 보편적인 심리가 지금도 우리에게 작용되고 있다는 논리다. 그 보편적 심리는 자연이 가지고 있는 부드러운 특성이다. 대부분의 시간 동안 보아왔던 자연의 부드러운 모습이 우리 몸과 마음에 각인되어 있으며, 지금도 그 부드러운 특성으로 인하여 마음에 안정감을 느끼게 되며, 스트레스가 해소되어 치유의 효과가 발생된다는 이론이다. 세 번째 '자연에 대한 감정'은 '진화적 기반'에 의해 발생한 자연에 대한 경이로움, 위험, 평온함과 같은 감정이 자연에 대한 기쁨과 존경, 연민으로 발전하여 지금도 우리 마음에 작용한다는 논리다.

이러한 바이오필리아의 내용은 그의 심도 깊은 생물학적 통찰에서 비롯된 인간 본성을 되찾는 중요한 주제라는 것을 알 수 있다. 바이오필리아는 인간이 오랫동안 자연에서 생활하고 진화했기 때문에, 인간들은 그러한 환경과 그 속에서 함께 생활했던 다른 생물들에게 관심과 호기심을 갖거나 최소한 주의를 기울일 수밖에 없는 인간의 본성이 있다는 내용으로 귀결된다. 그런 이유로 인간들은 아직도 자연을 그리워하고 사랑하고 있으며, 지금도 자연의 자극으로 위로를 받고 있고, 앞으로도 인간성의 회복을 위해서는 관계했던 모든 자연의 생명들을 사랑해야 한다는 의미를 담고 있다. 그의 사회생물학에서 비롯된 이러한 인간의 행동이 진화 과정에서 형성된 것이라는 논리적인 학설은, 유전자 단위에서 진화되는 생물의 특성에 의해 과학적으로 증명되고 있다.

앞쪽으로는 간간이 서 있는 나무와 드넓은 초원이 있어서 시야가 넓게 트인 언덕 지형은 인류가 오랫동안 살았던 아프리카의 사바나 지형의 모습과 흡사하다. 지금도 인류는 그것과 비슷한 지형 속에서 평안함과 안도감을 느낀다. 천적이 멀리서 다가오는 것을 쉽게 알게 되고,

나무 위로 올라가면 천적의 공격에서 안전한 대피가 가능하다. 그리고 인류의 고향인 사바나 지역의 오아시스 부근에는 녹색 숲들이 울창하고 마실 수 있는 물이 있어서, 인류의 조상들은 그곳에서 굶주리지 않고 갈증을 해소할 수 있는 안정감을 받아왔다. 그 결과 사람들은 지금도 초원을 볼 수 있는 지형에 집을 짓고재력이 있다면, 도심에 공원을 만들 때 인공 사바나라고 할 수 있는 경관들을 만들고는 한다. 도시에 오아시스와 흡사한 인공 연못을 만들고 녹색 숲이 있는 공원을 조성하는 것은, 단순한 미적 취향의 문제가 아니라 바이오필리아가 작동하는 인간의 안정감을 위한 작업임을 사회생물학자 윌슨은 말한다.

지금 우리가 아늑한 숲속 길을 걸어갈 때, 안정감과 행복한 기분을 느낄 수 있는 것은 이러한 바이오필리아 학설이 작동되고 있음과 연관 지어서 생각해 볼 수 있다. 물론 초원이나 맑은 계곡, 바닷가 등 여러 가지 형태의 자연 속에서 우리가 안정감과 행복한 기분을 느낄 수 있는 것도, 이후에 소개되는 트레킹의 다양하고도 긍정적인 효과들이 바이오필리아 학설과 연관이 있다는 사실을 뒷받침한다.

자연에서 걷게 되면 얻을 수 있는 긍정적인 효과는 우리가 익히 들어본 것들이다. 심폐기능, 근력기능, 뼈의 강화기능이라든지, 햇빛과 접촉하게 되면 생성되는 비타민 D나 세로토닌serotonin, 행복 호르몬의 하나이다의 효과, 식물들에서 뿜어져 나오는 피톤치드phytoncide, 숲속에서 걸음으로서 얻어지는 면역력이나 수면효과 등이 바로 그것이다제5부 트레킹의 효과/1장 걷기의 효과/2장 태양의 후손/3장 숲의 향기/176-212P 참고.. 자연에서의 활동으로 주어지는 이러한 효과들의 실제 존재의 유무를 떠나서, 자연으로 들어가면 많은 건강한 효과들을 얻게 된다는 절대적인 기대심리가 더불어 작용한다. 그것은 우리가 태어나서 지금까지 학습받은 그 절대적인 효과가 더불어 작용하기 때문이다.

우리가 그동안 신비하게 혹은 추상적으로 느껴왔던 '자연으로 들어가면 기분이 정화된다.' 혹은 '오랜 걷기는 나를 피곤하게 하는데 왜 자꾸 자연으로 가고 싶어지는 걸까?'라는 의문은 바이오필리아에 의해 이해가 가능하다. 지금 이 지구에 존재하는 모든 생명체들은 수백만 년, 수천만 년 동안 자연에 의해 선택되어 진화 과정에서 만들어진 자연의 산물이며, 그 생명체의 유전자에는 본성으로의 혹은 고향으로의 회귀본능이 내재되어 있기에 우리는 주말에 지독한 교통체증을 마다하지 않고 자연을 찾는 것이다.

우리는 지금 문명의 발달로 인하여 완벽하게 보이지만, 실은 아직도 수백만 년 동안 자연이 만들어 낸 미비한 생명체에 불과하다. 우리가 최근에 급속한 기술 발전으로 우주에도 갈 수 있고, 우리와 똑같은 인공지능artificial intelligence 로봇을 만들 수 있다고는 하지만, 우리의 유전자는 달라지지 않았다. 우리의 몸과 마음은 몇백만 년 전의 그것과 크게 다르지 않다. 우리는 단지 잠깐의 시간 동안 생명체로 살다가, 시간이 되면 다시 자연으로 돌아가는 아마존 정글에 살고 있는 이름 모를 미세한 개체일 뿐이다. 우리가 주말이건 자연으로 들어가고, 자연으로 들어가면 마음이 안정되고 즐거워지는 이유를 잘 이해할 수 있다면, 자연에서 걸을 때 어떠한 일이 생긴다고 해도 그 환경을 잘 견뎌낼 수 있다. 그리고 그 이해는, 더욱 충만한 트레킹으로 작용된다. 우리의 지능이 신의 경지로 발전되었다 하더라도, 유전자는 수백만 년 전의 그것이라는 사실을 되새겨야 한다.

B. 비자발적 주의력

철학자이자 미국 심리학의 아버지 윌리엄 제임스William James, 1842~1910는 사람들이 어떤 대상에 의식을 기울이는 방법이 두 가지가 있는데, 자발적 주의력voluntary attention과 비자발적 주의력involuntary attention이다. 자발적 주의력은 의도적으로 주의를 한 대상에 몰입하며 신경을 써서 해결하는 의식이고, 비자발적 주의력은 노력하지 않고 목적 없이 그 대상에 두는 의식이다. 전자는 사무업이나 어떤 일을 노력하여 해결하려는 의식이고, 후자는 숲속에서 숲을 바라보거나, 아무 생각 없이 가벼운 음악을 듣는 것처럼, 노력하지 않고 부드럽게 대상을 보는 의식이다. 제임스에 의하면, 이렇게 의지적 노력이 없는 상태의 의식은 정신을 안정시키고 피로감을 회복시키는 작용으로 이어진다고 한다. 그러므로 우리가 숲이나 야외에서 아무 생각 없이 단지 그 대상들을 바라보고 걷는 것은, 우리에게 안정감과 동시에 피로 회복을 안겨주는 요인으로 작용된다.

그러나, 자연이 주는 비자발적 주의에 의한 안정감에 흠뻑 젖어 들려면 그만큼 자연을 보고 체험한 경험을 필요로 한다. 자연의 아름다움을 잘 모르는 도시인들보다는, 시골이나 자연에서의 생활 경험이 풍부한 사람들일수록 자연의 아름다움이나 포근함에 동화될 가능성이 많다는 사실이 이를 뒷받침한다. 자연에 대한 익숙한 느낌이나 애정이 없다면 그러한 포근한 감정들을 느끼기는 힘들다. 우리에게 자연을 사랑하고 자연으로 회귀하고자 하는 심리가 유전자에 각인되어 있다고는 하지만, 그것은 학습을 통하여 비로소 그 본성과 연결되는 것이다. 마치 어린아이가 어머니 뱃속에서 나와서 곧바로 걷기 불가능하며, 얼마간의 걷는 연습을 통하여 비로소 걷게 되는 이치와 동일하다.

이러한 비자발적 주의에 의한 안정감 논리는 후대에 영국의 브라이턴과 서식스 의과대학Brighton and Sussex Medical School과 미국 일리노이 대학의 프랜시스 쿠오Frances Kuo 교수를 비롯한 여러 학자들에 의해 실험으로 증명된다. 제1부에도 간단히 소개했지만 제1부 신비로운 트레킹/2장 인간의 진화/28-29P 참고 자연의 자극에 집중하면 뇌의 긴장이 완화되고 주의력에 필요한 능력이 회복된다는 연구 결과들이 많다.[3) 4) 5)] 이것은 자연환경에 의한 비자발적 주의에 관한 연구들이다. 이러한 연구들은 인간이 자연에서 느끼는 심리적인 관계를 잘 설명해 주고 있다.

자연 속에서 현대인들이 안정감을 갖게 되는 원리를 다른 방향에서 설명하자면, 뇌 속의 움직임과 연관 지어서 설명이 가능하다. 원시적인 자연 숲을 걸어가거나, 바닷가의 드넓은 해변 또는 맑은 물이 흐르는 계곡 길 등 원시적 자연과 마주하며 걸어갈 때, 우리 뇌 속의 뇌파는 경쟁적이거나 방어 태세에서 발생하는 빠른 움직임의 베타파beta wave나 감마파gamma wave를 잠재우고, 느린 뇌파 즉, 편안함과 안정감을 느끼게 하는 알파파alpha wave와 세타파theta wave의 움직임이 확장된다. 이러한 결과는 자연과 직접적으로 접촉하지 않고 단지 창문을 통해서 자연을 바라볼 때에도 나타난다.[6] 이러한 알파파나 세타파의 상태로 인하여 느껴지는 안정감과 좋은 느낌들은 의식주를 해결해야 하는 삶의 질곡에서 벗어나게 하고, 보다 고차원적인 욕구인 자아성찰이나 의식의 성장으로의 접근을 시도하는 '생각에 방해를 주지 않는 시간'으로 유도하기도 한다.

    결국, 자연에서의 비자발적 주의에 의한 안정감과 그에 따르는 효과들은 자연과 인간의 오래되고 밀접한 관계에 의해서 생겨난다. 인간이 진화해 온 500만 년이라는 시간을 놓고 볼 때, 우리가 이토록 두뇌 활동을 기계적으로 혹사시킨 적은 없었다. 기계적이라는 것은 많은 것들을 계산하고, 저장하고, 새로운 방법들을 이해해야 한다는 뜻이다. 그리고 결정적으로 그것들에 대한 작업의 정도가 기계들처럼 점점 빠르고 많아져야 한다는 것이다. 물론 이렇게 진화된 두뇌는 위대한 문명을 만들어 냈다. 그러나 우리의 뇌는 완전한 컴퓨터가 아니기 때문에 휴식이라는 시간을 가져야 정상적인 기능을 발휘한다. 우리의 두뇌는 주기적인 휴식을 통하여 평화로운 두뇌의 상태를 되찾아야 한다. 그렇게 하려면 자연에서 장시간 체류하거나 집에서도 진정으로 편안하게 쉬는 방법을 모색해야 한다. 물론 이 방법들은 비자발적 주의에 의한 평화로운 마음이 전반에 걸쳐 작용되어야 한다.

2장 자연에서 오래 걷기

A. 축지법을 쓰는 사람들

동양에서는 축지법이라는 도술이 대중들에게 오랫동안 관심의 대상이었다. 축지법이라는 것은 초능력의 속도로 먼 거리를 빠르게 이동하는 도술을 말한다. 그것은 비현실적인 기술이지만 흔히 매우 잘 걷는 사람들에게는 축지법을 쓴다고 말하는 친숙한 용어이다. 우리의 마음에는 빠른 속도로 오래 걸을 수 있는 능력에 대한 애착심이 숨겨져 있다. 그런데 여기에 상식을 넘어서는 걷기의 능력자들이 있다. 이들이 초능력의 존재를 믿었던 고대나 중세시대에 태어났다면 축지법을 사용할 수 있는 초능력자로의 명성을 얻었을 것이다.

미국의 **엠마 게이트우드**Emma Rowenna Gatewood, 1888~1973라는 할머니는 1954년 67세의 고령의 나이로 3,540km나 되는 애팔래치아 트레일Appalachian Trail을 완주했다. 게다가 2년 뒤에 다시 같은 트레일을 도전하여 하루도 쉬지 않고 135일 만에 완주했다. 그녀의 성공 비결은 가벼운 배낭과 건강한 육체, 그리고 자연을 사랑하는 마음이었다. 그녀의 뒤를 이어 미국에서 활동한 유명한 트레커 겸 암벽등반가이자 공학박사이기도 한 **레이 자딘**Ray Jardine, 1944~은 콘티넨털 디바이드 트레일Continental Divide Trail, 5,000km을 111일 만에 완주했으며, 애팔래치아 트레일을 88일 만에, 퍼시픽 크레스트 트레일Pacific Crest Trail, 4,265km을 93일 만에 완주했다. 그가 완주한 3곳 트레일의 평균 기록은 하루 평균 44km의 속도로 평균 97일 동안 지속적으로 험난한 야생 길을 걸은 셈이다. 자딘은 그의 저서 『배낭을 넘어서Beyond Backpacking』의 첫머리에 이렇게 적었다. "꼭 필요한 짐만 지고 자연 속을 편하게 걷는다. 자연에서 살며시 눈을 감고 자연의 섭리를 느끼며, 자연과의 관계를 생각한다."[7)]

자딘은 '울트라 라이트 하이킹미국에서는 트레킹을 하이킹이라 부른다'이라는 문화를 전 세계적으로 퍼트린 장본인이기도 하다. '울트라 라이트 하이킹'은 '가볍고 간소화한 하이킹 차림'에 관한 문화인데 일명 '레이웨이ray way'라고도 부른다. 자딘은 수많은 하이킹에 도전하면서 독자적으로 가볍고 간소한 하이킹 기법을 개발했다. 그는 울트라 하이킹장거리 트레킹 도중 소비할 물과 식량, 연료를 제외한 배낭의 무게를 3.86kg까지 줄이는 데 성공했다.[8)] 이같이 가벼운 트레킹의 문화는 가벼운 배낭의 무게로 인하여 트레킹 내내 좋은 컨디션을 유지하도록 이끌어 준다. 그리고 좋은 컨디션은 자연과 세상을 긍정적으로 보는 관점을 만들어 주며, 자연과 일체감을 이루는 데 중요한 요인으로 작용한다. 자딘은 이러한 과학적이고도 실제 체험적인 경험으로 배낭의 무게를 줄이는 데 몰두한 결과, 트레킹 시장의 많은 용품들을 경량화시키는 데 일조하였고, 결국 그는 미국의 많은 장거리 트레일들을 단시간에 걷는 데 성공한다.

결국 자연에서 오래도록 걸으려면 물리적인 조건들, 즉 건강한 체력과 가벼운 배낭이 필요하며, 더불어 자연에 심취하는 고도의 심리가 필요하다. 또 한 명의 초능력자 **로버트 스위트골**Robert Sweetgall은 힙색허리에 차고 다니는 가방 하나만 메고 365일 연속으로 미국 50개 주를 7회 완주했다. 그의 초능력은 건강을 향한 마음에서 비롯되었으며 목표를 이루겠다는 강인한 의지로 완성되었다. 그는 자신의 비대했던 육체의 결점을 장거리 걷기라는 행위로 뛰어넘으며 건강해질 수 있었다. 게이트우드 할머니나 자딘이 그렇게 초능력을 발휘할 수 있었던 사실은, 오래도록 걸을 수 있는 물리적인 조건들과 자연에 심취하는 마음과 더불어 스위트골의 경우처럼 자기가 세운 목표를 완성하겠다는 강인한 의지에 의한 복합적인 개념이 포함되었을 가능성이 많다. 역사 이래로 건강과 관련된 많은 훌륭한 기록들이 있었고, 그 기록에 달성하기 위한 사례들도 다수 소개되었다. 그렇지만 여기에서는 자연에서 오래도록 잘 걸을 수 있는 심리의 상태를 알아보기로 하자. 그러려면 자연에 심취하게 되는 마음의 작용을 잘 살펴보아야 한다.

B. 생물학적 특성

누구라도 풍경이 그저 그런 도시에서 4시간 이상 걸으라고 하면 잘 걷지 못할 것이다. 트레커들은 자연에서 4시간 이상 걷는 것을 보통으로 생각하고 있으며, 더 나아가서는 하루 종일, 혹은 캠핑을 하며 몇 날 며칠 동안 걷기를 마다하지 않는다. 그렇다면 그렇게 오랫동안 자연에서 걷게 하는 힘의 원동력은 무엇인가? 그것은 트레일을 완주하기 위한 자신과의 약속이기도 하고, 자연의 아름다움에 취해서 오랫동안 걷게 되기도 한다. 자신과의 약속은 자신을 포함한 동료들과의 약속이며 자존심에 관한 문제이기도 하다. 그 약속과 자존심은 이미 우리가 알고 있는 문제이기에 자연에서 오랫동안 걸을 수 있는 원동력이 되는 "사람은 왜 자연을 아름답다고 느끼는가?"라는 질문을 해보자.

이 질문에 대하여 우선 이 말부터 하고 싶다. "엄밀하게 말하자면 그저 그런 시시한 자연풍경은 존재하지 않는다." 여기에서 '그저 그런'

이란 외형적으로 매력이 별로 없는 것을 뜻한다. 매우 크거나 화려한 모습, 화려한 무늬의 돌이나 멋진 나무, 맑거나 색깔이 영롱한 계곡물이나 바다, 아니면 태초의 자연과 닮은 모든 모습, 이러한 자연을 보게 되면 매력이 있고 아름답다고 생각한다. 그러나 그렇지 않은 자연을 보면 매력이 없거나 아름답지 않다고 하겠나? 자연은 엄밀하게 말해서 모두 아름다운 것들이다. '그저 그런 자연'이 존재한다면 그것은 인위적인 것에 의해 자연성이 떨어지는 자연의 훼손된 모습이다.

수백, 수천만 년 동안 인간은 자연에서 가장 꾸밈없는 의식으로 살아왔다. 마치 어린아이들이 엄마와의 경계 없는 스킨십으로 최고의 안전한 시간을 보내듯이, 자연의 풍광들은 유전자에서 안전한 느낌 혹은 좋은 느낌으로 녹아 있다. 물론 좋지 않은 기억도 있다. 천적들 또는 추위로 인한 죽음의 공포는 늘 좋지 않은 자연의 모습으로 남아 있다. 그러나 그러한 좋지 않은 기억들마저, 자연에서 살아가야 하는 '나쁜 기억'이나 '추한 기억'이 아닌, '엄숙하고 운명적인 기억'으로 유전자에 녹아들어 있다. 그 이후, 그러한 사실을 바탕으로 수많은 예술가들, 철학자들, 탐험가들에 의하여 "자연은 아름답다."고 찬양되었기에, 우리들에게는 그 사실이 영원히 변하지 않는 진실로 남아 있게 되었다.

시시하거나 화려한 모든 자연을 그 자체로 아름답게 보는 능력은 그것을 보는 본능과 학습된 찬양에서도 비롯되었지만, 최근에는 생물학적 관점에서 바라보는 마음의 능력으로 말미암아 아름답게 볼 수 있는 방법이 발견되었다. 여기에서 생물학적 관점으로 보는 방법이란, 이후에 좀 더 자세히 소개되겠지만 제4부 트레킹의 기술/2장 자연과의 교감법/135-142P 참고 자연의 겉모습뿐만 아니라 자연이 담고 있는 생물학적 특성의 관점에서 보는 아름다움이다. 무생물처럼 바위 위에 있지만 쓰러지지 않으려고 뿌리를 균형 있게 뻗어내려 중심을 잡는 나무들, 종족의 번식을 위해 헌신적으로 일하는 개미들, 세상에 똑같은 것이 없는 생명체의 다양한 모습들이 생물학적 특성에 속한다. 이러한 사실을 아름답다고 표현하기도 하며 경이롭다고 표현하기도 하지만, 우리가 얼마만큼 이 사실에 대하여 인식하고 있느냐에 따라 그 아름다움을 느끼는 정도가 달라지기도 한다. 아마도 우주선을 타고 먼 우주여행을 다녀온 지구인은 이 사실을 경이롭게 생각할 가능성이 높다.

자연의 모습에 대하여 관심이 별로 없거나 그것에 대하여 아는 것이 별로 없다면, 자연에서 걷는 행위는 쉽게 피로감을 불러올 가능성이 높다. 반면에, 자연에 대한 흥미로움과 경이로움으로 인하여 자연의 아름다움을 느낄 줄 아는 사람들은 피로감을 느끼지 못한 채 시간 가는 줄 모르고 자연에서 걸을 수 있다. 이렇게 자연을 보는 각기 다른 관점에 의해, 아름답게 보려고 하는 부류와, 자연을 그저 소일거리의 대상, 하루 동안 나의 마음을 풀어줄 수 있는 대상으로 인식하고 있는 부류로 구분 지을 수 있다. 강조하지 않아도 자신이 후자의 경우에 가깝다고 생각되면, 자연을 이해하기 위한 더 많은 시간을 가져야 한다. 자연에 대한 이해는 자연에 대한 관심과 애정에서부터 시작된다.

영국 에섹스대학교University of Essex 연구 팀이 발표한 논문에는 '초록 운동green exercise'이라는 용어가 사용되었다. 연구를 수행한 조 바턴Jo Barton과 줄스 프리티Jules Pretty 교수는 녹색으로 둘러싸인 야외나 숲에서 운동을 하면 도시나 실내에서 운동하는 것보다 덜 피곤하고 즐겁게 운동할 수 있다는 연구 결과를 발표했다.[9] 연구자들은 자연에서의 활동에 관한 다양한 실험을 했는데, 그중 하나가 러닝머신 앞에 스크린을 설치하여 실험그룹과 대조그룹에게 쾌적한 농촌의 풍경과 불쾌한 농촌의 풍경, 그리고 쾌적한 도시의 풍경과 불쾌한 도시의 풍경들을 교차로 보여줌으로써 녹색 환경이 운동에 작용하는 효과를 평가했다. 이 실험의 결과는 쾌적한 농촌의 풍경 즉, 녹색으로 둘러싸인 야외나 숲의 풍경 사진을 보면서 걸을 때가 그러한 사진 없이, 도시나 실내에서 운동을 할 때보다 혈압이 감소하고 자존감이 향상되며, 적대감과 긴장감이 감소하고 활동성활력성이 증가했음을 보여주었다. 또한 이 실험에서 쾌적한 환경의 중요성도 강조하였는데, 불쾌한 농촌의 사진들을 보면서 운동한 그룹이 불쾌한 도시의 사진을 보면서 운동한 그룹보다도 운동의 효과가 감소하였다는 결과를 보였다. 불쾌한 농촌의 사진은 녹색의 숲에 오래된 자동차들이 버려져 있는 사진들이며, 불쾌한 도시의 사진들은 오래되고 남루하여 버려진 건물들의 사진들이다. 이는 이미 도시가 된 지역의 불쾌함보다 농촌의 불쾌함이 운동에 더 부정적인 영향을 미쳤다는 것을 의미한다.

C. 움직이는 존재

『움직임이 주는 즐거움The Joy of Movement』의 저자 캘리 맥고니걸Kelly McGonigal 박사는 그녀의 저서에서 인류학적, 생물학적, 심리학적 자료를 토대로 인간은 움직이는 존재였다고 말한다.[10] 다른 동물처럼 특별한 신체 능력을 갖추지 못한 인간은 수렵, 채집으로 수월하게 식량을 확보하려면 집단 활동이 필요했다. 더 많이 움직이는 인간은 더 많은 식량을 획득하고 더 많은 사회적 교류를 할 수 있었으며, 뭐든 상관없이 규칙적으로 운동하는 사람은 살아가는 내내 신체적, 사회적, 심리적인 장점을 누린다고 말한다. 그래서 저자는 그녀의 저서에서 "행복은 건강한 상태fitness가 아니라 바로 움직임movement과 밀접하게 연결되어 있다."고 말했다. 이 논리는 제1부에 소개한 제1부 신비로운 트레킹/4장 인간적인 것들/47-50P 참고 '수렵채집 생활에서 인류는 희망의 장소로 가기 위해 많은 이동을 했고, 많이 움직이고 더 멀리 움직이는 사람은 더 많은 식량을 얻을 수 있다는 기대감을 가지고 있다.' 라는 논리와 연결된다. 이는 이동 생활에서 비롯된, 많이 움직여야 배불리 먹게 되고 사회적 이득이 높아진다는 오래전부터 만들어진 인간의 사회성과 밀접한 관계가 있다.

트레킹에서도 이러한 움직임에 관한 이득의 논리는 걷는 내내 적용된다. 그것은 도시에서의 단조로운 발걸음과는 완전히 다른 발걸음들에서 오는 즐거움이다. 계곡에 놓인 징검다리를 건널 때, 가벼운 내리막길을 종종걸음으로 내려올 때, 쌓인 눈 위를 뽀드득거리는 소리를 느끼며 걸을 때, 우리는 즐거움을 느끼게 되며 몸과 마음에서 활력을 얻게 된다. 그것은 건강과 아름다운 경치를 보기 위한 움직임이기도 하지만, 움직임 자체에서 즐거움을 느끼게 되는 또 하나의 '생물학적 특성'이다.

걷기는 인간의 가장 기본적인 생활의 움직임이면서 운동으로 활용할 수 있는 행위이다. 걷기는 마치 숨쉬기와도 같아서, 걷지 않으면 우리 몸에 장애를 불러일으킨다. 이러한 사실에 의하여 자연에서의 걷기를 체계적으로 운동화하게 되면 어떠한 스포츠보다도 완벽한 효과를 얻게 된다. 여기에서 완벽한 효과라고 말할 수 있는 것은, 자연에서의 걷기는 인간의 유전자에 가장 충실하게 저장된 가장 오래된 움직임이며, 그 움직임은 모든 골격과 근육, 그리고 혈관들과 내장 기관들, 그리고 육체를 움직이게 하는 두뇌에 가장 익숙하고 밀접하게 연결되어 있기 때문이다.[11] 이러한 근본적으로 밀접한 연결성은 인체의 각 부위들을 효과적으로 활성화시켜서 육체를 건강하게 유지시키고, 감정을 조절해 주며, 두뇌의 기능을 향상시켜 준다.

결국 트레킹은 여러 가지 조건에 의해 우리에게 오래도록 걷게 되는 능력을 가지게 한다. 배낭의 무게를 줄여야 하며, 건강한 육체를 소유해야 하고, 건강을 바라는 심리가 뚜렷해야 하며, 생물학적 특성으로 자연을 보는 능력이 그 조건들이다. 생물학적 특성으로 자연을 비롯한 새로운 풍경들을 바라보는 관점은 자연과 인간의 근본적인 관계에서 오는 종교적이기까지 한 영혼의 감동이라는 특별한 선물을 가져다준다. 특히 생물학적 특성을 이해하는 것은 오래 걷는 능력의 우선순위로 거론했던 몇 가지 조건보다도 더욱 절실한 조건이라고 강조하고 싶다. 생물학적 특성을 이해하여 자연의 아름다움에 충분히 매료되었다면, 대단한 기록 즉 오래도록 걸었다는 목표를 달성하지 못했다 하더라도 그보다 더 훌륭한 자연과의 본질적인 관계에 의한 감동스러운 시간을 보내기 때문이다.

3장 사색과 명상

A. 사색과 명상

자연에서 장시간 천천히 걷노라면 사색이나 명상에 쉽게 빠지게 된다. 하고자 하는 의지만 있다면 사색과 명상은 도시의 어느 장소에서도 할 수 있다. 그러나 자연에서 걷는 상태에서는 보다 쉽게 그리고 깊게 이루어진다. 생각에 의한 생각의 꼬리를 잡고 이어지는 것을 사색이라고 한다. 이러한 사색이라는 심리적 현상이 어떠한 조건에서 이루어지는가는 제3부에서 소개한 것처럼 제3부 트레킹의 심리/1장 두 가지 심리학설/90-92P 참고 평화로운 자연환경에서는 '비자발적 주의력'을 생산하며 이러한 환경은 '생각에 방해를 주지 않는다.'라는 논리에서 비롯된다. 자연에서 천천히 걷는 것에는 그러한 사색의 시간과 연결을 유발하도록 뇌를 깨워주는 자연의 부드러운 움직임과 규칙적인 발걸음이 존재한다.

정신과 의사이자 사회학자이기도 한 이시형 박사는, 그의 저서 『숲으로 가면 깨닫는 것들』에서 이렇게 말했다. "뇌가 조용히 흔들릴 때걸을 때 생각이 잘 떠오른다는 것이 실험으로 증명되었다. 조용한 호흡과 보행이 지속될 때 뇌 속의 해마hippocampus에서 안정적인 뇌파인 세타파theta wave가 활성화된다. 그리고 행복 호르몬인 세로토닌serotonin의 분비가 활발해진다. 이럴 때 뇌는 안정적인 상태를 유지하며 가장 창조적인 아이디어가 떠오르는 상태가 된다."[12] 그리고 그는 창조적인 아이디어에 대하여 이렇게 이야기했다. "생각하고, 고민하고, 문제를 안고 끙끙거리며, 그래도 생각의 끈을 놓지 않고 골똘히 사색을 하는 그런 사람에게, 어느 순간 많은 아이디어들이 잠재의식의 용광로에서 편집되어 현실감각이 무뎌진 멍청한 틈을 뚫고 올라옵니다. 누구의 간섭도 받지 않는 자유로운 자기만의 시간이 그래서 중요한 것입니다."

  사색이 인류의 번영을 위해 끼친 영향은 실로 지대하다. 그것은 원시시대 불 가에 둥그렇게 모여 앉아 새로운 생활방식이나 질서에 대한 신중한 이야기를 나눈 뒤에 가지는 사색들로부터 시작하여, 장 자크 루소Jean-Jacques Rousseau, 1712~1778의 심도 있고 철학적인 사색에 이르기까지, 실로 인류의 모든 성장은 사색으로부터 시작되었다고 해도 과언이 아니다. 철학의 아버지라 불리는 소크라테스Socrates, BC470~399는 사색에 대하여 이렇게 말했다. "숙고사색하지 않는 삶은 살 가치가 없다." 또 우주인이 지구를 방문하여 "누가 제일 똑똑한 과학자인가?"라고 물을 때, 지적할 수 있는 아이작 뉴턴과 알베르트 아인슈타인도 사색몰입, 숙고적 사색에 관하여 한 말이 있다. 중력의 법칙을 어떻게 발견했느냐는 질문에 뉴턴은 "한 가지만을, 그것 한 가지만을 생각했다."고 대답했고, 아인슈타인은 "몇 달이고 몇 년이고 생각하고 또 생각한다. 그러다 보면 99번은 틀리고 100번째가 되어서야 비로소 맞는 답을 찾아낸다."고 말했다.[13]

  걷기와 사색에 관해 최고의 혜택을 받은 철학자 루소는 또 이렇게 말했다. "때때로 나의 몽상사색은 명상으로 끝이 났다. 하지만 대개의 경우 명상은 몽상으로 끝이 났다. 그처럼 제멋대로 몽상을 하는 동안 내 영혼은 상상의 날개를 타고 전혀 다른 즐거움을 전해주는 도취 속에서 우주를 배회하며 날아다닌다. 지고의 순수한 그 즐거움을 맛보는 한 그밖에 모든 일은 항상 시들했다."[14]

  이렇듯 사색이 자발적 주의력voluntary attention에 의한 몰입적 사색이든, 비자발적 주의력involuntary attention에 의한 부드러운 사색이든 그것은 인간의 의식 성장에 결정적인 영향을 준 게 틀림없다. 위에 지목한 인류의 번영사에 이름을 올린 위인들이 한 말에는 공통점이 있다. 성장을 위해서는 골똘히 생각하는 것을 권장하고 있으며, 그것을 우리는 '사색', '숙고', 혹은 '명상meditation'이라고 부른다. '사색'과 '숙고'는 생각을 한다는 면에서 서로 같은 뜻을 지니고 있지만 '명상'은 그것들과는 조금 다른 개념으로 쓰인다. '명상'은 그 의식은 또렷하지만 생각을 하고 있지 않은 상태이다. 즉, 생각이 멈추었지만 명료한 의식의 상태이며, 생각의 휴식상태라는 뜻이다. 위에 예시된 루소의 "때때로 몽상은 명상으로 끝이 났다."라는 뜻을 풀어보면, '몽상사색이 자유자재로 펼쳐지다가 생각이 멈추어지면서 또 다른 평화로운 상태에 다다르게 되는 명상의 시간으로 끝이 났다.'라는 뜻이다.

아시다시피 많은 철학자나 과학자들, 그리고 종교 지도자들은, 사색을 통해서 그리고 명상을 통해서 위대한 아이디어와 가르침을 만들어 냈다. 그곳이 책상 앞이든 실험실이든 혹은 숲속 산책길이든, 사색은 인류의 모든 성장에 기여한 것이 틀림없다. 인류의 정신적 스승이라 할 수 있는 예수, 석가모니, 무함마드는 나름대로의 위대한 가르침의 계시를 받거나 그 이치를 스스로 깨닫고 그것들을 인류에게 전파했다. 그런데 우리가 여기에서 인지해야 할 사실이 있다. 그분들의 위대한 가르침의 계시나 스스로 깨달은 장소가 바로 자연 속이라는 사실이다. 기독교의 시조 예수는 인적이 없는 광야에서 40일간 묵상기도명상를 하면서 신의 계시를 받았으며, 불교의 창시자 석가모니는 6년의 고행을 중단하고, 숲속 나무 아래에서 7일간의 명상으로 위대한 가르침을 깨달았다. 그리고 이슬람교의 창시자 무함마드는 숲속 동굴에서 12년을 명상하면서 신의 계시를 받았다. 물론 이 세 분의 성인들이 깨달음을 얻기 위해 시도한 것은 '기도'나 '명상'이라고 기록되어 있다. 그렇지만 그분들이 기도만으로 계시를 받았거나 명상만으로 깨달음을 얻은 것은 아닌 듯싶다. 그 깨달음의 시간에는 루소의 경우처럼 사색이나 명상의 시간이 교체되어, 그 두 가지의 의식 상태가 반복되는 동안, 서서히 위대한 가르침의 교본이 완성된 것으로 짐작된다. 여기에서 중요한 것은 그분들의 위대한 통찰이 완성된 공간이 도시에서 벗어난 자연이라는 환경인 것이다. 황량하고 건조한 바람이 부는 광야의 벌판에서 한밤중에 쏟아지는 별들을 보거나, 자연의 한가운데에서 울창한 숲과 마주하거나, 일상과 단절된 자연동굴 안에서 위대한 통찰의 시간을 보낸 게 아닌가 싶다. 그러한 장소들이 앞에서 소개한 바로 그 '생각에 방해를 주지 않는' 자연의 공간이다.

사실, 자연에서의 걷기는 걷는 것 이외에는 별도로 할 일이 그렇게 많지 않다. 더 정확하게 말하자면, 체력 보충을 위해 먹거나 휴식하는 시간이나 갈림길에서 일행을 기다리는 시간 이외에는 대부분 할 일 없이 걷는 게 트레킹의 전부이다. 이렇게 부드러운 시선으로 주변 자연환경을 감상하는 일 이외에 별도로 할 일이 없는 시간은 사색이나 명상에 젖어 들게 되는 최적의 조건이 된다. 아니 젖어 들게 되는 게 아니라 젖어 들 수밖에 없다. 생각을 하는 데 방해받지 않는 트레킹의 환경이 그렇게 만들어 준다.

이러한 사색이나 명상의 창조성과의 연관성은 현대에 들어서 과학적으로 밝혀졌다. 워싱턴대 의대의 뇌과학자 마커스 라이클Marcus Raichle, 1937~ 교수는, 사람이 아무런 인지 활동을 하지 않을 때 활성화되는 뇌의 특정 부위들이 있음을 알아내었으며, 이 부위를 '디폴트 모드 네트워크(DMN)default mode network'라고 하였다. 멍한 상태이거나 몽상에 빠졌을 때 활발해지는 뇌의 영역으로 내측전전두엽피질medial prefrontal cortex, 후대상피질posterior cingulate cortex, 두정엽피질parietal cortex 등에 퍼져 있는 신경세포망이 이에 해당한다. 휴식상태 네트워크rest state network라고도 한다. 평소에는 서로 연결되지 못하는 뇌의 각 부위를 연결시켜 주어 통찰력을 이끌어 내는 환경을 조성해 준다.

B. 명상과 트레킹

하지만 이러한 DMN 상태가 불리한 점도 많다. 의문을 해결하기 위한 생각사색이나 흐릿한 과거의 생각추억은 창조나 행복한 정서에 꼭 필요한 것이다. 그러나 부정적인 생각이나 과거의 불행했던 생각을 지속적으로 회상을 하는 사람에게는 백해무익할뿐더러 그러한 부정적 사고의 DMN는 위험한 정신 질병을 유발한다. 요즘에는 이러한 부정적인 생각에 빠져서 헤어 나오지 못하는 사람들이 많다. 각박하거나 단절된 사회구조가 이러한 심리 현상을 생산하고 있다. 그러한 부정적 생각에 빠졌을 때 그 상태를 알아차리고 빠져나오는 연습이 필요하다. 특히 우울증이나 불안을 수시로 느끼는 사람은 한번 DMN 상태에 빠지게 되면 잘 헤어나지 못하는 특성이 있다. 이 부정적인 상태에 빠지게 되면 과거의 좋지 않은 상처를 되새기게 되고, 자신이나 타인을 비난하며 근심이나 걱정을 안고 있는 올가미 상태에 빠지게 된다. 이러한 부정적인 올가미에 빠지지 않으려면 내가 지금 부정적인 생각에 빠져 있음을 알아차리고awareness: 자각 그 생각에서 빠져나와야 한다.[15]

이러한 부정적인 상태를 알아차리는 방법은 일명 '마음챙김 명상mindfulness meditation'으로 해결할 수 있다. 이 명상법은 아마도 세계에서 가장 많은 사람들이 알고 있는 명상법이다. 트레킹에서 명상을 이야기하는 이유는 분명하다. 트레킹 중에는 사색에 빠지기 쉬우며 그 사색이 부정적인 생각일 가능성이 있기 때문이다. '마음챙김 명상'은 부정적인 생각에서 빠져나올 수 있도록 도와주며, 맑은 정신을 가지게 하여 좀 더 좋은 판단력을 가지게 한다. 그리고 궁극적으로는 세상을 이해하는 통찰력을 가지게 해준다. 이 명상에서 중요한 것은 지금 내가 어떠한 경험오감의 느낌이나 생각을 하고 있는지 그것을 알아차리는 것이다. 그 경험이 부정적인 것이든, 좋은 것이든, 아름다운 것이든, 심지어 그러한 경험을 하고 있다는 '생각'까지도, 그것들을 맑은 정신으로 알고 있는 것이다.

트레킹에서는 사색과 명상의 시간이 수시로 발생한다. 명상의 원리를 통하여 트레킹에서 일어나는 많은 효과들을 극대화할 수 있으므로 명상 기법은 트레커들에게 중요한 심리적 기반을 만들어 준다. 명상의 원리와 효과를 간략하게 풀어보자. 현대적 의미의 명상은 그 방법이 매우 다양하며, 그것들이 주는 효과도 다양하다. 그러나 그 효과들은 대체적으로 마음의 안정과 지혜를 얻는다는 점에서 일맥상통하고 있다. 마음의 안정 효과라는 토대 위에서 생각의 명료함이 만들어지고 그 명료함 위에서 옳게 판단할 수 있는 지혜 즉 알아차림의 효과가 만들어진다는 것이 명상의 원리이다. 그러한 효과들은 부정적인 생각들에서 벗어나게 해주며, 내가 이 세상과 연결되어 있음을 알게알아차리게 하고, 지금 내가 여기에 존재하고 있음을 깨우치게알아차리게 해준다.[16] 즉 세상과 어우러져 존재하고 있음을 알게 해주는 것이다. 여기에서 세상은 사회이자 자연이며 우주이다.

이러한 명상 수행의 최적의 장소가 바로 자연이라는 환경이다. 자연에서 장시간 동안 펼쳐지는 평화로운 시간들은 일상에서 안고 있던 고민과 대인관계에서 오는 경계심들과 멀어지는 시간이다. 오로지 나와 평화로운 자연만이 존재할 뿐이다. 이러한 조건들은 '생각에 방해를 주지 않는 공간'을 만들어 준다. 그 명상의 시간이 마음의 정화를 위한 시간이든, 알아차림의 시간이든, 자연이라는 환경은 그것들을 가능하게 해주는 좋은 조건이 된다. 자연의 부드러운 환경들 즉, 새소리, 잔잔한 물소리, 부드러운 바람의 느낌, 은은한 햇빛의 느낌, 향기로운 숲의 내음 등은 안정감을 유도하며 정신을 맑게 해주는 효과가 있다. 이러한 장시간의 '생각에 방해를 주지 않는 공간'은 우리의 의식을 명상에 깊이 젖어 들게 하며, 명료한 정신의 상태를 유지하게 해준다.

실제로 자연에서 얼마나 명상을 하고 있는지는 구글google에서 'meditation명상'으로 이미지 검색을 해보면 알게 된다. 검색의 결과가 실내 공간에서의 명상하는 모습들로 채워질 것이 예상되지만, 실제로 사진의 대부분은 자연에서 명상을 하는 모습들로 채워져 있다. 그만큼 자연과 명상의 관계는 우리가 미처 인식하지 못하지만 은밀하게 그리고 근본적으로 형성되어 있다. 트레커들이 자연에서 명상을 하는 방법은 크게 두 가지이다. 하나는 걸으면서 의식을 부드럽게 자연에 두고 걷는 걷기 명상walking meditation이며, 또 하나는 쉬는 시간에 앉아서 할 수 있는 정좌 명상sitting meditation이다.

걷기 명상

걷기 명상은 자연스럽게 걸으면서 내 몸호흡이나 걷기 동작에 의식을 두거나, 주변 자연환경새소리, 물소리, 바람의 느낌, 햇빛의 느낌, 숲의 내음 등에 의식을 두면서 걷는 것이다. 중요한 것은 내가 지금 무엇을 하고 있는지 알아차리는 것이다. 의식을 둔다는 것은 집중하거나 알아차림을 의미하는데, 보통 명상에서는 '본다.', '관찰한다.'라는 뜻으로 해석되기도 한다. 신경 써서 집중하는 것이 아니라 부드럽게 그것들을 보거나 관찰한다. 중요한 것은 걷기 명상을 하다가 다른 생각이 일어난다고 해도, 다시 관찰하던 대상으로 호흡이나 걷기 동작, 혹은 자연 되돌아오는 것이다. 즉, 알아차리고 돌아오는 것이다. 한 대상에 집중하지 못하고 자주 다른 생각에 빠진다고 하더라도 걱정할 것은 없다. 원래 사람은 한 가지에 오래 집중하지 못하고 자주 다른 생각을 하면서 살았기 때문이다. 중요한 것은 알아차리고 다시 관찰하던 대상으로 돌아오는 것이다. 이것이 마음챙김 명상의 핵심이다.

한두 번의 훈련으로 대상에 집중하기는 힘들다. 무언가를 얻어보겠다는 욕심을 버리고 자연에 혹은 호흡이나 걷기 동작 부드럽게 집중하는 훈련을 지속하다 보면, 집중하는 대상과 내가 하나가 되어 명료한 상태에서 평화로운 마음의 상태, 즉 지복blessedness의 상태에 도달하게 된다.

정좌 명상

정좌 명상도 마음 쓰는 법은 걷기 명상과 같다. 중요한 것은 역시 알아차리는 것이다. 허리를 펴고 앉은 상태에서 호흡 혹은 몸 전체이나 자연에 의식을 두고 그것을 부드럽게 응시하며 그것들의 현상을 느끼고 알아차린다. 눈은 감아도 되고, 자연스럽게 뜨고 해도 된다. 본인이 편한 방식을 선택하여 명상한다. 의식을 두는 대상은 처음에는 앉아 있는 자신의 몸 호흡기관 혹은 전신을 중심으로 하고, 이후에는 다양한 자연의 환경으로 넓혀준다. 의식의 대상은 호흡기관에서 전신으로 확장하여 3~5분 정도 진행하다가, 자연으로 넓혀간다. 자연으로 대상이 확장되었을 때에는 오감 시각, 청각, 후각, 미각, 촉각을 활짝 열고 자연의 현상들을 느끼고 관찰한다. 눈을 감고 하는 것이 집중을 하는 데 효과적이다. 눈을 감고 할 때에는 오감 중에 주로 청각, 후각, 촉각을 이용하여 자연을 느끼면서 알아차린다.

역시 중요한 것은 늘 깨어 있는 의식의 상태가 중요하다. 그것은 지금 내가 무엇을 하고 있는지 맑은 정신으로 알고 있는 상태이다. 즉, 맑은 정신으로 나와 자연의 상태를 관찰하는 상태이다. 그리고 명상 중에 다른 생각에 빠지더라도 다시 지금 이 순간호흡이나 전신 혹은 자연으로 돌아오는 게 중요하다. 그래야 평화로운 마음의 상태에 깊이 도달할 수 있으며, '지금 이 순간 내가 자연과 어우러져 존재하고 있음'과도 연결이 가능하다.

◆ 자연에서 15분 정좌 명상

아래의 명상 멘트를 본인이 스마트폰에 녹음하여 자연에서 편안하게 들으면서 수행한다.

(자리에 편안히 앉았다면) 천천히 눈을 감아봅니다.

허리는 곧게 펴시되 몸의 어느 부위에 긴장감이 있다면 부드럽게 내려놓습니다.
이제 나의 의식을 숨이 들어오고 나가는 코와 배 쪽으로 가만히 기울여 봅니다.
평소보다 깊게 호흡하면서 오롯이 호흡에 집중해 봅니다.
들이쉬고 내쉬고
들이쉬고 내쉬고
(명상)

이제 온몸으로 호흡을 하면서 전신의 감각을 알아차려 봅니다.
온몸에 퍼져 있는 피부로 호흡을 한다고 가정하면서
전신의 감각을 세심하게 알아차려 봅니다.
온몸으로 들어오는 숲속 향기의 느낌.
몸 구석구석에서 일어나는 살아 있는 생명의 느낌.
몸 전신으로 자연의 숨결이 들어오고 나가고 있습니다.
이 순간의 고요한 느낌.
평화로운 느낌.
(명상)
마음이 다른 곳에 가 있다면 지금 이 순간, 바로 여기, 호흡으로 돌아옵니다.
(명상)

이제 의식의 범위를 넓게 확장하여 자연의 여러 가지 현상들을 알아차려 봅니다.
청량하게 들리는 새소리.

숲속을 가득 메운 신선한 공기의 느낌.
숲 사이로 내려오는 따스한 햇빛의 느낌
나뭇잎을 흔들고 내 뺨을 스쳐 지나가는 바람의 존재감을 알아차려 봅니다.
(명상)

지금 이 순간 내가 여기에 존재하는 것은 커다란 축복이자 경이로운 사실입니다.
평소보다 깊게 호흡하면서
내가 자연이며, 자연과 어우러져 존재하는 것을 알아차려 봅니다.
깊게 호흡하면서 자연과 하나가 되어봅니다.
(명상)

천천히 눈을 뜨면서 주변을 살피고,
내가 여기에 자연과 어우러져 존재하는 것을 알아차려 봅니다.
명상을 종료합니다.

◆ 정좌 명상의 TIP

이 정좌 명상법은 처음 '호흡' 부분에서는 '느낌'에 집중하여 정신의 명료함과 이완 상태로 유도하는 '집중명상'의 기법으로 진행한다. 그리고 이후의 '전신'과 '자연' 부분에서는 의식의 범위를 '느낌'과 '알아차림'을 포함하게 되는 '알아차림 명상'의 기법으로 진행한다. '알아차림'이란, 다시 설명하자면 '지금 이 순간의 경험에 온전히 주의를 기울이는 것'이며 '지금 일어나고 있는 현상들에 대하여 명료하게 알고 있는 상태'이다. 자연에서의 명상으로 마음의 평화와 통찰의 기쁨을 얻고자 한다면, 집중명상으로 기초를 다진 후에, 마음챙김 명상으로 통찰의 기쁨과 존재감까지 얻어낼 수 있는 단계로 진입한다. 중요한 것은 마음을 아주 편안하게 욕심을 버리고 명상을 해야 하는 것이다. 신경을 곤두세우면서 단번에 무엇을 얻으려고 한다면 오히려 스트레스만 얻게 된다.

4장 열린 마음

열린 마음을 정의한다면, '일상에서 굳어진 닫혀 있는 심리에서 벗어나려는 마음이며, 배려하는 마음'이다. 길을 걷다가 다른 낯선 여행자를 만나게 되면 누가 먼저랄 것도 없이 반갑게 인사한다. 그런데 이것이 도시의 한복판에서 이루어진다고 생각해 보자. 그것은 서로에게 어색한 행동이 되거나 심지어는 상대방을 놀리는 행동이 되기도 한다. 트레킹에서 만나는 사람은, 서로 모르는 사람이라도 어려운 상황에 처할 때에는 같은 공동체라는 인식을 주고받는다. 그곳에서 만나는 사람은 초면이기도 하고, 함께 걷는 동행이기도 하다. 이후에 소개되겠지만 그 열린 마음은 탈문명적이기 때문에 문명에서 멀리 떨어진 장소일수록 그 심리는 더욱 뚜렷해진다.

이러한 탈문명적인 마음은 경쟁적이거나 무관심한 일상의 각박한 심리가 아닌, 조건 없는 이해와 조건 없는 협력의 '열린 마음'이다. 트레킹에서 접하기 쉬운 '열린 마음'은 우리가 어린 시절 지녔던 허물없는 마음이나 원시 사회의 공동체 생활에 의해 설명이 가능하다. 각박한 심리 현상은 사람이 늙어가거나 사회가 문명화되면서 더욱 심화된다. 우리가 어렸을 때에는 그렇게 각박한 인간관계를 가지지 않았다. 그리고 인간은 과거 수백만 년 동안 소규모 혈연 집단 단위로 생활했다고 해도 과언이 아니다.[17] 그 시절 인류는 나이에 관계없이 먹고살기 위해서 서로 협동해야 했으며,[18] 마지막 인간종 호모 사피엔스Homo sapiens는 다른 무리들과도 물건들을 교류했고, 종교적인 축제도 벌였으며, 외부의 적과 대항하기 위해 서로 도우면서 생활했다. 그

협동은 모든 면에서 조건이 없고 절대적이었다.[19]

  인류의 진화 관점에서 인간관계를 알고자 하는 것은 어떠한 행동이 화석化石으로 남지 않는다는 점을 감안할 때, 인류의 진화 과정과 유사한 5세 이하의 어린이와 침팬지의 행동에서 그 실마리를 찾을 수 있다. 진화적 관점에서 볼 때, 인간을 '사회적 동물'이라고 부르는 것은 맞지만, 그것이 정확한 표현은 아니다. 가장 좋은 표현은 '협동하는 동물the cooperative animal' 또는 '초사회적 동물매우 사회적 동물; the ultra-social animal'과 같이 좀 더 구체적인 표현이 가능하다.[18] 이 어린이와 침팬지에 관한 연구의 결과는 인류가 '협동하는 동물'이거나 '매우 사회적인 동물'이라는 결론에 도달한다. 사냥을 하다가 파트너가 창을 떨어트렸다면 자신의 먹이를 포기하고 그 창을 주워서 협력적인 사냥을 계속했다. 협력하지 않으면 죽는다는 사회적 관계는 절대적이었다. 그렇게 사냥해서 가지고 온 포획물들은 부족들에게 분배되고, 한 부족들은 한 가족처럼 평생을 협력하며 살았다. 그런 협력 방식은 유전자 지침으로 만들어져서 후세에 전달되었다. 그 유전자 지침은 지금도 변함없이 남아 있지만 그 지침을 거부하는 두뇌의 작용과 대립할 뿐이다.

  인간은 오래전부터 혼자 살 수 없었으며 사회와 더불어 협력하고 그 속에서 인정을 받으며 살았다. 인류의 문명이 발전하면서도 이러한 사회적 영향력은 지속적으로 작용되었다. 사회와의 협력이 불안정하거나 사회에서 인정을 받지 못하면 사회에서 낙오되고, 반면 사회에서 인정을 받게 되면 그만큼 커다란 이득의 기쁨을 성취하게 된다. 그러나 문명적이고도 계산적인 성취의 결과는 사회의 구도를 경쟁적인 구도로 만들었고, 그 낙오와 기쁨의 기복도 문명이 고도화되면서 눈에 띄게 확실히 표출되게 되었다. 이러한 눈에 띄는 실패와 성공은 현대인들에게 성공의 욕망을 심어주기도 하지만, 동전의 양면처럼 긴장감이나 허탈감을 지니게 하였다. 이러한 긴장감 속에는 우리들이 늘 그리워하는 마음이 자리 잡고 있다. 그것은 어렸을 때 관계하던 허물없고 신나는 인간관계이고, 유전자에 담겨 있는 인류의 무조건적인 협력과 사랑의 마음이다.

이러한 이유로 우리는 이해관계가 없는 열린 마음들을 만나고 싶어 하고 그런 만남을 위해 일상에서 멀리 떨어진 세상으로 여행을 떠난다. 일상에서 멀리 떨어진 곳에 사는 사람들, 그곳으로 함께 떠나는 친구나 트레킹 클럽 회원들, 이러한 사람들을 만나러 가는 심리는 협동하는 원시인류에서 비롯된 열린 마음들을 만나고 싶어 하는 마음이다. 그러한 열린 마음에서 우리는 마음의 위로를 받고, 진정한 휴식을 얻기도 하며, 인간 본연의 따듯한 심성과 만나기도 한다.

고독solitude은 건강에 이롭기도 하고 해롭기도 하다. 사람들은 어떤 때에는 복잡하고 경쟁적인 도시를 벗어나 의도적으로 고독을 즐기기도 하지만, 오랜 기간 사회를 떠나 고독하게 산다면 건강하게 지내기는 힘들다. 이러한 현상들은 현대인들의 다양한 사회 관계성을 보여준다. 그러나 그 관계의 중심에는 늘 어렸을 때 관계했던 열린 마음이나 오래된 진화 과정에서 만들어진 조건 없이 협력하는 관계를 그리워하는 마음이 존재한다. 머리가 복잡하거나 사람들로 인해 스트레스를 받을 경우에는 아는 사람들이 없는 장소에서 고독과 휴식을 얻기도 한다. 그리고 고독할 때나 인간적인 관계가 그리울 때도 동료들과 그곳으로 찾아가서 문명 생활에서 잃어버린 활기차고 건강한 생명체의 본능을 되찾기도 한다.

미국 인본주의 심리학의 창시자 에이브러햄 매슬로Abraham H. Maslow, 1908~1970는 이렇게 말했다. "인간은 아프리카 사바나 직립보행 시대 이후로 모든 행동의 동기부여를 기본적인 본능을 충족하기 위한 행동으로 설정하여 왔다. 그 기본적인 본능이라는 것들은 생리적인 욕구에서부터 시작하여, 안전하게 살 수 있는 욕구, 사회적인 관계에서 오는 구성원으로서의 욕구, 그러한 구성원 속에서 존경을 받을 수 있는 욕구, 그리고 최종적으로는 자아실현의 욕구를 포함한다."[20] 트레킹 또한 이러한 인간의 본능을 충실하게 충족시켜 주기 위한 활동이다. 특징이 있다면, 트레킹은 그 기본적인 본능을 충족시켜 줄 만한 일상생활과는 거리가 먼 세상에서 그러한 본능을 충족시켜 준다는 것이다. 트레킹에는 오랫동안 신체를 움직임으로써 건강을 회복한다는 생리적인 욕구가 포함되어 있으며, 함께 먼 길을 헤쳐 나가는 사회적인 구성원으로서의 욕구가 있고, 생각에 방해받지 않은 최적의 조건에서 생산되는 자아실현의 욕구가 있으며, 특별하게도 천국의 사람들이 지니고 있는 열린 마음으로 안전하고 행복하게 살 수 있는 욕구를 만나는 시간이 포함되어 있다.

5장 현상학적 태도

A. 현상학적 태도란

　경제적으로 생활이 향상되면서 먹고사는 것 외에 좀 더 넓은 세상으로의 여행을 동경하고, 다양한 경험을 위해 취미활동과 스포츠, 문화 활동에 참여한다. 이러한 활동들은 대부분 보다 향상된 의식의 발전과 만나기 위함이다. 그중에 트레킹은 넓은 세상으로의 여행으로 다양한 현상을 경험하게 되는 취미활동이자 스포츠이자 문화 활동이기도 하다. 그러나 많은 트레커들은 이러한 다양한 현상들의 경험을 인식하지 못하고 있는 것처럼 보인다. 그 이유는 트레킹을 단지 풍경의 아름다움을 즐기거나 동료들과의 즐거운 시간을 보내기 위한 행위로만 인식해 왔으며 그밖에 경험이 가능한 유익한 현상들에 관하여는 큰 관심을 가지지 않았기 때문이다. 트레킹을 접하면서 보다 많은 유익하고 신비로운 부분을 경험하고 싶다면 트레킹을 '추상적인 좋은 느낌'에서 벗어나서 그곳에서 나타나는 현상들에 관하여 관심을 가지고 그 현상들에 이성적 판단법으로 접근해야 한다.

　지금까지 트레킹의 전부라고 알고 있던 것들이 아름다운 풍경들이 있는 곳, 트레킹 폴을 사용하여 걷는 방법, 바위의 틈을 잘 잡고 넘어가는 방법, 캠핑할 때 필요한 용품들을 사용하는 방법, 동행인들과의 친목 같은 것들이라면 그보다 다양하게 발생하는 현상에 대한 인식의 경험이 가능하다. 그 다양한 현상들이란, 육체에서 일어나는 건강하거나 그렇지 못한 현상, 세상과의 관계에서 일어나는 많은 현상들,

스스로의 사색에서 발생하는 마음의 현상 등이다. 트레킹에서 중요한 것은 그러한 현상의 경험에서 발견되는 의식들이다. 그 의식들은 지금까지 거론된 자연의 본질, 자연과 인간의 관계, 오래 걷도록 만드는 조건, 숲에서 평화로운 느낌을 갖는 이유 등이다. 그 의식들은 그대로 그곳에 있지만 우리가 발견하지 않으면 곧바로 잊혀지기 쉬운 '발견해야 하는 의식들'이다.

자연에서 뱀, 멧돼지, 벌을 보면 그들에 대하여 무조건 공포심이나 혐오감을 갖기 쉽다. 그렇게 놀라거나 공포감을 갖는 사람들 중에 그들에게 직접 공격을 당해서 피해를 입은 사람들이 과연 있을까 의심스럽다. 자연에 대한 진심 어린 애정이 있는 트레커들의 경험담을 종합해 볼 때, 우리가 먼저 그들을 자극하지 않는 이상, 그들은 우리를 공격하지 않는다. 여기에서 자극이라 하면, 그들의 구역에 침입하거나, 다가서거나, 놀라게 하거나, 먹거리를 노출하거나, 새끼를 쳐다보거나 하는 행위이다. 지금 그들의 유전자는 인간을 최고의 포식자로 알고 있으며, 그 사실을 그들의 부모에게 학습받기도 한다.[21] 그러기에 그들에게 무조건 공포심이나 혐오감을 가질 필요는 없다. 야생동물에 대한 그러한 감정은 현상에 의한 본질 탐구의 마음이 부족해서 생긴 결과이다. 이러한 현상의 본질을 보려면, 나와 그 대상과의 관계에서 일어났던 현상을 거시적인 안목으로 보는 것이 필요하다. 감각적이고 통속적인 그들의 선입관을 버리고 그들이 사람들을 공격하는 이유가 무엇인지 그 현상에 대하여 인식을 해야 하고, 거시적인 생명 활동의 현상, 즉 야생동물들의 습성이나 야생동물들과 인간의 관계를 인식해야 한다. 그것이 바로 트레킹에서 '발견해야 하는 의식'이며 철학적 용어로는 '현상학적 태도 phenomenological attitude'이다.

B. 현상학적 태도의 철학 사조

현대사회와 문화, 그리고 예술에 지대한 영향력을 행사한 현상학의 창시자 에드문트 후설Edmund Husserl, 1859~1938은 현상학적 태도를 "대상에 대한 습관적인 믿음을 잠시 보류하고 대상에서 일어나는 현상후설은 이를 '사태 자체로'라고 했다을 중심으로 그 본질을 이해하려는 열린 자세"라고 말했다. 현상학적 태도는 일상적인 경험을 깊이 있게 성찰하는 것을 강조한다. 그는 습관적인 믿음을 잠시 보류하는 행위를 '판단중지epoche'라고 표현했다. 여기에서 '판단중지'는 생각을 멈추는 게 아니라 '잠시 보류'하여 좀 더 관조觀照* 적으로 논리 있게 생각을 하라는 뜻이다. 이 말은 대상에 매몰되거나 편견된 마음을 버리고, 있는 그대로를 직시하는 것이 중요하다는 뜻이다. 그래야만 대상의 본질을 보게 된다는 논리이다. 즉 마을에서 마을을 보는 것이 아니라 산 위에 올라가서 마을을 내려다보는 것이다. 후설은 인간의 모든 의식은 지향성을 가지고 있기에 대상을 현상 위주로, 즉 일어나는 현상 그대로를 보는 의식 속에서 어떤 지향적인 직관이 드러난다는 논리이다. 논리가 어려우므로 다시 한번 정리하자면, 현상학적 태도란 '편견을 버리고 일어나는 현상을 중심으로 의식을 개입하여 지향적인 직관을 보는 태도'이다.

---

* 관조는 일반적으로 해석으로는 라틴어의 '관찰하다.' '주의 깊게 바라보다.'에서 비롯된 단어이다. 철학적인 해석으로의 관조는 그리스어 '바라본다(테오리아; the-orein).'에서 온 말로서, 구경 또는 광경이라는 의미로 사용되었다. 아리스토텔레스는 테오리아를 프락시스(praxis; 실천, 즉 정치적 행동을 포함하는 윤리적 행동)와 포이에시스(poiēsis; 제작, 즉 생산 기술적 활동 및 예술적 활동)로 구별하고, 감각적으로 포착할 수 없는 영원불변한 형이상학과 수학 등을 통해 대상의 진리를 바라보는 영혼의 활동으로 생각하였다.

그러나 어렵기로 소문난 '현상학'이라는 철학의 사조는 같은 현상학이라도 철학자마다 다른 모습으로 해석되고 있다. 그렇지만 '현상학'에 의한 '현상학적 태도'는, 우리들의 육체, 마음, 그리고 세상과의 관계에서 일어나는 모든 본질을 찾는 방법이며, 그 방법은 일어나는 현상들을 중심으로 주관적이고 이성적으로 찾아야 한다는 학문의 사조라고 생각하면 크게 틀리지 않는다. 이러한 사조를 과학적인 사고방식으로의 전환으로 오해하기 쉽지만 그보다는 현상 중심의 관조적인 사고방식으로 생각해야 한다. 즉 수학이나 과학적 근거보다 우리 앞에 일어났고 일어날 수 있는 현상을 중심으로 판단하는 철학적 태도이다.

이 현상적 사조의 목적을 현대 철학자 피에르 테브나즈Pierre Th venaz, 1913~1955는 한마디로 이렇게 정의했다. "현상학은 모든 방법에 앞서 존재하는 것으로, 우리와 세상 간의 관계를 변화시키고 보다 예리한 의식을 포착하기 위한 하나의 방법이다."[22] 그리고 가장 최근 현상학에 대한 실존적 논리를 확립한 모리스 메를로퐁티Maurice Merleau-Ponty, 1908~1961는 그의 저서 『지각의 현상학Phenomenology of Perception』에서 인간이 지각하는 모든 인식들이 몸에서 비롯되었으며, 그 인식들은 내 몸과 세상이 동시에 인식되어 만들어지는 현상이라고 현상학에 대하여 정의했다. 그의 '몸에 의한 현상학'은 몸의 감각과 체험에 의한 나와 세상의 인식을 강조하고 있으며 이 논리는 몸으로 움직이고 몸에서 많은 것을 발견 가능한 트레킹과 여러 가지 면에서 같은 구조의 형태를 보인다. 우리 몸은 자연에서 생겨난 것이며, 그것을 통하여 생겨나는 모든 의식 또한 본능적인 몸에서 생겨난다. 우리는 이성적인 의식으로 그러한 본능의 몸과 두 발을 잘 다스려야 잘 걸을 수 있으며, 몸의 본능에서 오는 게으름이나 식탁을 이성적 혹은 관조적인 의식으로 잘 다스려서 건강한 몸매를 만들 수 있다. 퐁티의 몸에 의한 지각의 논리는 이후에도 트레킹의 원리를 설명하는 데 자주 등장한다.

C. 트레킹과 현상학적 태도

우리는 몸육체의 컨디션이 좋으면 '기분 좋다.' 혹은 '행복하다.'고 느낀다. 그리고 기분마음이 좋으면 덩달아서 몸육체의 컨디션도 좋게 느껴진다. 그러나 몸과 마음 중에 어느 한 곳이 좋지 않다면 몸과 마음의 컨디션도 좋지 않게 인식된다. 이러한 현상은 퐁티의 논리처럼 몸과 마음이 밀접하게 연결되어 있다는 증거다. 우리가 높은 산에 올라가서 비록 몸은 파김치가 되도록 피곤하지만 내려다보이는 훌륭한 조망으로 인하여 환희에 찬 기분을 인식할 수 있다. 이와는 달리 정상에 올라갔는데 조망은 비록 훌륭했지만 회사에서 좋지 않은 소식으로 인하여 기분이 침울한 경우도 있다. 산 정상에서 발생하는 인식은 몸이나 마음에서 인식되는 현상에서 시작하여 나와 관계하는 모든 세상과의 관계에서 인식되는 현상이 포함된다는 뜻이다. 우리가 이러한 산 정상에서의 인식의 현상을 이해하게 된다면, 회사에서 발생한 일을 잊으려고 노력하거나 그 사실을 잊으려고 정상의 훌륭한 조망에만 집중할 수도 있다.

장거리 트레킹에서 발에 물집이 생겨서 고생했는데 주변에 있던 모르는 사람에게 도움을 받은 사실이 있다고 하자. 그 사실은 평상시에 인식하지 못했던 원시적인 협력관계의 현상을 모르는 사람에서 체험한 것이다. 그것은 인류가 원시시대에 매우 협동적인 사회에서 오랜 시간 진화되어 만들어진 본능적인 협력관계이다제3부 트레킹의 심리/4장 열린마음/113-115P 참고. 그러한 현상은 내 의식에 잠재되어 있던 무의식적 본능이, 모르는 사람에 의해 깨어나서 나의 의식에 체화되는 현상이다. 그리고 그 깨어난 의식은 다른 어려움에 처한 사람을 도와줌으로써 모두가 한 가족이라는 행복한 마음의 현상을 경험하게 해준다.

이해를 돕기 위해 한 가지 예를 더 들어보자. 우리는 트레킹 중에 예기치 않게 비를 맞기도 한다. 비는 도시인들에게는 매우 귀찮기도 하고 기분을 저하시키기도 한다. 그러나 비가 오는 현상을 다른 방식으로 인식할 수 있다면 그 현상을 전혀 다른 인식으로의 전환이 가능하다. 사실 트레킹 중에는 체온이 상승되며 그 체온을 낮추기 위해서는 적당한 수분을 섭취하거나 휴식을 해야 한다. 그러나 적당한 비로 인하여 몸을 적셔준다면 내리는 비는 긍정적인 작용을 한다. 수분 섭취를 추가하지 않아도 덜 쉬어도 비로 인하여 체온을 유지하게 되며 시원한 샤워를 하는 느낌으로 걸을 수 있기 때문이다. 이러한 현상에 대한 새로운 발견은 풍부한 자연 현상의 경험을 필요로 하는 고차원적인 의식의 전환으로 보이기 쉽다. 그러나 그것이 그렇게 어려운 일은 아니다. 자연에 대한 약간의 이해심과 그것의 본질에 대하여 지속적으로 관심을 갖는다면, 적당한 비는 트레킹에 도움이 된다는 사실을 알게 된다.

트레킹에서 발생하는 현상들을 이성적으로 그리고 현상학적으로 이해하고 의식할 수 있다면 트레킹에서 발생하는 다양한 현상들에 대하여 감동을 받게 되며, 더 많은 효과를 경험하게 된다. 그 감동들은 야생동물과의 관계 개선에서 오기도 하며, 질척거리는 비에 대한 현상을 이해하는 과정에서 발견되기도 하고, 모르는 사람들에 대한 우호적인 관계에서 발견되기도 하며, 회사의 골치 아픈 일에도 불구하고 정상에서 경험할 수 있는 환희에서도 발견된다.

　나아가서 트레킹의 다양한 효과들도 그 일어나는 현상들을 이성적이고 관조적으로 이해하는 과정에서 찾을 수 있다. 그것은 트레킹 폴의 사용법에 대한 관심, 숲속의 피톤치드와 인간과의 오래된 관계에 대한 관심, 그리고 세상과 나의 모든 관계적 현상에 대한 관심이다. 이러한 이성적인 관심에 의해 발견되는 의식 즉, '트레킹의 현상에서 발견되는 의식'이 바로 '트레킹의 효과'이다. 트레킹의 효과는 추상적으로 흩어져서 찾기가 어렵겠지만, 우리가 그 현상들의 본질에 대하여 관심을 가지면 가질수록 더욱 뚜렷하게 우리들 스스로에게 발견되고야 만다.

　더불어 현상학적인 태도는 트레킹에서 벗어나서 우리의 일상에서도 적용되는 중요한 생활의 관점으로 활용이 가능하다. 보다 넓은 의식의 향상을 위해 나와 세상과의 관계를 설정하고, 세상의 모든 본질로의 접근을 위해 이 태도는 매우 중요하다. 우리는 모든 순간을 현상으로 맞이하고 그래서 기쁘게 맞이할 수 있다. 그 맞이하는 관점이 이성적이어도 좋고 산 위라도 좋다. 그리고 우주라도 좋다. 우리는 넓고 정확하게 보기 위해, 다양한 세상과 다양한 사람들을 만나면서 이성적이면서 관조적 시야로 이 세상을 걷는 것이다.

열린 길의 노래 - 월트 휘트먼(시인 수필가, 1819~1892)

나는 마음 가볍게 열린 길로 가리라,
세계는 내 앞에 펼쳐져 있고,
나는 건강하고 자유로우며,

가고자 하는 곳이 어디든
내 앞의 긴 황톳길로 갈 수 있다.

- 중략 -

이 순간부터 나는 제한과
상상의 경계선에서 해방되리라,
가고자 하는 곳으로 가리라,
스스로 완전하고 절대적인 주인으로서,
다른 사람들의 말을 경청하고,
그들의 말을 곰곰이 생각하고,
멈추어 서서, 찾아보고,
받아들이고, 사색하며,
부드럽게, 그러나 불굴의 의지로
나를 옥죄는 모든 구속에서 벗어나리라.

제4부

트레킹의 기술

트레킹은 단순히 발걸음을 옮기는 것 그 이상이다. 트레킹에서의 걷기는 집배원이 우편물을 배달하기 위해 걷는 것이나 회사원이 출근하기 위해 전철로 걸어가는 것과 물리적으로는 같지만, 정신적 측면에서 보자면 훨씬 다양하고 넓은 의미가 부여된다. 넓은 의미의 '걷기'를 정의하는 사례를 들어보자면 다음과 같다. '걷기라는 주제는 보편적인 행동에 특수한 의미를 부여하는 방식을 보여준다.'[1] '세상에서 몸을 움직이는 이 고대의 움직임은, 정신이 환경과 상호작용 하고 특정 영역에 충실해지도록 만들어 준다.'[2] '걷기는 자신을 넓은 세계로 열어놓는 것이다. 발로, 다리로, 몸으로 걸으면서 인간은 자신의 실존에 대한 행복한 감정을 되찾는 것이다.'[3] 등이다. 걷기, 걷기 여행, 트레킹, 하이킹으로 표현되는 그것들의 정의에는 기분전환, 건강, 친목, 순례, 쟁취, 사유의 수단으로 광범위한 개념들을 포함하고 있다.

트레킹의 기술technique은 이러한 트레킹의 무한한 가치들을 인식하게 해주는 현실적인 방법을 제시한다. 그 현실적인 방법이란 편의 시설이 없는 자연에서의 생활방법이며, 자연이나 세상을 감상하는 방법이기도 하다. 이러한 방법들은 피아노를 연주하기 위해 그 기술을 연습하듯이, 꾸준한 연습으로 더욱 훌륭한 결과를 얻어내는 특별한 기술이다. 그러한 기술을 등한시한 채 많은 시간을 걷는 경우, 그 많은 시간을 좋지 못한 컨디션으로 보낼 가능성이 많고, 몸과 마음의 건강이나 실존의 행복을 찾기는 고사하고 넓은 세상에서 길을 잃어 좋지 못한 결과를 초래하기 쉽다. 무엇보다도 아쉬운 것은 이러한 경우 트레킹에 대한 관심이 쉽게 단절되며, 트레킹에 대한 좋지 않은 추억을 가지게 된다는 것이다. 어떤 것들에서 트레킹의 기술이 필요한지, 건강이나 부상 방지의 측면을 고려한 걷는 방법을 생각한다든지, 어떤 음식물이 트레킹에 적합한지, 또는 세상을 아름답게 보는 방법이것도 트레킹의 중요한 기술이다은 어떤 것인지에 대하여 알아두어야 한다. 그리고 더 나아가서 그것들이 쓰여지는 원리에 대하여도 알아둔다면 그 필요성에 대한 이해도가 더욱 깊어지게 된다.

  트레킹을 그 원리의 맥락에서 정의하자면 '육체와 정신이 세상과 만나는 행위'이다. 이 정의에는 다양한 걷는 기술과 세상을 보는 기술의 필요성을 내포하고 있다. 트레킹의 기술에 관하여 관심을 기울이는 것이 트레킹의 효과에 지대한 영향을 끼치게 된다. 이러한 이유로 말미암아 장시간 걷는 행위에 앞서서 숙지해야 할 중요한 기술들을 알아보고, 그것들에 대하여 충분히 연습한 후에 트레킹을 떠날 것을 권장한다. 그것이 아름다운 트레킹, 건강한 트레킹, 그리고 지속적인 트레킹을 만드는 방법이다.

1장 트레킹의 원리

트레킹의 원리는 신비한 자연에서 생겨난 육체의 작용과 세상을 어떤 마음으로 걸어야 하는지에 대한 정신의 작용이 하나로 어우러져 나타나는 현상이다. 즉, 트레킹의 원리는 자연에서 만들어진 육체의 본능적인 움직임과 그것을 관리하는 지향적인 정신의 작용이 함께 어우러지는 현상이다. 이 책의 부제 '신비한 자연과 직립보행의 만남'은 이 책에서 말하려는 트레킹의 원리를 함축하고 있다. '신비한 자연'은 자연 그 자체와 자연의 일부인 우리 육체가 가지고 있는 본질의 의미가 있고, '직립보행'은 어떻게 걸어야 하는지, 세상을 어떻게 보아야 하는지에 대한 인간만이 가질 수 있는 지향적인 정신 작용으로 의미가 있다.

트레킹에서는 육체적인 작용과 정신적인 작용을 모두 체험할 수 있는데, 정작 우리는 육체적인 작용을 중요시하거나 이 두 가지를 분리해서 생각한다. 육체의 움직임에 대한 원리에 관심을 갖는다면 좀 더 효율적인 움직임이 가능해지고, 세상과 나의 작용, 즉 정신의 원리가 무엇인지 알아둔다면 트레킹에서 더욱 효과적인 다양한 결과를 얻게 되며 세상을 좀 더 알게 되는 기쁨을 얻게 된다. 이 두 가지 원리 중에 한가지라도 빼고 트레킹을 말한다면 그것은 한쪽 날개를 잃은 새와 같으며, 패티 없는 햄버거를 먹는 경우와 같다고 할 수 있다. 결국 이 두 가지 원리를 모두 갖추어서 나오는 결괏값을 트레킹의 실체라고 할 수 있다. 즉 트레킹의 원리는 트레킹의 실체로 대신할 수 있는 중요한 의미가 있다. 트레킹의 실체는 육체와 정신이 함께 어우러져 작용하는 결괏값이어야 한다.

　이러한 사실들과 관련하여 넓은 세상으로 나아가 걸을 때 어떠한 걷는 방법을 가지고, 어떤 마음으로 걸어야 하는지 알아야 한다. 그리고 나와 넓은 세상과의 관계도 심도 있게 사유하여 그 관계성에 접근해야 한다. 세상과 나의 관계는 트레킹에서 발생하는 모든 육체와 정신 작용의 토대가 되는 것이며, 그 모든 작용들을 이해하는 데 열쇠를 쥐고 있다.

A. 육체적인 작용의 원리

　인체의 움직임의 작동 원리는 매우 복잡하고 정밀하며 신비스럽다. 이 원리를 자세히 설명하자면 책 한 권으로도 부족할 정도이다. 여기에서는 그 총체적이고 간략한 원리를 설명하려고 한다. 총체적이고도 간략한 원리를 이해함으로써 우리 몸의 범상치 않은 움직임의 구조를 조금이나마 이해할 수 있을 것이다. 이를 위해서는 당분간 계속되는 건조한 문장들에 관하여 인내심을 가져야 한다.

　걸을 때 우리 몸에서는 많은 시스템이 거의 동시에 작동한다. 특히 트레킹에서는 도시보다 볼 것과 조심해야 할 사항이 많기 때문에 더욱 활발한 시스템의 작동이 필요하다. 걸을 때에는 눈과 귀, 발바닥을 비롯한 말초신경계의 감각 신호가 뇌로 전달된다. 뇌의 뉴런 10억 개 중에 1,000만 개나 되는 운동 뉴런은 그 감각 신호를 받아서 판단하고 서로 협력하여 걷기의 모양과 힘의 크기를 중추신경계로 보내서 걷기를 명령한다. 이에 따라 호르몬계에서는 아드레날린과 같은 호르몬을 분비하여 심박수와 혈압을 증가시킨다. 이 같은 호르몬의 작용은 심장의 힘을 빌려서 걷기를 위해 체내에 저장되어 있는 영양소를 10만 km에 달하는 혈관으로 산소와 함께 운반하여 600여 개의 근육과 206개에 달하는 뼈를 움직이는 데 도움을 준다. 이러한 정밀하고 복잡한 인체의 현상들은 자연에서 아주 오랜 시간 아주 조금씩 진화되어 만들어진 생명의 경이로운 현상이다.

두 발로 걷기는 새들의 비행과는 다른 독특한 균형감각을 필요로 하는 운동이며 그 존재감은 가히 독보적이라 할 수 있다. 하늘을 날 수 있는 새와 곤충의 종류는 수없이 많아도 두 발로만 걸으며 생활하는 생명체는 인간 이외에 찾아보기 힘들기 때문이다. 두 발로 걷기 동작은 학문화되어 있을 정도로 전문화되어 있다. 간략한 걷기 동작의 원리를 설명하자면 바로 이렇다. 두 발로 걷기_{이하 보행}는 매우 복잡한 과정으로 선택적 협동 운동의 패턴_{selective synergistic motor pattern}이 뇌에 학습되어 일련의 연속적 운동 형태_{sequential motor pattern}로 나타나는 현상이다. 보행의 형태는 개인 차가 거의 없다. 이 역시 오랜 시간 진화되어 만들어진 평범하게 보이지만 알고 보면 신비로운 생명체의 특성이다.

보행에서 다리의 역할은 가장 중요하다. 한쪽 다리가 앞으로 나아가면서 반대쪽 다리는 자연스럽게 뒤쪽에 위치하게 된다. 이때 대퇴사두근_{넓적다리 앞 근육}, 햄스트링_{넓적다리 뒤 근육}, 종아리 근육이 협력하여 다리를 들어 올리고 내리는 동작을 도와준다. 이때 엉덩이 근육은 허리와 다리의 움직임을 조율하는 중요한 역할을 해준다. 한쪽 다리의 발이 바닥에 닿으면 체중이 앞으로 이동하면서 반대쪽 발이 앞으로 나아간다. 이 과정에서는 발목, 무릎, 엉덩이 관절이 협력하여 발을 앞으로 이동시키며, 발바닥의 아치와 발목 근육이 충격을 흡수하고, 안정성을 제공한다. 이때 팔은 반대쪽 다리와 함께 움직이며, 자연스럽게 흔들리며 몸의 회전에도 작용하며 걷기 균형을 유지하게 도와준다. 걷는 동안 몸의 균형을 유지하기 위해 여러 감각 정보시각, 평형감각 등가 통합되어 뇌에서 처리된다. 이러한 과정은 지속적으로 반복되며, 뇌를 비롯한 몸의 전체 신경계의 조절에 의해 이루어진다.

신기한 것은 이 모든 복잡하고 섬세한 작용이 거의 동시에 이루어지고 실수 없이 실행된다는 것이다. 이 복잡하고 섬세한 작용에서 실수가 일어난다면 그것은 우리 뇌나 신경계가 걷기에 관하여 잘못된 값을 입력하거나부상 영양소를 제때 공급하지 않았거나, 너무 많은 스트레스로 인하여 제때 호르몬이 분비되지 못하여 벌어지는 일이다. 걷기에 관련된 더욱 전문적인 신체의 작용이나 원리는 해부학 및 체육학에 관련된 전문 서적을 참고하기로 하고, 여기에서는 우리가 이해할 수 있는 범위 내에서 트레킹에서의 걷기 방법이나 트레킹에서 필요한 기본적인 영양소의 소비 원리와 활성법, 그리고 그것과 관련된 음식물 및 준비물 등을 알아보기로 하자.

B. 정신적인 작용의 원리

트레킹의 원리적 정의 '육체와 정신이 세상과 만나는 행위' 중에 '정신'은 개인적인 기분이나 트레킹에 임하는 태도의 마음, 그리고 자연이나 세상을 보는 마음의 관점 등이며, '세상'이라는 것은 트레킹 중에 만날 수 있는 자연을 비롯한 문화, 역사, 그리고 모든 사람들이다. 이 정신적인 작용이 달라질 때마다 육체적인 걷기의 움직임도 달라질 수 있으며, 트레킹에서 나타나는 에너지나 결괏값도 달라지게 된다.

트레킹에서는 정신적으로 여러 가지를 체험한다. 아름다운 경치감상에서 비롯되는 즐거움, 그런 환경에서 장시간 걸음으로 인해 생겨나는 건강에 대한 믿음, 만나는 사람들과의 우호적인 관계 속에서 생겨나는 소속감, 나아가서는 다양한 세상에서 거친 환경을 딛고 나아감으로 인하여 발생되는 의식의 성장까지 실로 광범위하다. 그러나 이 다양한 체험들은 트레킹의 실체임에도 불구하고 우리 자신이 인식하지 못한다면 그저 추상적으로 혹은 무의미하게 흘려버릴 수 있다. 다시 말하자면, 그 효과들이 생겨나는 원리나 의미들을 인식하지 못한다면 그 소중한 체험들은 우리 몸에서 아주 짧게 머물다가 사라진다는 뜻이다.

현대 시대에서 가장 많은 사회적 영향력을 행사한 실존주의 거장 마틴 하이데거Martin Heidegger, 1889~1976는 현대사회를 잡담과 호기심 그리고 애매성으로 점철된 비본래적주관성이 결여된인 삶이라고 말했다. 이와 상반되는 삶은 자신의 존재를 의식함으로써 다른 존재들을 이해하고 그들과 관계를 맺을 수 있는 삶이라고 논증했다. 위에서 거론한 트레킹의 정신적 체험들을 인식하지 못하고 그저 주변 사람들과의 잡담과 세상의 호기심경치을 위해 걷는다면 트레킹에 대한 애매한 인식으로 점철된, 이른바 비본래적인 트레킹을 하고 있다고 봐야 한다. 이러한 비본래적인 트레킹에서 벗어나기 위해서는 '어떤 경치를 봐야 하는가.'보다는 '내가 이 세상과 어떻게 관계해야 하는가.'에 좀 더 관심을 가져야 한다.

트레킹에서 비가 오는 것은 어떤 사람에게는 부정적이지만 어떤 사람에게는 긍정적으로 작용한다, 그것은 비에 대한 생각의 관점에 따라 생각이 달라질 수 있음을 의미한다. 비를 질척거리는 것으로 받아들일 때는 부정적인 감정 상태를 불러오지만, 그것을 나의 육체를 식혀주는 상쾌한 물질로 받아들일 때에는 긍정적인 감정 상태를 불러올 수 있다. 여기에서 비는 세상이라고 불리는 자연이며 물질적 환경이다. 동료 중에 한 사람이 비에 대하여 좋게 말한 부분이 내 컨디션에 영향을 주었다면 그때의 세상은 비와 더불어 사람이 추가된다.

자연에서는 4시간 이상 걸어도 발바닥이 아프지 않지만 아스팔트 위에서는 1시간만 걸어도 발바닥이 뻐근하다. 지금 우리의 발은 아스팔트 위에서 잘 걸을 수 있도록 만들어진 발의 형태가 아니라, 자연에서 잘 걸을 수 있도록 만들어졌다. 컴퓨터 모니터를 계속 보고 있으면 눈이 건조해지고 시리기도 하지만 숲이나 계곡을 오랫동안 보고 있으면 눈이 아프지 않으며 오히려 눈이 맑아지는 것을 느끼기도 한다. 우리의 두 눈은 자연을 잘 보도록 적합하게 만들어진 눈이지 컴퓨터 모니터를 잘 볼 수 있도록 만들어진 눈이 아니다. 이 또한 트레킹의 정의 '육체와 정신이 세상과 만나는 행위' 중 한 가지 현상이다. 여기에서 아스팔트는 '세상'이며, 오래전부터 내 몸에 내재되어 있는 자연에서 오래 걸을 수 있는 나 자신은 '육체와 정신'이다. 세상은 공간과 물질, 그리고 시간도 포함된다.

트레킹의 원리에 대하여 수월하게 접근할 수 있는 방법이 있다면, 그것은 우리가 자연의 일부라는 사실을 인정하면서 시작하는 것이다. 트레킹의 원리는 신비하게도 원시시대부터의 기나긴 생명 활동과 관계가 있으며, 그러한 모든 시간에서 맺어온 모든 자연과의 관계에서 비롯된다. 이 논리는 '제3부 트레킹의 심리'에서 설명하였고, 이후에 소개될 '제6부 트레킹의 의미'에서는 의미의 부여라는 측면에서 자세히 다루어진다. 우리가 자연의 지배자가 아닌 자연의 극히 일부라는 사실은 지금의 우리 모습이 오랜 시간들을 통하여 자연에서 만들어졌다는 사실과 그 생명의 특성인 제한적인 시간성에서 비롯된다. 계속해서 강조하지만 지금 우리의 모습은 우리가 알고 있는 시간보다 더욱 오랫동안의 진화 과정에서 만들어진 몸이다. 그 오랜 시간은 우리가 인간이기 이전의 시절인 유인원 시절을 포함하며, 그 이전의 모습이었던 포유류와 파충류였던 시절을 포함한다.[4] 우리들의 뇌와 몸들의 구석구석에는 그 오랜 시간의 흔적들이 아직도 남아 있으며, 자연으로 들어가게 되면 그 작용들이 더욱 활발하게 작동된다.

2장 자연과의 교감법

 세상의 많은 걷는 길들이 자연 깊은 곳에 있다. 자연과의 교감법, 즉 자연을 감상하고 체험하는 방법은 트레킹의 기술technic에서 중요한 부분임에 틀림이 없다. 그럼에도 불구하고 우리가 자연과 교감하는 방법에 대하여 생각해 보았는지를 스스로에게 반문해 보아야 한다. 사실이지 우리는 지금까지 알아온 트레킹의 기술이라고는 걷는 방법과 그 용품들의 사용법에 국한되어 있었다. 이로 말미암아 자연과 교감하는 방법에 대하여는 거의 관심을 두지 않은 상태로 오랜 시간 자연과 마주한 셈이다. 이러한 자연과의 교감법에 대하여 인식하지 못한 채 오랜 시간을 그 속에서 지냈다면, 그 오랜 시간들은 자연과 하나 되는 커다란 감동을 얻지 못하고, 그저 자연의 화려한 겉모습에만 취해서 잠시 감탄하다가 친구들과의 수다로 그 많은 시간을 소비했을 가능성이 많다.
 자연을 아름답게 보는 렌즈가 우리 몸과 마음에 기본적으로 장착되어 있는 게 아니다. 물론 우리들의 유전자에는 자연을 그리워하는 기질이 있다. 그러나 그 기질은 아기가 적당한 훈련을 거쳐 두 발로 걷게 되듯이, 적당한 학습을 통해서만 그 기질이 자연을 그리워하는 마음으로 승화하게 된다. 눈앞에 놓여 있는 대상에 대하여 좋은 느낌을 교감하거나 아름답게 느끼게 하는 정도는, 후천적인 학습의 정도에 따라서 교감하거나 느끼는 정도가 상당히 달라진다. 바라보거나 느끼고 있는 대상에 대한 정보가 없거나 관심이 부족하다면, 그 대상으로 인하여 느껴지는 좋은 느낌이나 아름다운 느낌과는 연결되기가 어렵다는 것이다.

　자연의 아름다운 느낌은 자연에 대한 상식이나 애정 어린 관심의 관계가 이어질 때 발생한다. 그러나 그러한 관심의 관계가 자연을 그저 호기심의 대상이나 자연이 나를 위로해 준다는 일방적인 관계로 국한되었을 경우는, 그러한 느낌의 정도는 좋은 음식을 먹지 못하고 그저 냄새만 맡는 정도에 비교될 정도로 제한된다. 한 송이 야생화가 가지는 이름의 의미는 무엇인지, 그 야생화가 그곳에 있기까지 어떠한 험난한 과정을 거쳐 왔는지, 그리고 어떻게 숲에서 사라지는지 인식이 가능하다면, 그것의 아름다움이나 신비로움, 경이로움은 깊숙이 나의 마음에 스며든다.

　우리의 육체와 감정을 자연의 일부로 이해하게 됨으로써 지복blessedness이라고 부르는 기쁨과 자유를 성취할 수 있다고 일찍이 스피노자가 말했다.[5] '우리 몸과 마음이 곧 자연이다.'라는 사실은 생태계에서 최상위 포식자로서 오랫동안 지내온 우리로서는 인정하기 어려운 사실이기도 하다. 그렇지만 자연에 대하여 깊게 사유해 보았거나 이 책을 꼼꼼히 읽어본 사람이라면 어느 정도는 수긍할 수 있다제1부 신비로운 트레킹/3장 자연의 선물/37-41P 참고;제6부 트레킹의 의미/5장 행복에 관한 사유/259-266P 참고. 이 사실을 인식하는 태도는 나와 이 세상의 이치를 알게 되는 대단히 중요한 관점이다. 이 태도는 자연을 감상하는 데 그치지 않고 세상의 모든 사실과 관계하는 태도이며 우리를 행복으로 이끄는 중요한 관점이기 때문이다.

　자연을 감상하는 마음의 형태는 세 가지의 단계로 구성된다. 그것은 1차원적인 마음의 상태, 2차원적인 마음의 상태, 그리고 3차원적인 마음의 상태이다. 어떤 대상을 마주할 때 우리의 마음은, 단순하게 그것을 바라보기도 하지만, 때로는 매우 다양한 상상력으로 대상을 감상하고 평가하기도 한다. 그것은 우리의 뇌가 원시 호모 사피엔스Homo sapiens의 뇌이면서 동시에 지구인의 뇌이기도 하고, 넓게 생각하면 우주인의 뇌이기도 하다는 사실로 설명이 가능하다.

트레킹 도중에 만나는 아름다운 야생화를 보았을 때, 원시 호모 사피엔스는 그것을 먹을거리와 연관 지어서 바라보았을 가능성이 있다. 원시 호모 사피엔스는 그것을 아름답다고 생각하지는 않았을 것이다. 그들은 아름다움에 대하여 교육을 받지 않았기 때문이다. 그것은 그저 눈에 잘 띄는 먹을거리의 한 가지로 보일 뿐이다. 그러나 지구인 그러니까 지금의 호모 사피엔스는 그 야생화를 먹을거리와 연관 지어서 생각하기도 하겠지만 일부 자연생 나물을 선호하는 대부분은 아름다움에 중점을 둘 것이다. 어렸을 때부터 꽃은 아름답다고 학습되었기 때문이다. 그렇다면 우주인, 즉 죽음을 무릅쓰고 다른 행성을 탐험하고 돌아온 지금의 호모 사피엔스는 어떤 마음으로 그것을 보게 될까? 우주인은 그것을 먹을거리와는 전혀 관계없이 매우 아름답고도 신기하게 볼 가능성이 있다. 이렇게 척박한 넓디넓은 우주에서 이렇게 아름다운 색깔을 가진 생명체는 이곳 작은 행성, 지구에서만 존재하기 때문이다. 이렇듯 자연을 바라보는 마음의 상태는 그 보는 주체에 따라서 매우 다른 모습으로 보인다.

A. 자연을 보는 3단계 형태

1차원적 마음의 형태

자연을 보는 1차원적인 마음의 형태는 자연의 단면만을 바라보면서 그것들을 느끼는 일반적인 태도이다. 만년설이 덮여 있는 웅장한 산을 보았을 때, 아름다운 숲을 바라볼 때, 바람이 불어서 내 몸을 스치고 지나갈 때, 그것들에 관하여 집중을 하면, '웅장하다.', '아름답다.' 혹은 '시원하다.'라는 감정을 받게 된다. 그리고 바라보거나 느끼는 대상은 주로 단일한 대상, 즉 눈앞에 펼쳐진 산이나 숲, 불어대는 바람이다. 1차원적인 마음의 형태로 자연을 보는 것은 집중에 효과적이다. 단순한 자연의 현상들에 집중을 하다 보면 그것들의 아름다움에 쉽게 빠져들어 감동을 받을 수 있다. 그러나 주변 사람들의 대화에 참여하거나 다른 인간관계를 머릿속에 끌어들인다면 그 아름다움의 감동은 달아나 버리게 된다. 그러므로 이 방법으로 자연의 아름다움과 교감하려면 대상에 집중이 필요하다.

1차원적인 마음의 형태는 자연을 객관적인 대상으로 여기게 된다. 자연과 나와의 관계가 형성되지 않은 채, 그저 바라보거나 그것에서 어떤 좋은 느낌을 얻으려는 이익의 대상으로 인식하기 쉽다. 그리고 이 상태는 무의식 속에 자연이 내가 원하는 상태로 있어 주기를 바라는 마음이 만들어지며, 내가 원하는 자연의 상태가 되지 않을 때에는 자연에 대하여 실망을 하거나 트레킹에 대한 의욕이 저하되는 요인을 제공한다. 아마도 그 저하 요인들은 자연의 외형이나 그날의 날씨에 의해 이끌려갈 가능성이 있다. 평소에 자연에 대한 여러 가지 상식이나 자연이 가지고 있는 신비로운 현상들에 관하여 관심을 가지고 있다면, 좀 더 단단한 기반에서 자연의 아름다움을 경험하게 된다.

2차원적 마음의 형태

자연은 음악의 오케스트라와도 같아서, 여러 가지 자연의 요소들이 어우러져서 우리 눈에 비추어지고, 들려오고, 느껴진다. 오케스트라에도 오묘한 화음이 있듯이, 자연의 여러 가지 요소에는 그것들에 의한 화음이 있다. 그것들은 시각적 화음, 청각적 화음, 촉각적인 화음이다. 그리고 그 화음들이 어우러져 만들어 내는 전체적인 화음이 있다. 물론 1차원적인 시야에서도 아름다운 자연을 보고 느낄 수 있지만, 자연은 우리의 눈에 보이는 그 이상의 다양한 모습과 아름다움을 지니고 있다. 단지 우리는 지금까지 그것들을 관찰하는 방법에 대하여 알려고 하지 않았으며 알려고 하는 습관을 가지지 않았을 뿐이다. 좀 더 많은 관심으로 자연의 다양한 화음들을 접할 수 있다면, 우리가 지금까지 느끼지 못했던 자연의 깊은 아름다움에 더욱 가깝게 접근할 수 있다.

다양한 산등선이의 모습들, 바위들, 움직이는 생명체들이나 움직이지 않는 생명체들, 바람, 햇빛 등 모든 자연은 각기 다른 모습을 하고 있으며, 그것들에서 나오는 화음 또한 같은 것이 하나도 없다. 같은 것들이 없는 게 그리 신기한 일인가? 하고 반문할 수도 있다. 우리는 일상에서 늘 같은 것들을 보며 지낸다. 자가용, 아파트, 핸드폰, 신발, 햄버거, 보도블록, 필기도구 등 우리가 접하는 대부분은 대량생산으로 만들어지기에 모두 같은 모양을 하고 있다. 그것들에는 생명력을 느끼지 못하며, 그렇게 스스로 생겨나고 스스로 움직이고 사라지는 생명력에 의한 감정이나 화음을 느낄 수 없다. 그것들은 단지 사람이 필요해서 만들어진 소모품일 뿐이다.

자연自然이란 단어를 동양적 의미로 해석하자면 '스스로 그렇게 되는 것' 또는 '스스로 그러함'이라는 뜻이다. 어떠한 인위적인 힘이 가해지지 않고, 스스로의 의지에 의해 생겨나고 유지하고 사라지는 것이라는 뜻이다. 이렇게 스스로의 의지에 의해 생겨난 모든 자연의 현상들에는 그것들이 어우러져 보여주는 화음이 존재한다. 그들은 지금까지 오랜 시간을 서로 의지하고 어우러져 공생하고 있다. 대자연에서 가만히 그 웅장하고 아름다운 화음을 보고, 듣고, 느껴보자. 숲이 바람에 일렁이는 모습, 그 속에서 지저귀는 새들의 노랫소리, 나의 몸을 감싸주는 햇볕의 따스함, 그것들이 함께 어우러져 만들어 내는 화음을 온몸으로 느껴보자.

3차원적 마음의 형태

인간의 두뇌는 1초도 안 되는 짧은 시간에 다양한 공간과 시간의 사실을 인식할 수 있다.[6] 짧은 시간에 눈앞에 펼쳐지는 대상에 대하여 시각, 촉각, 청각으로 인지가 가능하고, 그 대상들의 행동양식, 시간성, 대상들과의 관계 등 많은 사실들의 인식이 가능하다. 3차원적인 마음의 형태는 1차원적인 보고 느끼는 것, 그리고 2차원적인 화음들을 포함하며, 3차원적인 그 대상들의 과거와 현재, 미래의 시간과 모든 현상을 포함한다. 이 모든 현상을 한꺼번에 인식하지는 못하더라도 우리는 그 일부의 사실들을 동시에 인식할 수 있다.

커다란 바위 위에 올라앉아 자라고 있는 오래된 소나무는 쓰러지지 않으려고 뿌리를 바위틈으로 내디뎌 중심을 잡은 채 몇십 년을 버티고 서 있다. 그 소나무는 그 자체의 모습도 아름답지만, 그 오랫동안 중심을 잡고 버티고 서 있는 생명력을 보노라면 감동하지 않을 수 없다. 하늘을 날고 있는 새들의 모습 또한 오래된 생명의 시간을 인식할 수 있다. 새들은 경이롭게도 사람들이 그토록 원하는 하늘을 날고 있으며 어린 새들은 하늘을 날기 위해 혹독하고도 엄격한 과정을 거친다. 누가 가르쳐 주지 않았지만 스스로 높은 나구에서 혹은 절벽에서 뛰어내리며 날갯짓을 배운다. 좀 더 신비로운 생명체의 예를 하나 더 들자면 꿀벌의 이야기다. 정찰벌이 꿀을 발견하면 집으로 돌아와 동료들에게 꼬리 춤으로 그곳의 위치를 알려준다. 원형과 직선으로 춤을 추면서 먹이의 거리와 위치를 정확하게 알려준다. 춤동작이 느리면 먼 거리에 먹이가 있으며, 춤선의 각도는 태양과 먹이의 각도를 의미한다.[7] 바위 사이를 비집고 버티고 서 있는 소나무 절벽에서 뛰어내리며 날갯짓을 배우는 새들, 그리고 꼬리 춤으로 먹이의 위치를 알려주는 꿀벌의 모습들은 오랜 시간 속에서 스스로 터득하고 만들어낸 자연의 신비이다.

  자연의 오랜 시간은 단지 미세한 단세포에서 이렇게 많고 신비한 생명체들을 만들었다. 그것이 살아 움직이는 생명체이든지, 가만히 서 있는 생명체이든지 모두가 그 미세한 것에서 시작되었고, 모든 생명체들에는 살려고 발버둥 치는 어떤 의식이 있다. 결국, 오랜 시간을 거슬러 올라가 보면 이 세상의 모든 생명체들은 한 가지 조상에서 나왔다.[8] 생명체의 한 가지 조상설은 '내가 곧 자연이다.'라는 사실을 증명할 수 있는 결정적인 논리이며, 이러한 사실을 인식하는 것은 우리의 현재와 미래를 인식할 수 있는 매우 통찰적인 태도이기도 하다.

  우리는 대자연 속에 존재하는 아주 작은 생명체에 불과하다는 단순한 생활의 태도와 대자연의 현상들을 대부분 인식할 수 있다는 고등 생명체적인 우월한 태도를 동시에 지니고 있다. 복잡해진 우리의 생각을 단순하게 만드는 법, 한편으로는 세상의 이치를 깨달을 수 있다는 고등 생명체적인 인식의 상태를 갖는 것, 이 두 가지 양면성은 모두 중요하다. 이 양면적인 인식의 능력은 우리의 생활에서 일어나는 다양한 순간에서 상대적으로 적용할 수 있다. 일상생활은 어떤 때에는 단순한 해결책을 원하고 있으며, 어떤 때에는 복잡하고 통합적인 결정을 원할 때도 있다. 우리는 다람쥐 쳇바퀴 같은 일상의 굴레에서 경직되어 버린 사고에서 벗어나서, 깊고 넓은 대자연의 영역을 공간과 시간에서 통찰할 수 있다. 그리고 그 속에서 지금 우리의 가능성을 발견할 수 있다. 그 가능성은 우리도 이 자연의 구성요소라는 단순하면서도 위대한 진리이며, 이곳에 존재하는 모든 생명체는 척박한 우주에서 유일하게 존재하는 경이롭고 아름다운 존재들이라는 인식의 태도에서 비롯된다.

잠시만이라도 동행인들과의 대화를 접어두고, 눈과 귀, 그리고 전신의 피부를 활짝 열고, 오롯이 자연의 여러 가지 모습과 화음을 느껴보자. 그리고 그것들의 오래된 시간에서 맺어진 관계와 이치에 대하여 온 마음으로 바라보자. 생겨나고, 살아가고, 사라지는 현상들을 함께 인식해 보자. 그리하여 나도 이 경이로운 대자연 속의 미세한 부분이며 구성원이라는 사실을 똑바로 응시해 보자. 그러면 지금 이 시간이 얼마나 귀중하고 경이로운 순간인지를 알 수 있게 된다.

3장 완벽한 걷기 자세

트레킹에 있어서 완벽한 걷기 자세란 어떻게 걷는 것일까? 이 질문은 "완벽한 걷기 자세가 지향하고 있는 것은 무엇인가?"라는 질문과 만나게 된다. 그 지향점은 '신체의 건강과 멀리 걸을 수 있는 데 도움이 되는 걷기 자세'이다. 이러한 지향점을 위해 네 가지 방법으로 정리해 보았다. 이 기법들은 걷는 심리와 관련이 있기에 실제로 걸으면서 이 방법들을 적용하되, 자신만의 걷기 동작을 완성시킬 것을 권장한다. 결국은 자신의 걷기 동작을 의식하며 걷는 것이 최고의 완벽한 자세이다. 사람은 각기 신체의 구조가 다르다. 다리가 긴 사람도 있고, 짧은 사람도 있으며, 성격도 각기 다르다. 걷기 자세는 성격에서 비롯되는 경우가 많다. 그런 이유로 여기에서 제시하는 네 가지 방법을 습득하는 인식도 조금씩 다르게 보여질 가능성이 있다. 사실 올바르게 걷는 방법은 누구나 알고 있다. 그리고 그 방법을 늘 인지하고 있다면 누구나 올바르게 걷게 되는 기회는 주어진다. 중요한 것은 그 방법을 내 것으로 만들어서 내 몸에 맞는 걷기 방법을 완성하는 것이고, 늘 그 방법을 훈련하는 태도이다. 그것이 자존감이 충만한 걷기 자세이고, 그 태도야말로 최고의 완벽한 자신만의 걷기 자세를 만드는 방법이다. 이 논리는 '제3부 트레킹의 심리/5장 현상학적 태도'에서 소개한 '현상학적 태도'에서 비롯된 방법이기도 하다.

첫 번째, 몸을 바르게 펴고 전신을 이용하는 걷기 자세이다. 이 기법은, 신체의 건강을 위해 도움이 되고 멀리 걷게 되는 자세이다. 같은 에너지를 사용하더라도 건강에 도움이 되며 효율적인 움직임을 주는 자세이다. 한 걸음을 걷더라도 온몸의 골격과 근육에 영향을 주어 전신운동에 도움을 줄 수 있으며 한 걸음의 에너지에서 발산하는 추진력은 가능한 한 멀리 나갈 수 있는 움직임이 된다. 이러한 움직임은 이후에 소개하는 허리를 중심으로 전신에 연결되는 동작이다.

걷는 자세에 관심을 두고 지나가는 사람들의 모습을 살펴보면, 몸의 자세가 구부정하거나 걷는 움직임이 뻣뻣한 사람이 있는 반면, 몸의 자세가 반듯하고 전체 움직임이 부드럽고 경쾌해 보이는 사람이 있다. 조금만 자세히 보면 반듯함과 뻣뻣함과 경쾌함의 차이는 허리의 움직임에 달려 있다. 모든 움직이는 동작이 그렇듯이 앞으로 나가고자 하는 걷기도, 팔, 다리, 어깨, 발목, 배, 어깨, 발목 등의 움직임들이 허리의 탄력을 받아서 조화를 이루어 움직여 주어야 추진력이 향상된다. 즉, 허리를 제대로 사용하지 않는 뻣뻣한 걸음걸이는 에너지 소비만 높아지고 앞으로 나가고자 하는 추진력이 떨어진다. 신체의 모든 부위들이 허리를 중심으로 경쾌하게 움직여 준다면, 효과적인 추진력을 만들어 내며, 그에 따른 운동 효과도 전신으로 확대된다. 그러나 주의할 점은 허리의 작용은 심리적인 작용으로서 과하게 움직일 경우 과대한 체력 소비가 일어난다는 점이다. 팔, 다리, 두 팔을 허리에 연결시키되 허리의 움직임은 과하지 않게 해야 한다는 뜻이다.

두 번째, 지속적으로 리듬감이 있는 걷기이다. 이것 또한, 신체의 건강을 위하거나 멀리 걷기를 위한 걷기 자세이다. 이 기법 또한 심리적인 측면이 강하게 적용되기에 더욱 자기개발이 필요한 자세이다. 다양한 길에서 오랫동안 걷다 보면, 당연히 팔과 다리, 허리의 움직임은 피로가 누적되어 움직임이 둔해진다. 트레킹이 시작될 오전과는 달리, 트레킹이 마무리되는 오후 시간의 걸음걸이는 확연히 달라진다. 멀리 걷기에 대한 효율적인 방법을 완성하려면 꾸준히 에너지를 이끌어 내는 절묘한 움직임이 필요하다. 그 절묘한 움직임은 바로 리듬감 있는 마음의 움직임이다. 만약 평범한 걷기 방법으로 트레킹을 즐기고 싶다면, 이 리듬감 있는 움직임은 필요치 않다. 그러나 좀 더 개발된 걷기 방법, 좀 더 좋은 컨디션으로 걷기를 원한다면 이 절묘한 심리적 방법을 적용해 보자.

이 흥미로운 움직임, 즉 리듬감이 있는 움직임은 처음 걸을 때부터 트레킹 끝까지 그 심리를 유지하는 게 중요하다. 물론 트레킹 후반부까지 경쾌함을 보여주려고 억지로 애쓰는 것은 바보 같은 짓이다. 중요한 점은 피로가 누적되어 발걸음이 천근만근 무거워져도 마음만은 리듬감이 있는 움직임을 잃지 않는 점이다. 즉, 그러한 리듬감 있는 움직임은 심리적인 기법이며, 그것을 형식적인 움직임으로 인식한다면 오히려 피로감을 쉽게 불러오기 쉽다는 점을 명심해야 한다.

사실, 지금까지는 우리가 몸이 피곤하다고 느낄 때 그 피곤함을 벗어나기 위한 어떠한 조치도 하지 않았다. 그저 피곤하다면 앉아서 쉬거나 그 이상의 무엇도 하지 않았다.

기쁘고 즐거운 생각을 하면 엔도르핀endorphin이 분비돼 몸의 상태가 가벼워지며, 괴롭고 힘든 생각을 하면 아드레날린adrenaline이 분비되어 실제 몸도 그와 같은 영향을 받는다.[9] 어느 쪽이든 뇌는 생각하는 대로 에너지를 만들어 내는 성향이 있다. 이런 경우를 위약 효과placebo effect라고 하는데, 이러한 뇌의 성향이 주는 시사점은 명확하다. '나는 지금 경쾌하다.'라는 생각이 담긴 걸음은, 실제로 걷는 데 반영되어 추진력에 관여한다. 상상의 힘은 현실로 이어진다. 그렇게 만들어진 걷는 습관은 피로가 누적되어도 그 움직임은 결코 피로해 보이지 않으며, 걷는 내내 좋은 컨디션을 유지하게 하는 에너지가 되어준다.

세 번째, 속도에 변화를 주면서 걷는 방법이다. 이 방법 역시 신체의 건강과 멀리 걷기에 도움이 된다. 장거리 걷기에서 매우 중요한 체력 손실을 줄이기 위해서는, 체력이 급격하게 소모되는 오르막길에서나 급한 내리막길에서는 천천히 걷는 게 좋다. 이는 체력의 과소비를 막아줄 뿐만 아니라, 장거리 걷기에서 오는 체력의 부담감을 줄여주고, 힘든 구간에서 체력을 안정적으로 운영함에 따라 심리적인 안정감을 가져오게 한다.

이에 반해, 평지 길이나 느슨한 내리막길에서는 위에서 소개한 리듬감 있는 움직임으로 속도를 내면서 걷는다. 이는 신체 리듬에 변화를 주어 장거리 걷기에서 지루해지기 쉬운 신체감각에 새로운 활력을 불러일으키게 해준다. 느슨한 내리막길뿐만 아니라, 울퉁불퉁한 돌길이나 계곡을 건너는 돌다리에서도, 경쾌한 스텝을 밟듯이 흥겹게 지나갈 수 있다. 이는 두 번째 언급한 리듬감 있는 움직임과도 연결되는 움직임이다. 사실, 숙련된 트레커는 걷기의 속도가 느려질 수 있는 구간에서 장애물들을 리듬감 있게 디디면서 속도감 있게 통과하기를 좋아한다. 어떻게 돌길이나 계곡 길같이 조심해서 지나야 하는 구간에서 속도감 있게 걸을 수가 있을까라는 의구심을 가질 수도 있다. 그러나 그러한 속도감은 산길이나 숲길 혹은 바윗길에 대한 경험이 많은 트레커들이라면 충분히 공감을 할 수 있는 리듬감 있는 움직임이다. 즉 이러한 방법은 장거리 트레킹에서 느슨해지기 쉬운 신체의 감각에 새로운 활력을 불러일으키게 하는 풍부한 경험을 바탕으로 하는 심리적인 걷기 기술이다.

네 번째, 호흡을 깊게 하면서 걷는다. 이는 우리 몸으로 들어오는 산소oxygen의 양을 많게 하는 방법이다. 우리 몸 안에 있는 영양분은 산소에 의해 연소되어야만 에너지원으로 사용이 가능하다. 자연 길에서의 걷기는 도시에서의 걷기보다 더 많은 에너지를 필요로 하기에 당연히 산소도 더 많이 몸으로 들여보내야 한다. 가슴을 움츠린 자세로 걷거나 호흡을 미약하게 하는 습관이 있는 사람들은, 누구보다도 가슴을 활짝 펴고 호흡을 깊게 들이마시고 내쉬는 의식적인 호흡법이 필요하다. 트레킹 중에 신체에 산소가 부족하면, 몸에 피로가 쉽게 쌓여서 걷는데 의욕이 저하되거나 졸리는 현상이 일어나며, 트레킹 후에도 몸에 피로도가 많아져서 피로 후유증이 오래간다. 하루 종일 호흡에 의식을 두고 걷는 것은 매우 힘든 일이지만, 걷는 도중에 지루하거나 걸음이 무거워질 때라도 의식적으로 호흡을 깊게 하면 몸에 생기가 돌면서 두 다리가 경쾌해지는 것을 경험할 수 있다. 이 방법은 장거리 길에서 더 좋은 컨디션으로 오랫동안 걸을 수 있는 상태를 만들어 준다.

◆ 걷기의 각도와 움직임요약

1. 몸을 바르게 세우고 전신을 사용해서 걸어보자.
   - 움직임의 중심은 허리에서 연결되도록 한다_{전신의 움직임이 과하지 않도록 한다.}

2. 몸을 리드미컬하게 움직이며 걸어보자.
   - 심리적으로 리듬감 있는 움직임을 트레킹 끝까지 지속시켜 보자.

3. 속도의 변화를 주면서 걸어보자.
   - 오르막길이나 내리막길에서는 천천히 걷고, 평지 길에서는 속도감 있게 걸어보자.

4. 가끔 의식적으로 호흡을 깊게 하면서 걸어보자.
 - 가슴을 펴고 의식적으로 호흡을 깊게 하면 기분이 좋아지고 에너지 효율도 높아진다.

◆ 보충
 - 발바닥은 뒷부분이 먼저 땅에 닿게 하고 엄지발가락에 힘을 주며 앞으로 나간다.[10]
 - 두 다리는 이완된 상태에서 11자를 유지한 채 똑바로 걷는다.[11]
 - 호흡은 호흡량이 풍부해지는 복식호흡(배로 숨을 쉬는)을 권장한다.[12]

4장 두 발에서 다시 네발로 트레킹 폴 기술

지구의 역사를 종합해 볼 때, "어떤 일이 가장 놀랄 만한 사건인가?" 라는 질문을 한다면 그것은 "네발로 땅 위를 걷던 인류가 허리를 세우고 두 발로 직립보행을 한 것"이라고 말하는 학자들이 많다. 그러나 지금 우리는 그에 따른 신체적인 부담감도 적지 않게 가지고 있다. 허리가 허공으로 세워짐으로써 척추의 불안한 구조에 중력의 무게가 작용하여 허리에 통증을 유발했다. 이 사실은 직립보행으로의 진화 과정에서 발생한 후유증이기도 하며, 아직 진화 과정이 진행 중이라는 증거이다. 여기에 척추의 불안정성을 가중시키는 또 한 가지 이유가 있다. 문명의 발전으로 많은 시간 동안 앉아서 일을 하고 있다는 사실이, 일직선으로 굳혀지는 허리의 방향성을 다시 'ㄴ'자로 구부러지게 하고 있다. 이러한 현상은 진화 과정에서 발생했던 척추의 불안전성을 더욱 좋지 않은 방향으로 유도한다.

이러한 이유로 말미암아, 트레커들은 장거리 트레킹에서 트레킹 폴(이하 '폴'이라 줄임)을 사용하기 시작했다. 이 사실은 두 발 직립보행에서 네발 직립보행으로의 변화를 의미하며, 걷기운동 역사에서는 또다시 놀랄 만한 '사건'으로 기록되어야 마땅하다. 오래 걷는 데서 오는 가장 치명적인 현상인 허리와 무릎에 가해지는 중력을 두 손으로 분산시켜 주기에 가히 혁신적인 사건이라 말할 수 있다.

폴이 처음 등장한 것은 1930년대, 핀란드의 크로스컨트리 스키 선수들이 눈이 없는 지역에서 스키 폴을 이용하여 스키 연습을 하는 데에서 유래되었다. 그 당시 트레킹을 좋아했던 핀란드인들이 그것을 트레킹에서 이용하면서 그 유익함이 전 세계로 퍼져나갔다.

트레커들의 폴 사용에 관한 의미는 아무리 강조해도 지나치지 않을 정도로 중요하다. 이에 관한 수많은 연구의 보고가 그 중요성을 증명한다. 두 발로만 걸음으로 인하여 하체에만 집중되었던 트레킹의 운동개념을 두 손을 폴에 힘을 실어 지속적으로 움직임으로써 전신운동의 개념으로 바꾸어 놓았다는 연구 결과[13]는 장시간 중력에 시달리던 허리와 무릎의 구제를 뜻한다. 특히 내리막길에서의 무릎 구제는 폴 사용의 커다란 이유 중의 하나이다.[14] 그리고 다른 유용한 기능들을 살펴보자면, 균형 잡기에 의한 부상 방지의 효과가 있으며,[15) 16)] 앞으로 나아가는 추진력에 도움을 주기도 하고[14) 17)] 야생동물 퇴치, 풀숲을 헤치고 나가는 데도 도움이 된다.

A. 트레킹 폴의 사용법

평지에서의 사용법

폴의 길이는 선 채로 폴의 손잡이를 잡았을 때 팔꿈치가 90도로 구부러질 정도면 적당하다. 평지에서는 폴에 힘을 주어 스키를 타듯 앞으로 나가는 동작에 이용한다. 2개의 폴을 던지듯이 앞으로 내밀어 지면에 딛고는, 폴에 힘을 가하여 폴을 몸 앞으로 잡아당긴 후, 몸이 폴 앞으로 나아가면 몸의 뒤쪽으로 밀어낸다. 걷는 길의 높낮이나 걸음의 속도에 따라 폴을 몸 앞으로 잡아당기거나 몸의 뒤쪽으로 밀어내는 힘의 정도는 달라진다. 걸음의 속도를 빠르게 할수록 잡아당기거나 뒤쪽으로 밀어내는 힘은 커져야 한다.

 2개의 폴을 동시에 몸 앞으로 던지거나 따로따로 순차적으로 하나씩 던지는 방법이 있으나, 길의 형태에 따라 또는 자신에게 맞는 방법에 따라 선택하면 된다. 일반적으로 평지에서는 폴을 순차적으로 하나씩 던져서 몸 쪽으로 당기는 방법을 사용한다.

오르막길에서의 사용법

 오르막길에서 폴의 길이는 평지에서의 길이보다 약간 짧게 줄여서 사용한다. 약간 짧다는 개념은 각자의 신체의 길이가 각기 다르니 각자 편한 길이로 설정하면 된다는 뜻이다. 그러나 오르막이 나올 때마다 길이를 줄이고 늘이는 게 수월하지 않다면, 평지에 쓰던 길이를 그대로 사용해도 무관하다. 그러나 꾸준한 오름길이 이어진다면 길이를 조정하여 사용한다.

 역시 오르막길에서도 폴을 이용하여 앞으로 나아가고자 하는 원리는 평지에서와 동일하다. 경사가 급한 오르막길에서는 2개의 폴을 동시에 다리의 앞쪽에 먼저 던져놓고 폴에 힘을 주면서, 두 다리와 함께 앞으로 움직이는 동작에 이용한다. 중요한 것은 폴 없이 두 다리에만 힘을 주고 올라가던 방법을 폴에 그 힘을 분산하여 올라간다는 원리를 적용하면 된다. 당연히 오르막길의 경사도가 높을수록 잡아당기거나 뒤쪽으로 밀어내는 힘은 커져야 한다.

내리막길에서의 사용법

내리막길에서 폴의 길이는 평지에서의 길이보다 약간 길게 사용한다. 역시 내리막길이 나올 때마다 길이를 조정하는 것이 수월하지 않을 때는 평지에 쓰던 길이를 그대로 사용한다. 그러나 역시 꾸준한 내리막길이 이어진다면 길이를 조정한다. 내리막길에서는 폴에 힘을 주어 브레이크를 잡는 것에 이용한다. 급한 내리막길에서도 역시 2개의 폴을 다리의 앞쪽에 먼저 던져놓고 브레이크를 밟듯이 폴에 힘을 가하면서 신체에 가해지는 중력의 힘을 폴에 분산시키며 한 발씩 앞으로 움직인다.

돌다리나 계곡을 건널 때의 사용법

돌다리나 계곡을 건널 때의 폴의 길이는 평지에서의 길이와 같게 하는 것이 좋다. 이는 돌다리나 건너는 계곡의 넓이들은 대체적으로 좁기 때문에 폴의 길이를 조정했다가 다시 원상태로 하는 일이 사실상 번거롭기 때문이다. 돌다리나 계곡을 건널 때는 폴을 이용하여 중심을 잡는 동작에 이용한다. 한 걸음 한 걸음 옮길 때마다 폴을 먼저 내디뎌서 신체의 균형을 잡도록 한다. 내딛는 지점은 흙바닥이 될 수 있고, 돌이나 바위가 되기도 한다. 순간순간 집중하여 디딜 지점을 선택해야 한다. 그러나 돌다리나 계곡에서는 폴이 먼저 디딜 수도 있고, 발을 먼저 딛는 경우도 있다. 중요한 것은 폴과 두 발이 디딜 지점을 집중력 있게 선택하는 것이다. 이 선택이 숙달되면 좀 더 빠른 속도로 리듬감 있게 돌다리나 계곡을 건널 수 있다.

허리가 튼튼한 사람이나 젊은 체력을 가지고 있는 사람이라도 폴이 지니고 있는 여러 가지 기능의 이점을 고려하여 폴의 사용을 적극 권장한다. 처음에는 낯설고 거추장스럽게 느껴지기 쉽지만, 그것의 사용 효과를 충분히 이해하고 체험한다면 그것은 나의 몸의 일부로 인식되어 없어서는 안 될 필수품이 될 것이다. 허리나 무릎의 연골은 소모품이라서 무리하게 사용하면 쉽게 닳거나 찢어진다. 연골이 튼튼한 사람이라도 훗날을 대비하는 관리가 필요하다. 이는 현재 연골이 튼튼한 사람들을 염두에 두고 하는 말이니 나이가 적으나 많으나 자신의 무릎이 젊다고 생각하는 사람들도 꼭 명심해야 한다.

트레킹 폴의 사용은 불안한 진화 과정과 앉아서 생활하는 습관으로 약해진 허리를 보호해 주는 절묘한 방법이며, 인간이 다시 자연의 깊숙한 곳으로 안전하게 돌아가게 해주는 현대적인 보행의 기술이다. 그로 인하여 자연이 주는 감동을 안전하게 온몸으로 체험하고, 신체의 활력을 회복해 주는 폴의 사용은 그야말로 '걷기운동의 역사에서 놀랄 만한 사건'이 아닐 수 없다. 자가용이나 오토바이가 가지 못하는 자연 깊숙한 곳까지 가려면 폴만큼 적절한 도구가 없다. 우리가 네발에서 두 발로 걸음으로 인하여 자연에서 문명이라는 세계에 들어오게 되었지만, 아이러니하게도 두 발이 아닌 네발로 걸음으로써 다시 완전한 자연으로 돌아갈 수 있게 되었다.

5장 인체의 에너지

앞에서 인체의 움직임에 대한 복잡하고 정밀한 시스템에 대하여 소개했지만 여기에서는 에너지의 흐름에 관하여 소개하려 한다. 이 내용은 적절한 시간에 충분한 에너지를 공급해야 하는 트레킹에서 중요한 사실이다. 긴 세월 자연 선택으로 만들어진 복잡하고 정밀한 근육, 신경, 호르몬 시스템은 우리가 먹고, 소비해야 할 에너지는 어느 정도이며, 과잉 에너지를 어디에 어떻게 저장할 것인지 조절한다.[18] 각 기관마다 서로 협조하여 에너지를 생산하고 필요할 때에는 보충하고 필요가 없을 때에는 몸의 적당한 장소에 저장한다.

우리 몸을 컴퓨터로 비교해 보면, 하드웨어가 혈관, 뼈, 근육, 신경, 피부라고 한다면 호르몬은 소프트웨어와 같다. 그 중심에는 세로토닌과 같은 기분과 의욕을 관장하는 호르몬이 있는가 하면 에너지 대사를 관장하는 갑상선 호르몬과 인슐린 같은 호르몬도 있다. 그 외에도 남녀 성기능을 나타내주는 성호르몬, 세포의 안정을 위한 스테로이드 호르몬, 콩팥에 중요한 레닌, 안지오텐신 호르몬 등 열거하자면 끝이 없다. 이러한 하드웨어와 소프트웨어의 작동 장치는 우리 몸의 에너지 대사를 이끌어 주는 종합 체계의 중요한 부분이다. 호르몬 이외에도 우리 몸의 에너지 대사를 작동하는 체계에는 중추신경 및 말초신경을 포함하는 신경계가 있다. 이러한 우리 몸의 복잡한 메커니즘은 아마도 화성 탐사를 위한 우주선의 프로그램보다도 훨씬 더 복잡하고 정밀함을 필요로 한다.

스스로 알아서 이러한 복잡한 일들을 해내고 있는 우리 몸의 신비한 기능을 모두 알기는 힘들지만 적어도 그것에 관심을 가진다면 우리가 사용 가능한 에너지를 좀 더 효율적으로 관리할 수 있다. 그 에너지는 바로 트레킹 중에 섭취하는 모든 음식과 간식, 식수, 이온 음료 등이다. 그리고 자연의 햇빛, 맑은 공기, 숲의 향기 등 자연의 근본 물질들도 포함된다. 자연의 근본 물질들은 자연에서 곧바로 흡수되며 우리가 입으로 섭취하는 음식들을 에너지로 만들어 주는 바탕이 되는 물질들이다. 그런 이유로 그것들도 에너지원으로 인식하고 관리한다면 트레킹에서 만들어지는 에너지는 매우 충만해진다.

A. 에너지 대사의 원리

지구에 존재하는 모든 생명체는 태양의 에너지에 의해 만들어지고 그 생명의 활동을 유지한다. 식물들은 햇빛의 광합성으로 자라나고 바다의 물고기들은 광합성으로 자란 플랑크톤을 먹고 자란다, 육지의 모든 곤충과 포유류들도 광합성 작용에 의해 자란 식물을 먹거나 그런 식물을 먹고 자란 곤충이나 포유류를 먹으며 생명 활동을 유지하고 있다. 우리가 잠을 잘 때에도 생명의 유지를 위해서 에너지가 필요하다. 에너지는 체온을 유지하며 조절하는 데 가장 많이 쓰이고 나머지는 성장하거나 운동하는 에너지로 이용된다. 그 에너지는 태양에 의해 만들어진 음식을 섭취하게 되면 그것들이 호흡기관으로 들어온 산소에 의해 산화되면서 만들어진다.[19)] 이러한 인체 에너지 흐름의 과정을 에너지 대사라고 한다. 이러한 에너지 대사에 산소가 중요한 역할을 한다는 사실과, 산소 또한 대부분이 태양의 광합성 작용엽록소에 의한으로 만들어지는 것을 생각하면 우리에게 필요한 에너지의 모든 것은 태양이 주는 것임을 알게 된다. 우리의 몸은 자연에서 만들어진 것이며, 자연에 의해 만들어진 음식과 그것들의 원천인 빛과 공기로 움직인다.

우리 몸에서 쓰이는 주요 에너지원을 영양학적으로 살펴보면 탄수화물, 지방, 단백질, 무기염류, 비타민, 물 등이다. 이것들은 몸을 구성하기도 하고, 에너지로 사용되기도 하며 생리기능을 조절하기도 한다. 이 중 가장 기본적이고 중요한 세 종류의 영양소가 있는데 3대 영양소라 부른다. 바로 탄수화물, 지방, 단백질이다. 에너지원으로는 탄수화물이 가장 먼저 쓰이고, 그다음으로 지방이 쓰이며, 탄수화물과 지방이 소비되면 단백질이 에너지원으로 쓰이게 된다. 탄수화물은 쌀이나 밀, 감자, 빵 등의 음식에 많이 포함되어 있으며, 에너지를 생산하는 데 쓰이는 대표적인 영양소이다. 탄수화물은 소화 과정을 통해 포도당*과 같은 단당류로 분해되고, 포도당은 호흡 과정을 거치면서 에너지를 만들어 낸다. 사용되고 남은 탄수화물은 글리코겐이나 지방의 형태로 우리 몸에 저장된다. 지방은 탄수화물에서도 만들어지며, 육류 같은 단백질 음식에서도 만들어진다. 지방은 식용유, 올리브유, 생선 등에 많이 들어 있으며, 적은 양으로도 많은 에너지를 낼 수 있는 영양소다. 그러기 때문에 소모되는 양은 적고, 피하에 쌓이는 양은 많다. 일반적으로 단시간 고강도 운동에는 탄수화물이 주로 사용되나, 걷기 같은 저강도의 장시간 운동에는 처음에는 탄수화물이, 운동 시

---

* 포도당은 말 그대로 단맛이 있는 물질이며, 꿀, 초콜릿, 포도, 바나나, 쌀밥, 빵, 과자, 등에 많이 함유되어 있다. 위에서 말하는 혈액 내 포도당은 간의 글리코겐을 분해하여 혈액으로 내보낸 포도당, 간에서 합성하여 혈액으로 내보낸 포도당 및 탄수화물 섭취 시 장에서 흡수된 포도당 등이 모두 포함된다.

간이 경과할수록 지방이 사용되는 비율이 증가된다. 단백질은 육류나 생선에 많이 포함되어 있으며, 에너지원보다는 몸의 구성성분으로 많이 사용된다. 단백질은 에너지원으로 사용될 수도 있지만, 3대 영양소 중에서도 가장 늦게 소모 된다.

좀 더 전문적으로 에너지 대사를 살펴보면 그 원리는 이렇다. 운동에 근육이 이용하는 에너지원은 근육 내 글리코겐glycogen 및 근육과 지방 조직 내에 저장되어 있는 지방이다.[20] 글리코겐은 포도당을 기본으로 이루어진 성분이라고 생각하면 된다. 인간, 동물, 박테리아 세포에서 에너지 저장 용도로 쓰인다. 인체 내에서 글리코겐은 주로 간과 근육에서 만들어지며 그곳에 저장된다. 간에서는 간 무게의 5~6% 정도의 글리코겐이 저장되어 있으며, 근육에는 1~2%의 질량비로 존재한다. 정상적인 인간의 혈액에 약 4g 정도의 포도당은 항상 존재하며 근육과 간의 글리코겐 분해로 일정 농도를 유지한다. 혈액 내의 포도당은 60% 정도가 뇌에서 사용된다. 뇌는 거의 포도당으로 작동하며, 포도당이 떨어지면 급격하게 집중력이 떨어진다.

B. 에너지 대사의 활성법

같은 음식을 먹고 같은 산소량을 섭취한다고 해도 우리 몸이 그것을 이용하는 데 준비되어 있지 않다면 충분한 에너지를 얻지 못한다. 에너지를 내는 데 효과적인 몸으로 거듭나는 방법이 에너지 대사의 활성법이다. 이는 일상생활에서의 건강한 움직임과도 관련이 있으니 주의 깊게 살펴보기로 하자. 에너지 대사의 활성법은 평소에 몸의 기능을 활성화시켜 놓는 방법과 걷는 중에 활성화를 돕는 방법이 있다.

몸만들기

평소에 건강한 몸을 만들어야 트레킹에서 같은 음식과 같은 호흡량으로도 충분한 에너지 생산이 가능하다. 트레킹을 위한 몸만들기 **첫 번째는**, 유산소 운동과 근력 운동이다. 빠른 속도로 걷기, 계단 오르기, 천천히 달리기 등의 유산소 운동과 팔굽혀펴기, 스쿼트 등의 근력 운동은 몸의 에너지 대사를 활성화시켜 준다. **두 번째는**, 충분한 수면이다. 충분한 수면은 에너지 대사를 촉진시키고, 피로와 스트레스를 잠재우면서 몸의 기능을 전반적으로 활성화시켜 준다. 트레킹 전에는 질 좋고 충분한 수면이 필요하다. 물론 이 사항은 숙박 트레킹일 경우에도 해당된다. **세 번째는**, 충분한 햇빛 쬐기이다. 충분한 수면과 함께 충분한 햇빛 쬐기는 행복 호르몬이라는 세로토닌을 활성화시킨다. 세로토닌은 기분을 좋게 만들지만 그 좋은 기분은 신체의 에너지 대사에도 긍정적인 영향을 준다.

최적의 식단

트레킹 중에 에너지 대사를 활성화하려면, 식단도 매우 중요하다. 평소에 성인이 하루에 필요한 열량은 2,500Cal 정도이며, 트레킹에서는 정도의 차이는 있지만 3,000Cal에서 5,000Cal가 소모된다.[21] 영양가 있는 식품을 선택하고 균형 잡힌 식단을 구성하는 것이 에너지 대사를 촉진시키는 첫 번째 단계이다. 그렇지만 트레킹의 식사는 일반적인 식사와 그 재료가 다르다는 것을 인지해야 한다. 트레킹에서의 식사는 그 특성상 가벼워야 하며 고칼로리와 고단백이여야 한다. 맛도 중요하다. 아무리 편리하고 영양이 좋은 음식도 입맛에 맞지 않으면 영양공급의 효과를 충분히 얻기 힘들다. 억지로 먹는다 해도 소화흡수는 효과적이지 못하다. 트레킹에서는 탄수화물이 충분히 들어 있는 음식과 지방과 단백질도 적극적으로 섭취해야 한다. 물론 소화가 잘되는 음식이면 더욱 좋다. 땀을 많이 흘리는 코스라면 염분이 들어 있는 음식도 보충해야 한다.

트레킹 중에 틈틈이 먹는 간식은 열량이 높고 부피가 작으며 바로 먹을 수 있는 간편 식품이 좋다. 그리고 당분을 많이 포함하여 섭취 후 신속하게 열량을 낼 수 있는 식품이어야 한다.[22)] 간식용 탄수화물로는 소화가 늦게 되는 복합 탄수화물 견과류, 감자, 고구마보다는 바로 에너지원으로 사용할 수 있는 단당류 탄수화물이 포함된 음식, 즉 사과 바나나 같은 과일 종류와 카스텔라와 같은 빵 종류가 좋다. 가벼운 간식이 필요할 때에는 말린 과일 즉, 건포도, 곶감, 건블루베리 같은 것들로 대체해도 당 보충에는 문제가 없다.

수분과 전해질

장시간 야생적인 자연을 걷다 보면 아드레날린 호르몬이 증가하고 심박수와 혈압이 올라가게 된다. 그런 연유로 전해질의 불균형을 초래하고 심장과 근육에 산소 부족이 발생하여 피로감을 유발한다. 이러한 신체의 불균형을 제자리로 되찾기 위해서는 규칙적인 수분과 전해질 보충을 통해 산소와 에너지 공급을 원활하게 해야 한다. 전해질은 나트륨, 칼륨, 중탄산염 등을 말하며 일반적으로 이온 음료에 많이 포함되어 있다. 또한 수분은 에너지의 소비로 인하여 체온이 올라가는 현상을 방지해 주는(체온을 식혀주는) 역할도 한다. 우리 몸은 운동 중이나 도피 중에는 갈증이나 식욕을 느끼지 못하도록 진화해 왔다. 트레킹 도중에 목이 마르지 않더라도, 배가 고프지 않더라도 식수와 간식을 정기적으로 그러나 과하지 않게 보충해 주어야 한다.

적절한 휴식

적절한 휴식은 에너지 대사를 돕는다. 4시간 이상의 트레킹에서는 적절한 휴식이 필요하다. 모든 장시간의 운동 중 휴식 시간에는 근육에 영양이 공급되며 노폐물이 빠지기 때문에 중간중간에 반드시 쉬어주어야 한다. 적절한 휴식이 있는 유산소 운동은 에피네프린의 생성을 유발시킨다.[23] '에피네프린'의 다른 표현이 '아드레날린'이며, 이 호르몬은 무엇을 하고자 하는 동기를 부여하고, 활동적인 에너지가 생기게 하며 기분이 개선되는 효과를 준다. 또한 적절한 휴식이 있는 유산소 운동은 인슐린의 분비도 도와주는데, 인슐린은 글리코겐, 단백질, 지방과 같은 주요 에너지 기질들을 인체 세포조직에 흡수하고 저장하는 과정을 촉진시킨다.[24] 트레킹 난이도에 따라서 다르겠지만 보통 1시간에 10~15분의 휴식이 필요하며, 많은 체력 소모가 필요한 가파른 오르막길 앞이나 오르막 도중에서는 1~2분 잠깐 멈추어 서는 보충 휴식도 필요하다. 즉, 50분을 걷고, 10분을 쉬든지 45분을 걷고 15분을 쉰다. 그리고 초보자들이 포함되어 있다면, 조금 길게 쉬어야 한다.

트레킹 경력자도 적절한 휴식이 필요하며, 높은 난이도의 트레킹에 대한 도전일지라도, 자신의 체력이 감당할 수 있는 정도의 휴식 시간을 설정하는 마음이 중요하다. 개구리가 더 멀리 뛰려면 더 많이 움츠려야 한다는 속담이 있다. 단지 우리는 게으름과 휴식을 잘 구분하여 완주의 계획을 완성하고 자신과의 약속을 지키며 걸어야 한다는 의무감을 잊어서는 안 된다. 그리고 휴식을 위한 트레킹을 계획했다면 굳이 오버 페이스over pace를 하면서 급하게 서두를 일도 없다. 그것이 아주 먼 길을 걷는 장거리 트레킹이라도 말이다.

깊은 호흡법

마지막으로 깊은 호흡법은 에너지 대사를 돕는다. '제4부 트레킹의 기술/3장. 완벽한 걷기 자세'에서도 호흡의 중요성을 강조했지만, 몸 속으로 들어온 영양소는 산소에 의해 산화되어야 비로소 에너지로 쓰인다. 코를 통해 들어온 산소는 폐의 폐포에서 모세혈관으로 전달된다. 모세혈관으로 들어간 산소는 적혈구와 결합하여 심장 박동에 의해 혈관을 타고 온몸의 세포로 전달되어 에너지 생산에 기여한다. 사람들은 보통 호흡에 관하여 소홀히 하는 경우가 있으며, 그러한 이유로 영양소를 제대로 활용하지 못하게 되는 경우가 있다. 장거리 걷기에서 피로가 누적되면 젖산이 생성되는데, 산소가 부족할 경우 젖산 생성이 가속화된다. 이러한 경우 쉽게 피로하거나 졸리게 되고 심하면 근육경련으로 이어지기도 한다.[25] 에너지 대사의 효율을 위해서는 가슴을 펴고 깊은 호흡법이 필요하다. 다시 강조하지만 깊은 호흡법은 배로 숨을 쉬는 복식호흡법이 좋으며, 습관적이고 의식적인 호흡법이 필요하다.

6장 길 찾기/트레킹 앱/독도법

A. 길 찾기 ❶ - 길을 보는 안목

가고자 하는 목적지까지 안전하게 도착하려면 첫 번째로 해야 할 일이 이정표를 잘 보는 것이다. 이정표가 매우 친절하여 필요 이상으로 많이 설치되어 있는 트레일도 있지만, 풍경의 아름다움을 훼손하지 않도록 최소한의 이정표만을 설치한 길도 많다. 이정표가 없는 길에서 갈림길을 만났을 때에 어느 길로 진입할 것인지에 대하여 잠깐이라도 고민을 해야 한다. 이러한 경우에는 그 트레일이 가지고 있는 특성과 어울리는 방향의 길을 선택한다. 이 사실은 자연 길이나 유적지가 포함된 도시 길에서도 동일하게 적용된다. 자연 길에서는 잠시 후 길이 끊어질 것 같은 길은 가지 않으며, 사람이 다닌 지 너무 오래 되어 보이는 길은 배제하는 것이 좋다. 물론 트레일 자체가 사람이 거의 다니지 않는 오지 길에서는 이 방법이 적용되지 않는 경우도 있다. 이럴 경우에는 사람의 통행 가능성에 대한 지형성 및 용도성, 역사성 등 여러 가지 예측 가능한 상황들을 근거로 선택해야 한다. 그러나 이러한 결정이 쉽지 않은 지점에서는 트레킹 앱으로 확인하는 것이 안전하며, 그것도 여의치 않을 때는 종이지도와 나침판으로 진행 방향을 결정해야 한다.

몇 명이 팀을 이루어 가는 형태라면 이러한 갈림길이나 길 찾기가 애매한 지점에서는 뒤에 오는 일행을 기다렸다가 일행과 함께 그 지점을 통과하는 것이 중요하다. 이후에 소개되는 길 찾기가 어려운 구간이나 발을 내딛기 어려워 속도가 느린 구간에서도 팀을 기다렸다가 인원 파악 후 다음 구간으로 옮겨가야 한다.

B. 길 찾기 ❷ - 길의 특성

자신이 트레일의 개척자가 아닌 이상 길이 아니다 싶으면 다시 되돌아와야 한다. 이것은 최종 목적지까지 가기 위한 대단히 중요한 결정력과 관련이 있다. 팀원들과 함께 길을 걷다가 길을 잘못 들어 헤매는 경우를 종종 경험한다. 이럴 때 본인이 리더일 경우, 자존심 때문에 이정표가 있는 곳으로 돌아가지 못하고 길이 아닌 곳에서 헤매면서 길을 찾는 데 많은 시간을 허비하는 경우가 있다. 길이 아니다 싶으면 자존심을 버리고 이정표가 있는 곳으로 되돌아가야 한다. 이러한 결정은 우리가 일상을 살아가는 방법과도 일맥상통한다.

자연 길을 걷다가 길이 낙엽에 덮여서 희미해지거나 잡풀이나 잡목들이 듬성듬성 나 있다면 일단 그 길을 의심해야 한다. 잘못 들어온 길이라고 판단되면 그것을 즉시 인정하고 되돌아 나가서 제 길을 찾아야 한다. 자연 길에서는 1년이라도 사람의 발길이 뜸해지면 잡풀이나 잡목들이 길 한가운데로 들어온다. 또한 자연 길에서는 갑자기 바위가 나타나면서 길이 없어지는 경우를 종종 경험한다. 이러한 경우에는 바위를 가만히 들여다보면 바위가 사람의 발자국으로 인하여 반질반질하게 닳아진 부분을 발견할 수 있다. 반질반질하지는 않더라도 바위에 먼지가 없고 이끼도 없는 부분이 보일 것이다. 그러면 그 바위가 길이므로 바위를 타고 넘어야 한다.

계곡을 따라 걷는 길은 계곡을 몇 차례 횡단하는 특성이 있다. 계곡을 옆에 두고 가다가 길이 없어지면 계곡을 횡단한 발자국 흔적을 찾아야 한다. 사람들이 다니던 길은 바닥이 다져 있거나 풀, 나무, 이끼 등이 보이지 않는 특성이 있다. 이렇게 계곡을 건넜다가 다시 돌아오는 것을 반복하는 계곡 길은 트레킹 앱이나 지도에도 잘 표시되어 있지 않기 때문에, 현장에서 사람이 다니던 길의 흔적이나 이정표가 있는지 유심히 살펴야 한다.

눈이 덮여서 길이 잘 보이지 않는 지점이라도 잘 살펴보면 눈이 움푹 들어간 부분이 있다. 사람들이 다니던 길은 주변의 숲보다도 눈이 빨리 녹아 움푹 들어가는 특성이 있다. 눈이 많이 쌓여 있어서 길 찾기가 애매할 때에는 주변의 지형을 살피면서 진행 방향을 결정한다. 길이 보이지 않고 판단을 내리기 어려울 때에는 잠시 멈추어 서서 트레킹 앱이나 종이지도, 혹은 종이지도와 나침판을 이용한 독도법으로 면밀하게 진행 방향을 파악해야 한다. 이도 저도 없이 판단이 서지 않을 때에는 높은 곳에 올라가서 주변의 지형을 살피면서 길을 찾는 게 정석이다.

C. 지도 보는법 ❶ – 트레킹 앱APP

트레킹 앱의 주요 기능

트레킹 앱은, 스마트폰의 'play 스토어'에서 누구나 다운을 받아 사용할 수 있으며 대부분 무료이지만 몇 가지 기능은 유료다. 트레킹 앱의 주요 기능은 다음과 같다.

1. 컴컴한 밤이나 안개가 자욱한 길에서도 현재 위치나 가고자 하는 방향을 일러준다.

2. 자신이 걸어온 궤적의 모양이나 궤적의 총길이, 궤적의 고도, 걸음의 속도를 알려주며, 주요 지점에서의 메모 기능 외 다양한 기능이 가능하다.
3. 그 기록된 자료들을 인터넷이나 소셜 네트워크SNS에서 공유가 가능하다.
4. 다른 트레커들의 기록궤적을 따라갈 수 있다.
5. 궤적의 경로를 벗어나면 신호음이 울리기 때문에 트레킹 초보자들에게 유용하다.
6. 트레킹 앱에 관련된 동호회 활동이 가능하다.

트레킹 앱을 사용하는 데 주의할 점은 배터리와 데이터를 아껴야 하는 점이다. 배터리를 아끼기 위해서는 와이파이나 블루투스 기능은 끄는 것이 좋으며, 더 나아가 비행기 모드로 전환하여 사용하는 사람들도 있다. 비행기 모드에서도 GPS 기능은 작동하기 때문이다. 음성안내 기능과 같이 배터리가 많이 소모되는 기능은 가능한 사용하지 않는다. 그리고 포털사이트 Google, Naver, Daum의 지도를 실시간 받아서 쓰는 것은 전화가 되지 않는 지역에서는 사용이 불가능하며 배터리와 데이터의 소모량이 많아진다. 그럴 때에는 오프라인상의 지도를 핸드폰에 미리 다운받고 그 다운받은 지도를 불러와서 사용하는 것이 배터리를 절약하는 방법이다. 휴대폰 수신이 되지 않는 지역이라도 GPS 기능은 작동되므로 핸드폰에 미리 지도를 다운을 받아놓는다면 여러모로 효율적이다.

또 다음으로 주의할 점은 종료 지점에서 트레킹 앱을 종료하는 것이다. 종료 지점에서는 먼 길을 잘 걸어왔다는 성취감에 도취되어, 트레킹 앱을 종료하지 않고 버스터미널이나 집까지 가는 경우가 있다.

이렇게 되면 애써 기록해 놓은 기록들이 엉망이 된다.

한국에서 인기 있는 트레킹 앱은 많은데 그중에 세 가지만 소개하고자 한다. 트레킹 앱들의 기능은 수시로 업그레이드되지만 각각의 특화된 기능들을 중심으로 간단히 소개한다. 설명되는 기능 이외에 다른 기능은 유튜브나 블로그를 참고한다.

주요 트레킹 앱

◆ 램블러Ramblr

걸어온 길의 궤적의 모양, 궤적의 총길이, 궤적의 고도, 걸음 속도 등의 산출기능이 있으며, 주요 지점에서의 메모, 사진첨부, 동영상 녹화, 녹음 등의 기능이 있다. 다른 트레커들이 다녀온 다양한 트레일들의 정보를 볼 수 있으며 코스 따라가기 기능이 있어서 그 남긴 궤적을 따라갈 수 있다. 단점은 배터리 소모가 많아서 배터리 기능이 저하된 스마트폰을 사용하는 경우에는 보조 배터리를 지참해야 한다. 글로벌 지도체계인 구글Google 지도의 다운이 가능하여 외국 트레킹에서도 유용하다.

◆ 산길샘

배터리 소모가 많은 기능들은 없애고 배터리 유지시간을 최우선적으로 고려하여 만든 트레킹 앱이다. 국토부, 구글, 네이버, 카카오맵, 해수부 지도 등 다양한 지도를 오프라인으로 다운받아서 쓸 수 있어서, 스마트폰 수신이 되지 않는 지역에서도 지도를 볼 수 있다. 산길샘에서 운영하는 '산길샘 동호회네이버 카페'에서 트레킹에 최적화된 다양한 오프라인 지도를 다운받을 수 있다. 자신이 걸어온 길의 궤적, 궤적의 총길이, 궤적의 고도, 걸음의 속도의 산출이 가능하며, 주요 지점에서의 메모 기능, 사진첨부 기능 등이 가능하다. 단점은 구글안드로이드삼성 스마트폰에서만 설치가 가능하다는 점이다. 글로벌 지도체계인 구글지도의 다운이 가능하여 외국 트레킹에서도 유용하다.

◆ 트랭글Tranggle

　트레킹을 게임처럼 재미있게 하도록 만들어진 트레킹 앱이다. 그리고 운동량과 운동의 질을 표시하여 운동에 특화된 트레킹 앱이라고도 할 수 있다. 고유하게 주어진 신분ID; 아이디에 걷는 양을 기준으로 레벨이 올라가도록 설정하여 걷는 데 동기를 부여해 준다. 네이버와 다음의 지도를 다운받을 수 있다. 다른 트레킹 앱처럼 자신이 걸어온 길의 궤적이 기록되며, 고도, 속도, 소모 열량, 평균 속도, 휴식 시간 등 운동에 관한 기록들을 확인하고 저장이 가능하다. 동호회 기능이 있어서 동호회 활동이 가능하며 램블러나 산길샘과 같이 음성안내 기능이 있지만 전반적으로 배터리 소모가 많은 게 단점이다.

D. 지도 보는법 ❷ – 종이지도독도법

　트레킹 앱과 같은 획기적인 길 안내 프로그램이라도 아직은 깊은 자연으로 들어가게 되면 그 기능을 발휘하지 못하는 경우가 자주 있다. 많은 자연 길이 그러하듯 나무가 우거진 숲길 또는 계곡 길에서는 GPS의 연결이 잘되지 않기에 길 찾기가 어려운 상황에 처하게 된다. 이럴 때 트레킹 앱을 살펴보면 정상적인 트레일 진행 선상에서 벗어나고 있는 상황을 보게 된다.

이러한 상황에서 갈림길을 만나거나 길이 희미해져서 보이지 않을 때에는 고전적인 독도법을 활용해야 한다. 독도법, 즉 나침판을 이용하여 지도를 읽는 방법은 그 사용법이 까다로워서, 이 지면에서 알기 쉽게 설명하는 것이 쉽지 않다. 지구가 기울어져 있기 때문에 지역마다 지도가 정하는 북쪽도북과 나침판이 가리키는 북쪽자북의 각도가 조금씩 다르고, 그 계산 방법이 수학적이어서 지도와 나침판을 가지고 현장에서 많은 연습을 해야만 그 사용법이 익숙해진다. 이 지면에서는 이해하기 쉽고 알아두면 도움이 되는 기본적인 몇 가지 기능만을 정리하여 설명하고자 한다. 이 기본적인 기능들을 알아두면 트레킹 앱을 사용할 때에도 주변 지형을 잘 이해하게 된다.

지도의 축적 확인

종이로 제작된 지도 모서리에는 25,000:1 혹은 50,000:1의 숫자가 적혀 있다. 이는 지형의 크기를 2만 5천 배 혹은 5만 배로 축소하여 만든 지도라는 뜻이다. 그러므로 10만 대 1 지도의 1cm는 1km이며, 5만 대 1 지도의 1cm는 500m이고, 2만 5천 대 1 지도의 1cm는 250m이다. 트레킹 앱에도 지도화면 모서리에 100m, 200m, 500m 식의 표시가 직선 위에 표시되어 있는데, 그 직선만큼의 길이가 실제 100m, 200m, 500m라는 뜻이다.

지도의 등고선等高線

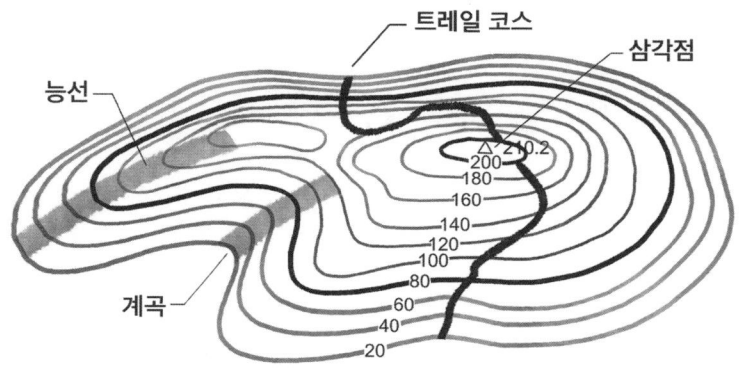

 트레킹용 지도로는 등고선이 그려진 지형도가 가장 유용하다. 트레킹 앱에서 제공하는 인터넷 포털 사이트의 지형지도에도 등고선이 그려져 있다. 등고선은 같은 고도의 지점을 연결한 곡선이다. 등고선 간격이 넓을수록 경사가 완만하다는 뜻이며 조밀할수록 경사가 심한 지형임을 뜻한다. 작고 동그랗게 그려진 원은 봉우리를 뜻하며, 어떤 봉우리에는 숫자가 적혀 있어서 그 높이를 표시하기도 한다바다 높이를 0으로 하는 봉우리의 높이. 봉우리를 기준으로 볼 때 V 자 모양혹은 U 자 모양의 꺾여진 부분뾰족한 부분이 낮은 쪽을 향하면 능선이고, 봉우리나 능선 방향의 높은 쪽을 향하고 있으면 계곡이라는 뜻이다.

지도 정치_{지도를 정북 방향으로 장치함}

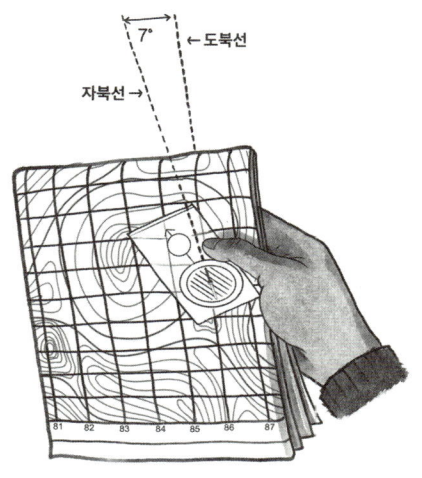

　지도 정치는 주변 지형의 형세를 살피기 위해 지도상의 북쪽_{도북}과 나침판의 북쪽_{자북}을 일치시키는 것을 지도 정치라고 한다. 이 정도의 지도 정치로 절반의 지도 정치는 성공한 셈이다. 하지만 지구의 자기장으로 인하여 지도상의 북쪽과 나침판의 북쪽이 일치하지 않기 때문에 더욱 정밀한 지도 정치가 필요하다. 이러한 차이_{도자각}를 일치시키는 것을 포함해서 지도 정치를 한다. 지도 정치에는 도북선에 의한 방법과 자북선_{나침판이 가르키는 북쪽선}에 의한 두 가지 방법이 있다.[26)] 도북선에 의해 지도를 정치하는 방법은, ① 나침반의 링을 돌려 편차각 7도를 진행선의 화살표_{나침반 가운데 큰 화살표}에 맞춘다. ② 나침반 옆의 긴 변을 지도상의 도북선에 일치시킨 다음 ③ 지도와 나침반을 함께 돌려 자침의 N극과 북방지시화살표가 일치되게 하면 지도가 정치된다. 여기에서 편차각 7도는 한국 중부지역 기준이며 그 지역의 편차각은 지형도의 아랫부분에 표시되어 있다.

방향각 정하기 목표지점의 각도

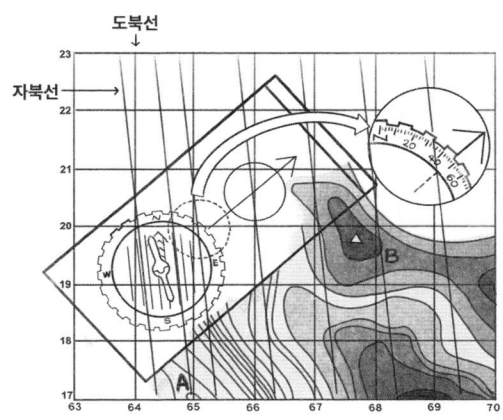

방향각이란 지금 서 있는 위치에서 가고자 하는 방향의 각도를 알아내는 것이다. 즉 목표지점이 북쪽을 기준으로 시계 방향으로 얼마만큼 돌아가 있는가를 계산하는 것이다. ① 지도상에서 현재 나의 위치와 가고자 하는 목표지점을 찾는다그림 A, B지점. ② 나침반 옆의 긴 변을 A 지점현재 위치에서 B 지점목표지점에 맞춘다. 이때 반드시 진행선의 화살표나침반 가운데 큰 화살표 방향이 B 지점 방향으로 되게 나침반을 위치해야 한다. ③ 나침반의 다이얼을 돌려 다이얼원 안에 있는 북방지시화살표와 미리 그어놓은 자북선과 평행이 되게 하되, 북방지시화살표의 방향이 자북선의 북쪽으로 향하게 해야 한다. ④ 나침반의 진행선에 나타난 다이얼의 숫자가 현재 위치 A에서 목적지 B의 방위각이다. 즉 현재 위치로부터 B 지점은 자북을 기준으로 시계 방향으로 48도만큼 돌아간 방향에 위치하고 있다. 만약 자북선을 미리 그어놓지 않은 상태라면 도북선을 기준으로 방위각을 측정한 다음, 도자각도북과 자북의 편차을 측정된 방위각에 더해주면 자북선 기준 방위각이 된다. 지면을 이용하는 방향각 정하기에 대한 설명은 어려운 점이 있으므로 전문적으로 독도법을 가르쳐 주는 강의나 현장실습을 통하여 배우는 것을 추천한다.[27][28][29]

제5부
트레킹의 효과

트레킹은 다양한 장소에서 걷지만 도시에서 걷는다고 하더라도 햇빛이나 비바람 등 자연에 노출되어 걷기에, 트레킹의 환경은 자연과 동일하다. 트레킹의 효과는 표현하기에 한계가 있을 정도로 다양하지만, 크게 세 가지로 구분할 수 있다. 첫째, 자연에서 충분히 걸음으로 인하여 육체와 마음을 건강하게 하는 효과가 있고, 둘째, 다양한 사람들을 자연에서 만남으로써 유익해지는 관계의 효과가 있으며, 셋째, 트레킹에서 일어나는 다양한 현상들에 대한 체험은 의식의 발전으로 이어지게 한다. 이 중에 체험의 효과와 다양한 만남에 의한 관계의 효과는 이미 다양하게 소개하였으니, 여기에서는 자연에서 충분히 걸음으로 인하여 발생하는 운동 효과와 자연에서 노출되는 물질이 건강에 미치는 영향을 소개하려고 한다. 이 효과들은 아마도 트레킹에서 가장 잘 알려진 일반적인 효과들이다. 그러나 그것들이 우리 몸에 어떻게 적용되는지 그 원리와 과정을 이해하고 있는 사람은 많지 않은 것 같다.

자연이라는 환경은 네발로 걷는 동물보다 두 발로 서서 걷는 인간을 번성시켰고, 두 발로 서서 걷는 인간들은 그 환경에 잘 적응하면서 지금의 몸과 마음을 만들었다. 그 환경에는 공기와 물, 식물, 동물, 그리고 햇빛이 포함되어 있으며, 두 발 걷기도 포함되어 있다. 그래서 자연이 주는 것은 지금의 우리를 만들어 낸 가장 절대적인 환경이라고 소개한 적이 있다제1부 신비로운 트레킹/3장 자연의 선물/37-41P 참고. 이러한 사실을 고려한다면 트레킹은 우리 몸의 절대적인 환경을 찾아서 완전히 잃어버렸거나 침식되어 가는 활기를 되찾으려는 사려 깊은 행위로 판단된다.

　이러한 사실들로 말미암아 우리는 어렸을 때부터 자연은 좋은 것이고 아름답다고 들어왔다. 더불어 사람이 인위적으로 키운 농작물보다는 자연에서 자라나는 자연산이 맛도 좋고 건강에도 더 좋다는 말도 들어왔다. 이러한 자연에 대한 애착 심리는 부모나 여러 가지 건강 관련 잡지와 TV 방송을 통해서 오랫동안 들어왔다. 그러면서 자연이 우리들에게 만병통치약이 될 수 있다는 통속적인 가설을 만들어 놓기도 했다. 과연 자연에서 직접 자라나는 먹거리가 인위적으로 키운 농작물보다 건강에 좋은 게 사실인가? 과연 자연에서 움직이는 행위가 도시에서 움직이는 행위보다 건강에 좋은가? 이러한 질문에 대하여 많은 사람들이 '그럴 것이다.'라고 추상적으로 믿고 있지만, '과연 그렇게까지 효과가 있을까?'라고 생각하는 사람들 또한 많은 게 사실이다.

　제5부에서는 자연에서 걷는 행위가 우리 건강에 미치는 효과들에 대하여 살펴보되 그것들을 과학적인 잣대로 살펴보려 한다. 통속적으로 보이는 그 효과들은 정말 유익한 것인지, 유익하다면 얼마만큼 유익한지 살펴보아야 한다. 그러한 사실들은 화성 탐사를 위한 우주선의 프로그램보다도 훨씬 더 복잡하고 정확한 메커니즘을 필요로 하는 자연의 신비이며 우리 인체의 신비로운 현상들이다, 그러한 현상들에 대하여 과학적으로 접근하다 보니 다소 어려워 보이는 전문 용어가 등장하기도 한다. 그러나 소개되는 내용들은 트레킹을 떠나서 일상생활에서도 적용되는 건강과 관련이 깊은 작용이므로 모든 사람들에게 중요한 사실이다. 더불어 트레킹에서 일어나거나 당할 수 있는 다양한 부작용을 별도의 장으로 분리하여 소개했다. 그 부작용들은 트레킹을 함에 있어서 주의하지 않으면 곧바로 나타나는 현상들이어서 이것 또한 트레커들에게는 중요한 사항이다.

1장 걷기의 효과

 트레킹 걷기의 특징은 두 발로 오래 걷는 것이다. 우리 몸이 지금의 이 상태로 굳어지는 긴 시간 동안 새로운 먹거리를 찾아서 두 발로 이동하거나 사냥을 위해 들판으로 계곡으로 산으로 걷고 뛰는 게 생활이었다. 즉 그 시절 생활의 전부가 트레킹이었다. 별다른 위협적인 이빨이나 발톱도 없고, 힘도 부족하고 용기도 부족해서 생명의 끈을 이어가려면 여러 식물의 열매나 줄기 뿌리들을 채집해야 했고, 몸집이 작은 동물을 사냥감으로 선택했고, 그 동물들이 지쳐 쓰러질 때까지 악착같이 뛰고 걸어야 했다. 배가 고픈 하이에나와 다를 게 없었다. 그러면서 언제부터인가 인간의 피부에는 털이 없어지고 땀샘이 많아지면서 장거리 운동에 최적화되었다.[1] 이 사실은 장거리 달리기나 장거리 걷기로 인하여 사냥의 챔피언으로 올라서는 데 훌륭한 육체의 상태를 제공했다. 그리고 이러한 사실과 유전자의 불멸의 생명력으로 말미암아 지금 우리가 장거리 걷기 여행에 최적화된 몸을 가지게 되었다. 그러므로 우리가 충분한 걷기나 뛰기를 수행하지 않을 경우에, 즉 아주 오랜 시간에 걸쳐 만들어진 육체의 왕성한 활동성에 제동을 가할 경우, 그 육체는 제 기능을 발휘하지 못하며 쇠약해지거나 병이 든다는 결론에 도달하게 된다. 이는 진화 과정에서 발생한 인체의 신비한 현상이며, 유전자의 본능에 충실하고자 하는 것이 트레킹을 하는 주된 요인이라는 사실을 의미하기도 한다. 그렇다면 현대과학에서는 이러한 진화 과정에서 발생한 작용이 트레킹의 걷기와 어떤 연관성을 가지고 있는지 살펴보자.

A. 트레킹 걷기의 특성

트레킹 걷기는 일반적인 걷기보다 종아리와 대퇴부 근육의 더욱 많은 활동을 요구한다는 사실을 운동생리학자들과 체육학자들이 실험으로 증명했다.[2) 3)] 더불어, 양손으로 트레킹 폴을 사용할 경우에는 두 손의 운동까지 포함하기에 전신운동의 특성을 갖게 된다. 그러한 특성을 가진 트레킹의 운동 효과는 일반적인 걷기보다도 훨씬 더 크다.[4)]

트레킹 걷기는 그 환경의 다양성으로 인해, 신체 각 부위의 운동량이 일반적인 걷기보다 더 많으며 더 많은 양의 산소를 요구한다. 일반적으로 도시에서 걷는 길은 바닥은 반듯하고 직선의 모양으로 구성되어 있지만, 트레킹의 길들은 대부분이 바닥은 울퉁불퉁하고 높낮이가 차이가 있는 자연 길이 많다. 그로 인하여, 걷기와 관련된 근육들의 운동량이 일반적인 걷기보다 더 많고 심폐기능의 부담이 증가하여 더 많은 에너지를 필요로 하고 피로도도 증가한다. 그러한 환경으로 인하여 자연 길에서 걸음으로써 받기 쉬운 부상의 위험이라든지, 먼 거리 트레킹에서 받는 피로도가 가져오는 역효과에 대해서도 특별하게 유의해야 한다.

걷기운동은 한쪽 다리가 서 있는 입각기 동안 안정된 상태를 유지해야 하며, 다른 쪽 다리는 몸을 한 지점에서 다른 지점으로 이동해야 하는, 연속적이고 반복적인 동작이다.[5)] 트레킹 걷기의 특성 중 가장 두드러지는 부분은 이러한 반복적인 운동 시간이 달리기, 자전거 타기, 테니스, 헬스 등 여타 운동의 운동 시간보다 더 길다는 사실이다. 트레킹은 다른 운동보다 그 지형에 따라 다른 운동보다 강도가 낮을 때도 있고, 높을 때도 있다. 오르막이 있는 장소에서는 그 강도가 높고 평지와 내리막이 있는 길에서는 낮다. 트레킹은 꾸준히 등장하는 아름다운 풍경으로 인해 장시간의 운동이 가능하기에 오랜 시간 지속 가능한 중저강도의 운동으로 분류된다.

B. 폐와 심혈관 기능

올라가고 내려가는 고갯길이 다수 존재하는 길을 걷는 트레킹은 종아리와 허벅지 그리고 두 팔에 트레킹 폴을 사용할 경우 많은 에너지를 필요로 하며, 또 필요한 만큼의 에너지를 생산하려면 그만큼의 산소를 필요로 한다. 이렇게 종아리를 비롯한 전신에 많은 에너지와 산소를 필요로 하는 운동은, 때로는 숨이 턱까지 차올라 폐활량을 강화시켜 주며 전체 호흡기관을 건강하게 유지시켜 준다. 이러한 활발한 유산소 운동은 강력한 심혈관 운동으로 연결되어, 심장을 튼튼하게 만들어 주고, 혈중 고밀도 콜레스테롤high-density cholestreol의 농도를 증가시키고, 심혈관 질환의 위험을 줄이며 혈액순환을 도와서 움직이는 모든 근육과 피부를 젊게 만들어 준다.[6) 7) 8) 9) 10)]

우리 몸에는 정맥, 동맥, 모세혈관 등의 혈관이 거미줄처럼 복잡하게 연결돼 있으며, 혈관을 통해서 몸의 기능과 생명 유지에 필요한 영양분과 호르몬이 운반된다. 심장은 몸속에서 펌프 작용을 하면서 전신에 연결 되어있는 혈관에 혈액이 순환하게 해 준다. 심장이 수축과 이완을 끊임없이 반복하며 폐에서 산소를 공급받은 적혈구를 포함하고, 장, 간에서 영양소를 공급받은 혈액을 온몸으로 내보낸다. 전신을 순환하는 혈액은 우리 몸에 적용되는 지구의 중력으로 인하여 70%가 하체에 몰려있다. 심장은 수축력을 발휘해 하체의 혈액을 상체에 위치한 심장으로 끌어 올려야 한다.

하체에 몰려 있는 혈액을 상체로 끌어올리는 건 심장의 역할만으로는 역부족이다. 이런 심장을 보조해 원활한 혈액순환을 돕는 것이 종아리 근육가자미근이다. 걷기, 달리기를 할 때 종아리 근육은 수축 이완을 반복하며 그 펌프 기능으로 다리에 있는 혈액을 심장으로 올려보낸다. 이는 수많은 생명체 중에 유일하게 인간만이 가지고 있는 특성이다. 혈관 전문가들은 아예 '종아리 근육 펌프calf muscle pump'라는 단어를 정식 의학용어로 사용하고 있다. 만약 종아리 근육이 약화 되면 펌프 기능까지 저하되면서 다리 쪽에 몰려 있던 혈액이 위쪽으로 올라가지 못해 신체 곳곳에 고장을 유발한다. 실제로 영국 혈관외과학회 연구에 따르면 만성 정맥질환chronic venous disease 환자의 55%가 종아리 근육의 펌프 기능이 저하된 것으로 나타났다.[11]

미국 오레곤 보건과학대학 연구 팀은 걷기와 같은 전신운동은 혈액순환을 증가시키고 심장의 활동을 강화해 심장의 기능을 개선한다는 연구 결과를 발표했다. 그들은 꾸준한 걷기운동을 통해 심장마비의 위험을 37% 정도 예방할 수 있음을 발표했고, 그 이유를 걷는 동안에 체내 지방이 연소되고 혈액순환이 원활해지기 때문이라고 결론지었다. 또한, 미국 보스턴에서 2만여 명을 평균 9.4년간 추적 관찰한 연구에 의하면, 주기적으로 걷지 않는 사람에 비하여 주기적으로 걷는 사람들의 경우에 걷는 속도에 반비례해서 전체 사망률과 심혈관 질환의 빈도가 감소했다. 즉, 정기적으로 걷지 않는 사람에 비해서 평균적으로 시간당 3.2~4.7km 속도로 걷는 사람들, 평균 속도 4.8~6.3km 속도로 걷는 사람들, 평균 속도 6.4km 이상으로 걷는 사람들의 사망률이 각각 28%, 37%, 37%가 낮았다. 심혈관 질환의 발생 빈도에 있어서도 각각 12%, 25%, 30%가 낮았다.[12] 연구자들은 걷기는 심혈관계, 폐, 신경 및 근골격계 등을 포함하는 여러 기관의 통합된 기능이 필요하므로 걷는 속도는 신체 활력의 지표가 될 수 있음을 지적했다.

　이러한 걷기운동에 의한 심혈관계의 효과를 보려면, 걷기의 속도를 의식적으로 조절하려는 노력이 뒤따라야 한다_{제4부 트레킹의 기술/3장 완벽한 걷기자세/145-146P 참고.}

C. 지방제거

　요즘에는 비대한 몸매보다 가볍고 튼튼한 몸매를 원하는 사람들이 많다. 또 많은 먹거리의 유혹과 움직이지 않는 생활방식으로 인하여 다이어트를 하는 사람도 많다. 사람들은 그것을 위해 식사를 거르거나 헬스클럽에서 비지땀을 흘리며 운동을 한다. 한편 트레킹 애호가들을 보면 대개 호리호리한 체구의 사람들, 심지어 마른 사람들이 많다. 이는 자연의 아름다운 경치를 보면서 또는 세상의 다양한 모습을 구경하면서 누리는 자동적인 효과이다. 트레킹이 짧게는 4시간에서 길게는 몇 주 동안 중저강도로 걷는 운동이라는 것을 생각하면 트레킹이 비만을 방지하거나 지방을 빼는 데 매우 효과적이라는 사실을 알 수 있다.

　트레킹 같은 저강도의 장기간 운동에는 처음에는 탄수화물이 에너지원으로 사용되고, 운동 시간이 경과할수록 지방이 에너지원으로 차지하는 비율이 증가한다. 처음 40~50분 동안에는 에너지원으로 탄수화물의 사용 비율이 높다가 몸 안에서 탄수화물이 줄어들면서 에너지원의 의존도는 지방으로 옮겨가며 체내 지방을 소모하게 된다. 결국, 지방은 저강도 장시간 운동 시 주된 에너지원으로 작용하게 된다. 에너지 저장용으로는 백색 지방 조직이 가장 중요하며, 갈색 및 베이지

색 지방 조직은 체온 유지 등을 위한 발열에 중요한 기능을 한다. 피하 지방 조직과 내장 지방 조직 간에는 에너지 대사에 상당한 차이가 있으며, 피하 지방이라도 우리 몸의 부위복부, 대퇴부, 엉덩이 등에 따라서도 상당한 차이가 있다. 트레킹 걷기에 소모되는 지방은 대부분이 복부 피하에 있는 백색 지방 조직이다. 마른 사람이라도 마라톤을 수차례 완주할 수 있을 정도의 에너지를 체내 지방 조직에 보유하고 있다.

운동생리학자와 스포츠의학자들의 연구 결과에 의하면, 장거리 트레킹이나 배낭여행이 체중과 체지방률의 감소에 뚜렷한 효과를 보여 주며, 약물 없이도 혈중 지질lipid과 지질 단백lipoprotein의 수치를 정상화로 이끌어 준다고 한다.[13] [14] 즉 약물의 도움 없이도 충분한 다이어트가 가능하다는 말이다. 더불어 이 연구자들은 트레킹이나 백패킹은 달리기나 여타 강도 높은 스포츠들과 비교할 때 부상 위험이 낮고 비교적 안전한 저비용 활동이며, 대다수의 일반 대중이 참여할 수 있는 활동이라고 소개했다. 흔히 강도 높은 운동을 하면 체지방이 많이 줄어든다고 생각하기 쉽지만 운동의 강도가 곧바로 체지방 감소와 비례하는 것은 아니다. 이 연구자들은 살을 빼고 싶다면 짧은 시간에 강도 높게 운동하기보다는 꾸준히 오랫동안 걷는 것이 훨씬 효과적이라고 강조한다.

물론 걷기의 난이도와 속도에 따라서 지방이 분해되는 양은 많기도 하고 적기도 하다. 특히 걷기 동작을 효과적으로 적용한다면 복부를 비롯한 전신에 고루 퍼져 있는 지방을 제거하는 데 효과가 있다. 이 책에서 자주 강조하는 '전신을 이용하여 걷기', '리듬감이 실려 있는 걷기', 그리고 '속도의 변화를 주면서 걷기' 등을 제대로 적용한다면 나의 애물 덩어리 복부의 비만을 제거하고, 균형 있는 몸매를 만드는 데 탁월한 효과를 기대해도 좋다.

그런데 여기에서 알아두어야 할 중요한 사항이 있다. 다이어트를 목적으로 트레킹을 하는 사람들이라도, 트레킹 중에 섭취할 간식을 잘 준비해야 한다는 점이다. 적당한 간식이란 바로 탄수화물단당류이다. 우리 몸은 음식을 먹게 되면 탄수화물로 2%, 지방으로 85%, 그리고 단백질로 13%가 저장된다. 그런데 트레킹이 40~50분 정도 지나면 우리 몸에 저장되어 있던 탄수화물이 감소하기 시작한다. 그 후로 지방이 에너지원으로 사용되며 이를 위해서는 탄수화물이 필요한데 탄수화물이 소멸되면 지방이 에너지원으로 산화되지 않는다.[15] 이럴 경우 몸에 있던 근육의 단백질을 에너지원으로 사용하게 되므로 근육 손실이 일어나게 된다. 그래서 트레킹 중에는 주기적으로 소량의 탄수화물을 섭취해 줘야 한다. 너무 많은 탄수화물을 섭취할 경우, 지방이 에너지원으로 사용되지 못하기 때문에 소량이어야 한다. 트레킹 중에 섭취해야 하는 탄수화물 양은 30분마다 24g 정도의 소량으로 섭취하는 것이 좋다.[16] 이 양은 어떤 기준으로 설명하기 힘들지만 '먹어서 감질날 정도의 소량'인 것만은 분명하다.

D. 면역기능

면역력이란 병균 등 이물질이 체내로 침입했을 때 이를 극복하는 능력을 말하며 운동과 음식, 숙면, 정신력, 치료제, 등으로 그 능력을 보강할 수 있다. 자연에서의 걷기를 통하여 신선神仙처럼 병에 걸리지 않고 오래 살 수 있는 능력을 만들어 낼 수 있을까? 트레킹으로 강화되는 면역력은 그 자연이라는 환경과 걷기운동, 그리고 정신력과 관련 있다.

우리의 몸을 만든 수렵채집 시절의 환경은 문명의 손길이 전혀 닿지 않았으며 풍부한 햇살과 맑은 공기 그리고 풍부한 피톤치드, 음이온 등 훼손되지 않은 자연이 가지고 있었던 자연 본래의 모습이다. 그때와 똑같은 환경에서 같은 두 발 걷기로 오랫동안 걷는다면 내 몸속에서 살아온 그 오래된 유전자가 그때 기억을 되살리며 끈질긴 생명력을 발휘할 수도 있겠다. "모든 생명체는 유전자에 의해 창조된 생명기계일 뿐이다."라는 리처드 도킨스의 말을 빌리자면 불가능한 일도 아니겠다. 그러나 우리는 철저하고도 냉정한 과학자들의 말을 들어봐야 한다. 자연친화주의에 빠져서 그것에 심취하는 것도 좋지만 과학적인 잣대는 더욱 중요하기 때문이다.

영국 러프버러 대학교Loughborough University의 생화학 전문가인 마이크 글리슨Mike Gleeson 박사가 운동이 우리 체내의 염증 반응 및 면역기능에 미치는 영향에 관한 연구 결과들을 분석한 논문이 있다.[17] 그는 그 논문에서 세상의 모든 운동들은 그 강도에 따라 면역기능에 긍정적으로 또는 부정적으로 작용할 수 있다고 결론지었다. 글리슨 박사는 영국 리버풀에서 과학교육협회 주최로 열린 연례 콘퍼런스에서 10년 간의 연구를 토대로 걷기와 같은 저강도의 운동이 면역력 향상에 가장 효과적이라는 결과를 발표했다. 그러나 이 연구 결과는 도시에서의 1시간 이내의 일반적인 걷기운동을 기준으로 산출한 결과이다. 덧붙여서 이 연구에서 글리슨 박사는 무리한 운동, 무리한 다이어트, 스트레스, 수면 부족은 바이러스 감염의 원인이 된다고 말했다. 이 말은 자신의 체력을 넘어서는 무리한 걷기는 면역증강에 도움이 되지 않고 해가 될 수 있다는 뜻이다. 이 말은 트레커들이라면 반드시 되새겨 봐야 할 말이다. 자신의 체력을 넘어선다는 표현이 어느 정도인지 수치로 표현하기 어렵지만, 트레킹으로 인하여 피로가 누적되어 지속적인 체력의 저하가 온다면 무리한 트레킹에 진입했다고 봐야 할 것이다.

면역체계에는 자연살해세포(NK세포)natural killer cell가 포함돼 있다. NK세포는 바이러스에 감염된 세포와 암세포 등을 찾아내 이를 제거하는 역할을 한다. 글리슨 박사는 일반적인 걷기와 같은 저강도의 운동을 하면 NK세포를 활성화시키지만 마라톤이나 장거리 울트라마라톤과 같은 음식 섭취 없이 장시간 진행되는 고강도의 운동은 면역 기능을 저하시킬 가능성이 있다고 말한다. 이런 사실에 준해서 장거리 트레킹에 임하는 트레커들은 중간중간 충분한 휴식과 간식시간을 가져야 한다는 사실을 중요하게 생각해야 한다. 만약에 며칠 또는 몇 주 이상 소요되는 장거리 트레킹을 할 때는 하루 정도를 제로데이zero day 로 설정하여 완전히 휴식을 하는 등 휴식의 방법에 대해서 충분한 고려를 해야 한다.

E. 두뇌 건강

트레킹의 이득 중에 두뇌 건강이 포함된다고 하면 조금 생뚱맞게 보인다. 그러나 우리 몸이 만들어진 과정을 잠시만 되새겨 본다면 금방 이 사실에 고개를 끄덕이게 된다. 사자나 늑대처럼 위협적인 발톱이나 이빨도 없는 우리 조상들은 그만큼 많이 걷고 뛰면서 생각을 하며 재치 있게 사냥을 하고 다양한 먹거리들을 채집하며 생존했다. 이

---

* 미국의 존 뮤어 트레일(John Muir Trail; 346km) 등 장거리 캠핑식 트레킹에서는 중간중간 식량을 보급하기 위해 마을로 내려가거나 걷지 않고 휴식하는 날을 제로데이라고 한다.

는 자연자원이 없는 국가에서는 공부를 해서 쌓은 지식으로 국가 경제를 일으켜야만 한다는 절실한 생존방법으로 비유가 가능하다. 이러한 조상들의 생존방식은 두뇌 용량이 커지는 계기가 되었고 그 후로 문명을 일으키는 계기를 만들었다. 재치 있는 생활방식이 두뇌를 좋게 만들었는지 많이 움직이는 방식이 두뇌를 좋게 만들었는지는 논쟁거리가 될 수 있다. 그러나 꾸준한 운동이 두뇌 건강에 영향을 준다는 사실은 최근 여러 과학자들에 의해 증명되었다.

미국 뉴멕시코 하이랜드 대학의 어니스트 그린Earnest Greene 박사 연구진은 걷기운동을 하면 발을 디딜 때 발생하는 압력과 파동이 동맥으로 전달되면서 그냥 서 있을 때보다 뇌에 공급되는 혈류량이 크게 증가한다는 연구 결과를 발표했다.[18] 걷기와 두뇌 기능과의 연관성에 관해서는 상당히 많은 연구 사례들을 찾아볼 수 있다. 트레킹의 유산소 혈관운동의 과정들은 두뇌에 맑은 피와 산소를 공급하여 두뇌 건강에 필요한 기초적인 작용이 가능하도록 한다. 치매 예방은 이러한 두뇌 건강에 의해 발생되는 부수적인 효과이다.

해마hippocampus는 기억과 학습기능을 조절하는 뇌의 주요 부분이다. 운동할 때 근육에서 분비되는 '카텝신 Bcathepsin B'라는 물질이 뇌로 전달되며 이 물질이 해마에서 '뇌 유래 신경영양인자(BDNF)brain-derived neurotrophic factor'의 발현을 증가시킨다.[19] BDNF는 신경세포의 성장을 유도하는 물질로서 뇌 건강 유지에 필수적이다. 일반적으로 중노년기 성인의 뇌의 해마는 1년에 약 1~2%씩 감소하여 기억 장애가 생기고 치매의 위험이 증가한다. 그러나 피츠버그 대학 심리학과의 커크 에릭슨Kirk I. Erikson 박사는 1년 동안 활발한 걷기운동을 하면 뇌의 해마를 키울 수 있으며, 기억기능을 개선시키고 위축 단계에서도 다시 건강한 뇌로 만들 수 있다는 연구 결과를 보고했다.[20] 해마

용량의 증가는 BDNF의 혈중 농도의 증가와 연관되어 있다. 더불어, 그는 걷기운동에 관한 효과는 단시간에 얻을 수 없고 자주 꾸준히 걸어야 효과가 있다고 주장했다. 이는 트레킹이 장시간 걷기운동이라는 점에서 건강한 뇌를 만드는 데 훌륭한 역할을 해내고 있다는 사실을 증명하고 있다.

트레킹이 두뇌에 긍정적인 영향을 주는 것 중에 하나로서, 사람들에게 긍정적인 효과를 가져다주는 신경전달물질과 호르몬의 분비를 들 수 있다. 『세로토닌의 비밀』을 쓴 미국 의학박사 캐롤 하트Carol Hart에 따르면, 우리 마음기분의 상태를 결정하는 대표적인 세 가지 신경전달물질은 도파민, 세로토닌, 노르아드레날린이다. 이 중에 세로토닌은 다양한 기능에 영향을 미친다는 점에서 오케스트라의 지휘자와 같은 역할을 한다. 세로토닌은 일명 행복 호르몬으로 널리 알려져 있다. 세로토닌은 쾌감의 욕망으로 폭주하는도파민 분비 상태라든지, 스트레스로 우울한 감정 상태노르아드레날린 분비에서 인체를 원래의 상태로 되돌리는, 이른바 평정심을 만들 수 있는 호르몬이다. 다행인지 불행인지 주사나 약으로 세로토닌을 머릿속에 직접 집어넣을 수는 없다. 뇌에서는 혈관과 뇌조직 사이에 혈액뇌장벽blood brain barrier이 있어서 세로토닌은 산소와 영양분처럼 피를 통해 들어가지 못하기 때문이다.

세로토닌을 활성화하는 가장 좋은 방법은 자연적인 방법이다. 적당한 운동과 햇볕을 쬐는 것, 아름다운 자연을 보는 것은 세로토닌 분비를 증가시키는 대단히 중요한 자극제이다. 반복적인 근육의 움직임은 세로토닌 분비에 크게 이바지한다. 짧고 힘든 운동보다는 덜 과격하게 오래 하는 쪽이 낫다. '세로토닌'에 대하여는 이후에 좀 더 자세하게 소개된다제5부 트레킹의 효과/3장 숲의 향기/208-211P 참고.

F. 뼈 건강

　수렵채집 시절 조상의 체구와 뼈는 한 장소에서 농사를 지으며 살던 농경시대 조상의 그것보다 기능이나 크기가 훨씬 우월했다.[21] 농경시대가 더 생활이 안정적이고 많이 먹었을 텐데 어떻게 이러한 결론이 나올 수 있는가. 그것은 움직임의 정도와 먹는 음식의 다양성에서 찾아볼 수 있다. 농경시대에는 수렵채집 시절보다 훨씬 덜 움직였고 먹는 음식도 농사짓기 수월한 탄수화물 위주였다. 뼈의 건강이 자연에서 걷는 행위와 어떠한 연관이 있는지 과학적인 잣대를 대어보자.

　서울대학교병원 가정의학과 권혁태 교수는 "체중이 실리지 않는 운동인 실내 자전거와 수영은 체중 감량에는 효과적일 수 있지만, 골다공증 환자와 같이 뼈를 강화하려는 사람에게는 적합하지 않다."며 "비만이면서 골다공증이 있는 경우, 체중이 실리는 트레킹이나 달리기 같은 운동을 해야 한다."고 조언했다.[22] 또 그는 "체중이 실리지 않는 생활에서는 골다공증이 쉽게 찾아온다. 누워만 있을 경우 골밀도가 빨리 빠진다. 특히 마른 사람들의 경우 하중이 덜 실리기 때문에 골다공증이 잘 생긴다."고 덧붙였다.

　뼈는 적당한 강도로 물리적 자극을 받을 때 골밀도를 높이는 조골세포가 활성화된다. 뼈는 성장이 멈춰 있는 조직이 아니라 일생 동안 지속적으로 생성과 성장, 교체의 과정을 반복하며 변한다. 놀랍게도 우리의 뼈는 1년마다 10%씩 교체되고, 10년이 지나면 모두 새로운 뼈로 교체된다. 20~30대까지 골밀도가 가장 높고, 그 이후로는 조금씩 감소한다. 특히 여성의 경우 폐경 첫 5년간 급속도로 골밀도가 약해지기 때문에 갱년기 여성이라면 소리 없이 찾아오는 골다공증에 유의해야 한다.

뼈 건강을 위해서는 햇볕에 노출되는 야외 걷기운동을 하고 칼슘이 풍부한 음식을 섭취해야 한다. 하루 칼슘 권장 섭취량은 800~1,000mg인데, 우유나 치즈와 같은 유제품, 멸치와 같은 뼈째 먹는 생선, 두부 등의 음식에 칼슘이 풍부하다. 칼슘을 충분히 섭취하더라도 비타민 D가 부족하면 체내에 온전히 흡수되지 못한다. 현대인들은 실내에 머무는 시간이 길어지면서 햇빛 부족으로 비타민 D가 부족해지기 쉽다. 비타민 D의 일부는 햇빛을 쬘 때 피부에서 만들어지기 때문에 산책이나 트레킹을 통해 하루 30분 이상 햇빛을 쐬어주는 것은 뼈 건강에 큰 도움이 된다.

G. 근력기능과 근지구력

근력이란 근육이 힘을 발휘하는 능력을 말한다. 가령 물건을 들어 올리거나 물체를 미는 힘은 근력을 바탕으로 한다. 근지구력은 오랫동안 신체를 지치지 않고 움직일 수 있는 근육의 능력, 즉, 장시간 동안 지치지 않고 반복적인 힘을 발휘하는 지구력을 말한다. 근력이나 근지구력은 우리 일상생활에서도 매우 중요한 기능이다. 근육이 없어지면 움직일 힘이나 의지도 함께 없어지며, 그만큼 노화도 앞당겨진다. 노인이 되면 근육 부족이 사망으로 연결되는 결정적인 원인이 되기도 한다. 트레킹으로 단련된 애호가들의 체형을 보라. 날씬하면서도 단단해 보이는 근육, 오랫동안 움직여도 지치지 않아 보이는 신체에서 풍겨오는 단단함은 트레킹 애호가만이 가지는 특별한 아름다움이다. 근력 운동이라 하면 대개 무거운 바벨을 들고 하는 웨이트 트레이닝을 연상하지만 걷기나 트레킹 등 체중 저항 운동도 근력 운동으로 분류된다. 특히 트레킹은 장시간 지속 가능한 중저강도의 운동으로 하체 근력 운동과 트레킹 폴을 이용한 상체 근력 운동에 효과적이다.

직립보행을 할 수 있도록 진화된 근육 중에는 대둔근gluteus maximus; 엉덩이 근육과 그것을 받쳐주고 있는 허벅지 근육대퇴사두근; quadriceps femoris, 오금허벅지 뒤쪽 근육 또는 대퇴이두근; hamstring, 그리고 종아리 근육가자미근 또는 비복근; gastrocnemius의 비중이 절대적이다. 트레킹에 있어서 이러한 하체 근육들은 일반적인 평지에서의 걷기보다도 강도 있는 중력의 힘을 거스르며 근력 운동을 수행한다. 경사도가 높은 오르막길에서는 허벅지 근육이 작용하고, 낮은 오르막길과 평지 길에서는 종아리 근육이 작용하며, 내리막길에서는 오금 근육이 작용하며 몸을 앞으로 나아가게 해준다.

또한, 트레킹 폴을 이용한 오르막, 내리막 그리고 평지에서의 상체 사용은 이두박근팔; biceps brachii과 삼각근어깨; deltoid muscle, 그리고 승모근목 부분; trapezius과 대흉근가슴; pectoralis major 등의 근육을 작동시켜서 상체의 근력 운동이 되도록 한다. 따라서, 트레킹의 근력 운동은 전신의 신진대사를 활발하게 하고 근육의 탄력을 유지시켜 주는 효과가 있으며, 적절한 난이도의 트레킹 코스를 선택한다면 나이에 상관없이 날씬하고 단단한 육체미를 얻을 수 있다.

지구력은 전신 지구력general endurance과 국소적 근지구력muscular endurance으로 구분된다. 전신 지구력은 일정한 전신운동의 강도힘, 스피드를 바꾸지 않고 어느 정도의 시간 동안 지속할 수 있는 능력을 말한다. 그리고 그것은 심폐기능을 대표로 하여 체내 여러 내장 기관의 기능 및 근기능, 영양 상태, 내분비기능, 대사기능, 신경기능 등이 관계한다. 국소적 지구력은 오래 매달리기 같은 정적 근지구력과 턱걸이 많이 하기 등 일정한 거리를 반복적으로 이동시키는 동적 지구력으로 구분된다. 트레킹에서 생성된 지구력은 일상생활에서도 체력과 정신력에 지대한 영향력을 발휘하면서, 건강한 근육 기능과 내장 기능 그리고 좋은 컨디션을 오랫동안 유지하는 데 직접적인 영향을 준다.

하루 4시간 이상을 야생적이고 아름다운 자연을 걷다 보면, 한 발 한 발 내딛는 걸음이 수천 걸음이 되고 수만 걸음이 되어 그 숫자만큼 우리 몸에는 지구력이 쌓이게 된다. 트레킹의 지구력 운동은 억지로 하는 운동이 아니라 마음에서 우러나오는 자발적인 활력이 포함되기에 더욱 값지다. 아름다운 자연을 감상하며 움직이고 싶은 본능을 소비시키고, 사랑하는 벗들과 함께 걷는 즐거운 발걸음에서 우러나오는 운동 효과는 육체의 속 근육으로 성장하며 진짜 건강으로 자리매김을 하게 된다.

H. 통합효과

위와 같이 우리 인체의 특정 부위나 기능에 관한 걷기의 효과를 연구한 자료가 있는가 하면, 걷기가 우리 인체에 미치는 다양한 효과를 종합적으로 연구한 자료들도 있다. 그 연구기관들은 세계적으로 권위 있는 단체들이고 그 자료들이 다양한 효과들을 다루고 있기에, 걷기 운동이 만병통치약이라는 오해를 줄 수도 있다. 그런데 우리가 가장 귀가 따갑도록 듣는 건강법이 걷기운동이고 그 효과가 신체의 대부분과 관계가 있다는 사실을 놓고 보자면, 한편으로는 그 만병통치설을 부정하기도 힘든 상황이다.

미국 보건부(US DHHS)U.S Department of Health and Human Service가

2008년 연구 발표한 결과에 따르면, 1주일에 150분 이상 걷기운동으로 관상동맥질환, 혈압, 뇌졸중, 제2형 당뇨병, 우울증, 일부 암 등을 줄이는 효과가 있었다.[23] 또 심폐 및 근육 건강증진, 건강한 체질량과 체성분, 골 건강 향상, 기능적 건강증진, 인지기능 증대 등에 긍정적인 영향을 미치는 것으로 확인했다고 밝혔다.

미국 보건부와 유사한 실험 결과를 옥스퍼드대학병원에서도 발표했다. 심혈관 질환, 당뇨병, 만성 폐질환과 일부 암 등 4대 질환으로 인한 전 세계 사망비율이 50% 이상에 이르며, 이에 영향을 미치는 3대 주요 위험인자는 흡연, 영양부족과 신체활동 부족이라고 발표했다. 전 세계인들이 심각한 운동 부족으로 각종 질환을 앓고 있다는 얘기다. 유방암의 10%, 결장암의 10%, 제Ⅱ형 당뇨병 7%와 심혈관 질환 6%가 신체활동 부족이 원인이었다. 전 세계 사람들이 운동을 제대로 했다면 사망자 5,700만 명 중에 530만 명의 사망을 줄일 수 있었다고 한다. 즉 운동으로 전 세계 사망자의 약 9%를 막을 수 있다는 주장이다. 나아가서 운동을 지속적으로 하면 기대수명도 높일 수 있다고도 주장했다.

이와 관련하여 주말에 몰아서 운동을 하는 것과 주중에 나누어서 운동을 하는 사람의 건강효과가 어떻게 나타나는지를 실험한 결과가 있다.[24] 미국 하버드대 의대 산하 매사추세츠 종합병원Massachusetts General Hospital 연구 팀은 8만 9천여 명을 대상으로 참가자가 1주일간 착용한 가속도계를 통해 운동 패턴을 측정하고, 그 데이터는 다음과 같이 세 그룹으로 나누어서 기록하였다. 주당 150분 미만의 운동자들, 주말에 150분 이상의 운동을 몰아서 하는 운동자들, 주당 150분 이상의 운동을 주중에 고르게 나누어서 하는 운동자들이었다. 연구 결과, 주말에 몰아서 운동하는 그룹과 규칙적으로 운동하는 그룹 모두 150분 미만으로 운동하는 저활동 그룹에 비해 심혈관 및 대사 질환을 포함한 200개 이상의 질환의 위험이 크게 감소한 것으로 나타났다. 이는 주말에만 트레킹을 하는 사람도 주중에 나누어서 걷기운동을 하는 사람과 같은 운동의 효과를 볼 수 있다는 실험의 결과이다.

2장 태양의 후손

이 지구상에 존재하는 모든 생명체는 태양이 만든 유기물이다. 지금도 모든 생명체는 태양이 만든 유기물을 먹고 태양 빛에 의해 생명 활동을 지속하고 있다.제1부 신비로운 트레킹/1장 자연의 신비/25-26P 참고. 태양은 오랜 시간을 태양 아래에서 생존하던 인간을 피부암으로 소멸시키지 않고 번성시켜 주었다. 더군다나 인간은 몸에 털도 없이, 그리고 자외선 차단제도 없이 민둥한 살갗으로 그 오랜 시간을 태양 아래에서 지내왔다.

그러나 요즘 햇빛과 건강의 상관관계에서는 참으로 많은 이견들이 존재한다. 어떤 주장은 햇빛이 피부암과 노화를 만든다는 부정적인 모습이고, 다른 주장은 햇빛은 없어서는 안 되며, 우리 몸에 많은 이득을 준다고 말한다. 독자들은 어느 편에 서 있는지 궁금하다. 왜냐하면 이 사실은 야외에서 하루 종일 걸어야 하는 사람들에게는 매우 중대한 사실이기 때문이다. 이에 대한 의견의 대립은 유색인종아시아, 남미, 아프리카과 백인유럽, 북미, 오세아니아 간에 강하게 맞서고 있는 형태를 보여준다. 멜라닌세포melanocyte 때문이다. 멜라닌세포는 어두운 색깔의 색소인 멜라닌을 만들어 내는데, 그 멜라닌이 자외선을 막아준다. 이러한 이유로 유색인종은 햇빛을 고마운 존재로 여기고, 백인은 햇빛을 꺼려 하는 성향이 있다.

이러한 햇빛에 대한 다양한 의견에 대하여는 독자들에게 이렇게 정의해 주고 싶다. 햇빛은 우리에게 없어서는 알 될 신적神的인 존재이지만 그렇다고 진짜 맹목적인 신앙심으로 오랜 시간을 벌거벗고 그분을 대한다면 불경죄를 내려주시는 엄하신 분이라고. 그러나 햇빛을 극도로 멀리하는 사람들에게 특별히 해주고 싶은 말이 있다. 일조량이 많은 적도 부근에서 피부암이 많이 발생한다는 사실이 없으며 야외에서 하루 종일 운동하는 야구, 축구, 골프 선수들이 피부암에 걸려서 사망했다는 언론 보도가 없다.[25] 다만 그들은 모자나 자외선 차단제로 적당하게 햇빛을 맞이할 뿐이다. 더불어 피부암은 죽을병이 아니고 대부분 눈에 잘 보이기 때문에 조기진단이 가능하다.[26]

 자연의 섭리를 무시하고 햇빛을 무조건 미워하거나 기피한다면 태양신이 노하셔서 어떠한 심각한 병을 내리실지도 생각해 봐야 한다. 그리고 그 기피증이 화장품 회사에서 만들어 낸 온갖 광고들(공익광고 포함)에 의한 것인지 아니면 아름다움의 기준을 뽀얀 피부의 색깔에 의존하는 것에서 발생한 것인지를 곰곰이 생각해 봐야 한다. 사실 지금 우리의 잣대는 경제 논리에 의해 마구 흔들리고 있으며, 사회구조 또한 그것에 의하여 통째로 흔들리고 있다. 어떤 사실이 진실인지 헷갈릴 경우가 많다. 피부암을 조심하라는 공익광고가 화장품 회사에서 후원한 광고물이 더러 있다는 사실을 안다면 우리는 지금 정신을 바짝 차리고 어느 사실이 진실인지 냉정하게 살펴보아야 한다. 마음을 가라앉히고 과학자들은 태양신을 어떻게 보고 있는지 알아보자.

비타민 D의 정의

 햇빛을 받으면 피부에서 비타민 D가 만들어진다. 비타민 D는 우리 몸에서 꼭 필요한 필수 영양소이며 음식을 먹거나 비타민 D 약품의 복용을 통해서 얻을 수 있지만, 피부에서 햇빛에 의해 생성되는 부분이 크게 작용한다.[27] 햇빛은 갑상선 기능을 촉진하여 신진대사를 원활하게 해주는 종합 컨트롤 효과를 발휘해 준다.28) 피부 표피 세포에 있는 디하이드로콜레스테롤dehydrocholesterol이 태양의 자외선에 노출되면 비타민 D정확하게는 D3로 변환되어 혈류를 통해 각 조직으로 운반된다. 여름과 해 뜰 시간, 피부 색깔인종 및 자외선 차단제 등이 자외선 노출 및 비타민 D 합성에 영향을 미친다. 나이가 많은 사람이나 피부가 검은 사람은 햇빛에 노출되어도 비타민 D 합성량이 비교적 적다.27)

햇빛이 우리 건강에 매우 중요하지만, 나무나 구름이 없는 장시간의 햇빛 노출 구간을 걸을 때에는 넓은 챙이 있는 모자나 긴팔, 긴바지 그리고 자외선 차단제로 피부를 보호하는 것이 좋다. 자외선은 피부 노화 및 피부암의 원인이 된다. 햇빛에 오랫동안 노출될 때는 자외선 차단 지수(SPF)sun protection factor 15 이상의 자외선 차단제로써 피부를 보호해야 한다고 미국 보건복지부HHS는 권장한다.29) SPF 8 이상의 자외선 차단제는 비타민 D를 생성하는 자외선을 차단한다. 그러나, 노출되는 모든 피부에 차단제를 바르거나 재차 두껍게 바르지 않는 이상, 피부에서는 어느 정도의 비타민 D가 합성된다.30)

일상적인 식사만으로 충분한 양의 비타민 D를 섭취하기는 어려우며, 정상적인 비타민 D 상태를 유지하기 위해서는 피부를 햇빛에 충분히 노출하거나 비타민 D 강화 음식을 먹어야 한다. 비타민 D가 가장 풍부한 식품은 어류의 간에서 추출한 기름, 송어, 연어, 참치, 고등어 등 지방이 많은 생선의 살, 등이다. 그다음으로는 치즈 등 유제품이나 달걀노른자, 소의 간에 비타민 D가 많다.

A. 뼈 건강

미국 국립 보건원National Institutes of Health은 비타민 D는 장에서 칼슘 흡수를 촉진하고 혈중 칼슘과 인 농도를 적절하게 유지해서 뼈의 광물질 침착mineralization; 뼈에 칼슘, 인들이 결합하는 현상이 적절하게 일어나도록 하며, 비타민 D는 뼈의 성장과 골모세포osteoblast와 파골세포osteoclast에 의한 뼈 재형성bone remodelling에도 필요하다[27)]고 강조한다. 이 말은 우리 몸의 뼈는 지속적으로 없어지면서 새로 만들어진다는 뜻이며 뼈의 재형성에는 비타민 D를 생산하는 충분한 햇빛이 필요하다는 뜻이다.

그리고, 이전 '1장 걷기의 효과'에서도 소개했지만, 폐경기의 여성은 파골세포에 의해 뼈가 없어지는 속도가 골모세포에 의해 뼈를 만드는 속도를 능가하게 되며, 시간이 지나면서 골밀도가 감소하여 결국 골다공증이 생길 가능성이 많아진다.[31)] 골다공증이 생기면 뼈의 양이 감소하고 뼈 조직의 구조가 나빠져서 뼈가 연약해지고 골절의 위험이 증가한다. 구루병과 골연화증*이 비타민 D 결핍에서 비롯된다면, 골다공증은 부분적으로 칼슘 또는 비타민 D의 장기적인 부족에서 비롯된다. 구루병과 골다공증을 예방하려면 위에서 소개한 것처럼 체중이 실리는 충분한 걷기에 의한 충분한 햇빛을 피부에 공급해 주어야 하

---

* 구루병(rickets)과 골연화증(osteomalacia): 구루병은 소아에게 비타민 D가 부족하면 생기는 병으로, 뼈의 광물질 침착이 적절하게 되지 않아서 뼈가 약해지고 다리가 곡선으로 굽는 등 뼈의 변형이 일어난다. 보통 생후 3개월에서 1년 6개월 사이에 많이 발생한다. 구루병은 태양을 많이 쬐는 열대 지방과 생선을 많이 먹는 북극 지방, 계란이나 우유 등을 많이 섭취하는 유럽 지방에서는 보기 드문 병이다. 청소년과 성인에서 비타민 D가 부족하면 혈액 내 칼슘과 인의 농도가 떨어지고, 뼈의 재형성 시 광물질 침착이 불완전하거나 결함이 생겨서 뼈가 쉽게 부러지고 휘어지는 골연화증(osteomalacia)을 유발하는 등, 뼈에 좋지 않은 결과를 초래한다.

며, 생선, 계란, 우유 등 비타민 D가 많은 음식을 섭취해야 한다.

뼈의 건강은 뼈 주위를 감싸고 있는 근육의 영향을 받는다. 근육섬유muscle fiber의 정상적인 발육과 성장에도 비타민 D가 필요하다. 더구나, 비타민 D의 농도가 낮으면 근육의 강도에 부정적인 영향을 미쳐서 근육이 약해지고 통증을 유발한다.[30]

B. 우울증 치료

노먼 E. 로젠탈Norman E. Rosenthal, 1944~은 미국의 정신과 의사이자 과학자로서 계절성 정서 증후군(SAD)seasonal affective disorder을 처음으로 밝혀냈으며 광선 요법을 치료법으로 개발했다. SAD는 주로 겨울에 햇빛을 쬐는 시간이 줄어들면서 뇌 신경전달물질이 원활하게 분비되지 않아 발생하는 우울증이다.[32] 이러한 증상은 햇빛이 부족할 때 세로토닌 부족에 의해 발생된다. 행복 호르몬이라 불리는 세로토닌은 밤에 멜라토닌으로 변형되어 숙면에 도움을 주는데, 세로토닌이 부족하면 멜라토닌도 부족하게 되어 수면을 비롯하여 전반적인 생체리듬의 불균형을 초래한다. 햇볕을 통해 흡수되는 비타민 D는 행복 호르몬인 세로토닌의 합성에 관여하는데, 일조량이 감소하면 그만큼 비타민 D 수치와 함께 세로토닌과 멜라토닌의 분비도 저하된다. 삶의 질과 행복도가 높은 스웨덴, 덴마크 등 북유럽 나라에서 항우울제 복용이 많은 것은 햇볕 부족의 탓이 적지 않다.

일본 도호대학東邦大学, 도쿄 의학부 통합생리학 교수인 아리타 히데호Arita Hideho, 1948~는 세로토닌 연구에 있어서 세계 최고의 권위자이다. 그는 세로토닌 트레이닝협회, 세로토닌 도장을 운영하며 그야말로 평생을 세로토닌과 함께 생활한 사람이다. 그는 행복 호르몬인 세로토닌을 풍부하게 만들려면 첫 번째 조건으로 햇빛을 가까이하는 것이라고 말한다.[33] 그는 세로토닌을 활성화시키려면 3,000럭스의 빛이 필요한데, 100~400럭스의 형광등 빛으로는 턱도 없이 부족하다고 한다. 또한 질 좋은 태양의 햇빛은 5만 이상의 럭스를 가지고 있으며, 30분에서 1시간 정도 햇빛 아래 있으면 세로토닌 신경이 활성화된다고 강조한다.

C. 암 예방

암은 지금 이 시대에 가장 무섭고 중한 질병으로 알려져 있다. 이 심한 질병에 대한 햇빛의 예방 가능성에 대해서는 많은 의견이 존재한다. 그도 그럴 것이 이 중한 질병의 예방이 어떻게 물질도 아닌 것처럼 보이고 음식도 아니고 약도 아닌 것이 효과를 발휘할 수 있겠냐는 것이다. 그러나 일부 과학자들은 햇빛이 가지고 있는 여러 가지 효과가 종합적으로 작용해서 암 예방에 도움을 준다는 강한 믿음을 가지고 있다. 이 결과는 암의 치료가 아닌 예방에 효과가 있는 것이니 그 효과에 혼동이 없어야 한다.

미국 캘리포니아대학교 갈랜드Cedric Garland 박사는 미국 내 대장암과 유방암의 이환율 분포가 북부에서 높고 남부에서 낮다는 데 주목했다.[34] 그리고 여러 가지 자료를 검토하여 전국적으로 식단이 거의 비슷하다는 사실을 밝혀낸 뒤 일조 시간의 차이가 대장암과 유방암의 이환율에 크게 관계되어 있다고 발표했다. 갈랜드 박사는 그 후에도 연구를 계속해서 하루에 10~15분, 피부의 40% 이상을 햇빛에 노출하면 적절한 비타민 D를 확보할 수 있으며 여러 종류의 암도 예방된다는 연구 결과를 발표했다. 그 연구 결과에는 대장암과 유방암을 비롯하여 방광암, 식도암, 신장암, 폐암, 췌장암, 직장암, 위암, 자궁암, 난소암, 전립샘암, 악성림프종 등 총 13종의 암이 자외선과 관련이 있다고 기록했다.

미국 국립보건원도 많은 연구를 근거로 비타민 D와 암 예방의 관계에 대하여 조심스러운 결과를 제시하고 있다. 이 단체는 비타민 D는 세포의 분화를 촉진하고 전이를 억제함으로써 암 발생과 진행을 억제할 가능성이 있으며, 항염증, 면역조절, 세포자멸사 촉진 및 혈관형성 억제 효과가 있을 수 있다고 제시했다. 그러나 지금까지의 연구들을 종합해 보면 비타민 D가 암의 빈도, 진행 또는 암의 치료에 미치는 영향에 대해서는 엇갈리는 연구 결과들이 있다. 이는 비타민 D가 암의 빈도를 감소시킨다는 증거는 없으나 비타민 D 농도가 적절하거나 충분하면 암의 발생률을 감소시킨다는 실험 결과에서 비롯된다.

트레킹에서 얻을 수 있는 효과는 우리 몸에 완벽에 가까울 정도로 많이 존재하고 있다. 하지만 그러한 효과 중에는, 연구 단체의 이익을 위한 편향된 연구 방법에서 비롯된 것들이 있음을 주시해야 한다. 우리는 주변에서 햇빛과 숲에 의한 효과로 암을 치료했다는 경우를 가끔 듣기도 한다. 그러한 사실을 쉽게 믿을 수는 없지만 그 효능이 사실이라면, 그것에는 자연이 주는 종합적인 치유의 효과도 포함이 되겠지만, 물속에 빠지면 지푸라기라도 잡고 싶다는 절박한 심정과 자연이 주는 무한한 능력을 믿고 싶은 심정이 더해져서 생겨난 '절대적인 심리효과'가 작용했을 가능성이 크다.

D. 심혈관 질환

심혈관 질환이란 심장, 혈관 계통에 이상이 발생하는 질환을 말한다. 주요 질병으로 고혈압, 허혈성 심장 질환, 관상동맥질환, 협심증, 심근경색증, 죽상경화증동맥경화증, 부정맥, 뇌혈관 질환, 뇌졸중 등이 있다. 비타민 D는 혈압을 조정하는 데 도움을 주며, 혈관 세포 성장과 염증 반응 및 섬유화 과정을 조절하는 데 도움을 준다.[27] 비타민 D가 부족하면 혈관의 기능 장애, 동맥혈관 경직stiffening, 좌심실 비대 및 고지질혈증 등을 불러온다. 이러한 이유로 비타민 D와 심장의 건강 및 심혈관 질환의 위험과의 연관성에 관한 연구가 세계 각처에서 수없이 진행되었다. 결론은 햇빛을 충분히 쬐고 비타민 D가 담긴 음식을 충분히 섭취하면 심혈관 질환과 사망의 위험을 낮출 수 있다는 것이다.

E. 기타 효과

이 밖에도 햇빛이 주는 비타민 D의 효과는 세계 각처에서 다양한 실험 결과들이 발표되고 있다. 다양한 효과들의 실험 결과들이 소개되고 있지만, 주요 믿을 만한 단체와 학자들에 의해서 소개된 실험 결과를 근거로 몇 가지만 추가로 소개한다.

당뇨병

구체적인 의학 서술은 간략하게 하겠지만 비타민 D는 당 대사에 관여한다. 그리고 비타민 D는 염증을 줄이고 인슐린에 대한 효과로서 2

형 당뇨병의 병태생리에 관여한다.[27]

결핵치료

항생제가 개발되기 전인 19세기 초부터 햇빛 노출과 대구生鮮 간 등의 비타민 D가 풍부한 식품이 결핵의 치료에 사용[35]되었던 사실은 햇빛이 항균 효과가 있다는 것을 강하게 시사한다. 비타민 D의 항균 효과의 일부는 카텔리시딘cathelicidin이라는 항균 펩타이드를 유도하는 것에서 비롯되는 것으로 여겨진다.[36] 브레머Hermann Brehmer가 1850년대에 독일에서, 트루도Edward Livingston Trudeau가 1880년대에 미국에서 시작한 결핵 요양원에서 햇빛의 중요성이 밝혀졌으며, 1903년 핀센Niels Ryberg Finsen이 피부 결핵 환자에게 햇빛의 자외선이 도움이 된다는 사실을 밝혀서 노벨 의학상을 받았던바, 이러한 사실들은 모든 형태의 결핵에서 비타민 D가 중요하다는 것을 시사한다.

면역력

인간에게는 선천적으로 갖춰진 '선천면역innate immunity'과 진화 과정에서 척추동물만이 획득한 특이한 면역 시스템인 '획득면역acquired immunity'이 있다. 선천면역은 태어날 때부터 가지고 있으며 평생 지속된다. 세균, 바이러스 등의 해로운 이물질이 체내로 들어오면 선천면역에 관여하는 면역세포들이 빨리 반응하여, 이물질을 즉시 공격한다. 획득면역은 이물질 또는 미생물에 대항하여 생기는 것이며, 특정한 미생물에 감염이 되면 그 미생물에 의한 재감염을 예방한다. 이물질에 대해 몇 시간 내에 반응하는 선천면역과는 달리 획득면역은

1~2주 이상의 시간이 걸린다.

  근래에 와서 비타민 D가 면역반응에 중요한 역할을 한다는 것이 많이 밝혀지고 있다. 다수의 면역세포 표면에 비타민 D 수용체가 발현되어 있으며, 이들 면역세포들은 활성 비타민 D 대사산물을 만들 수 있기 때문에, 비타민 D는 면역반응에서 자율적으로 반응할 수 있는 능력이 있다.

  음식이나 인위적인 영양제를 뛰어넘어서는 대자연의 힘이 태양이 주는 햇살 안에 들어 있다. 대자연 속에는 인간의 과학으로도 그려낼 수 없는 수백만 년의 관계가 형성되어 있다. 이렇게 햇빛이 인간에게 주어지는 선물을 나열하자니, 그야말로 만병통치약을 소개하는 기분이 들기도 한다. 이렇게 우리와 불가분의 관계가 있는 완벽한 태양의 햇빛을 현대인들은 점점 멀리하고 있다. 대부분의 시간을 질 좋은 햇빛이 차단되는 실내 생활에 익숙해 있으며 특히 여성들은 피부미용과 노화 방지라는 이유로 자외선을 차단하는 약품을 너무 과도하게 사랑하고 있는 경향이 있다. 이는 매번 반복되는 화장품 광고 노출에 세뇌되어진 결과이기도 하다.

  햇빛의 폐해도 많이 알려져 있지만, 이로운 점은 그것들과 비교할 수 없을 정도로 많다. 햇빛이 없다면 우리는 생명 활동을 할 수 없다. 그러나 과학에 의하여 밝혀진 햇빛의 폐해는 조심해야 할 부분이다. 햇빛의 신에게 불경죄를 입지 않을 정도로 주의해서 햇빛과의 관계를 이어간다면 우리는 보다 근본적인 건강의 상태를 호전시킬 수 있을 것이다. 더불어 우리는 자연과의 필연적인 관계를 잊어버리고, 주로 실내에서 생활하는 습관에 대하여 곰곰이 생각해 볼 일이다. 그리고 아름다움의 기준을 하얀 피부에 둘 것인지, 아니면 건강한 육체에 둘 것인지도 고민해야 한다. 햇빛의 신을 떳떳하게 그리고 조심하게 맞이해서 건강과 아름다움의 균형을 현명하게 유지하는 것이 필요하다. '지구의 아버지는 햇빛을 주는 태양이며, 지구의 어머니는 그 햇빛으로 모든 생명체들을 보살피는 무위자연이다.' 이 논리는 지금도 우리에게도 변하지 않고 적용되는 대자연의 현상이며 진리이다.

3장 숲의 향기

피톤치드phytoncide의 정의

　피톤치드는 '식물이 마음대로 움직일 수 없는 자신을 보호하기 위해 내뿜는 방어 물질'이다. 1937년, 식물이 내뿜는 눈에 보이지 않는 휘발성 유기 화합물 기체인 테르펜 속에 살균효과가 있다는 것을 러시아 레닌그라드 대학교 생화학자 보리스 토킨Boris P. Tokin이 처음 발견했다. 토킨 박사는 아카시아꽃과 떡갈나무 잎을 그 당시 죽음으로 이끄는 공포의 대상이었던 결핵균과 섞어서 시험관에 넣었다. 그 결과 일정 시간이 경과한 후에 폐결핵 균이 완전히 소멸되었다. 아카시아꽃과 떡갈나무의 잎사귀가 내뿜는 테르펜 속의 물질지금 밝혀진 바로는 알파피넨, α-pinene이다이 결핵균을 죽여버린 놀라운 사실을 발견한 것이다. 토킨 박사는 "숲에서 나는 향기로운 냄새가 바로 피톤치드이며, 나무나 식물이 주변 미생물로부터 자기를 방어하기 위해 내뿜는 눈에 보이지 않는 물질이다."라고 피톤치드를 정의했다. 피톤치드phytoncide란 토킨 박사가 그리스어의 '식물phyton'과 '죽인다cide'를 합성해서 만든 말이다.
　피톤치드는 '식물이 분비하는 항균 물질'이며, 어느 한 가지 물질만을 가리키는 것이 아니라 식물이 발산하는 모든 항균성 물질을 부르는 총칭이다. 피톤치드의 종류는 수천 가지에 달한다. 향신료나 마늘, 양파, 녹차, 향나무, 소나무, 편백나무 등이 모두 피톤치드를 방출한다. 그중에 편백나무, 전나무, 소나무, 가문비나무 등 냉대 침엽수에서 많이 방출되는 휘발성 유기 화합물인 테르펜terpene을 대표적인 피톤치드의 성분으로 꼽는다. 식물들은 항균, 방충 화합물 외에도 꽃가루 매개, 종자 분산 등 여러 가지 목적으로 휘발성 화합물을 방출한다. 트레커들은 항균 효과가 있는 물질뿐만 아니라 식물이 발산하는 다른 여러 가지 휘발성 화합물에 노출하게 된다. 피톤치드는 '식물이 분비하는 항균 물질'이라는 의미이지만 여기에서는 독자들의 이해를 돕기 위해 식물이 뿜어내는 모든 휘발성 화합물을 피톤치드라 부르기로 한다.

덧붙여서 피톤치드는 식물 생리학적인 관점에서 볼 때, 구조적식물의 기본 성향으로 생산되는 화합물과 유도성환경의 자극이나 작용으로 생산되는 화합물 두 가지로 구별할 수 있다. 구조적 피톤치드는 식물들이 상시 만들고 있으며 기본적으로 꾸준히 분비된다. 그러나 유도성 피톤치드는 신기하게도 초식동물의 공격이 있을 때 발생되거나 비생물성 스트레스에 의한 자극에 의해서도 발생된다. 이는 육지의 식물이 아무것도 하지 않고 가만히 서 있는 바보라고 생각하는 사람들에게는 충격적인 사실이지만 실제로 벌어지고 있는 자연의 현상이다.

A. 면역력과 염증 반응

피톤치드는 사람의 면역체계, 특히 자연살해세포(NK세포)natural killer cell의 기능에 영향을 미친다. NK세포는 선천면역을 담당하는 백혈구의 일종으로, 세포 표면의 특정 수용체를 자극하여 세포자멸사를 유발해서 바이러스에 감염된 세포나 암세포를 직접 공격해서 없애는 것이 주요 기능 중에 하나이다. 산림 의학과 면역학에서 최고의 전문가인 일본의 칭 리Qing Li 박사는 편백나무, 삼나무의 줄기, 잎 등에서

추출한 기름으로 구성된 피톤치드는 생체 외 실험에서 NK세포 기능을 증가시킨다는 사실을 밝혀냈다.[37]

그의 연구에서 숲속을 걷는 사람에서는 NK세포의 기능이 증가하였으나 도시에서 걸은 사람에서는 증가하지 않았으며, 피톤치드가 숲속에서만 검출되고 도시에서는 검출되지 않았다. 건강한 성인 12명이 참가한 2박 3일의 시험 기간 중, 첫날 오후에 2시간, 둘째 날 오전, 오후에 각각 2시간씩 숲속에서 걸은 산림욕 후에, 2일째와 3일째 아침 혈액 검체를 분석하였다. 그 결과, 대부분의 사람에서 삼림욕 후에는 NK세포의 활성이 약 50% 증가하였다. 삼림욕을 한 사람들에서는 도시를 걸은 사람들에 비해 소변 내의 스트레스 호르몬인 아드레날린의 농도가 낮았으며, 이는 삼림욕을 하는 동안 스트레스가 낮은 상태에 있었다는 것을 시사한다.[37] 아드레날린은 NK세포 활성도를 감소시키는 것으로 알려져 있다. 삼림욕을 하는 사람들에서 NK세포 활성도가 높은 것은 삼림욕 중에 스트레스가 감소하는 것과 관련이 있다. 이러한 삼림욕의 NK세포 활성 증가는 건강한 사람뿐만 아니라 만성 전신 통증 환자, 유방암 환자에게서도 관찰되었다.[38] 위 연구들에서 증가된 NK세포 활성은 삼림욕 후 최소한 7일 이상, 심지어 30일까지도 지속되었다.[37] 이는 한 달에 한 번만 숲을 방문해도 증가된 NK세포 활성을 유지할 수 있을 가능성을 시사한다.

대학생을 대상으로 시행된 연구에서 숲 환경에 2시간 동안 노출된 사람들은 도시 환경에 노출된 사람들에 비해 혈청 내 인터루킨 8interleukin-8과 티앤에프 알파TNF-α의 농도가 낮게 나타났다.[38] 이 물질들은 염증 반응 물질로서 이들이 감소했다는 것은 체내 염증 반응이 감소했다는 것을 시사한다. 고령자를 대상으로 한 다른 연구들에서는 1.5시간씩 하루 2회, 수일간 삼림욕을 한 사람들은 삼림욕 전 또는 도시에 있은 사람에 비해 혈청 내 인터루킨 6interleukin-6의 농도가 낮았다. 이 역시 염증의 감소를 의미한다.

B. 수면 효과

고대 그리스 아리스토텔레스부터 지금까지 동물을 실험대상으로 많은 연구가 이루어지고 있다. 동물들에게는 매우 미안하지만 유전자가 사람과 매우 흡사하기 때문이다. 쥐 실험에서 피톤치드는 운동성 활동량을 감소시키고 근육 이완을 증가시켜서, 수면, 통증 및 불안을 개선시켰다.[39] 삼나무에서 나오는 피톤치드의 주성분은 알파-피넨α-pinene, 19.35%, 베타-미르센β-myrcene, 16.98%, 디-리모넨D-limonene, 15.21% 및 감마-뮤로렌γ-muurolene, 7.42% 등이었으며, 삼나무에서 추출한 정유essential oils는 동물실험에서 수면을 연장시키고 불안감을 감소시키고, 진통 효과가 있었다.[40]

최근 한국 연구자들이 알파-피넨, 3-카렌3-carene 같은 소나무 피톤치드의 진정, 수면 효과의 작용 기전을 밝혀냈다.[41] 그동안 피톤치드의 진정 작용은 잘 알려졌지만 정확한 과학적 기전은 밝혀지지 않았었다. 연구팀은 소나무 피톤치드의 진정 작용과 수면 개선 기전을 밝히기 위해 가장 대표적인 성분인 '알파-피넨'을 동물에 투여하는 실험을 했다. 그 결과, 25mg/kg의 낮은 용량에서도 진정 작용이 나타났으며, 100mg/kg의 높은 용량에서는 수면 개선 효과가 확인됐다. 특히 알파-피넨은 수면제와 달리 수면의 질을 떨어뜨리지 않고 수면을 개선하는 것으로 밝혀졌다. 역시 3-카렌소나무 피톤치드에서도 같은 실험 결과를 도출해 냈다.

C. 자율신경, 스트레스 감소

여러 연구들을 종합 분석한 결과, 삼림욕을 하면 스트레스 호르몬의 감소와 함께 생리적으로 이완된 상태로 들어가게 되고, 또 혈당 감소 등을 포함하여 심혈관계와 대사 관련 지표들이 단기적으로 호전되는 등 스트레스 관련 건강 상태에 유익한 영향을 미치는 것으로 밝혀졌다.[42)]

24개의 숲에서 280명이 참가한 또 다른 연구도 숲의 다양한 환경이 자율신경과 스트레스에 영향을 준다는 사실을 증명하고 있다. 각 숲에서 시행된 연구에는 건강한 남자 대학생 12명씩이 참가하여, 숲과 도시 전경을 보며 걷게 하였다.[43)] 첫날에는 6명은 숲으로, 6명은 도시로 보냈다. 그다음 날은 서로 숲과 도시를 바꾸어서 걷게 하였다. 타액침 내의 코르티솔cortisol: 스트레스 호르몬 농도, 혈압, 맥박 수, 심박 변이와 교감신경 및 부교감신경 활성 지표 등을 측정하였다. 그 결과, 숲 환경에서는 도시 환경에 비해 타액 내 코르티솔 농도, 맥박수, 혈압이 낮았으며, 부교감신경 활성도는 높고 교감신경 활성도는 낮았다. 이러한 결과는 숲 환경에서는 자율신경, 내분비 기관이 받는 스트레스가 적어진다는 것을 시사한다. 이러한 연구들은 자연 숲이 우리 인간과의 관계성에서 얼마나 깊게 작용하고 있는지를 증명해 주고 있다. 이러한 현상이 오랜 시간 자연 선택이 만들어 낸 유전자의 반응이라 생각하니 신기할 따름이다.

D. 세로토닌serotonin 효과

우리 마음기분의 상태를 결정하는 대표적인 세 가지 신경전달물질은 도파민, 세로토닌, 노르아드레날린이다. 이 중에 세로토닌은 다양한 기능에 영향을 미친다는 점에서 오케스트라의 지휘자와 같은 역할을 한다. 세로토닌은 일명 행복 호르몬으로 널리 알려져 있다. 세로토닌은 쾌감의 욕망으로 폭주하는(도파민 분비) 상태라든지, 스트레스로 우울한 감정 상태(노르아드레날린 분비)에서 인체를 원래의 상태로 되돌리는, 이른바 평정심을 만들어 내는 호르몬이다. 세로토닌은 직접적으로 기분mood, 식욕appetite, 수면sleep 등의 조절에 관여한다.

숲속에 존재하는 많은 것들이 사람의 심리를 안정시켜 주는 역할을 한다. 그것은, 피톤치드, 음이온, 맑은 햇살, 맑은 공기, 맑은 물, 숲의 소리 등 숲의 다양한 물질과 현상들의 종합적인 효과이다. 그것들은 우리 신체와 간접적으로 접촉하거나 우리 몸에 들어와서 코르티솔의 분비를 적절하게 억제해 준다. 코르티솔이란 콩팥의 부신피질에서 스트레스에 의해 분비되는 호르몬이다. 코르티솔은 외부의 스트레스 같은 자극에 맞서 몸이 최대의 에너지를 만들어 낼 수 있도록 분비되어 혈압과 포도당 수치를 높이는 역할을 한다. 코르티솔이 인체에 나쁜 호르몬인 것만은 아니나, 그것이 지속적으로 고농도를 유지하면 인체에 해롭다. 스트레스가 없는 평상시에도 코르티솔 분비량이 많은 사람들이 있다. 업무량이 많은 사람들이나 스트레스의 대처법에 관심이 없는 사람들이 이 부류에 포함될 가능성이 크다. 세로토닌은 코르티솔 수용체 유전자의 스위치를 켜서 코르티솔을 조정하는 역할을 한다. 즉, 같은 상황에서도 스트레스를 많이 받는다면 코르티솔이 아닌 코르티솔 분비를 조정하는 세로토닌이 활성화될 수 있는 환경부터 만들어야 한다.

미국 애리조나주립 대학교에서 실시한 연구를 살펴보자. 이 연구에 따르면 사람들이 스트레스를 받은 상태에서 자연의 소리를 청취하면 코르티솔 수치가 제법 큰 폭으로 줄어드는 것으로 나타났다.[44] 아울러 전에도 소개한제3부 트레킹의 심리/1장 두 가지 심리학설/91-92p 참고 영국 브라이턴과 서식스 의과대학 연구 팀의 연구 결과에서도 자연의 소리가 주는 또 다른 긍정적 영향을 소개한다. 해당 연구팀은 피실험자들이 자연의 소리를 들을 때 몸이 이완되고 편안해지는 부교감신경 반응이 증가했으며, 혈압이 상승하고 불안감이 증대되는 교감신경 반응은 감소했다고 발표했다.[45] 교감신경과 부교감신경으로 관리되는 자율신경계는 인체의 내적, 외적 환경 조건에 따라 내부 장기의 기능을 조절하며 항상성을 조절해 주는 시스템으로서, 많은 현대인들은 스트레스가 많은 환경에서 생활하므로 교감신경 반응에 유의해야 한다. 교감신경이 증가하게 되면 면역력도 떨어뜨리고 질환을 유발하게 된다. 자연의 소리를 들으며 부교감신경의 반응을 증가시키는 것은 현대인들의 자율신경계를 건강하게 만들어 주는 좋은 방법으로 평가되고 있다.

여기에서 트레킹에서뿐만 아니라 일상생활에서도 매우 중요한 세로토닌 활성법에 대하여 좀 더 알아보기로 하자. 세로토닌의 세계적 권위자 아리타 히데호는 세로토닌을 풍부하게 만들려면 아래의 몇 가지에 충실해야 한다고 말한다.[46]

첫 번째, 햇빛을 충분히 쬐는 것이 세로토닌 활성에서 매우 중요하다. 이 부분은, 이미 소개한 '제5부 트레킹의 효과/2장 태양의 후손들/197-198P'을 참고한다.

두 번째는, 리듬감을 보충하는 것이다, 몸을 리듬감 있게 움직이는 것은 근육뿐만 아니라 뇌에 직접 영향을 주기 때문에 신경이 활성화된다. 모든 운동과 노래 부르기, 심지어는 껌을 씹는 행위마저 세로토닌을 활성화하는 좋은 방법이다.

세 번째는, 좋은 음식 섭취이다. 동물성 단백질 위주로 섭취하는 음식은 세로토닌 활성화에 방해가 될 수 있으므로 고기를 먹을 때는 채소나 바나나 등 트립토판이 많이 들어 있는 식품을 함께 먹을 것을 권장한다.

네 번째는, 질 좋은 수면이다. 아침 일찍 일어나 충분한 햇빛을 받으며 충분히 움직여 주면, 밤에 잠도 잘 온다. 이러한 질 좋은 수면은 규칙적인 생활 습관에서 비롯되며, 즐거운 생활을 지속하게 하는 좋은 습관이 된다.

이 밖에도 히데오는 세로토닌을 풍부하게 만드는 조건에 대하여, '원만한 대인관계를 형성하기', '스트레스를 해소하기', '호흡법으로 마음을 다스리기' 등을 지목했다.

E. 음이온 negative air ions

우리가 무심코 마시고 있는 공기는 분자와 원자로 구성되어 있다. 그리고 대부분의 분자와 원자는 적당한 수의 전자를 갖고 있어 전기적으로 중성인 상태를 이룬다. 그러나 가끔 전자의 수가 너무 많거나 적어서 전기적으로 균형을 이루지 못하는 분자나 원자가 생기는데 이를 '이온' 혹은 '공기 이온'이라 한다. 전자가 너무 많아 음전하를 띠면 '음이온', 전자가 부족해 양전하를 띠면 '양이온'이 된다.

음이온의 분포는 산림 지역이 가장 높으며, 시골과 해안 지역은 중간 정도, 도시 지역이 가장 낮다.[47] 음이온은 숲속, 폭포, 흐르는 계곡물, 파도가 있는 바닷가와 같은 자연 장소에 많이 존재한다. 건조 환경 built environment에서는 음이온이 고갈되는 성향으로, 실내에서는 산림 지역에 비해 음이온의 농도가 10%에 불과하다. 숲속의 식물들은 직접 음이온을 생산하기 때문에 도시나 실내 공간보다도 음이온이 풍부하다.

  그러나 실제 음이온이 생물학적으로 효과가 있을 가능성에 대해 많은 실험 보고가 있었지만[48], 그 연구 방법에는 여러 가지 모순되는 문제점들이 지적되고 있다.[47] 음이온 인체 효과에 대하여 그 실효성에 찬반의 의견이 많았다는 뜻이다. 식물과 곤충의 성장을 촉진하며, 사람과 동물에서 생리와 행동의 변화를 일으킨다는[47] 실험 결과도 있었으며, 쥐 실험에서는 학습과 수행 능력이 증가하고 공포감이 줄어든 결과도 보였으며, 사람들 실험에서는 기분이 안정되고 활력과 우호감이 증가했다는[47] 보고도 있었다.

  음이온의 효능 여부는 향후 추가적인 연구가 필요하다는 증거들이 많이 있으며, 현재로서는 그 효능에 확실한 결론을 내리기에는 이르다, 실제로 음이온 생산기, 음이온 액세서리 등, 그 효능성에 대하여 의문을 제기하는 학자들의 의견과 언론들의 방송이 다수 있었다. 이러한 상황으로 볼 때 음이온에 관한 효과는 자연 전체가 주는 효과에 의하여 더불어 생겨난 위약 효과placebo effect일 가능성이 크다.[47]

4장 트레킹의 부작용

 이 장은 지금까지 소개한 트레킹 효과에 의해 감추어졌던 숨겨진 부작용을 집게로 집어내서 밝은 양지에서 보여주려는 장이다. 트레킹의 긍정적인 효과들은 트레킹 예찬론가들에 의해, 그 효과가 과장되거나 신성神聖시되는 경향이 있었다. 그 경향성의 그늘에 가려진 부작용이 숲의 뒤쪽에서 배양되다가, 방심의 틈을 타고 사람들에게 피해를 주는 빛깔 좋은 독버섯의 모습으로 서식해 왔다. 우리는 그 독버섯이 가지고 있는 독성을 분명히 인식해야 하며, 그 사실들을 잘 모르고 우리를 따라서 야생의 길을 나서는 친구들에게도 충분히 알려주어야 한다.
 대부분의 트레일에는 편리한 교통수단의 접근이 용이하지 못해야만 그 본연의 아름다움을 그대로 간직할 수 있다는 일반적인 자연 보존의 법칙이 적용된다. 그 법칙은 트레커들로 하여금 더 많이 걷게 만드는 조건이 되며, 부상이 발생하면 스스로 해결해야 한다는 특별한 지침이 포함된다. 이러한 트레킹이 지닌 특별한 지리적 조건에서 자신이 지닌 체력 이상의 트레킹을 하거나 발생 가능한 부상에 무관심하게 대처한다면 건강한 트레킹이라는 개념은 심신의 건강과는 정반대의 형태가 될 가능성이 크다.

A. 근육통과 관절의 부상

 근육통과 허리를 포함한 관절의 부상은 트레킹에 있어서 가장 흔하게 발생하는 부상이다. 야생 길을 장시간 걸을 때는 종아리와 허벅지 근육의 사용이 일반적인 걷기보다 더 많이 사용되기 때문이다. 특히 장시간 걷기에서 무릎이나 허리에 얹혀지는 중력감은 준비가 덜 된 초보자들에게 크고 작은 부상으로 이어지게 한다.[49]

인류 진화의 역사에서, 네발 보행에서 직립보행으로의 진화 과정과 현대 시대에 앉아서 생활하면서 허리의 방향성을 다시 'ㄴ' 자로 구부러지게 하는 변천 과정에서 우리의 허리는 고난의 시대를 맞이하고 있다고 소개한 적이 있다제4부 트레킹의 기술/4장 두 발에서 다시 네발로/149P 참고. 그러한 변화에 의한 고난의 시대를 맞이하고 있는 허리를 장시간 곧게 세우고 걸어야 하는 트레킹에서는 특별히 허리에 신경을 써주어야 한다. 더불어 네발 보행에서 두 발 직립보행으로 진화함에 따라 모든 상체를 고스란히 떠받고 걸어야 하는 무릎과 발목의 보호에도 많은 관심이 필요하다.

근육통과 관절부상의 예방법

근육통과 허리, 무릎, 발목 등 하체 관절에 가해지는 부담을 줄이기 위해서는, 자신의 체력 상태를 제대로 파악하고 트레일 거리에 욕심을 내지 않는 것이 **첫 번째** 예방법이다. 이 방법은 가고자 하는 트레일의 정보를 정확하게 알아내는 것과 같은 선상에 있다. 산길, 혹은 계곡 길의 고도의 차이가 얼마나 되는지, 전체 트레일 거리가 얼마나 되는지를 정확하게 파악하고, 그것에 대한 종합적인 난이도를 평가해야 한다. 특히, 교통이 닿는 곳에서 트레일 시작 지점까지 얼마나 걸어야 하는지도 꼭 체크해야 한다. 이를 바탕으로, 본인의 트레킹 경험에 비추어, 본인이 걸을 수 있는 코스인가를 판단하고, 트레킹 준비를 해야 한다.

두 번째 방법은, 적절한 보행 기술을 익히고, 그에 따른 트레킹 용품을 준비하는 것이다. 적절한 보행법이란 간단히 말해서, 오름길과 내림 길에서는 평지 길에서 걸을 때보다 좁은 보폭으로 걷는 것이며, 적절한 용품이란 트레킹 폴의 올바른 사용이나 제4부 트레킹의 기술/4장 두 발에서 다시 네발로/150-153P 참고 적절한 크기와 재질의 트레킹화를 착용함으로써 발의 움직임을 원활하게 해주는 것이다.[50] 특히, 내리막길에서는 그 중력의 무게가 우리가 생각하는 수치 이상의 중력이 몸에 전달된다는 사실을 잊어서는 안 된다.

세 번째는, 트레킹 전후 가벼운 스트레칭을 하는 것이다. 트레킹 전의 스트레칭은 근육과 관절, 허리의 유연성을 증가시키고 그것들의 자극을 통해서 오래 걷기에 대한 부담과 통증, 부상, 사고의 위험을 덜어준다. 스트레칭은 말 그대로 사람 신체가 가지는 근육이나 인대를 부드럽게 늘려주는 동작이다. 트레킹 후의 스트레칭은 혈액순환을 좋게 하고 근육으로 가는 혈류가 증가하여 근육통이 줄어들고 몸의 컨디션을 회복하는 시간을 줄여준다. 스트레칭에 대한 좀 더 자세한 내용은 '제7부 트레킹의 실행실습/3장 배낭 꾸리는법. 체력 만들기. 스트레칭/316-319P'를 참고한다.

B. 낙상에 따른 부상과 타박상

트레일을 구성하는 자연 길에는 흙길, 돌길, 바위 길, 계곡을 건너는 길들이 있으며, 눈이 있는 지역에서는 미끄러운 빙판길이 많고, 비가 온 후에는 진흙이 있어 미끄러운 길, 부러진 나무토막으로 인해 미끄러지는 길, 낙엽으로 인해 미끄러지는 길 등 매우 다양하고 불규칙한 길들이 있다. 이러한 길들은 걷는 사람들에게 부상을 유발하기도 한다.

그러나 낙상에 따른 부상과 타박상은 대부분의 경우에 개인의 부주의에 의해 발생한다. 개인의 부주의가 원인이 아니라면, 천재지변이나 타인의 부주의에 의한 부상인데 그러한 경우는 가능성이 매우 희박한 편이다. 자연 길에서는 어떤 안전한 정식 탐방로라도 안전을 보장하는 탐방로는 존재하지 않는다. 어떠한 안전한 국립공원 탐방로라고 할지라도 대부분은 살아 있는 자연미가 넘치는 매우 다양하고 불규칙한 자연 길들로 만들어져 있기 때문이다.

낙상 사고의 예방법

낙상 사고의 예방법은 옆 사람과 대화에 너무 치중하지 말고 전방을 주시하며 걷는 것과 트레킹 폴을 지참하여 네발로 안전하게 걷는 것이다. 걸을 때 전방을 주시하며 걷는 것은 걷기의 기본 자질이기에, 그에 대한 설명을 이 지면에서 생략하기로 한다. 트레킹 폴의 중요성은 아무리 강조해도 지나치지 않는다. 걷는 동안 트레킹 폴을 사용하게 되면 낙상 사고의 80%는 예방할 수 있으며, 기저면을 확장하여 안정성을 높여주며, 다양한 길에서 발생될 수 있는 부상을 예방해 준다

제4부 트레킹의 기술/4장 두 발에서 다시 네발로(트레킹 폴 기술)/149-150P 참고.

트레킹 폴은 한낱 쇠막대기에 불과한 것이 아니라 신체의 중요한 부위라고 인식하며 사용해야 한다. 더욱 절실하게 표현하자면, 트레킹 폴은 양팔이 길게 진화된 팔과 같은 것이라 생각해야 한다. 트레킹 폴은 거미가 가지고 있는 유연하고 탄력 있는 여러 개의 팔과 다리처럼, 거친 자연 길에서도 순간순간 높낮이를 인식하면서 신체를 균형 있게 세워주고 앞으로 나가도록 이끌어 준다. 좌우 높이가 다른 지

면에서는 기울어지는 신체의 균형을 맞추어 주고, 미끄러운 빙판길에서는 브레이크를 걸어서 균형을 잡아주고, 무엇보다도 미끄러지는 그 순간에도 빠른 속도로 신체의 균형을 잡아주며 부상을 방지해 주는 역할을 트레킹 폴이 해준다. 또한 이러한 사실은 안전한 마음 상태를 유지하며 야생의 길들을 더욱 깊이 있게 감상할 수 있는 바탕이 되어 준다.

C. 탈수와 탈진

하루 트레킹이라고 해서 그것을 관광성 여행으로 여기고 온 사람들은 대부분 준비물이 부족하다. 트레킹용 신발이나, 트레킹 폴, 햇빛 가리개, 간식, 식수 같은 주요 물품들을 지참하지 않은 채 걷다가 부상이나 사고를 당하는 경우가 종종 발생한다. 특히 행동식이나 식수를 부실하게 준비하여 탈수나 탈진상태를 겪는 경우가 허다하게 발생한다.

초보자들의 경우 평소에 사용하지 않던 근육들을 갑자기 사용하거나, 그 사용 시간이 장시간 이어질 경우, 근육에서 요구하는 에너지의 소비량도 급격하게 증가하게 된다. 그러한 상황에서 에너지원이나 수분의 공급이 원활하지 못하고 충분한 휴식 시간이 주어지지 않는다면, 근육은 지치게 되고 경련이 발생할 수도 있으며 결국에는 탈수와 탈진으로 연결된다. 트레킹 경험이 많은 사람들도 적절한 휴식과 식수의 섭취가 이루어지지 않을 경우 탈수와 탈진의 상황에 처하게 된다.

탈수와 탈진 예방법

첫 번째, 적절한 휴식이 필요하다. 트레킹 중에 적절한 휴식은 근육에 영양분을 공급해 주며 아드레날린신체의 능력을 올리는 호르몬을 보충해 준다제4부 트레킹의 기술/5장 인체의 에너지/160-161P 참고.

두 번째는 충분한 식수와 간식의 준비이다. 단지 휴식하는 행위만으로는 에너지의 충분한 재충전이 되지 않는다. 트레킹은 장시간 에너지를 소모시키는 중저강도 운동으로 분류되기에 휴식 시간을 이용하여 식수와 간식을 공급하여 에너지를 충전해 주어야 탈수와 탈진을 예방할 수 있다제4부 트레킹의 기술/5장 인체의 에너지/158-160P 참고.

이 밖에도 탈수와 탈진을 불러올 수 있는 요인들이 있다면, 겨울철에 너무 두꺼운 옷을 입고 트레킹에 임하는 경우이다. 그럴 경우 옷의 무게로 인하여 신체의 에너지를 많이 빼앗기기 쉽다. 사람이 몸을 계속 움직일 경우걸을 경우 기본적으로 몸에서 열이 발생하기 때문에 겨울이라도 되도록이면 얇은 옷으로 여러 겹 겹쳐 입는 방식으로 체온을 유지하는 것이 좋다. 그러면서 트레킹 중에 땀이 나면 겉옷을 벗고, 추우면 다시 입는 형식으로 체온을 조절하는 게 현명한 방법이다.

D. 저체온증

인간은 바깥 온도와 관계없이 항상 일정하게 체온을 유지하는 온혈동물에 속한다. 그러나, 바깥 온도가 너무 춥거나 너무 높은 온도로 인하여 체온을 유지하지 못할 경우에 저체온증이나 온열질환으로 인해 위험한 상황으로 몰릴 수 있다.

저체온증은 어떠한 요인으로 인해서 체온이 35℃ 이하로 내려가는 증상을 말한다. 체온이 35℃ 이하가 되면, 전신 떨림 증상이 생기고, 맥박과 호흡이 빨라지고, 근육경직과 탈수 등의 증상이 나타난다. 뿐만 아니라 혈관 수축으로 인해 피부가 창백해지고, 졸음이 쏟아지고, 발음도 부정확하고, 제대로 걷기가 힘든 증상이 나타나기도 한다.

추운 겨울에 옷을 너무 얇게 입었거나, 신발과 장갑이 눈과 추위에 얼어 있을 경우에는 저체온증에 걸리기 쉬우며, 이러한 요인들이 저체온증의 가장 흔한 원인이다. 한여름에도 비를 많이 맞으면서 트레킹을 지속할 경우, 저체온증에 걸리기 쉽다. 또한, 알코올 중독이나 약물 중독 환자에게 저체온증이 자주 나타나는데, 트레킹 중에 습관적인 음주는 혈관을 확장시켜 열 발산을 증가시키고 중추신경계를 억제하여 추위에 둔감해지고, 이 결과로 저체온증이 생기게 된다.

저체온증의 예방법

추운 날씨에서 트레킹을 할 경우, 몸의 보온이 중요하다. 그렇지만 너무 두꺼운 의류를 착용할 경우 그 옷의 무게로 인하여, 트레킹에 지장을 초래한다. 탈수와 탈진의 예방법에서도 소개된 바와 같이 되도록이면 얇은 옷으로 여러 겹을 준비하여 걷는 중에 땀이 나면 겉옷을 벗고, 추우면 다시 입는 형식으로 체온을 조절하는 게 현명하다. 또한 땀 배출이 잘되지 않는 면 종류의 의류들은 흡수된 땀이 식으면서 체온을 저하시키는 원인이 되므로 유의해야 한다.

추운 겨울에는 방한용 신발과 장갑의 준비가 중요하다. 특히, 눈이 쌓인 길을 걸을 때에는 신발 속에 눈이 들어가지 않도록 발목을 덮어

주는 스패츠의 착용을 잊어서는 안 된다. 또한, 트레킹을 하기 전에 일기예보를 필히 확인하여 비가 예보된 경우에는 우의를 준비하여 저체온에 대비해야 한다. 비 예보가 없더라도, 산에서는 일기의 변화가 심한 편이므로 강수확률이 30%를 넘을 경우에는 우의를 지참하는 게 좋다.

트레킹 중에 저체온증에 걸린 사람이 있다면, 젖은 옷이나 양말, 장갑을 마른 것으로 바꾸어 주고, 손발을 마사지해 주어서 손발의 체온을 높이는 방법이 효과적이며, 따뜻한 물이 있다면, 조금씩 먹여주는 것도 효과적이다. 주변에 담요 같은 것이 있다면 덮어주는 게 좋지만, 없다면 손발을 마사지해 준 후에 끌어안아 주면서 체온을 높여주는 것도 효과적이다.

E. 온열질환

온열질환은 열로 인해 발생하는 급성질환으로, 뜨거운 환경에 장시간 노출 시 두통, 어지러움, 근육경련, 피로감, 의식저하 등의 증상을 보이는 질병으로 '열탈진heat exhaustion'과 '열사병heat stroke'이 대표적이다. 이 두 가지는 유사해 보이나 그 증세의 정도가 많이 다르다.

열탈진은, 흔히 일사병日射病이라고 불리었으며, 대부분의 경우 땀을 너무 많이 흘려서 체내의 수분과 염분의 과다한 소실에 대한 몸의 반응이라 생각하면 된다. 특히 노인, 고혈압 환자에서 잘 발생한다. 땀을 많이 흘리고 창백하며, 두통, 메스꺼움, 어지럼증, 극심한 무력감과 피로, 갈증 등을 호소한다. 피부가 차고 젖어 있으며, 체온이 상승하기도 하나 크게 상승하지 않는다40℃ 이하.

열탈진이 의심되면 서늘한 곳으로 옮기고, 불필요한 옷, 신발, 양말 등을 벗긴다. 찬물을 적신 수건 또는 세수 등을 통해 몸을 식히고 시원한 음료, 특히 염분이 포함된 음료를 섭취한다. 차가운 물로 샤워를 하거나 목욕을 하는 것도 좋은 처방이다. 증상이 1시간 이상 지속되거나 회복되지 않을 경우, 트레킹을 멈추고 119의 도움을 받아야 한다.

열사병은 가장 심각한 온열질환으로서, 체온 조절 중추가 열 스트레스에 견디지 못해 그 기능을 잃으면서 생긴다. 땀을 흘리는 기능이 망가져서 체온 조절이 되지 않는다. 열사병은 체온이 40℃ 이상으로 급격히 상승하며, 중추신경의 장애로 인해 말이 어눌해지고 의식 상태의 변화, 정신 혼동confusion 등이 생기며 더 진행되면 혼수상태가 된다. 피부는 뜨겁고 건조하거나 과다한 땀을 흘리며 경련이 동반되기도 한다. 열사병 환자는 즉시 119에 신고를 하여 도움을 받아야 한다.

열사병이 의심되면 환자를 시원한 장소로 옮긴 후, 환자의 옷을 벗기거나 느슨하게 하며, 환자의 몸 또는 옷에 시원한 물을 적시고, 부채, 모자 등으로 바람을 일으켜서 환자의 체온이 내려가도록 해주어야 한다. 주변에 그늘이 없다면 의류 같은 것으로 인공 그늘을 만들 수도 있으며, 의식이 저하된 환자에게 음료를 한꺼번에 많이 마시게 하는 것은 위험하다.

온열질환의 예방법

한여름에는 장시간 햇볕이 노출되는 야외에서는 햇볕을 차단할 수 있는 넓은 창이 있는 모자나 햇빛 가리개를 준비한다. 더울 경우 땀 배출이 잘되지 않는 꽉 끼이는 의복도 삼가해야 하며, 식수를 충분히 준비하여 땀으로 소비되는 체내수분을 지속적으로 보충해 주어야 한다.

참고로 너무 물을 자주 많이 마시게 되면 체내에 염분과 미네랄 부족 현상이 일어나서 혈액순환 저하, 부종⁺, 저장성 탈수증, 위염 같은 증세가 나타나기도 하니 조금씩 자주 마시는 게 좋다.

---

* 부종: 조직 내에 림프액이나 조직의 삼출물 등의 액체가 고여 과잉 존재하는 상태/위염의 증세; 속쓰림이나 소화불량, 심와부 통증 등의 증상. 더운 지역에서의 식수는 미네랄 성분이 풍부한 전해질(염분, 칼륨, 마그네슘 등) 이온 음료가 좋다.

제6부
트레킹의 의미

의미는 그 대상에 목적성을 부여한다. 루이스 캐럴Lewis Carroll, 1832~1898의 작품 『이상한 나라 앨리스』에는 말재주가 좋고 영리한 채셔라는 고양이가 등장한다. 주인공 앨리스가 갈림길에서 길을 잃고 헤맬 때, 나무 위에 있던 채셔에게 물었다. "내가 어디로 가야 하는지 길을 알려줄래?" 채셔가 앨리스에게 물었다. "어디로 가는데?" 앨리스가 대답했다. "그걸 모르겠어." 채셔가 웃으면서 대답했다. "어디로 가는지 모르면 아무 데도 갈 수 없어." 트레킹에서 의미를 부여하는 행위는 추상적으로 흘려보내기 쉬운 트레킹의 정체성을 확고하게 집어주고, 그것이 실제로 나와 관계성을 맺게 해주는 뚜렷한 목적성을 부여해 준다.

 트레킹은 예로부터 동서양을 불문하고 산책, 순례라는 이름으로 몸의 건강이나 지향적인 의식을 구현하는 행위로 여겨졌다. 늘 움직임으로써 살아 있는 존재감, 그로 인한 건강한 몸의 상태, 장거리 여정에 의한 극복의 의지, 혼자 있음에 의한 자유로운 마음과 사유의 기쁨 등 다양한 경험에 의미를 부여하고, 그 속에서 삶의 전반적인 가치와 목적성을 찾았다. 전에도 소개한제3부 트레킹의 심리/5장 현상학적 태도/120-121P 참고 모리스 메를로 퐁티Maurice Merleau Ponty, 1908~1961는 그 현상학적 태도로서 세상을 인식하는 원리를 이렇게 말했다. "나는마음 나의 신체와 함께 세상의 모든 사물들에 참가경험하고 그 사물들은 육체로 스며든 주체로서 나마음와 함께 공존한다."[1] 퐁티는 감각과 의식은 분리될 수 없으며 항상 신체와 밀접하게 연관되어 있다고 주장했다. 즉, 몸을 통한 직접적 경험은 인간이 세상을 이해하고 의미를 부여하는 데 필수적인 요소라는 것이다. 이는 몸으로 직접 세상을 경험하게 되는 트레킹이 삶의 의미를 부여해 주는 데에 있어서 최적의 조건을 가지고 있음을 시사하고 있다.

　우리는 신비로운 자연에서 생겨난 본능의 육체를 가졌고, 그 육체를 기반으로 논리적인 의식으로서 건강하게 걸으려 하며, 보다 지향적인 생활을 꿈꾼다. 여기에서 본능의 육체와 지향적인 생활은 서로 대립이 되는 대상이기도 하다. 그렇지만 우리는 그 둘 간의 관계를 지혜롭게 관리하기 위해 노력해야 한다는 사실도 알고 있다. 지향적이고 논리적인 생활의 중심에는 의미라는 목적을 부여하는 의식이 있다. 그리고 그 의미는 최종적으로 개인의 행복을 위해 작동되며, 나아가서는 모두를 위한 행복이 되어야 한다. 의미는 목적을 위한 방법이며 그것은 행복이라는 목적을 위한 것이다. 이 논리는 이후에 소개되는 아리스토텔레스의 행복론에서 비롯된다. 다시 비유해서 정리하자면 유전자의 생존 기계에 불과한 육체를 잘 다스려야 잘 걸을 수 있으며, 다람쥐 쳇바퀴와 같은 일상에서 만들어진 경직되고 나태해진 마음을 논리적이고 지향적인 의식으로 잘 다스려야 행복해질 수 있는 것이다.

　제6부는 트레킹의 최종 목적에 다다르는 마지막 단계가 의미의 부여에 있음을 소개하고 있다. 트레킹은 세상을 두 발로 오롯이 걸어서 여행하는 것이며, 그 세상은 일상에서의 세상과 같은 본질을 가지고 있는 세상이다. 단지 다른 것이 있다면, 트레킹에서는 일상에서처럼 직접 세상과 관계하지 않으며 관조하는 자세로 경험이 가능하다. 그러한 관조적 관계에서는 다양한 현상과 경험을 이성적이고도 현상학적인 태도로 보게 된다. 이러한 이유로 트레킹에는 다양한 경험을 통

하여 더욱 넓고 이성적인 시야로 세상의 본질을 보게 됨으로써, 행복의 실체가 무엇인지 알게 해주는 특징이 있음을 알게 된다.

1장 일상에서의 탈출

A. 자유와 휴식

일상에서의 탈출은 트레킹에서 가장 먼저 의미를 부여하게 되는 일반적인 조건이다. 이 조건이 성립됨으로써 이후에 제시하는 다른 의미들이 형성된다. 일상에서 벗어난다는 행위는 우리 유전자에 각인되어 있는 무척이나 자유로운 기질을 달래주는 조건이다. 인간의 역사는 여행과 함께 시작되었으며 그 여행은 곧 트레킹이었다. 그 여행은 가까이는 산과 강을 건너는 것이고, 멀리는 대륙 간을 이동하는 머나먼 여정이었다. 그러한 생활방식은 길고 긴 시간 속에서 우리의 유전자 속에 단단한 프로그램으로 자리매김하였다. 그 단단한 프로그램들이란 목숨을 걸고 새로운 것을 찾아가는 생활 습관으로서의 탐구 정신, 그리고 그것에서 비롯된 얽매이지 않는 자유로운 영혼과, 새로운 풍경들에 대하여 감동적으로 반응하는 신경체계들이다. 그 끊임없는 여정들은 그들에게는 여행이 아닌 숙명적인 생활이었다. 지금 우리의 몸은 새로운 먹거리, 혹은 안전한 생활 터전을 찾기 위해 이리저리 끊임없는 트레킹을 하면서 만들어진 그 시대의 몸이다. 그 시대는 이미 소개한 바와 같이 인류의 거의 모든 시간을 말한다.

이렇게 끊임없이 이동하도록 만들어진 유전자를 가진 인간이, 불과 100여 년 전부터는 거대하게 돌아가는 기계 속의 한낱 작은 부품으로 전락하여 자유롭게 움직이지 못하는 데서 발생한 몸과 마음의 병리현상으로 허덕이는 증세를 보이고 있다. 지금 우리에게 자유와 휴식이 필요한 이유를 알아야 하며, 그것에 의미를 두어야 한다.

우리는 한가한 전철 안에서 획일적이고도 거대한 기계 속에 한낱 작은 부품과도 같은 시민들의 모습을 보게 된다. 좌석이 비어 있는데도 불구하고 시민들은 모두 앉아 있다. 이 말은 '건강을 위해서는 잠시 서서 가도 되는데, 그저 모두 앉아 있다.'라는 듯이다. 이는 언뜻 보기에도 썩 자유롭지 못하다. 딱딱한 전철 의자는 잠시만 앉아 있어도 엉덩이가 아프다. 게다가 하루 종일 집에서 그리고 사무실에서 앉아 있는 시간에 대한 반성의 행동으로 잠시라도 서 있는 사람들은 찾아보기 힘들다. 획일적으로 앉아 있는 사람들을 보면 그들의 엉덩이는 무쇠보다도 단단한가라는 의심이 갈 정도이다. 홀로 서 있는 나만 지긋이 앉아 있는 참을성이 없는 사람인지 의심을 하다가 다시 앉는 사람도 있을 것이다. 이렇게 자신들의 건강을 생각하지 않고 그저 앉아만 있는 행위는, 자신들의 습관화된 의지와 타자의 의지다른 사람들 모두 앉아 있으니에 의해 그렇게 이끌려 가는 것이다. 즉 주관적인 자유의 의지가 결여된 모습이다.

현대 철학의 거장이자 실존 철학을 대표하는 마르틴 하이데거Martin Heidegger, 1889~1976는 이러한 본래의 자기 자신의 의지 없이 세상의 흐름대로 주변의 보통 사람들세인; das man의 분위기에 맞게 살아가는 방식을 '비본래적인uneigentlich 존재'라고 규정하였다.[2] 하이데거의 비본래적이라는 말은 나 자신의 고유한 의지가 담긴 자유로운 삶을 살지 않고 세상의 흐름대로 살거나 전통적인 관습대로만 사는 것을 뜻한다. 이 경우 내 삶의 주인은 나 자신이 아니라 익명적 존재인 세인이 되는 셈이다. 그런데 대부분의 우리는 이러한 삶을 당연한 듯 혹은 그렇게 해야 하는 것처럼 일상으로 삼아버렸다. 이러한 일상적인 삶은 자신의 삶의 가능성을 자신의 '결단'을 통해 사는 삶과는 다르다. 이를 테면 일상성이 제공하는 것과, 사람들의 시선을 벗어던진 채 자신의 고유하고 본래적인 존재가능자아 존재을 실현하라고 부르는 양심의 소리에 귀 기울이면서 결단을 통해 사는 삶, 즉 '본래적인eigentlich 삶'을 우리는 선택할 수 있다. 이러한 본래적인 삶의 선택은 자유라는 의식으로 함께 영유하게 된다.

하이데거로부터 전적으로 영향을 받았으며 프랑스에서 가장 인기 있는 철학자 장 폴 사르트르Jean Paul Sartre, 1905~1980는 자유를 본래적 삶을 위한 가장 훌륭한 조건으로 내세웠다. 사르트르는 자신의 저서 『존재와 무無』에서 인간의 자유는 본질에 선행하는 것이라 규정했다. 그는 "인간은 먼저 존재하고 다음에 자유로운 것이 아니라, 인간의 존재와 인간이 자유인 것에는 차이가 없다."고 하였다.[3] 즉 인간의 존재 자체가 자유인 것이다. 따라서 사르트르의 관점에 의하면 인간은 본성적으로 자유로울 수밖에 없다.[4] 이렇게 볼 때, 사르트르는 소극적인 개념이 아니라 적극적인 개념의 자유를 이야기하고 있음을 알게 된다.

사르트르는 무엇보다도 인간의 자유는 무한하다고 말했다.[5] 그것은 모든 것이 이 세상에 우연히 와서 우연히 사라지기 때문이다. 따라서 모든 존재자는 처음부터 어떠해야 한다는 일체의 규정에 의해 지배되지 않는다. 바꾸어 말하자면, 이 세상과 인간의 가치는 이미 주어져 있거나 혹은 누군가에 의해 주어지는 것이 아니므로 개개인이 스스로 가치를 만들어 나가야만 한다. 이와 같이 존재자의 의미가 외부로부터 규정되지 않는다는 말은, 모든 존재자는 무한히 자유롭다는 말이 된다. 사르트르의 자유로운 존재의 논리를 사유하자면 자유로운 여행을 통해 인간의 몸과 마음이 만들어졌다는 진화의 과정이 자연스럽게 떠오르며, 그 과정에서 그러한 자유의 논리가 생겨났을 것이라는 생각을 피할 수 없다.

프랑스의 사상가이자 『수상록』의 저자, 미셸 드 몽테뉴Michel de Montaigne, 1533~1592는 사회적 저항 행위로서 여행이 갖는 자유와 휴식의 의미를 언급했다. 그는 일종의 계획 없는 여행, 마음에 따라 자유롭게 움직이는 여행이야말로 진정한 여행의 정신이라고 말했다. 그는 이렇게 말했다. "나는 오른쪽이 싫으면 왼쪽으로 간다. 말을 타기가 거북하면 멈춘다. 내가 보아야 할 것을 뒤에 두고 왔다고 느끼면 돌아간다. 그것이 늘 나의 여정이다. 똑바로도 굽어지게도 아무런 확실한 선을 그어놓지 않는다. -중략- 나는 우리나라 사람들이 어리석은 습성에 도취해서 자기 풍습과 반대되는 형식에 놀라는 꼴을 보면 낯이 뜨거워진다. 그들은 자기 마을 밖으로 나가면, 그들의 본질에서 벗어나는 것같이 보인다. 어디를 가든 그들의 방식을 고집하고, 색다른 방식을 아주 싫어한다."[6] 이 말은 여행이 갖는 자유의 의지를 인간의 생물학적인 입장에서, 그리고 사회적 경직감에서 벗어나려는 입장으로 사유한 것으로 보인다.

몽테뉴는 신장결석 치료를 겸해 유럽 관광길에 올라 1년 넘게 외국에서 보냈는데, 이 여행의 경험을 바탕으로 1774년 『여행기』를 집필하기도 했다. 그는 젊었을 때 재판소에서도 일을 했고, 사회적인 지위를 구축한 후에는 한 도시의 행정을 책임지는 시장으로서도 분주한 생활을 보냈는데, 그는 진정한 휴식의 의미를 홀로 있는 고독 속에서 찾을 수 있다고 말했다. 몽테뉴의 고독은 홀로 떠나는 여행에서 느끼는 감정이라는 게 그의 저서 『수상록』 중에 「고독에 대하여」에서 소개하고 있다. "휴식은, 타고난 기질에 맞는다면, 사람들로 북적거리는 도시와 궁궐에서도 누릴 수 있다. 다만 나는 사람들에게서 떨어져 있을 때 좀 더 여유롭게 그런 휴식을 누릴 수 있음을 고백한다. 속세의 쾌락과 부를 즐길 수도 있지만, 그것이 행복의 필수 조건이라고 믿는

한, 마음 편히 지내기는 힘들다. 우리는 반드시 혼자 있을 수 있어야 하며, 거기서 진정으로 자유로워질 수 있는 나만의 방을 마련하게 된다. 고독을 올바르게 활용하는 법을 아는 사람들에게 그런 칩거란 세계 속에 또 하나의 세계가 있는 것과 같다."7)

인류에게 자연과 여행의 긍정적인 가능성을 제시한 프랑스의 사상가 장 자크 루소Jean Jacques Rousseau, 1712~1778는 실제로 여행을 좋아했다. 그리고, 소년 시절의 많은 시간을 먼 거리를 걸어서 여행을 했다. 루소의 성장기는 여행으로 점철된 방랑의 시기였다. 그래서 루소 이후에 유럽 전역을 걷기 여행의 열풍으로 몰아넣은 많은 걷기클럽의 이름들에서 '방랑혹은 방황; rambling*'이라는 그의 체취를 쉽게 찾아볼 수 있는지도 모른다.

루소의 어머니는 루소를 낳자마자 9일 만에 사망했다. 가난한 아버지 밑에서 시계 수리를 배우던 루소는 10세가 되던 해에 퇴역한 프랑스 대위와 싸움을 벌여, 그 처벌을 피하려고 고향인 제네바를 떠난다. 어린 루소는 랑베스시에 있는 외삼촌에게 맡겨졌으나, 외삼촌은 루소를 어느 목사의 집에 다시 맡긴다. 그러나, 루소는 목사의 집에서도 누명을 쓰고 이후에 다시 제네바로 돌아온다. 16살 때 루소는 귀가 시간이 늦어져 성문이 닫히자, 집주인에게 혼이 날 것을 염려하여 제네바를 영원히 떠난다. 루소는 그 뒤로 방랑의 삶을 선택한다. 루소는 북부 이탈리아, 프랑스 여러 지역을 여행하면서 소설의 주인공처럼 아름다

---

* rambling(램블링)은 특별한 패턴이 없이 되는대로 나간다는 뜻이며, 횡설수설하는 장황하고 두서가 없다는 뜻으로서 현재 영국이나 유럽에서 트레킹이나 하이킹과 함께 '세상의 걷기 여행'을 뜻하는 단어로 널리 사용되고 있다. 즉 램블링에는 '자유로운 걷기 여행'이라는 뜻이 있다.

운 귀부인들, 사기꾼들, 친절한 성직자와 한심한 귀족들을 만나는 경험을 한다.

이렇듯 루소는 어린 시절부터의 자유로운 생활에서 다양한 경험으로 인해 정기교육을 받지 못하였음에도 불구하고, 자신만의 완전한 통찰을 형성하여 서구 근대사회의 근간이 되는 유럽 계몽주의의 대표적인 인물이 되었으며 프랑스 혁명의 정신적 지주가 되었다. 여행과 자유를 일상으로 삼고, 그 속에서의 체험을 통해 커다란 통찰력을 형성했던 루소는 '현대인들이 일상에 의한 과도한 욕망으로 인해 진정성이 결핍된다.'는 사실을 발견했다. 즉, 인간은 사회구조 속에서 실존성을 잊음으로써 본래의 자아가 아니라 타자의 의지에 따라 살기에 사회적 병리현상이 나타난다는 논리이다. 건강하지 못한 병리현상들은 일상이라는 거대한 사회적 굴레에서 벗어나야만 치료가 가능하다고 그는 방법을 일찌감치 제시한 것이다.

이러한 통찰은 오랜 시간 자유로운 영혼에서 체험한 다양한 경험들에서 지향적인 의미를 부여하는 사유가 낳은 결과물이다. 루소는 현대사회의 병리현상의 이유가 타인의 의지에 따라 살고 과도한 욕망으로 발생하는 것이기에, 그러한 병리적인 사회에서 빠져나오려면 자유롭고 여유로운 여행을 통해, 나를 들여다보고, 세상의 이치를 통찰하고, 과도한 욕망을 버림으로써, 진정한 자아를 찾아야 한다는 여행의 의미를 알려주었다.

B. 생활의 재충전

생활의 재충전은 일상에서의 탈출을 통해 얻게 되는 건강과 연결되는 의미이다. 재충전은 일상의 단조로움에 의해 그 기능이 저하된 정신과 육체의 에너지를 처음의 활기찬 상태로 되돌려 놓는 요건이 된다. 그 의미는 일상과 전혀 다른 환경에서의 휴식에서 비롯되며, 걷기에 의한 운동, 동료들과 즐거운 시간에서 찾기도 하며, 자연의 부드러운 접촉에서 비롯되기도 한다.

'산에 좀 다녀온다.', '사진 찍으러 간다.', '친구하고 좀 놀러 간다.', '바람 쐬러 간다.' 우리는 잠깐의 여행을 떠날 때 이러한 표현들을 쓰고는 한다. 이런 표현들 속에는 여행을 통해 일상에 대한 진정성의 결핍을 되찾으려 하거나 세상의 이치를 통찰하려는 거창한 의미는 작용하지 않는 듯 보인다. 그러나 이러한 가벼운 여행들을 떠나고자 하는 의도에는, 일상에서 혹사당한 두뇌와 육체를 일상의 모습과는 전혀 다른 장소에서 쉬게 하거나, 격식 없는 사람들과 어울리는 시간 속에서 휴식과 재충전을 하려는 의미가 담겨 있다. 그러나 우리는 그 의미에 대체적으로 소홀한 편이다. 휴식의 이유를 분명히 알고 그 방법이나 과정에 의미를 둔다면 그 휴식은 더욱 값진 휴식이 된다.

이렇게 일상을 떠나서 하루를 보내는 여행은 도시에서는 느끼기 힘든 자유롭고 새로운 경험이다. 일상을 벗어나 여행을 가는 중요한 이유 중에 하나가 활력을 얻고자 함이다. '활력活力; vitality'이라는 말은 '활기찬 기운'이라는 뜻이며, 일상을 꾸려나가는 가장 중요한 요소이면서도 우리를 이 세상에 존재하게 하는 주요 에너지이기도 하다. 자연에서 혹은 일상과 먼 곳에서 얻을 수 있는 활력은 일상에서 얻는 그것보다 질이 좋고 오래간다. 그것은 어느 누구에 의해, 혹은 어느 집단에 의해 만들어진 인위적인 활력이 아닌, 자유롭고 순박한 분위기에서 스스로 만들어 낸 활력이기 때문이다. 그것을 우리는 '자연산 활력' 혹은 '순수한 활력'이라 말할 수도 있다. 이후에 소개되는 트레킹의 의미들, 즉 건강증진, 수용성, 긍정심, 자존감 등은 그 '자연산 활력'과 깊은 관련이 있다.

조용히 숲속을 걸어갈 때 들리는 새소리와 계곡 물소리, 부드럽게 뺨을 스치며 숨 속으로 들어오는 바람, 숲 사이로 비춰 들어와 온몸을 따스하게 비추어 주는 햇살, 청량하게 흐르면서 마음을 씻어주는 맑은 계곡물, 이러한 자연 현상들을 보고 듣고 느끼자면 우리 뇌 속의 뇌파는 일상에서 생겨난 베타파나 감마파와 같은 빠른 뇌파는 줄어들고, 편안함과 안정감을 유도하는 알파파와 세타파로 변하게 된다제3부 트레킹의 심리/1장 두 가지 심리학설/91-92P 참고. 이러한 효과에 의해 뇌에서 느껴지는 안정감과 좋은 느낌은 우리가 일상을 벗어나는 최고의 이유이기도 하며 재충전의 원동력이 된다.

이러한 안정된 상태를 심리적인 용어로 이완relaxation이라고 한다. '이완하다relex'라는 동사는 라틴어 relaxare에서 유래하였는데 '느슨하게 하다.'라는 뜻이다. 오늘날 이 단어는 몸의 편안함과 마음의 평화로움 모두를 의미한다. 긴 시간의 수렵과 채집의 생활은 포식자의 위협, 추위와 배고픔, 거친 자연의 위협적인 상황 앞에서 생존을 위해 투쟁과 도피반응을 진화적으로 발달시켰다. 이러한 투쟁과 도피반응은 현대에 와서도 다양한 스트레스 요인으로 인해 그 상태는 이어지고 있다. 그 상태는 원시시대 정도의 강한 스트레스는 아니지만 첨단 사회구조로 인하여 지나치게 길어지는 스트레스 반응을 완화하고 이완반응relaxation response[*]을 유도하지 못하게 되면 자율신경계를 비롯한

---

[*] 이완반응: 스트레스를 해소하고 교감신경을 충분히 쉬게 하고 자율신경의 균형을 맞춰주는 역할을 말하는데, 1973년 미국의 저명한 명상가이자 하버드대학의 의학박사인 허버트 벤슨(Herbert Benson)에 의해 만들어진 명상 용어이자 책의 제목(the relaxation response)이다.

전반적인 스트레스 조절 시스템의 이상을 초래하는 심각한 상황에 직면하게 될 가능성이 크다. 이에 따라서 쉴 새 없이 이어지는 긴장과 스트레스 상황을 의도적으로 끊고, 이완 상태를 만들어 주는 노력이 필요하다.[8] 서울삼성병원 홈페이지 스트레스 클리닉에서는 이완요법에 대하여 몇 가지 방법을 제시한다. '가벼운 산책', '호흡을 통한 명상', '스트레칭을 통한 근육 이완', '반려동물, 음악감상 등의 취미활동', '스트레스를 풀어줄 수 있는 유산소 운동' 등이 그것이다.

자연에서 장시간 걷는 행위는 그 환경적인 특성으로 사색이나 명상에 쉽게 젖어 들게 하고, 운동 효과와 더불어 여행 중에 만나는 열린 마음들과의 관계에 의하여 충분한 이완반응의 효과를 제공한다. 이러한 이완반응 효과는 생활의 재충전과 연결되며, 재충전은 스트레스나 긴장감으로 피곤해진 몸과 마음을 피곤해지기 전의 모습으로 되돌아가도록 만들어 준다. 그렇게 하려면 일상의 모습과는 완전히 다르면서 조용한 환경으로 가는 것이 효과가 있으며 환경의 변화, 긴장된 마음을 풀어주는 친한 친구와 걷거나 열린 마음의 관계, 걱정거리와 완전히 분리할 수 있는 마음의 기술 명상 기술들이 필요하다.

나날이 많은 정보를 접하고, 다양한 일들을 해야 하는 현대인들은 늘 무언가를 해야 한다는 강박관념이 마음 한구석에 자리 잡고 있다. 이는 루소가 말한 '과도한 인공적 욕망에 인한 진정성의 결핍'에서 오는 병리현상이기도 하며, '타자의 의지에 따라 살기에 나타나는 병리현상'이기도 하다. 이럴 때는 몽테뉴의 방식대로 계획 없이 마음에 따라 자유롭게 움직이는 여행으로 치유해 보는 게 최상의 방법이 아닌가 싶다. 그리고 그 여행에서 내가 가지고 있는 강박관념에 대하여 관망하는 자세로 혹은 이성적이고도 현상학적인 태도로 바라볼 필요가 있다. 이러한 태도로 1주일에 한 번쯤 일상의 굴레를 벗어나, 넓은 세상으로 나아가 자유롭게 걷는 것은, 분명 몸과 마음의 휴식을 얻는 방법이며, 에너지의 재충전을 위해 필요한 값진 행위이다.

2장 건강한 생활

하와이대학의 제이 매독Jay Maddock, 1959~ 교수는 "미국은 지금 심각한 앉아 있는 사회sitting society로 변하고 있다."라고 주장했다. 그는 시간대별로 이 현상을 설명했다. 오전 6시에 일어나서 8시까지 차량으로 출근하고, 오후 4시 30분까지 근무하고, 오후 5시 30분까지 차량으로 퇴근하고, 6시부터 저녁 먹고, 이후 TV를 시청하거나 책을 본 뒤 취침한다는 것이다. 대부분의 사람들이 하루 종일 앉아서 생활함으로써 비만이 사회문제화되고 있다는 사실을 지적했다. 매독 교수는 덧붙여서 집주변에 산책코스를 마련하여 주기적으로 걷는 사람들에 대한 연구도 진행했는데, 6개월의 연구 결과 집 주변에 산책코스가 있는 사람은 체중이 줄어들고 건강해졌다는 연구 결과를 발표했다.[9] 그리고, 그 산책로가 집주변에 가까울 경우, 그 산책로가 언덕 위에 있을 경우, 그리고 날씨가 좋을 때, 주말일 때, 그 산책로를 이용하는 빈도가 높아졌다고 했다. 그는 집 주변에 산책로가 없거나 정기적인 산책을 하기 힘든 사람들은 트레킹을 통하여 정기적인 걷기운동을 하는 것도 적극 추천했다.

이러한 '앉아 있는 사회'에서 트레킹이라는 행위는 '앉아 있는 사회'에서 벗어나 건강을 되찾으려는 현대인들에게는 거의 숙명적인 행위이다. 우리는 이러한 숙명적인 건강법을 어디에서 찾아야 하는지 눈여겨 보고 그 부분에 세부적인 의미를 두어야 한다. 예를 들어서 걷기의 자세가 주는 건강의 의미, 걷기운동에 의한 기분전환의 의미, 완주를 함으로써 가지게 되는 자존감이 주는 건강의 의미 등 트레킹에서 발견하는 다양한 건강의 효과에 의미를 둔다면 그 건강의 효과는 매우 충만해질 것이며, 그렇지 않다면 건강은 추상적인 개념으로 우리 몸에 작용하지 않고, 트레킹이 힘든 행위로 서서히 인식되어질 가능성이 많다.

필자가 운영했던 트레킹 클럽은 그러한 현대인들의 숙명적인 행위를 위해 존재했던 사설 트레킹 클럽클럽의 규칙과 여행사의 서비스를 합친 개념이다. 회원 중에는 트레킹, 산행코스 중에 유명하다는 코스들을 대부분 섭렵한 열성 회원들이 다수 있었다. 열성 회원들은 주말이든, 평일이든 마치 트레킹에 중독된 사람들처럼 하루가 멀다 하고 트레킹에 참가했다. 열성 회원들은 클럽을 지탱하게 해주는 중요한 회원들이자 클럽의 귀중한 자원이었다. 그런데 매우 죄송하게도 필자에게 스트레스를 안겨주는 경계 대상은 그 열성 회원들이었다.

일부 열성 회원들에 의한 스트레스는 운영자에게 실제 피로감으로 작용하였다. 그들은 트레킹에 참가할수록 관심의 범위가 트레킹에서 벗어나, 여행 환경에 관하여 지적하거나 그것에 대한 시정 요구를 주저하지 않았다. 그들이 지적하는 여행의 환경이라는 것은, 자연적야생적이거나 극복의 의지와는 별반 관계가 없는 트레킹 코스에 대한 난이도나 만족도, 식사의 만족도, 심지어는 다른 회원의 의도하지 않은 실수조차도 시정해 줄 것을 요구하는 개인적이고 문명적인 것들이어서 문제가 되었다. 그들은 야생에서 경험하는 수용이나 긍정심을 한 번도 인식하지 못한 것처럼 행동하는 다분히 문명적인 경향성을 보여주었다.

이러한 불평들은 트레킹에 대한 의미의 부재에서 발생한다. 자연의 아름다움에 대한 의미라든지, 아니면 자연에서 걸음으로써 얻게 되는 건강의 의미라든지, 아니면 자연에서 사유할 수 있는 세상의 모든 진실이라든지, 이러한 트레킹의 본질을 잊은 채아니면 모르는 채 참여하다

보면, 어느 날 관심은 그 본질에서 벗어난 주관적인 불평으로 가 있게 되고, 결국 트레킹에 대한 흥미를 잃게 된다.

트레킹의 의미 중에, 다가가기 쉽고 체험 가능성이 높은 요소가 건강과 관련된 것이다. 그것은 트레킹에서 가질 수 있는 가장 대중적이고 보편적인 요소이다. 트레킹에 관하여 복잡해 보이는 기술이나 의미에 대하여 생각하기 싫은 사람들은 단지 건강이라는 단순한 개념이라도 그 의미라는 선반 위에 올려놓는다면 트레킹에 대한 애정이 길게 이어질 수 있다.

트레킹과 관련된 건강의 의미는 육체적인 면과 정신적인 면이 모두 포함되지만, 사람들은 육체적인 건강만을 그 의미로 인식하고 있는 듯하다. 육체적인 건강은 야생의 세상으로 나가 걸음으로써 생겨나는 육체에 적용되는 유익함이다. '제5부 트레킹의 효과'에서도 밝힌 바와 같이 심폐기능, 근육, 비타민 D, 뼈, 자율신경, 면역력, 숙면 작용 등 많은 육체의 유익함이다. 여기에서 더 나아가 정신 건강의 유익함도 매우 중요하다. 그것은 세상을 걸으면서 경험하는 여러 가지 즐거움, 안정, 열린 마음, 의지력 등이다. 그리고 이후 3장에서 소개되는 장시간 여정에서 만들어지는 자기 극복의 자존감, 사유에서 오는 통찰의 기쁨 등 여러 요소들이 포함된다.

육체와 정신을 분리해서 생각하든 아니면 하나로 생각하든 관계없이, 트레킹의 유익함에는 그 육체와 정신이 직접적으로 혹은 간접적으로 관여하고 있다. 트레킹 도중에 쉽게 지친다면 체력 관리를 비롯한 기술적 관심의 부족에도 이유가 있지만, 건강에 의미를 부여하거나 세상을 아름답게 보지 못하는 정신적 기술 부족에도 그 이유를 찾아보아야 한다. '트레킹에서의 육체와 정신은 서로 연결되어 움직인다.'는 원리를 명심해야 한다.

불평으로 트레킹을 종결짓는 회원들이 있었던 반면, 회원들 사이에서 일명 '신선 회원'이라 불리는 회원들도 있었다. 이들이 트레킹에 임하는 행동이나 표정들을 보면 늘 평온해 보이고 행복해 보였다. 이들의 표정은 마치 깊은 자연 속에서 거니는 신선의 모습과도 같다고 하여, 그러한 애칭으로 불리어졌다. 이들은 동일한 트레일에 여러 번 참여하는 특징이 있다. 왜 같은 곳을 여러 번 가느냐고 질문하면, 그들의 대답은 대체적으로 이렇다. "트레킹을 하면 몸도 가벼워지고 기분도 좋아져요. 그래서 시간만 허락한다면 몇 번이고 같은 코스를 걸어도 좋아요.", "이 코스는 아름답고 계절마다 다른 분위기를 느낄 수 있어요.", "걸어본 코스라도 맑은 공기 마시고 여러 사람들과 함께 걸으면 기분이 좋아져요." 이 '신선 회원'들은 트레킹의 의미들을 확실하게 알고 걷는 것으로 보였다. 그것이 건강이든지, 자연의 아름다움이든지, 사람들과의 어울림이라든지, 그 대상은 다양한 곳에 있는 것으로 보였다.

덧붙여서, 건강에 관한 의미에서 확실하게 보상받고 싶다면 몇 가지 방법이 필요하다. 오늘 얼마만큼 걸었는지, 오늘 어떤 난이도의 길을 걸었는지 알려주는 '만보기 앱'이나 '트레킹 앱' 같은 현명한 도구와 함께하는 것, 다양한 길에서 걷는 자세에 대한 보편적인 기술의 이해 등 다양한 기술적인 지혜가 필요하다. 그리고 그 육체적인 기술 이외에 세상과 나란 존재가 무엇인지, 그 본질과 그 둘의 관계 회복도 필요하다. 이후에 3장, 4장, 5장에서 소개되겠지만, 세상을 나의 유익함을 위한 '이용의 대상'으로 인식하는 것보다는 이 세상에서 내가 생겨나고 그들 혹은 그것들과 내가 함께 생명 현상을 유지하고 있다는 '긍정적인 관계 인식'이 필요하다. 이 말은 매우 관념적으로 들리겠지만 이후에 소개되는 행복의 조건에서 이 사실은 '우리의 이성 속에 보편적으로 자리 잡고 있는 최고의 윤리의식이자 행복의 조건'이 된다. 더불어 세상의 대부분의 철학자, 과학자, 종교인이 이 사실을 인정하고 있음에 주목해야 한다. 세상을 공동체이면서 숙명적인 관계로 인식하고 그것에 긍정적으로 적응하며 걸을 때, 건강이라는 개념은 자연스럽게 당신의 몸으로 들어와 있게 된다. 그리고 당신도 모르는 사이에 당신은 이미 신선이 되어 있을 가능성이 있다. 잔병치레와 고통 없이 행복한 마음으로 몇백 년을 살 수 있는 바로 그 신선 말이다.

3장 수용, 긍정, 극복, 자존감

　수용, 긍정, 극복, 자존감. 이 네 가지 마음은 일상을 탈출한 세상에서 장시간 걷다 보면 기승전결의 원칙과도 같이 신체를 거쳐 순서대로 발생하는 개념적 의식들이다. 그리고 이 의식들에 의미를 부여하게 되면 행복이라는 의식에 도달하게 한다. 내가 지금 능선 위에서 맞이하는 이 기분은 어떤 것에서 온 것인지, 내가 지금 이 길을 어떻게 지나왔는지, 그리고 무엇을 느꼈는지를 그것들수용, 긍정, 극복, 자존감과 연관 지어서 사유해 볼 수 있다. 처음 맞이하는 낯선 세상에서의 경험과 변수는 세상의 풍경과 더불어 트레킹을 구성하는 주요한 주제이다. 아이러니하게도 현대 문명과 거리가 멀면 멀수록, 즉, 도로나 자동차와 멀리 떨어진 장소일수록 아름다움의 정드와 변수가 일어날 확률은 비례하여 증가한다. 이러한 경험과 변수들을 맞이하여 생겨나는 네 가지 요소들에 대하여 분명하게 인식해야 한다. 그렇지 않다면 그 변수들이 등장할 때 우리는 위축되거나 실망하는 상태가 되기 쉽다.

　앉아서 생활하는 사회에서 몸은 운동 부족으로 비대해지거나 부정적인 사고방식으로 점철된 습관의 함정에 빠지기 쉽다. 그 이유는 변화 없고 반복되는 틀에 박힌 생활 속에서는 행복의 느낌을 찾기가 어렵기 때문이다. 인간의 본성은 태곳적부터 끊임없이 이동하는 생활의 패턴에서 새로운 환경에 적응하려는 습성을 만들어 왔다. 그래서 우리 몸은 새로운 환경으로 나가서 낯선 경험을 수용하고 극복하기에 적합한 몸이다. 더불어 그러한 경험은 자존감이라는 욕구적인 행복의 의식과 의식의 성장이라는 고차원적 행복의 상태를 만들어 내기도 한다. 이렇게 트레킹은 욕구적인 행복감과 고차원적인 행복감을 만들어 내는데 기여하는 네 가지 요소들을 만들어 내도록 다양한 관계를 맺게 해주는 만남의 광장이다.

수용

'수용accept'이라는 마음의 작용은 어떤 대상들을 경계하거나 받아들이지 못하고 닫혀 있는 마음을 넓게 확장하여 자기화시키는 개념적 의식으로 분류된다. 그리고 수용은 마음을 더욱 넓고 아량 있게 해주는 고등 생명체만이 가지고 있는 특별한 의식이다. 현대화되고 분업화되는 생활은 늘 계산하고 경계하고 분리하는 습관을 만들어 내며, 그 속에서 수용의 범위는 위축되기 십상이다. 마치 헬스클럽에서 근육을 1년이고 10년이고 키우는 것처럼, 수용이라는 마음의 근육도 훈련에 따라 그 근육의 양을 키워낼 수 있다. 위축되어지는 일상을 벗어나 넓은 세상에서 맞이하는 관조적인 경험들은 수용이라는 근육을 크고 단단하게 확장해 주는 계기를 만들어 준다.

조지 메이슨 대학교George Mason University의 심리학 교수이자 웰빙 연구소 소장인 토드 비 카쉬단 박사Todd B. Kashdan, 1970~는 하버드 비즈니스 리뷰Harvard business review에서 「새로운 곳에서 휴가를 보내는 것의 정신적 이점The mental benefits of vacationing somewhere new」이라는 제목의 칼럼에서, 여행이 안락과 휴식을 위한 목적보다도 그 반대의 목표를 달성하기 위해 사용되어야 한다고 적었다.[10] 그 반대의 목적은 바로 '수용성acceptability'이다. 여행은 안전지대에서 벗어나 불확실성에 자신을 노출시키고, 탐험과 학습을 위한 용도로써 훌륭한 역할을 해낸다는 것이다. 그 결과 개인적 성장, 즉 정서적 민첩성, 공감 능력, 창의성이 향상된다고 말했다. 낯선 마을, 도시 또는 국가에서 시간을 보내면 자신의 불편함을 받아들이고 관대해지며 모호한 상황을 탐색하는 능력에 더 자신감을 갖게 된다고 했다. 그는 여행자의 심리를 실험한 연구 결과의 예를 들었다. 485명의 미국 성인을 대상으로 한 연구에 따르면, 외국 여행에 노출되면 주의력과 에너지를 집중시키는 능력이 커지는 것으로 나타났으며, 이는 우리가 다양한 상황에서 효과적으로 기능하고 적절한 언어적, 비언어적 감정 신호를 표현하는 데 도움이 된다고 말했다. 더 많은 국가를 여행한 사람들은 낯선 사람에 대한 더 큰 관용과 신뢰를 갖게 되었고, 이는 낯선 사람뿐만 아니라 고국에 있는 동료와 친구들에 대한 태도도 변화시켰다고 했다. 그리고 연구 대상자가 집으로 돌아간 후에도 이러한 효과가 유지되었다는 것이다.

일상생활과 그곳에서 벗어난 세상에서의 걷기를 비교하여 수용성이라는 마음의 기재를 표현한 사회학자 다비드 르 브르통David Le Breton, 1953~은 그의 저서 『걷기 예찬Praise of walking』에서 이렇게 묘사했다. "걷기는 시선을 그 본래의 조건에서 해방시켜 공간 속에서뿐만 아니라 인간의 내면 속으로 난 길을 찾아가게 한다. 걷는 사람은 모든 것을 다 받아들이고 모든 것과 다 손잡을 수 있는 마음으로 세상의 구불구불한 길을, 그리고 자기 자신의 내면의 길을 더듬어 간다. 외면의 지리학과 내면의 지리학이 하나가 되면서 우리가 내딛는 한 걸음 한 걸음을 평범한 사회적 제약으로부터 해방시킨다."[11] 『걷기 예찬』에서의 많은 예찬들이 걷기 여행의 수용성에 대하여 말하고 있다. 걷기로 인하여 마음이 넓어지게 하는 그의 탁월한 감각적 표현을 하나 더 가져와 보자. "걷는다는 것은 세계를 온전히 경험한다는 것이다. 이때 경험의 주도권은 인간에게 돌아온다. 기차나 자동차는 육체의 수동성과 세계를 멀리하는 길만 가르쳐 주지만, 그와 달리 걷기는 눈의 활동만을 부추기는 데 그치지 않는다. 우리는 목적 없이 그냥 걷는다. 지나가는 시간을 음미하고 존재를 에돌아가서 길의 종착점에 더 확실하게 이르기 위하여 걷는다. 전에 알지 못했던 장소들과 얼굴들을 발견하고 몸을 통해서 무궁무진한 감각과 관능의 세계에 대한 지식을 확대하기 위하여 걷는다."12)

긍정과 극복

뜻하지 않은 바람으로 여객선의 운항이 중단될 때, 고갯길을 넘으며 힘에 부쳐 두 다리가 무거워질 때, 찬 바람에 얼굴과 손발이 에는 듯하며 오한이 저려올 때, 그리고 이 고난들이 내가 아닌 다른 사람들에게서 일어날 때도, 우리들은 이러한 어려움을 종착지로 가기 위한 당연한 현상으로 여기며, 서로가 하나의 공동 운명체로 여기며 한 발 한 발 앞으로 나아간다. 여기에서 당연한 현상으로 여기는 것은, 어떠한 변수가 생기더라도 목적지까지 가야 하는 의무는 트레킹에서 가장 중요한 완주完走의 의미에서 비롯되며, 내가 원래 자연이기에 그 속에서 만나는 어떠한 작용을 모두 수용 가능하다는 초자연적인 태도에서 비롯되기도 한다. 이러한 태도는 프리드리히 니체Friedrich Nietzsche, 1844~1900의 '위버맨쉬Übermensch' 혹은 '아모르파티amor fati'라는 위

---

* 니체에 따르면 삶이 만족스럽지 않거나 힘들더라도 자신의 운명을 받아들여야 한다. 그러나 운명을 받아들인다는 것은 자신에게 주어지는 고난과 어려움 등에 굴복하거나 체념하는 것과 같은 수동적인 삶의 태도를 의미하지 않는다. 니체가 말하는 위버맨쉬Übermensch; overman; 극복하는 자)는 긍정에 의한 극복을 의미하며, '아모르파티' 즉 '운명애(運命愛; amor fati; '운명을 사랑하라'는 뜻의 라틴어; love of fate)는 자신의 삶에서 일어나는 고난과 어려움까지도 받아들이는 적극적인 방식의 삶의 태도를 의미한다.

대한 단어에서 비롯되는 긍정에 의한 극복의 의미이다.

> "인간의 위대함을 위한 나의 공식은 아모르파티다. 그가 다른 것이 되기를 원하지 않는 것, 앞으로도, 뒤로도, 전부 영원히. 필연적인 것은 그저 견디어내는 것이 아니며, 감추는 것은 더욱더 아니다. 모든 이상주의(관념론)는 필연적인 것 앞에서 허위다. 오히려 사랑하는 것이다."
>
> — 니체 『이 사람을 보라(1888)』 중에서

 이 위대한 단어들은 도덕주의나 이상주의, 비판주의, 공리주의 등, 천 년이나 묵은 두꺼운 형식의 옷을 벗어던지고, 실제 모두의 생활에 와닿고 모두에게 도움이 되는 현대 철학의 문을 열어젖힌, 니체의 대표적인 저서 『자라투스트라는 이렇게 말했다(이하 '자라투스트라…')』에서 등장한다. '자라투스트라…'는 고대 페르시아의 종교적 철인 자라투스트라를 모델로 그의 언행을 묘사하는 방식으로 니체의 사상을 담은 철학서이다. 이후의 내용은 철학의 역사 이래 가장 인기 있는 철학서이면서도 세계 문학 도서로도 손꼽히는 '자라투스트라…'의 핵심 내용이기에 누구나 한 번쯤은 눈여겨봐야 할 문구이다.
 "자라투스트라는 일찍이 본 적이 없는 무서운 환영을 본다. 자라투스트라는 황량한 달밤에 험한 절벽 사이에 서 있다가 한 사람이 누워 있는 걸 본다. 곁에는 도움을 청하기 위해 개가 울부짖고 있다. 젊은 양치기는 구역질을 하면서 크고 묵직한 검은 뱀을 입에 물고 있고, 역겨움과 공포에 질린 그의 얼굴은 잔뜩 일그러져 있다. 이 상황을 보고

자라투스트라는 손으로 뱀을 잡아당기고 또 잡아당기지만 아무리 힘껏 당겨도 뱀은 꿈쩍하지 않는다, 그러자 자라트스트라는 이렇게 명령한다. '뱀 대가리를 물어뜯어라! 물어뜯어라!' 나의 두려움, 나의 미움, 나의 구역질, 나의 연민, 나의 선과 악이 한꺼번에 내 안에서 소리를 질러댔다. 양치기는 그가 일러준 대로 뱀을 물어뜯어서 뱀 대가리를 멀찌감치 뱉어내고는 자리에서 벌떡 일어난다. 그는 이제 더 이상 양치기도 인간도 아닌 자, 변화된 자, 빛에 둘러싸인 자로 웃고 있었다." 이것이 차라투스트라가 본 환영의 내용이다.[13]

이 '자라투스트라⋯'는 부제가 '모두를 위한, 그러나 그 누구를 위한 것도 아닌 책'일 만큼, 책의 내용이 모두를 위한 책이라고는 하지만, 내용은 풍부한 비유와 시적 아름다운 산문으로 구성되어 있어서, 일반적으로 그 내용을 쉽게 풀어주어야 이해가 가능하다. 여기에서 등장하는 뱀이라는 단어는 영원히 다시 제자리로 돌아올 수밖에 없는 '영원회귀eternal recurrence; 독일어, Ewige Wiederkunft'와 힘과 권력의 의지로 돌아가는 세상을 뜻하는 '힘에의 의지the will to power; 독일어, Der Wille zur Macht' 두 가지 내용을 의미한다. '영원회귀'는 모든 것은 가더라도 결국 다시 제자리로 돌아온다라는 뜻으로, 아무리 다람쥐가 쳇바퀴를 벗어나려고 해도 결국에는 다시 제자리로 돌아온다는 뜻이다. 얼마나 허무한 인생인가. '힘에의 의지'는 자연적인 원리약육강식와 권력의 의지대로 돌아가는 세상을 뜻한다. 위의 문구는 니체 이전의 이상주의나 관념주의로 가득 찼던 철학의 흐름에서 벗어나서 현실의 상황을 직시해야 한다는 실존의 시작을 알리는 표현이다. '힘에의 의지'와 '영원회귀'로 고통받고 있던 젊은 양치기는 자라투스트라가 일러준 대로 그 허무의 상징인 뱀의 대가리를 물어뜯어서 멀찌감치 뱉어내고는 빛에 둘러싸인 자로 웃는 자가 되었다.

뱀의 대가리를 물어뜯었다는 것은 영원회귀로 비유되는 반복되는 생활의 허무함을 주체적인 긍정심으로 극복했다는 뜻이며, '빛에 둘러싸인 자'라는 뜻은 그 허무에서 벗어나 밝고 긍정적인 자가 되었다는 뜻으로 니체는 '위버맨쉬'로 표현했다. 이 정도면 이 내용이 어떤 뜻을 담고 있는지는 대충 이해가 될 듯싶다. 덧붙여서 마무리하자면, 어떤 초월적인 존재神나 절대권력자의 이상이나 계몽보다도 자연적인 힘에의 의지와 영원회귀로 지배되는 이 거친 대지 위에서 스스로 그것들을 인정하며 초긍정적인 마인드로 살아가야 한다는 것이 니체를 이해하는 '자라투스트라…'의 핵심이다. 여기에 덧붙인 '대지'라는 단어는 니체 이전의 철학사상을 대표하던 '이상'이나 '관념'의 형식에서 벗어난 현실을 직시하는 은유적 표현이다.

"인간은 극복해야 할 그 무엇이다. 그대들은 자기 자신을 극복하기 위하여 무엇을 하였는가?" '자라투스트라…'의 말머리에 적힌 내용이다. 이 문구는 아마도 근대에서 현대에 이르는 전 인류의 거실 액자 혹은 책상 한 모퉁이에 적혀 있을 법한 문구이기도 하다. 그리고 이 문구는 행복을 위한 방법이기도 하며 행복을 위해서는 그 무엇을 극복하고 실천해야겠다는 의미에서 집 안 잘 보이는 곳에 적어놓는 문구이기도 하다.

자존감

야생에서의 도전 상황들을 긍정적인 마음으로 딛고 일어설 때, 트레커들은 성취감을 통하여 자존감이라는 선물을 부여받게 된다. 성취감은 자존감에 도달하기 위한 여러 과정 중의 하나이지만 트레킹에서의 자존감은 다양하게 접하게 되는 성취감에서 부여받게 되는 환경적 특성으로 성취감과 밀접한 관계를 형성하고 있다. 성취감은 새로운 환경에서 모험적 요소가 강한 행위를 극복할 때 크게 작용하는데, 이 때 느끼게 되는 도전에 대한 욕구나 불안의 감정은 성취감을 높이는 데 긍정적 영향을 미친다.[14] 그것은 눈에 보이는 어떠한 시각적인 선물도 아니며, 금전적인 숫자로 보상을 받는 것도 아니다. 그러나 그 선물은 어떠한 실질적인 보상보다도 훌륭한 자존감의 향상을 부여하고, 그것에 의한 인격 성장의 원천이 되기도 한다. 무엇보다도 그 선물은 일상을 새롭게 이끌어 나가는 에너지로 크게 작용한다.

한국 제2의 도시이자 최대의 항구 도시인 부산은 한국의 대표적인 도시 관광지로 볼 것이 많고 먹을거리도 풍부하다. 부산에는 유명한 '갈맷길'이라는 걷기 여행길이 있는데, 그곳에서 필자에 의해 진행된 비 오는 날의 트레킹은 아직도 뇌리에 생생하게 남아 있다. 오륙도라는 섬 앞에서 시작되는 갈맷길의 자연 길 구간은 해안절벽 숲길을 따라 걷는 길인데, 걷기 전부터 비가 내리기 시작하더니 그 빗방울은 점점 굵어지기 시작했다. 그러나 인솔자인 필자는 멋진 해안 풍경과 내리는 비의 아름다움을 한데로 묶어서 그 현상들에 대하여 가끔 소리를 치고 예찬하며 그 걷기 여행을 이끌어 나갔다. 회원들은 마치 자연의 한가운데를 걸어가는 느낌으로 즐거워했고, 어떤 회원은 영화「쇼생크 탈출」에서 주인공이 감옥을 탈출하여 내리는 비를 찬양하는 자세를 취하며 즐거워했다.

그러나 문제는 도시 길 구간에서 발생했다. 해안 절경 길이 끝나고 시내버스로 전철역까지 이동하려는 계획이었는데, 불과 며칠 전부터 그 시내버스 운행이 중단되었다는 안내문을 발견하였으며, 전철역까지 걸어가야 하는 변수가 발생했다. 멋진 해안 절경 길에서의 비는 자연 그 자체로써 걷는 이들에게 즐거움이 되었는데, 자동차와 트럭이

쌩쌩 지나가는 넓은 차도 옆을 걷는 구간에서 닻이하는 장대 같은 빗줄기는 회원들의 표정을 어둡게 만들고 짜증스럽게 일그러뜨렸다. 북서쪽 방향 2.1km 지점에 전철역이 있다는 사실만 인지하고는 일단 전철역 방향으로 걷기 시작했다. 그때 필자는 지금 이 상황을 얼른 벗어나자는 의미에서 회원들에게 파워 워킹power walking을 제안했고, 걸으면서 "Let's get it."을 외치며 회원들을 독려했다. "Let's get it."이라는 외침은 별 뜻 없는 그저 이곳을 얼른 벗어나자는 소리에 지나지 않은 외침이었다. 그 상황에서 어떤 이론의 설명이 필요하겠는가? 필요한 것은 이 상황을 이기고 나아가자는 마음뿐이었다.

나의 그 외침이 재미가 있었는지 웃는 회원들도 있었고, 같이 "Let's get it."을 외치는 회원도 있었다. 그렇게 무사히 장대비 속을 걸어간 우리는 전철역 내부에 들어선 후에야 우의를 벗을 수 있었다. 지금도 그때 빗속을 함께 걸었던 회원들과 만나면 그 빗속의 여정을 추억거리로 회자하였고, 그 회원들은 그로 말미암아 트레킹에 더욱 심취하는 계기가 된 것을 나는 그 회원들의 얼굴 표정을 보면서 알았다. 그 회원들의 표정에는 그때의 역경을 통해 기분 좋은 자존감을 얻게 되었고, 다시 만난 얼굴에는 그때보다 더 많은 미소가 번지고 있다는 것을 보았다.

자연에 노출되어 걷는 트레킹의 여정에서 만나는 모든 변수와 고난을 매서운 바람이자 눈보라라고 한다면, 그 속에서 자라난 커다란 나무는 그 역경들을 받아들이는 수용과 긍정, 극복이라 할 수 있다. 나무는 매서운 바람과 눈보라를 온몸의 가지와 나뭇잎으로 받아들인 후에 자존감이라는 아름다운 열매로 결실을 맺게 된다. 경험이 많고 오래된 나무일수록, 그 가지와 나뭇잎은 풍성해지고 맺어지는 열매들은 더욱 탐스럽게 열리는 게 자연의 이치이다. 나무도 그렇듯이 사람도 풍만한 나뭇가지와 나뭇잎을 원하고 그것에 의해 맺어지는 탐스러운 열매들로 인해 세상을 살아가는 의미를 찾게 된다. 자존감이라는 열매는 넓은 세상을 천천히 걸으면서 즐겁게 성취할 수 있다. 즐기면서 자존감을 성취할 수 있는 방법 중에 하나가 바로 트레킹인데, 즐기면서도 의식의 성장을 체험할 수 있다는 게 매우 즐거운 사실이 아닐 수 없다.

4장 자연에서의 발견

여기에서 말하는 자연은 일반적인 자연nature을 말하며 넓게는 우주cosmos를 포함한다. 자연에서 걷는 행위는 자연과 나의 본질, 혹은 내가 살아가는 세상의 이치와 연결 가능한 열려 있는 공간이다. 다시 말하자면 다른 여가 활동이나 스포츠에서는 경험하기 어려운 자연의 이치와 삶의 통찰에 대한 사유가 가능한 특별한 공간이다. 자연에서 발견이 가능한 충만한 그 무엇들은 관찰에서 생겨나며, 사색의 시간에서 생겨나기도 하며, 순탄치 않은 야생에서 함께 걷는 사람들과의 관계에서도 생겨난다. 자연에서의 걷기에는 발견과 통찰이라는 진지한 목적성이 내포되어 있다. 우리는 그러한 현상에 대하여 의식하고 의미를 두어야 한다. 많은 철학자와 과학자 사상가들은 자연에서 걷기를 중요하게 생각했고, 그 속에서 중요한 사실을 깨닫고 발견했다. 물론 그 방법은 산책이나 유람 혹은 순례이다.

고대 그리스 철학자 탈레스Thales, BC 624~545는 소크라테스Socrates, BC 469~399보다도 155년 먼저 태어나 서양철학이라는 거대한 문화의 기반을 다진 서양철학의 시조始祖이다. 탈레스는 그 당시 기하학과 수학을 연구하여 피라미드의 높이를 측정하였고, 달이 해를 가리는 일식의 현상을 예상한 인류 최초의 과학자이자 철학자였다. 우주의 이치를 탐구하느라 하늘을 보면서 정신없이 걷다가, 발밑의 웅덩이를 보지 못하고 넘어져서 하녀의 비웃음을 사게 된 그의 일화는 유명하다. 그렇지만 그의 세상을 보는 관점은 그 당시 신화에 근거한 고대인들의 사고방식과는 전혀 다른 자연과학에서 비롯되었다는 점에서,

위대한 과학자이자 철학자로 평가되고 있다. 또한 그는 평범하게 살아가는 시민들에게 다음과 같이 피가 되고 살이 되는 조언을 남겼다. "갇혀진 일상에서 벗어나 한발 물러서서 보다 깊고 넓게 자연과 나에 대하여 생각해 보라. 무엇이 진정한 세상의 모습인지를 고민하고 자기 나름의 결론을 내릴 때 우리는 다람쥐 쳇바퀴 속에서 경쟁하는 생활에서 벗어나 진정으로 가치 있는 생활을 할 수 있으리라." 탈레스가 남긴 이 말은 이후 근현대 철학자들이 주장하는 철학적 생활 태도의 핵심을 예견하는 선지인의 지혜가 담겨 있다. 지금 사유의 영역이 직업의 전문화와 자동 시스템에 의한 생활환경으로 점점 좁아지는 우리들이 꼭 새겨두어야 할 명언이다.

조선시대 퇴계 이황과 더불어 16세기 영남의 양대 학맥을 형성한 남명 조식1501~1572은 1558년 4월에 12번째 지리산을 유람트레킹을 했다. 그는 당시의 성리학 이론에 몰입한 다른 학자들과는 달리 그 이론의 실천을 강조하는 참다운 학자의 면모를 지닌 실천하는 지식인이었다. 그의 지리산 유람기는 『유두류록』*에 기록되어 있는데, 그의 절친한 벗들이며 당대의 뛰어난 학자들 여러 명과 동행했다고 적혀 있다. 여러 방면에서 입산하여 지리산 정상을 포함하여 방대한 지리산 전체 지역을 유람했는데, 진정한 지리산의 유람은 산수의 풍경을 보는 것에서 그치는 것이 아니라, 그 속에서 살다 간 학자들의 흔적을 보고 시

---

* 조선시대 학자들 사이에는 지리산(두류산; 頭流山), 금강산, 가야산, 청량산 등 명산을 유람하는 것이 하나의 수행(修行)으로 여기는 풍조가 있었는데, 그중 지리산 산행기의 제목을 대부분 '유두류록(遊頭流錄)'이라 적었다. 김영조, 김종직, 박여량, 유몽인, 조식 등 많은 학자들이 유두류록을 남겼으며 대체적으로 지리산 길을 잘 아는 사람을 포함하여 5~10명이 단체로 산행을 하였으며, 다양한 출발 장소에서 천왕봉에 올라 하산까지의 기간을 기본 5일에서 2주일을 소요했다.

대를 살펴서 삶의 지표로 삼아야 한다는 내용이 『유두류록』 곳곳에서 발견된다.

또한 조식은 산에서 유람하는 행위를 구도求道의 과정으로 인식하였는데, 예를 들어 가파른 산을 오르고 내려올 때의 과정을 빗대어서 "선善을 좇는 것은 산을 오르는 것처럼 어렵고, 악惡을 따르는 것은 산에서 내려오는 것처럼 쉽다."고 표현했다. 그리고 다른 사람이 바위에 이름을 새겨놓은 것을 보고서 날아가는 새의 그림자만도 못하다고 하며 "후세 사람들이 날아간 새가 무슨 새인지를 어찌 알겠는가?"라고 일침을 가하는 모습에서 실천적 수양에 철저하였던 조식의 인품을 엿보게 된다.

다음은 조식의 시대에서 300년이 지난 미국에서 활동한 사상가이자 자연주의 작가로 유명한 헨리 데이비드 소로Henry David Thoreau, 1817~1862에 대한 글이다. 자연에서의 유람을 통한 소견에서 어떤 의식의 성장을 이야기하고 있는 부분에서는 조식의 글과 공통점이 있다. "솔직히 말하면 몇 년이고 계속해서 하루 종일 가게나 사무실에 자신을 가둬놓고 있는 내 이웃들을 생각하면, 그들이 내보이는 도덕적 불감증은 차치하고라도 그 참을성에 입이 쩍 벌어지곤 한다. 걷기는 그 자체가 하루의 모험이자 탐험이다. 저 먼 곳, 너른 초원 저편에 생명의 샘이 샘솟고 있는데 집 안에 처박혀서 아령이나 흔든단 말인가."[15]

소로의 시대에서 200년 후인 2000년대 초에 프랑스 사회학자이자 걷기에 관한 깊은 사유를 했던 브르통은 걷기, 즉 세상의 모든 걷기로 말미암은 의식의 성장에 대한 사실을 그의 저서 『걷기 예찬』에서 구체적인 예를 들어 표현했다. "걷기는 가없이 넓은 도서관이다. 매번 길 위에 놓인 평범한 사물들의 이야기를 들려주는 도서관이다. 우리가 스쳐 지나가는 장소들의 기억을 매개하는 도서관인 동시에 표지판, 폐허, 기념물 등이 베풀어 주는 집단적 기억을 간직하는 도서관이다. 이렇게 볼 때 걷는 것은 여러 가지 풍경들과 말들 속을 통과하는 것이다."[16]

브르통은 이 문장에 대한 예를 두 가지 정도 들었는데 그중에 19세기 프랑스의 전국 편력 직공들의 프랑스 일주를 소개한다. 직공들은 어깨에 멘 막대 지팡이 끝에 옷 보따리 하나를 둘러메고 걸어서 프랑스 일주를 했다. 동업조합에서 정해준 여인숙을 찾아내어 며칠 혹은 몇 달 동안 먹고 자면서, 그 지역 특유의 기술을 익혀 훗날 그 분야의 장인이 되도록 노력했다. 이러한 직공들의 여행은 한 곳에서 6개월 정도 머물면서 일을 배운 다음, 다시 보따리를 싸서 다음 지역으로 걸어서 이동한 후에 그곳에서도 그 지역의 기술을 익혔다. 이렇게 직공은 5년이고 10년이고 같은 방식으로 여행을 하며 기술을 익혔다. 중요한 것은 이러한 방식이 단순히 직업적인 기술만 익히는 게 아니고, 직공을 인간으로 성숙하도록 만들고 이 세상의 온갖 감각을 익히도록 함으로써, 여러 지역의 다양성과 복합성에 눈뜨도록 하는 데 있다. 직공은 이렇게 여행을 통한 기술 습득을 통하여 젊은 날의 수동적 세계에서 벗어나 자기 자신의 상점을 열고, 한 가정을 꾸밀 능력을 갖춘 새로운 인간으로 거듭나게 된다.

이 밖에도 아리스토텔레스Aristoteles, BC 384~322는, 학생들과 함께 정원과 숲속을 산책하며 학문을 했다고 하여 소요학파逍遙學派; peripateticism라는 별명을 얻었으며, 임마누엘 칸트Immanuel Kant, 1724~1804는 별명이 '쾨니히스베르크의 시계독일어, Königsberg clock'일 정도로 정확한 시간에 습관적으로 강변에서 산책을 즐긴 일화로 유명하다. 풍경은 도시적이었으나 시원한 강바람과 늘어진 가로수들은 그의 통찰력에 무한한 가능성을 열어주었다. 알베르트 아인슈타인Albert Einstein, 1879~1955은 그의 연구소 뒤에 산책로를 마련했을 만큼 산책을 즐기며 물리학의 지평을 넓혔다. 그는 수학자이자 철학자인 괴델과의 산책에서 자신의 물리 이론을 확립했다. 산책에서 나눈 내용을 정리한 『아인슈타인이 괴델과 함께 걸을 때When Einstein walked with Gödel』라는 책은 유명하다.

 트레킹은 오직 생물학적 생계유지를 위해 다람쥐 쳇바퀴처럼 협소해진 행동의 범위를 대자연의 넓은 공간으로 확장시킴으로써, 경쟁사회에서 만나는 스트레스에 대한 본질을 파악하게 되고, 나만의 통찰의 방식으로 많은 것을 발견하고 깨닫게 해준다. 또한 이러한 트레킹의 유형은 소비적 문화행태가 아닌, 사유하고 공감하고 강인해지는 생산적인 문화 행태라는 사실을 인식하게 된다. 지금 많은 사람들은 자연을 휴식이나 위안의 대상으로 보고 있지만, 지혜로운 선각자들은 자연을 본질 탐구의 대상, 의식 성장의 수행처로 삼았다. 그렇게 해서 탈레스는 대자연을 관찰하며 동물적 수준에 머물러 있던 인류의 의식을 보다 넓은 과학적 문명의 수준에 올려놓았고, 소로우와 조식은 황야에서 혹은 산꼭대기에서 보는 자연의 시야로 자신을 포함해서 우매한 대중들의 의식을 구원하기 위해 길을 나선 것이다.

5장 행복에 관한 사유

아리스토텔레스는 모든 활동에는 목적이 있다고 했다. 의술의 목적은 건강에 있고, 병법의 목적은 승리에 있으며 가정경제학의 목적은 부에 있다고 했다.[17] 그렇다면 위에서 소개한 '자유와 휴식', '생활의 재충전', '몸과 마음의 건강', '극복에 의한 자존감', '자연에서의 발견' 등은 트레킹의 목적을 위한 개념들이다. 그러나 아리스토텔레스는 이들 모든 목적의 끝에는 행복그리스어, 에우다이모니아; Eudaimonia이라는 최고의 선supreme good, 여기에서 선이란 좋을 '善'이다이 있다고 말했다.[18] 마찬가지로 트레킹의 목적을 위한 개념들은 행복이라는 최고의 선을 위해 존재한다.

행복은 인류의 생활에서 가장 관심이 많았으며 중요한 단어로 인식되어 왔다. 그 이유는 모두가 알다시피 우리가 살아가는 목적이 행복에 있다고 배워왔고 그렇다고 믿고 있기 때문이다. 인류 역사에서 아리스토텔레스에 의해 학문적으로 정리되면서, 본격적으로 행복에 대한 정의가 시작되었다. 아리스토텔레스의 행복론은 보편적이고 대중적인 호응에 힘입어 2,400년 동안 많은 사람들의 행복의 원리가 되었다.

아리스토텔레스는 행복은 인간 고유의 능력인 이성적 능력으로 이루어진다고 말했다. 또한 이성적 능력은 동물이나 식물에는 없는 능력으로 '지적 탁월성intellectura excellence'과 '성격적 탁월성moral excellence'으로 구분된다고 했다.[19] '지적 탁월성'은 지혜와 이해력을 기반으로 하는 학문적 인식scientific knowledge, 실천적 지혜practical wisdom, 철학적 지혜theoretical wisdom, 직관적 지성intelligence의 탁월함을 말하며, '성격적 탁월성'은 자유인다움과 절제, 용기, 온화, 진실성, 재치 등을 끊임없이 갈고 닦아야 할 품성 상태를 말한다. 그는 이 중에 가장 중요한 실천 덕목을 '중용中庸; moderation'이라 강조했다.[20] 중용은 2와 4의 중간 3이 아니라 다양한 상황에서 가장 적절한 행동이며 최선의 행동이다. 그러한 행동을 하려면 그 행동이 어떠한 것인지를 사유할 수 있어야 하는데, 그러한 적절한 상황을 헤아리는 능력을 실천 이성능력이라고 했다. 대담함이 지나쳐 무모하거나 모자라 비겁한 상태가 아닌 '용기', 즐거움과 고통이 지나친 무절제나 모자라는 목석 같은 상태가 아닌 '절제', 노여움이 지나친 성마름이나 모자라서 화를 낼 줄 모름의 상태가 아닌 '온화' 등, 이런 '중용'의 상태가 '성격적 탁월성'의 가장 중요한 실천 덕목이라 했다. 더불어 중용을 따르기 위해서는 자제력의 필요성도 강조했다. 결국 아리스토텔레스가 주장하는 행복한 삶을 살기 위해서는 많은 지식을 쌓고, 어렸을 때부터 좋은 성격을 습관화하여 탁월한 성격을 갖추어야 한다는 조건을 강조했다.[21]

그러나 2,400년 동안 지속된 아리스토텔레스의 행복의 원리에는 시대의 환경이 적용되어야 한다. 이는 그가 거론한 '지적 탁월성'을 위한 조건이다. '지적 탁월성'은 세상의 본질에 대한 앎을 포함해야 하기에 시대에 따라 변하는 새로운 지식은 시대에 맞는 탁월성을 낳고 그에 따라 새로운 행복의 의미를 발현하기 때문이다. 그 시대에는 지구가 태양을 돌고 있다는 사실도 몰랐으며, 우주여행은 꿈에도 생각하지도 못했고, 우리의 몸이 몇만 세대의 몸을 거쳐서 생존하기 위한 '유전자의 생존 기계'에 불과하다는 사실도 미처 몰랐다. 이러한 사실은 세상에 대한 새로운 의미를 부여하게 되며, 행복에도 새로운 영향을 주게 된다. 지금부터는 시대에 맞는 '지적 탁월성'에 근거한 행복을 말하려고 한다. 이러한 사실을 근거로 5장에서는 이 시대가 정의하는 세상의 본질에 대하여 사유하고, 아리스토텔레스 이후에 등장한 과학자와 철학자들이 내린 행복의 정의에 대하여 살펴보기로 한다.

A. 세상과 인간의 본질

세상은 무엇이며 그 속에 있는 나는 또 무엇인가? 여기에서 세상이란 박테리아나 유전자DNA 같은 미시적微視的; microscopic 자연에서 세계, 자연, 우주를 포함하는 거시적巨視的; macroscopic 자연을 포함한다. 이러한 질문에 대한 답은 매우 넓고 추상적이기까지 하다. 그러나 확실한 것은, 이 질문은 '죽기 전에 후회하지 않고 꽉 채워서 만족스럽게 사는 방법은 어떤 것인가.', '죽은 후에도 가족들이나 이 사회에 떳떳하게 살다 간 사람으로 남기 위해서는 어떻게 살아야 하는 것인가.'라는 물음에 해답을 얻어내기 위한 질문이다. 르네 데카르트Ren Descartes, 1596~1650처럼 지금까지의 모든 상식을 의심하고, 임마누엘 칸트Immanuel Kant, 1724~1804처럼 신랄한 이성 비판의 정신으로 나의 사고방식을 재판장에 올려놓아야 한다. 세상과 나의 본질을 잘못 보거나 제대로 보려고 하지 않는다면, 남은 인생은 무지에서 오는 공허하고 혼란스러운 세상에서 들판의 메뚜기 떼처럼 의미 없이 살아가야 한다.

원시적인 약육강식의 긴 고대시대를 지난 중세 이후의 근대 유럽은 무엇에서든 확실하고 과학적인 사고방식을 요구하는 시대였다. 갈릴레오 갈릴레이Galileo Galilei, 1564~1642, 아이작 뉴턴Isaac Newton, 1642~1727이 등장하면서 세상이 진실이라고 알고 있었던 많은 것들이 틀렸다는 사실을 증명하면서 합리적인 근대시대가 열리기 시작했다.

내가 알고 있다고 여기는 것들, 내가 믿고 있는 모든 것들, 그 어떤 것에서든 분명하고 확실한 근거를 요구하는 시대를 연 사람들은 정치가나 종교 지도자들이 아닌 용감한 과학자와 철학자들이었다. 용감한 그들에 의해 신의 논리, 권력의 논리, 돈의 논리에서 벗어나 합리적이고 이성적인 시대가 시작된 것이다.

금세기 생물학에서 많은 영향을 끼쳤고 철학자이기도 한 자크 모노Jacque Monod, 1910~1976는 이렇게 말했다. "현대 생물학의 정설인 신[新]다윈주의neo darwinism의 발전은 우리 인간이 어떤 존재인지, 또한 우리가 살고 있는 이 우주가 어떤 존재인지에 대하여 이전과는 근본적으로 다른 새로운 이해를 가지게 해준다." 신다윈주의는 유전자 단위로 설명되는 미시적 관점에서 이해하는 자연의 이치를 설명하고 있다. 모든 생명체는 유전자 단위로 창조되며 존재한다는 현대 생물학적 관점에서 보는 사조이다. 실제로 신다윈주의로 대표되는 현대 생물학은 철학이나 물리학 그리고 여타 종교들과는 다른 차원에서 실용적인 삶의 방향성을 제공했다. 생물 형질의 본질을 발견함으로써 인간에게 혁신적인 건강성을 제공했고, 생명의 경이로운 현상을 알게 함으로써 우리 자신들에게 새로운 존재감을 인식하게 해주었다.

그렇다면 신다윈주의를 낳게 한 다윈주의darwinism가 무엇인지부터 살펴보자. 다윈의 『종의 기원』이 책으로 세상에 나올 무렵, 당시 사람들의 세계관으로 종의 기원과 자연 선택을 정확하게 이해하는 것은 무리였으며, 유럽 사회는 큰 충격에 빠졌다. 1860년 영국 옥스퍼드 대학에서는 인간의 조상이 원숭이냐 아니냐를 놓고 사회 각계 인사들이 모여 논쟁을 벌이기도 하였다. 이 토론회에서 다윈을 지지하는 찰스 라이엘Charles Lyell, 영국의 지질학자, 앨프리드 러셀 월리스Alfred Russel Wallace, 영국의 생물학자, 토머스 헉슬리Thomas Henry Huxley, 영국의 생물학자 등이 종교인 대표들과 난상 토론을 벌였는데, 이때 헉슬리는 "부도덕한 인간을 할아버지라 하느니 정직한 원숭이를 할아버지라 하겠다."란 유명한 말을 남겼다.[22)]

『종의 기원』의 대표적인 이론은 '자연 선택설'theory of natural selection이다. 이미 소개했지만, '자연 선택설'은 진화의 이론에서 가장 핵심이 되는 논리다.제1부 신비로운 트레킹/2장 인간의 진화/27-28P 참고. '유기체에게 이로운 변이가 나타나면, 그 유기체는 더 좋은 생존 기회를 부여받을 것이고, 그로 인해 자연에 의해 선택된다. 이렇게 자연에게 선택된 변종은 대물림을 통하여 새롭게 변화된 형태를 널리 전파하게 된다.'라는 논리이다. 이 논리는 세상의 모든 생명체가 긴 세월 자연 선택이라는 진화 과정을 통해 다양하게 만들어진 결과물이라는 사실을 입증했다. 이 논리는 우리의 가까운 조상은 원숭이를 닮은 유인원이었으며 그 이전에는 쥐를 닮은 작은 설치류였다는 사실을 일깨워준다. 이러한 논리는 자연 생태계의 원리에 따라 다양한 생명체가 존재하듯이, 다양성을 인정하고 다양한 의견을 존중한다는 사회적 풍조를 만들었다. 이 풍조가 바로 다윈주의이다.

신다윈주의는 다윈주의에서 발전한 과학에 근거한 생물 철학의 풍조다. 결론부터 말하자면 '우리 인간의 본질은 유전자 복제의 기능에 의해 우연히 이 세상에 태어난 생명체'라는 사실을 강조하는 풍조이다. 그러나 이 극단적이기까지 보이는 논리는 코페르니쿠스가 처음으로 지구가 태양을 중심으로 돌고 있다는 충격적인 사실을 밝혀냈을 때의 충격과 유사하다. 신다윈주의는 과학적이고 생명의 본질을 밝혀냈기 때문에, 지금 이 시대에 우리의 본질을 새롭게 생각하게 하는 중요한 관점으로 작용하고 있다. 다윈주의는 개체사람, 뱀, 파리, 고등어 등 단위로 진화가 이루어진다는 사실에서 비롯되었지만 신다윈주의는

DNA를 중심으로 진화가 이루어진다는 사실에서 출발한다. 그리고 신다윈주의는 무엇보다도 '필연'이 아닌 '우연'에서 자기복제가 이루어지고 자연 선택이 이루어진다는 사실에 주목하고 있다. 이에 대해 모노는 다음과 같이 언급했다 "생명체의 본질은 '불변적인 자기복제'에 있다. 생명체란 분별적인 자기복제의 능력을 가진 물질 DNA의 조합물일 뿐이다. 이 물질은 오로지 자기가 가진 정보를 그대로 복제해 내는 능력만 가지고 있을 뿐, 이 정보를 스스로 바꿀 수 있는 능력은 없으며, 또한 외부의 교란자외선, 전자기파에 의해 자신이 가지고 있는 정보에 변경이 생기는 것을 막을 수 있는 능력도 없다." 이것은 매우 충격적이지만 숨길 수 없는 사실이다.

우리에게 충격과 경이로움을 주고 있는 신다윈주의는 미시적 자연의 세계인 유전자의 존재를 밝혀내면서 우리에게 새로운 삶의 의미를 부여해 주었다. 그러한 신다윈주의의 정점에는 현재 대중들에게 잘 알려진 클린턴 리처드 도킨스Clinton Richard Dawkins, 1941~의 『이기적 유전자』가 있다. 이미 소개했지만, 그의 주장에 의하면 우리는 유전자의 보존을 위한 꼭두각시에 불과하다제1부 신비로운 트레킹/2장 인간의 진화/31-33P 참고. 이는 모노의 유전자 중심주의에서 발전한 유전자의 특성에 의해 정의되는 생명체의 본질을 말하고 있다. 즉 모든 생명체는 유전자의 생존을 위한 생존 기계이며, 어떠한 행동에도 자신의 유전자를 보존하고 퍼트리려는 본질이 내포되어 있다는 생명체의 본질을 설명하고 있다.

다윈주의와 신다윈주의를 옳게 인식하였다면 경이로운 사실 두 가지에 새롭게 접근하게 된다. 하나는 우리 인간도 하나의 미천한 생명체에서 시작하였으며, 지금도 그러하다는 것이다. 지금 우리는 억세게 운이 좋게도 채찍으로 때리지 않아도 저절로 달려가는 자동차를 만들었고, 아파트를 만들어서 비 한 방울 맞지 않는 고등 생명체로 진화했지만, 때가 되면 다시 흙이나 먼지로 돌아가야 하는 미천한 생명체라는 사실이다. 또 하나는, 우리는 때가 되면 다시 흙이나 물 같은 무기질로 돌아가지만 자신과 똑같은 유전정보를 그대로 복제하여 여러 개의 복제 생명체를 생산할 수 있는, 이 우주에서 찾아보기 힘든 불멸의 유전자를 가지고 있는 생명체라는 사실이다 제1부 신비로운 트레킹/2장 인간의 진화/31-32P 참고. 물론 이러한 복제기술은 모든 다른 생명체들도 가지고 있는 생명체의 특성이지만, 이 사실을 인식하고 있는 것은 인간뿐이라는 사실이다. 이러한 불멸의 복제기술은 우리에게 엄청난 존재의 의미를 부여한다.

우리는 냉철한 이성에 의한 자연과학적인 인식으로 동물원에 있는 원숭이가 우리와 같은 조상을 가진 친척이라는 사실을 명백히 인정해야 한다. 그래야 물고기도 우리와 같은 조상을 가졌고, 그 물고기의 조상인 박테리아가 우리들 최초의 조상이며 그 최초의 조상 박테리아가 지구에 존재하는 모든 생명체의 조상이라는 세상의 본질에 접근이 가능하다. 그리고 비로소 그 사실이 바로 우리의 본질이 된다는 것도 깨달을 수 있다.

우리가 평생을 보고 느끼고 체험한 것은 일상이라는 한정된 굴레이며, 그러한 일상의 좁은 범주에서 생겨난 제한된 인식체계가 우리의 의식을 지배하고 있다는 사실을 인식해야 한다. 그러기에 우리는 작은 충격에 고통받고, 쉽게 흔들리고, 대부분의 시간을 좁은 굴레 속에서 우물 안 개구리들처럼 흘려보내고 있다. 우리의 공간과 시간을 함께 아우르며 숨을 쉬고 있는 지구와 우주는 나와 직접적으로 관계가 있는 우리의 생활과 소멸의 원천이다. 우리가 어떻게 해서 지금 이곳에 존재하는지에 대하여 의문의 열쇠를 쥐고 있는 곳이 지구이며 우주라는 사실을 인식해야 한다.

 이렇게 미시적이고도 거시적인 자연의 현상을 인식하고 있다면, 그리고 그러한 시야로 세상을 본다면, 일상에서 생긴 크고 작은 스트레스도 이해가 가능하다. 그래서 우리는 의식의 공간적 확대를 위해서 일상의 좁은 굴레에서 탈출하고 막히는 도로의 지루함을 참아내며 넓은 세상과 만나려고 하는 것이다. 그 넓은 세상은 유전자를 포함한 자연nature이며 넓은 우주universe다. 이러한 대자연을 나의 세상에 포함시켜야 하며, 그것의 실체를 두 눈으로 보아야만 한다. 그렇게 하는 것이 지금 내가 존재하고 있는 이 세상의 본질을 파악하는 지름길이며 나의 존재에 관한 경이로움을 절실하게 깨닫는 방법이다.

 그렇다면 대자연, 즉 우주의 본질에 대하여 있는 그대로 살펴보기로 하자. 더불어 그 속에 있는 우리들의 존재는 어떤 것인가도 살펴보자. 우리는 호기심만으로 우주에 대하여 관심을 가진 때가 있었다. 그게 아마도 어렸을 때 일이었을 것이다. 지금은 세월에 찌든 일상으로 우주와는 아주 멀어졌지만 이제 그 세월이 만든 일상의 창살문을 열어젖히고, 호기심 가득한 시선으로 우주라는 실체를 살펴보기로 하자.

 우주를 구성하고 있는 대부분의 것들은 암흑물질dark matter이나 암흑에너지dark energy이며 나머지 4%는 일반 물질, 즉 원자, 이온, 전자 및 이들이 형성하는 별이나 먼지 등이다. 그러나 일반 물질 중에서도 우리가 육안으로 볼 수 있는 빛을 내는 별들은 그 일반 물질 중에 겨우 0.5%이다.[23] 현재 인간이 천체 망원경으로 관측 가능한 것은 2조 개의 은하와 7천해 개의 별들이다. 어떤 과학자들은 우주가 무한하다고 주장하고, 어떤 과학자들은 우주가 몇 개의 우주다중 우주로 구성되어 있다고도 한다. 그러나 인간의 관점, 즉 생명체의 관점에서 우주를 본다면 그것은 그저 빈 공간이며 어둠이며 죽음의 바다일 뿐이다. 다른 별에 생명체가 존재한다는 사실, 혹은 우리가 다른 별로 날아가서 다른 생명체를 만날 수 있는 확률은 생각하지 않는 것이 좋겠다. 왜냐하면 그러한 확률은 아마도 지구인이 멸망하는 확률보다도 적기 때문이다.

지금 이 지구에 사는 우리들의 모습을 보자면 그러한 다른 생명체를 만나는 가능성이 배제된 확률이 사실이라는 것을 알게 된다. 전쟁, 기아, 자연 파괴로 인한 지구 온난화는 재앙을 부르고 있는데 이것을 막아줄 이성의 힘은 그 가능성을 잃어버렸다. 그저 경제의 논리, 이념이라는 가면을 쓴 힘의 논리, 민족이라는 집단 이기주의만이 이 작은 행성에서 통용될 뿐이다. 지금 이 지구에서 정치하고 있는 대표적인 권력자들이 하는 짓을 보자면 핵 사용에 관한 이야기를 전자게임의 놀이처럼 무책임하게 내뱉고 있으며, 역시나 인류의 존재를 위협하는 온난화에 대한 실천 의지를 보고 있노라면 한심하다는 생각이 든다. 하기야 이러한 지도자들을 우리들 자신이 투표하여 만들어 놓았으니 더 이상 어떤 한탄을 하겠는가. 이 무한하고 어둠뿐인 우주에 이처럼 아름다운 생명체가 이 지구에 존재하며, 그 생명체들이 우리들이며, 숲이며, 동식물이라는 진실의 본질을 우리들은 통찰하지 못하고 있다. 그리고 그 모든 것들이 이성의 부재로 말미암아 어느 순간 사라질 수도 있다는 것을 절실하게 인식하지 못하는 것도 사실이다. 이러한 비극적인 결과는 우리의 오래된 유전자의 이기적 행동으로 일어날 수 있다는 사실을 인식해야 한다.

인간은 우주에서 운 좋게 생겨난 미약한 원핵 생물체에서 시작하여, 이제는 우주를 요리해 먹으려는 생물체로 변신했다. 그야말로 이 지구는 우주를 관장하려는 신들의 집단 거주 공간이 되고 있다. 그만큼 인간의 두뇌는 무엇이든 가능한 시대가 왔다. 대부분의 것들에 관한 인식이 가능하고, 모든 가능성을 현실의 반열에 올려놓을 수 있는 잠재적 능력이 있다. 그러나 인간의 지능지수IQ는 과히 신들의 그것과 급을 같이하지만 감성지능EQ, 즉 자신이나 타인의 감정을 조절하는 능력은 아직도 원시시대의 포유류 수준을 크게 벗어나지 못하고 있다. 그러한 양면적인 신들의 운명은 발전과 멸망의 동전 앞뒷면에 서 있다. 발전도 한순간이요 멸망도 한순간이다.

우리는 유전자로 하여금 자신과 똑같은 생명체를 복제하여 생명의 연속성을 보유하고 있는 신비로운 생명체이며, 이러한 사실은 이 광활한 우주에서 아직 찾아보지 못한 경이로운 사실이기도 하다. 그렇지만 우리가 이렇게 신비로운 생명체라고는 하지만 이는 우리의 뜻과는 전혀 관계없이 이 세상에 우연히 던져진 존재이다. 이러한 우리의 존재를 하이데거는 '피투성被投性: 독일어, Geworfenheit'이라고 정의했다. 이 단어는 자신의 의지 없이 이 세상에 던져졌다는 뜻이다. 이는 모노가 주장한 '우연'에 의해 생겨난 생명체의 본질의 논리와 일치한다.

하지만 우리는 우리가 알고 있는 생명체 중에서 유일하게 유전자의 명령리처드 도킨스는 '유전자의 폭정'이라 했다을 거부할 수 있는 생명체이다.[24) 우리는 우주에서 유일하게 의미라는 영혼의 의식을 부여해서 살아 움직이는 존재이다. 이 사실은 스스로 움직이고 복제가 가능한 신비로운 특성보다도 더욱 경이로운 인간이라는 생명체의 특성이라고 감히 말할 수 있다. 우리에게는 이미 예수, 붓다, 무함마드, 간디, 테레사 수녀와 같이 탁월한 영혼의 소유자들을 배출했다, 이 사실은 우리가 눈앞에 찾아온 본능적인 감정이나 욕망을 자제하고 내 자신과 세상 사람들 모두가 공동 운명체라고 하는 운명적인 사실을 의미로 부여할 수 있는 가능성을 제시한다. 그렇게 해서 그 가능성을 바탕으로 나와 세상의 본질에 대하여 사유하고 모든 생명체와 사물들의 관계를 형성할 수 있는 것이다.

B. 행복의 원리

유전자의 욕망

파란만장하고 약육강식에 의해 지배당한 우리의 역사를 돌이켜 보면, 도킨스가 말했듯이 우리는 그저 유전자를 운반하는 꼭두각시에 불과하다. 도킨스의 유전자 논리는 윤리적 질타를 받는다 하더라도 우리의 본질을 직시하는 용기이며, 그 방향성을 모색하자는 강력한 지향적 방향성을 모색하게 한다. 유전자의 관점에서 세상을 보는 논리는 우리를 괴롭히는 욕망을 근본적으로 제거해 주는 가능성을 내포하고 있다. 그렇게 목적성이 없는 유전자의 운반자에 불과한 우리가 아등바등 욕심을 내며 살아야 하는 이유를 제거해 줄 수도 있기 때문이다. 우리는 그저 주어진 조건에 따라 먹고 자고 사랑하며 살면 된다는 가장 단순하면서도 불안에서 벗어나게 해주는 초월적인 생활을 가능하게 해준다. 실제로 우리에게 다가오는 많은 외롭거나 고통스러운 시간들은 어떠한 철학적인 위로의 문장보다도 단지 미시적 생명체로서의 존재감으로 위로하는 방법이 효과적일 때가 있다. 그러한 사고방식은 일상생활에서 간결하거나 소박하거나 쾌적한 생활의 공간을 만들어 주거나, 여유롭거나 약간은 둔한 생활의 태도를 만들어서 우리에게 평화로움을 선사하기도 한다.

이러한 생각은 회의주의* 적 사고방식이기도 하다. 그러나 회의주의는 우리가 일반적으로 알고 있는 그러한 비관적인 관념이 아니라, 보다 더 넓은 지식으로의 접근을 가능하는 관념이다. 이러한 관점에서 볼 때 우리는 생명체들이 보여주는 많은 이타적 행위배려적인에 주목을 할 필요가 있다. 일개미가 자신을 희생하여 여왕개미의 번식을 돕는 것, 말벌이 내장이 뽑혀 죽을 위기를 감수하면서 독침을 쏘며 적을 막는 것, 같은 부족이 위험에 처해 있을 때 자신의 창을 버리고 부족을 구하는 원시인의 행동은, 자신의 유전자를 퍼뜨리기 위한 넓은 의미에서의 이기적인 과정이다. 이러한 생명체의 특성은 우리가 이타적인 개체로 거듭나는 데 결정적인 가능성을 제시한다. 우리는 이타적 행위를 인식하고 극대화할 수 있는 고도의 이성을 가진 유일한 생명체이다. 결국 우리는 아리스토텔레스의 행복의 원리를 빌려서, 적극적인 이성의 의식으로 가장 최선의 행동을 취할 수 있다. 그리하여 모두의 행복이라는 최종 목적지로 향할 수 있다.

문제는 우리 인식의 능력이 지나치게 발전하여 유전자의 명령을 거부하지 못하고, 개인의 욕망과 사회적 욕망의 유혹에서 벗어나지 못하고 있다는 사실이다. 우리는 이러한 유전자의 명령에 부응이라도 하듯 현대 기술 문명을 발전시켰으며 그 풍요를 넘치도록 마음껏 누

---

* 회의주의(懷疑主義; Skepticism)의 어원은 질문(inquiry)을 의미하는 그리스어 스켑시스(σκέψις)로, 지식의 확실성에 대한 가능성에 의문을 던진다는 의미이다. 회의주의는 인간이 이 세계에 관해서 확실한 지식(진리)을 갖는다는 가능성에 회의를 느끼는 이론 및 그러한 입장이다. 회의적 사고는 단순한 의심이나 냉소적 반응이나 포기와는 다르다. 회의주의는 모든 지식의 불확실성을 인정하는 것뿐이다. 진실은 계속해서 새롭게 나타나기 때문이다. 회의주의는 어떠한 주장이라기보다는 주의하는 자세나 방법론으로 보는 것이 더 옳을 것이다. 회의주의는 크게 철학적 회의주의와 종교적, 과학적 회의주의로 나뉜다. 유명한 과학적 회의주의자로는 칼 세이건, 제임스 랜디, 마틴 가드너, 리처드 도킨스, 리처드 파인먼 등이 있다.

리고 있다. 그 유전자의 폭정에 의하여 자아는 무너지고 성스러운 인간성은 사라질 위기에 처해 있다. 이는 하이데거가 예견한 대로 현대 기술 문명의 위기를 맞은 것이다. 하이데거는 인간은 노동하는 동물이 되어버렸고 노동의 대가로 갖가지 향락 물자를 제공받으며 그것에 탐닉하는 존재가 되어버렸다고 했다. 그리고 사람들은 오히려 전대미문의 물질적 풍요를 누리고 있는 것처럼 생각하고 있다고도 했다.[25]

하이데거는 과학과 기술이 인간을 비롯한 모든 자연을 한낱 에너지원으로 남용하는 이 시대의 위기를 극복하려면 과학과 기술이 전제하고 있는 세상의 이해와는 전적으로 다른 세상의 이해가 필요하다고 말했다. 그리고 그 이해는 과학 기술에 대한 우상숭배를 넘어서는 힘을 가질 수 있어야 한다고도 말했다. 따라서 새로운 세상의 이해를 갖는다는 것은 인간이 전적으로 새로운 인간이 되어야 한다는 것을 의미하며, 이러한 새로운 세상의 이해는 시詩를 통해서 주어질 수 있다고도 말했다. 여기서 말하는 시는 예술의 한 종류로서의 시에 그치는 것이 아니라, 모든 참된 예술을 가능하게 하는 시적 태도를 가리킨다. 따라서 그가 말하는 시인詩人 역시 전문적인 시인뿐 아니라 세상과 사물의 신비, 성스러움에 대해 경이와 공감을 느낄 수 있는 사람을 가리킨다. 이런 맥락에서 하이데거는 매 순간 시적인 태도로 세상과 사물을 대하는 것이 중요하다고 말했다. 우리는 일상에서 시와 예술적 태도로 세상을 바라볼 수 있지만, 그곳에서 벗어난 넓은 세상에서 만나는 모든 대상들에게서 경이와 공감을 느끼는 예술적 관점을 더욱 활성화시킬 수 있다. 누누이 말했지만 일상을 벗어나 자연과 함께 만나는 세상에서는 모든 대상이 관조적 시점으로 만나는 대상들이기에 직접적인 이해관계에서 벗어나 자유로운 마음으로 만날 수 있다. 그러기에 세상을 시와 예술적 태도로 볼 수 있다는 뜻이다.

신이 곧 자연이다

자연의 이치를 행복에 가장 잘 접목한 철학자는 바뤼흐 스피노자Baruch de Spinoza, 1632~1677이다. "신神이 곧 자연이다Deus sive Natura."라는 유명한 말을 남긴 그는 우리의 몸과 감정을 자연의 일부로 이해함으로써 지복blessedness이라고 부르는 기쁨과 자유를 성취할 수 있다고 말했다.26) 그의 이러한 자연관은 코페르니쿠스Nicolaus Copernicus, 1473~1543의 지동설과 갈릴레이Galileo Galilei, 1564~1642의 망원경의 발견과 더불어 뉴턴Isaac Newton, 1642~1727의 만유인력의 법칙이 세상을 바꾸어 놓은 과학의 태동기에서 발생한 합리적인 철학의 결정체이다. 이러한 과학적 발전에 힘입어 그는 자연과학에서 비롯된 철학체계를 완성하였으며, 그에 따라 인간의 본질과 세상의 본질을 통찰하였다. 그의 철학이 지금까지 우리 생활에 깊숙이 자리 잡고 있는 이유는, 자연과학에서 비롯된 인식의 체계를 합리적으로 완성시켰기 때문이다.

스피노자 이전의 서양철학은 심신이원론心身二元論이 지배적이었고, 스피노자에 이르러 심신이 하나로 엮어져 서로 동등한 작용으로 우리 의식에 작용한다는 심신일원론心身一元論이 대두되었다. 플라톤Platon, BC 427~347부터 근대 과학을 배경으로 탄생한 데카르트Ren Descartes, 1596~1650의 사유에 이르기까지, 이성마음은 육체감정와 별개이며심신이원론 육체는 이성의 지배를 받으며 온전한 진리에 접근할 수 있다는 이성 우월주의를 진리로 여겨왔다. 그러나 스피노자는 이러한 논리에 반박하며 이성과 육체를 동등한 관계로 논증하였으며, 오히려 육체에 의한 감정을 진리로 접근하기 위하여 더욱 많은 이해가 필요하다고 논증했다.27) 이 논리는 코페르니쿠스에 의해 유래된 '코페르니쿠스

혁명Copernican Revolution˙*에 비유되는 철학계의 혁명이었다. 2,000년 가까이 이어온 심신이원론에 대한 반항이며 혁신적인 사건이었다. 이 논리는 몸으로 자연을 직접 접촉하는 트레커에게는 매우 중용한 논리이다. 트레킹의 모든 원리는 몸에서 경험되는 세상의 현상들이 마음과 하나가 되어 체화되는 실체이기 때문이다.

스피노자에 의하면, 슬픔과 기쁨, 욕망 등의 감정이 자연의 질서에 따른 것임을 인식하고, 이 사실을 받아들여 그러한 감정들을 이해할 때, 인간은 두려움과 분노, 탐욕, 시기심 등의 부정적인 감정들로부터 자유로워진다고 했다. 인간은 세상의 다양한 욕망의 지배를 받으므로 감정이나 욕망에 대한 정확한 이해를 하는 것이 여러 가지 종속에서 벗어나는 지름길이며, 육체가 빚어내는 모든 욕망이나 감정은 이성에 의해 통제되어야 하지만, 감정이나 욕망을 이성에 의해 무턱대고 억누르고 억압해서는 안 된다고 했다. 그는 "인간의 욕망은 인간의 본질이다."[28]라고 할 정도로 욕망에 대하여 존중하는 태도를 보였다. 중요한 것은 우리의 감정이나 욕망이 이 세상에서 어떻게 생겨났으며 우리들에게 어떻게 작용할 것인지 이해하는 것이 중요하다고 했다.[29] 그러기에 우리의 몸과 감정을 자연의 일부로 이해하고 가능한 지성이나 이성을 완전하게 하는 것이 최상의 행복에 도달하는 방법이라고 말했다.

---

* 코페르니쿠스 혁명(Copernican revolution): 고대로부터 내려오던 우주론은 고대 그리스의 천문학자인 프톨레마이오스의 지구 중심 우주론(천동설)이 일반적으로 받아들여지고 있었다. 그러나 기존의 우주론은 빈번한 항해 활동에 달력에서 커다란 오차를 생산했고 그에 대한 사회적 필요는 천문학적 계산에 많은 노력을 기울이게 했다. 이는 결국 천문학 체계 자체에 대한 사고의 전환을 야기했으며 코페르니쿠스의 우주론(지동설)에서 유래된 단어가 바로 코페르니쿠스 혁명이다.

스피노자가 말하는 행복론은 어떤 목적을 제시하는 다른 행복론과는 달리, 그 방법을 제시하고 있다는 점에서 다른 점이 있다. 스피노자는 자신과 세계와의 조화를 찾는 과정에서 진정한 행복을 느낄 수 있다고 했다. 이는 어떠한 목적에 달성하지 못했더라도 그 과정에 충실했다면 행복하다는 뜻이다. 이 방법은 지금의 우리가 생각하기에 마음에 썩 내키지 않는 방법이긴 하지만 그의 생애를 보자면 이해가 가는 논리이며 우리의 부족함을 일깨워 주는 논리이다. 그는 그의 행복을 실천하기 위해 쇠사슬처럼 묶여진 모든 정신적 물질적 풍요로움 풀어 헤치고 어렵게 생계를 유지하면서, 홀로 고군분투하다가 결국은 모두의 이성을 위한 역작 『에티카Ethica』를 탄생시켰다. 중요한 것은 그가 그렇게 사는 동안 행복하게 일생을 마쳤다는 것이다. 그는 철학자들의 철학자라 불릴 만큼 완벽한 실천의 과정을 통해 자유로운 행복을 추구했다. 우리가 찾으려는 최종 목표에는 대개 도달하지 못하며, 대부분 너무 높은 목표를 가지고 있다. 지금 이 시대에 우리가 알고 있는 커다란 목표에 도달한 사람들이라도 모두 행복하지는 않다. 행복의 눈높이가 높아졌고, 그렇게 도달한 행복이라도 또 다른 욕망과 걱정을 배양하기 때문이다. 이러한 현상은 현대과학이 낳은 물질과 정보의 풍요 속에서 비롯되었다.

스피노자의 방법론을 따른다면 우리가 세운 목표는 더욱 쉽게 달성할 수 있다. 왜냐하면 지속적이고도 이성적 행위는 행복을 유지할 수 있기에 그렇게 한다면 이미 행복해져 있고, 그러기에 욕망을 억제할 수도 있기 때문이다. 그는 "행복은 덕의 대가가 아니라 덕 그 자체이다."라고 말했다. 여기에서 덕은 이성적 행위를 말한다. 그리고 그는 "우리는 욕망을 억제하기 때문에 행복해지는 것이 아니라, 반대로 행복을 누리기 때문에 욕망을 억제할 수 있다."[30]라고 했다. 이는 '최고의 이성 즉 지혜 자체가 행복이다.'라는 그의 논리에서 비롯된다. 그는 최고의 이성에 다다랐을 때 최고의 정신적 만족, 즉 행복에 도달할 수 있다고 했다. 그 이성이란 모든 현상이나 행위에 대하여 이해하는 능력이며 아는 능력이다. 그리고 그 이해의 끝에는 세상을 움직이는 자연을 이해하는 마음이 있어야 한다고 했다. 스피노자는 인간을 '자연'으로 이해했다. 이에 따라 인간의 감정도 자연이기에 우리의 감정을 자연으로 이해하게 됨으로써 이 세상에서 발생하는 대부분의 고통에서 벗어나는 기쁨과 자유를 성취할 수 있다고 논증했다.

동양의 금욕주의

욕망을 근본적으로 없애거나 줄여서 행복해질 수 있는 방법이 있다. 서양의 행복론이 욕망이라는 존재를 세상과의 관계에서 조절하는 논리로 설명하고 있다면, 동양의 금욕주의는 자신의 마음을 바꾸면 한순간에 욕망이 제거된다는 단순한 논리를 가지고 있다. 그러기에 어찌 보면 서양의 행복 논리보다 동양의 논리가 더욱 효과적이기도 하다. 금욕주의는 동양 철학에서 가장 중요한 주제이다. 그것의 중심에는 노자老子:연대 미상이며 춘추시대 초나라의 철학자로 전해지고 있다와 장자莊子, BC 369~286로 대표되는 노장사상老莊思想의 '무위無爲: action without intention'의 개념이 있다. 이 논리는 한마디로 정의하기란 매우 힘든 일이지만, 쉽게 설명하기 위해 적어본다면 '의도적으로 아무것도 하지 않지만, 모든 것을 담을 수 있다.'는 논리이다.

무위는 '아무것도 하지 않음'이라는 뜻이 아니라, 자연의 모습처럼 자연스러운 흐름에 따라 행동하는 것을 의미한다. 즉, 억지로 무언가를 이루려 하지 않고, 만물자연의 본성에 따라 자연스럽게 살아가는 것이다. 이러한 개념을 흔히 무위자연無爲自然이라 한다. 무위자연은 속세를 떠나 자연 속에서 살라는 뜻으로 해석하는 것보다는 속세에서 인위적인 생활을 억제하고 자연의 순리에 따라 사는 것으로 해석해야 한다. 노자는 인간이 억지로 무언가를 이루려고 할 때 오히려 문제가 발생한다고 보았다. 예를 들어, 억지로 물을 높은 곳으로 끌어 올리려고 하면 물이 넘쳐흐르게 된다. 마찬가지로, 인간이 억지로 욕망을 채우려고 하면 오히려 불행해질 수 있다고 했다. 이러한 배경으로 노자는 물水의 속성을 최고의 좋음, 즉 선上善若水: 상선약수이라 여겼다. 물은 낮은 곳으로 흐르며 다른 사람을 이롭게 하고, 남을 도와주는 것에 아낌이 없으면서, 자기를 주장하는 데 급급하지 않고, 어떠한 상황에도 능동적으로 대처하는 삶의 자세를 가리키는 의미로 쓰인다. 이러한 겸허하고 남과 다투지 않는 물의 속성은 무위를 통해 자연스러운 삶을 추구해야 한다는 주장을 대변하고 있다. 노자는 자신의 욕망을 억제하고, 타인과의 관계를 자연의 이치와도 같게 조화롭게 유지하는 것이 자신의 행복을 위해 그리고 세상의 평화를 위해 중요하다고 역설했다.

특히 노자의 사상을 완성시킨 장자는 "인생은 소풍처럼 잘 놀다 가는 것"이라 했다. 그는 이러한 사상을 '소요유逍遙遊'라는 개념으로 설명했는데 이는 인생을 '산책이나 소풍을 즐기듯 자유롭게 사는 것'을 의미한다. 세상 모든 것은 제한적인 시간 안에 머문다. 장자는 자기 아내가 죽었을 때도 북을 치며 노래를 불렀다고 한다. 장자의 예시에는 과장법이 다수 포함되어 있다는 사실을 인식한다면, 아내의 죽음이 슬프지 않았던 건 아니지만, 아내가 태어나기 이전의 모습을 생각해 보니 원래 삶이란 없는 것이며, 그리 슬프게 생각할 일만은 아니라는 뜻이다. 죽음이란 우리가 가진 본래 상태로 돌아가는 것뿐이니, 아내의 죽음을 슬퍼한다면 자연이라는 거대한 운명을 받아들이지 못한다는 뜻이다. 장자는 노자의 무위자연의 논리를 계승하고 그것에서 발전하여 어떠한 것에도 구속받지 않는 자유로운 생활을 영유하는 것이 행복에 도달하는 길이라고 말했다. 위 아내의 죽음에 대한 장자의 반응은 바로 범인혹은 세인의 사고방식에서 나온 행위가 아닌, 넓고 자유로운 그만의 자연관에서 나온 결과이다. 여기에서 우리는 "존재의 의미가 유한한 시간성에 있다."는 하이데거와 그의 후계자 사르트르가 강조한 '자유로운 존재의 의미'가 동양의 노장사상과 닮아 있다는 사실을 짐작하게 된다. 실제로 노장사상은 하이데거를 비롯한 서양철학가와 사상가들에게 많은 영향을 주었다. 그 대표적인 예가 러시아 대문호 톨스토이가 노자의 대표작 『도덕경』을 번역하여1913 서양에 널리 알린 일이다. 노자의 '무위' 사상은 톨스토이의 '비폭력 무저항주의'에 큰 영향을 주었으며 이후로 인도의 정치가 간디에게도 전달되었다.

많은 철학자들은 욕망을 지혜롭게 조절해야 행복해진다고 강조했다. 그리고 그 행복에 도달하지 못하더라도 그 과정이 훌륭했다면 그 과정 자체가 행복한 시간이라고 말했다. 더불어 자연의 이치대로 살게 되면 그러한 욕망으로 인한 고통은 자연스럽게 해결된다고 동양의 철학자들은 말했다. 우리가 어렸을 때의 즐거웠던 시절을 떠올려 보자. 우리의 어린 시절은 방과 후 하루 종일 동네 골목으로 들로, 숲으로 뛰어다니며 노는 게 일상이었다. 그 시절에는 욕심이나 걱정이 없었고, 표현에는 제한이 없어서 조그만 웃음거리에도 목소리는 하늘을 찔렀다. 아이들은 소박하고 단순했으며 욕망이 없었다. 그 모습은 자연 그 자체였다. 원시시대 소규모 씨족 공동체로 살던 그 시절, 자연과 동일한 모습으로 살았던 그 시절이 아마도 어린 시절의 그 단순함과 동일하지 않을까 싶다. 지금 우리가 그 단순함으로 돌아갈 수 있다면 쓸데없는 욕망은 줄어들 게 분명하다. 행복으로 가는 길은 어쩌면 생각하는 것 이상으로 수월할 수도 있는 문제이다.

우리는 지금 너무 많은 생각과 걱정으로 인하여 행복의 본질에서 멀어지고 있다. 어린 시절의 단순함, 그리고 자연스러운 감정들과 표현들이 지금 어른이 된 우리들이 찾아야 할 행복이 아닌가 싶다. 자연과 하나가 되는 체험은 내가 자연이 되는 현상을 경험하고 내가 곧 자연임을 알게 해주는 특별한 시간이다. 자연과 함께 지내는 시간은 지금 우리가 직면하고 있고 우리에게 고통을 주고 있는 물질과 명예의 욕망에서 벗어나게 하는 환경을 제공한다. 우리가 도시의 길이든 자연 속의 길이든 모든 자연과 더불어 걸을 때 겸손함에 익숙해지며 욕망이 없었던 본래의 자신으로 돌아가게 된다. 그러한 사실은 자신이 자연이 될 수밖에 없는 환경이므로 가능하며, 자신이 인간이라는 욕망의 주체에서 벗어나 자연의 일부라는 사실을 자연스럽게 느끼게 해준다. 이러한 이유로 말미암아 우리는 일상이 만든 욕망의 테두리에서 벗어나 우리를 무겁게 만드는 욕망의 굴레에서 벗어나려고 보다 넓은 세상의 길에 들어선다. 그렇게 해서 우리는 어린 시절 하늘을 찌르던 웃음을 되찾아야 한다.

동네 - 천상병 (시인, 1930~1993)

나 사는 곳
도봉구 상계1동
서울의 최북방이고
서울의 변두리

수락산과 도봉산
양편에 우뚝 솟고
공기 맑고 청명하다
산위 계곡은 깨끗하기 짝없다

통틀어 조촐하고
다방 하나 술집 몇 개
이발소와 잡화점
이 동네 그저 태평성대

여긴 서울의 별천지
말하자면 시골 풍경
사람들은 다 순박하고
자연을 사랑하고 향토(鄕土) 아끼다

C. 존재의 의미

있음과 없음

우리는 '왜 살아야 하는가.' 혹은 '산다는 것이란 무엇인가.'라는 사는 것 자체에 대한 사유를 해야 한다. 이 질문은 매우 쓸데없는 질문이며 죽음을 유도하는 말처럼 보이지만, 행복하기 위한 근본적인 질문이며, 그 행복의 본질을 완벽하게 구현하는 중요한 질문이다. 이러한 질문을 다른 말로 표현하자면 '존재의 의미에 대한 사유'이다. 즉, 이 세상에 왜 존재해야 하며, 어떻게 존재해야 하는가에 대한 사유이다. 행복에 있어서 재물, 권위, 사랑에 대한 욕구의 수치는 낮아도 되지만, 존재에 관한 욕구의 수치는 그 값을 정하기 힘들 정도로 커도 좋다. 존재는 행복 그 위에 있기 때문이다.

존재에 관한 사유는 고대시대부터 지금까지 철학자와 과학자들에게 중요한 주제였다. 그것은 행복의 근본을 제시하는 최고의 질문이자 지식이기 때문이다. 존재에 관한 사유는 아리스토텔레스의 관조하는 생활, 즉 철학적 사유에서 가장 중요한 주제였다. 아리스토텔레스는 '관조觀照; Contemplation적 생활그리스어, bios theōrētikos'을 감각적으로 포착하기 힘든 형이상학과 진리를 바라보는 영혼의 활동으로 생각했다. 그것의 중심에는 존재에 대한 사유가 있다. 그리하여 그는 향락적 생활, 명예를 위한 정치적 생활, 부를 위한 영리적 생활로부터 벗어나 관조적 사유를 가장 최상위의 좋음, 즉 철학하는 의식을 최상의 행복이라고 했다. 그 사유 자체에서 행복을 누릴 수 있다고 했다. 그리고 그는 관조적 생활을 여가생활에서 할 수 있는데,[31] 지금의 여행 혹은 트레킹은 그가 말하는 그 여가생활이다. 그가 말하는 여가 시간은 관조의 시점으로 세상을 보는 시간이며 사유하는 시간이며 신神적인 시간이다. 그러나 그러한 학문을 위한 학문의 사조가 현대에 와서 실제 현실에서 사용 가능한 학문으로 진화했다. 바로 실존 철학이다. 하이데거는 작정하고 존재에 대한 사유를 실생활에 적용하기 위한 실체로써 논증을 펼쳤다.

존재와 시간

하이데거는 대중들에게 추상적으로 보이던 존재의 의미를 시간과 관련하여 실제 생활에서 사용 가능하도록 『존재와 시간』이라는 책을 썼다. 하이데거 이전의 철학에서 '존재'는 사물들이 가지고 있는 '있음'으로의 형이상학적 성격이 있었지만, 하이데거의 '존재'는 살아 숨 쉬는 인간의 이야기이다. 하이데거는 그 책에서 오직 인간만이 사유할 수 있고, 그럼으로써 존재한다고 썼다.[32] 그는 또 그 책에서 이렇게 적었다. "인간은 세상사람, 사회, 우주의 다른 존재자들과 관계를 맺으면서 생긴 의미 속에서 존재한다. 세상이란 단지 현재 존재하는 개체가 아니라 현재 존재하는 다양한 방식으로 관계를 맺음으로써 형성된 일종의 의미 체계인 것이다. 그러므로 현재 존재하는 인간을 존재하도록 만드는 것은 존재감을 만들어 내는 형태나 관념이 아니라 현재 존재하는 생각으로서의 존재 의식현존재; 現存在; 독일어, Dasein이다."

하이데거는 그 존재 의식은, 일정 동안 살다가 죽는 유한한 존재라는 것을 토대로 하여 "죽음을 자각하는 자만이 일상성에서 벗어나 주체적인 의식으로 삶을 살 수 있다."고 했다. 그것은 앞에서도 거론한 바 있는 하이데거의 '본래적인독일어, eigentlich 삶'이다.[33] 제6부 트레킹의 의미/1장 일상에서의 탈출/228-229P 참고 본래적인 삶이야말로 자신이 진짜로 원하는 게 무엇인지, 자신에게 진짜로 중요한 게 무엇인지 알 수 있게 된다고 말했다. 죽음을 단순히 인식하는 것만으로는 본래적인 삶을 살 수 없다. 죽음에 대한 불안으로 인해 사람들은 스스로를 세인으로 전락시키며 자신의 죽음을 은폐하고 외면하게 된다. 자신이 언젠가는 죽게 된다는 사실을 확실하게 미리 앞서가서 봄으로써 새로운 삶을 살 수 있다는 말이다.

하이데거의 이러한 사유는 '없음'에서 비롯된 '있음'의 사유이다. 즉 '무無; 독일어, Nichts'에서 비롯된 '존재'의 사유이다. 이러한 하이데거의 논리는 방금 전에 거론한 동양의 노장사상老莊思想에서 비롯된 사유임을 여러 전문가들이 입증했으며,[34] 그가 노자의 대표작 『도덕경』을 독일어로 번역했음은 이 사실을 뒷받침해 주고 있다. 그는 노장사상의 무의 개념을 활용하여 시대에 맞는 자신의 철학을 완성하였다.[35] 이러한 무에서 비롯된 존재의 의미는 시간과 공간을 초월하는 존재의 의미를 사유하게 한다. 즉 우리가 지금 존재하고 있는 것은 무한한 무에서 비롯된 존재라는 사실을 인식하게 한다. 이 논리는 방금 전에 거론한 장자 부인의 죽음에서 그가 북 치고 노래를 불렀다는 사실을 이해하게 해준다. 정확한 하이데거의 '존재의 의미'를 이해하기 위해서는, 동양 철학의 고전 노장사상의 '무無' 혹은 '빔虛: 비어 있는 상태'에 대한 논리를 살펴보아야 한다.

동양에서의 존재

노자의 『도덕경』 제11장을 살펴보자. "삼십 개의 바큇살이 하나의 바퀴통에 집중하여 있다. 그러나 그 바퀴통 속에 아무것도 아닌 빔이 있기 때문에 바퀴는 회전할 수 있어서 마차로서의 쓸모가 있는 것이다." 이 비유는 장자 부인의 죽음을, 죽음 이전의 상태와 죽음 이후의 상태를 모두 놓고 볼 때 그리 슬퍼할 만한 사실은 아니라는 의미를 부여한다. 하이데거의 '존재의 의미'를 장자 부인의 죽음에 빗대어서 사유하자면, 모든 사람들은 태어나기 전과, 죽은 후의 그 무한한 빔의 시간을 존재의 의미에 포함해야 한다. 태어나고 죽는 것은 대부분 죽어 있는 자연의 상태에서 비롯된다는 뜻이 담겨 있다.

이 비유를 하이데거는 항아리로 비유했다. "항아리는 다른 물건을 담는 사물이다. 사람들은 이 담을 수 있음을 항아리의 바닥과 벽으로부터 파악한다. 그러나 우리가 포도주나 물을 항아리에 부을 수 있는 것은 항아리의 벽과 바닥 때문이라기보다, 벽과 바닥 사이에 빈 곳이 있기 때문이다." 하이데거는 "그릇의 담는 자는 빔이다. 항아리에서의 무無: nichts인 이 빔이 곧 항아리가 담는 그릇으로서의 항아리이게 하는 것이다."라고 말했다. 이러한 사유에서 그 유명한 '죽음을 자각하는 자만이 일상성에서 벗어나 주체적인 의식 '본래적인eigentlich 삶'으로 살 수 있다.'는 그의 논리가 생겨난 것이다. 즉, 죽음이라는 빈 공간은 원래 인간 존재의 실체를 담는 그릇이며, 우리의 삶이란 존재의 실체를 담고 있는 그릇의 인식 속에서 '본래적인 삶'을 살 수 있다는 논리이다.

동서고금을 막론하고 철학자들의 존재에 대한 사유는 그 존재에 의미를 부여하여 좀 더 지향적인 생활의 의지를 불러오게 한다. 그러나 최근의 과학자들에서는 과학이 발전할수록 존재에 대한 지향적 의미보다는 과학적 사실에 의한 회의주의nihilism로 흐르는 경향을 발견하게 된다. 물리학자의 관점에서 보자면 인간은 원자들로 구성되어 잠시 원자의 집합체로 있다가 그 생명력을 잃게 되면 다시 원자로 흩어져서 우주로 돌아가는 허무한 물질에 불과하다. 그리고 현대 생물학의 관점에서 보자면 우리는 유전자를 후세에 운반하기 위한 생존 기계에 불과할 뿐이다. 이러한 사조는 지금까지 우리가 추구해 온 이성적 존재의 의미 자체를 뒤흔드는 생각이기도 하지만, 인정할 수밖에 없는 사실이기도 하다. 하이데거는 이러한 과학에 의한 회의주의를 비판하고 그에 따른 위험성을 예고하기도 했다.

통섭으로의 존재

이러한 과학과 철학의 대립상황을 주시한 통섭의 과학자라 불리우는 에드워드 윌슨Edward Osborne Wilson, 1929~2021은 그의 저서 『인간 존재의 의미』에서 이렇게 말했다. "우리 인간은 생물학적 유전자와 문화적 유전자가 함께 공진화를 해왔다. 이 둘은 서로 상호작용 하며, 어린아이부터 유년기를 거쳐 성년기를 지나 삶을 마감할 때까지 작동한다." 그는 과학과 인문학이 하는 말과 하는 일을 볼 때, 서로 근본적으로 다르다는 것은 사실이지만, 그 기원을 보면 둘은 서로 상호보완적이며 인간 뇌의 동일한 창의적 과정들을 통해 나온다고 말하면서, 과학의 발견적이고 분석적인 힘이 인문학의 내성적 창의성과 결합 된다면, 인간 존재는 무한히 더 생산적이고 흥미로운 의미를 지니게 될 것이라고 말했다.

윌슨은 인간의 본능은 기본적으로 동물의 본능과 동일하지만 진사회성eusociality이라는, 일종의 진정한 사회적 조건을 갖춤으로써 지구에서 수월한 생존과 번영의 조건을 확보했다고 말했다. 그러나 그는 지금까지의 인간 역사가 보여준 것과 같이, 뛰어난 두뇌와 진사회성의 특징으로 인해 지구에서 유례없는 제왕 노릇을 하고 있지만, 그로 인한 걷잡을 수 없는 욕망을 어떻게 이해하고 제어하면서, 지속 가능한 삶을 이어갈 수 있는지에 대한 질문과 제안을 던졌다.

윌슨은 이를 위해 일찍이 17세기 초에 영국의 철학자이자 정치가인 프란시스 베이컨Francis Bacon, 1561~1626이 "인간의 제국"이라고 언급했던 대로 인간이 전적으로 스스로 알아야 할 필요가 있는 모든 것을 알 수 있고, 앎으로써 이해할 수 있고, 이해함으로써 전보다 더 현명하게 선택할 능력을 얻는다는 믿음을 토대로 하는[36] 이른바 '계몽운동'이 21세기인 이때에 본격적인 발을 내딛고 출항할 시점이 된다고 보고 있다. 모든 것을 알기 위해서는 모든 학문에 대한 전반적인 이해를 전제로 하며, 이는 학문 간의 소통과 대화 즉, 윌슨이 제안한 통섭consilience이라는 차원에서 이해하자고 제안했다. 물론 그가 주장하는 통섭에는 생물학 위주의 논리나 현대 철학을 평가절하하는 내용이 포함되어서 학계의 비난을 불러일으키기도 했지만, 통섭이라는 큰 틀에서 볼 때 그의 제안은 합당하며 미래지향적인 제안으로 여겨진다. 이러한 제안은 다윈주의라는 다양성을 존중하는 논리, 즉 다양한 지식이나 의견을 존중해야 한다는 사회적 제안에서 비롯된 것이라서 그 의미가 크다.

존재의 방법

우리는 시대를 앞서 세상을 통찰했던 동서양의 철학자들과 과학자들의 존재 방식을 살펴보았다. 그리고 우리는 지금까지의 존재에 관한 사유의 방식에서 좀 더 넓고 다양한 방식이 필요함을 알았다. 그 넓은 사유의 방식은 공간과 시간을 초월하는 사유의 방식이며, 그 다양한 사유의 방식은 과학과 철학혹은 인문학을 통합하는 사유의 방식이다. 현상학의 철학 사조를 구성한 에드먼트 후설Edmund Husserl, 1859~1938은 인간이 의식할 수 있는 범위에 대하여 이렇게 말했다. "인간은 지향적이며 초월적 의식을 지니고 있다. 몸은 여기에 있지만 의식은 어느 곳에든 갈 수 있다. 늘 관계하고 있는 사회를 벗어나 지구별 우주까지 의식의 범위를 확대할 수 있다. 그 의식의 범위가 나의 세상이 된다."

우리가 생명체로 숨 쉬게 하는 것은 우주에서 온 산소oxygen 때문이며, 움직일 수 있도록 영양분을 공급해 주는 것들은 우주에서 온 햇빛이 키운 모든 것들이다. 우리를 살아 있도록 유지해 주는 산소, 햇빛, 물, 수소, 질소, 탄소 등 대부분은 우주에서 온 물질들이다. 이러한 우주와 생명 현상에 관한 관계적 사실들은 우리 존재에 대한 의미를 부여하게 하는 매우 중요한 요소들이다. 여기에서 우리는 이 척박하고 무의미해 보이면서 모두 죽어 있는 대자연 우주라는 공간에서, 잠시라도 스스로 움직이고 서로 관계하며 존재하는 경이로운 생명체라는 사실을 인식하게 된다. 이러한 거시적 인식의 능력은 우리 인간들만이 가질 수 있는 경이로운 특성이기도 하며, 우리에게 경이로운 의미를 부여하는 토대가 되기도 한다.

우리들은 우연하고도 의미 없이 이 세상에 던져진 존재이지만, 세상의 다른 그러한 존재들과 관계를 맺을 수 있다. 그리고 그 관계들에는 각자의 의미를 부여할 수 있다. 그러한 의미의 부여로 말미암아 지금까지 우리가 생각했던 각자의 '사물로서 존재' 방식에서 벗어나 세상과의 다양한 방식으로 관계를 맺음으로써 형성된 '의미 체계로서의 존재 의식현존재'을 가질 수 있다. 더불어 자신의 고유하고 본래적인 존재가능을 실현하고 양심의 소리에 귀 기울이면서 생활하는 '본래적인 삶'을 살 수도 있다. 이러한 방식은 자유로운 존재 방식이며 지향적인 존재 방식이다. 이러한 존재 방식은 스스로에게 참다운 존재의 의미를 부여하게 된다. 그 관계의 대상은 가끔 만나는 편의점 주인이 될 수 있고, 보기 싫은 직장 상사가 될 수 있으며,『자라투스트라는 이렇게 말했다』의 검은 뱀이 될 수도 있으며, 숲속에서 지저귀는 새도 될 수 있다. 그리고 지나간 추억을 회상함으로써 그 추억의 시간을 존재의 시간에 포함할 수 있다. 어떠한 나쁜 관계라도 그 관계가 종속되지 않은 것이라면, 아무것도 관계하지 않는 것과는 비교할 수 없는 존재의 의미가 있다.

우리는 대자연으로 나가서 하루에도 몇 번씩 자연을 포함한 우주를 의식하고 교감함으로써, 그들과의 존재의 의미를 부여할 수 있다. 우리 의식의 행동반경에는 제한이 없으며 어느 지역이든 어느 시간이든 초월적인 관계가 가능하며, 또한 그렇게 하지 못할 이유도 없다. 그러한 자유로운 시간과 공간의 관계 속에서 더욱 확장된 존재의 의미를 부여할 수 있는 것이다. 또한 그러한 경험은 나를 포함한 모든 자연들이 개별적으로 분리되어 있는 것이 아니라 모두가 연결되어 있다는 사실을 알게 해준다. 특히 자연에서의 명상은 이러한 사실로의 접근을 수월하게 도와준다. 특히 의도적으로 마음을 이완한 상태에서 자연의 현상을 관찰함으로써 우리는 모든 관계에 의한 존재 의식 존재감을 몸과 마음에 깊게 아로새길 수 있다. 모든 존재 의식은 그 의미의 부여에 있지만 그 의미를 명상으로써 의도적으로 깊게 아로새긴다면 존재 의식은 더욱 충만해진다. 우리의 몸과 마음이 자연의 모습으로 정렬이 될 때, 그렇게 우리는 생명체로서 경이롭게 살아 있음에 대한 상념이 깃들고, 모든 생명들과 가족, 나 자신을 비롯한 사회와 세상에 대해 겸손하면서도 서로 연결되어 있는 존재의 의식과 만나게 된다.

꽃의 존재는 내가 그 꽃으로 다가가서 그 꽃을 보아줄 때 생겨나고, 나의 존재는 누가 나의 이름을 불러주었을 때 생겨난다. 우주의 존재는 내가 우주를 바라볼 때 비로소 우주가 존재하며, 우주의 존재는 바로 나의 의식 속에 존재한다. 내가 죽으면 우주의 존재는 나의 의식 속에서 사라지고 만다. 그러나 나의 의식 속에서 온 우주가 사라진다고 해도, 이미 나의 복제 유전자로 만들어진 자손들의 의식에는 내가 만들었던 우주와 흡사한 우주가 존재하게 된다. 우리는 우리가 알고 있는 한 이 우주에서 유일하게 의미를 부여할 줄 아는 생명체이다. 의미 없이 이 세상을 살아가는 사람이 한 사람도 없다는 가정을 한다면, 불멸의 유전자 혹은 뇌 속의 '밈meme 제1부 트레킹의 신비/2장 인간의 진화/32P 참고'에 의한 생명 연속성의 사실은 충분히 우리에게 그러한 가능성을 부여해 주는 실체로서 그 역할이 가능하다. 그러한 존재에 대한 의미의 부여는 자손들의 의식에 나의 의식이 포함되어 살아 숨 쉬게 된다는 의미가 있으며, 자손들이 보는 우주의 모습은 내가 평소에 보았던 우주의 모습이 포함되어 있다는 것을 의미하며 우리 존재의 무한한 연속성의 가능성을 의미한다.

나를 비롯한 세상의 성스러움을 세상으로 나아가 천천히 살펴보고 경험하면서 그것들을 모두 인식하지는 못하겠지만 일부분만이라도 그렇게 할 수 있다면, 우리는 그만큼 존재의 기쁨을 얻을 수 있다. 그리고 그 사실들은 생활의 에너지와 연결이 가능하다. 그중에서 모든 존재하는 것들과의 우호적 관계는 최고의 존재의 의미이며, 우리가 지녀야 할 가장 중요한 가치라고 생각한다. 나와 나 자신, 그리고 주변 사람들, 세상, 자연을 비롯한 우주, 그 모든 것들의 우호적인 관계. 그것을 우리는 사랑이라고 부른다. 사랑은 세상으로의 걷기 여행에서 우리가 만나고 싶어 하는 가장 보편적인 가치이며, 지금의 우리 그리고 미래의 우리가 지녀야 할 가장 소중한 가치이다. 이것이 우리가 넓은 세상으로 나아가서 찾고자 하는 존재의 방법이 아닌가 싶다.

꽃 - 김춘수 (시인, 1922~2004)

내가 그의 이름을 불러주기 전에는
그는 다만 하나의 몸짓에 지나지 않았다.
내가 그의 이름을 불러주었을 때
그는 나에게로 와서 꽃이 되었다.

내가 그의 이름을 불러준 것처럼
나의 이 빛깔과 향기에 알맞는
누가 나의 이름을 불러다오.
그에게로 가서 나도 그의 꽃이 되고 싶다.
우리들은 모두 무엇이 되고 싶다.
너는 나에게 나는 너에게 잊혀지지 않는 하나의 눈짓이 되고 싶다.

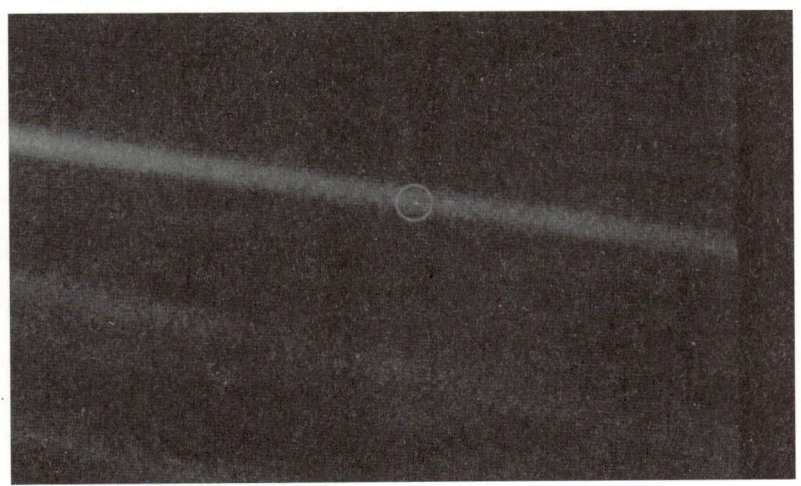

- 창백한 푸른 점

  사진은 1990년 보이저1호가 지구와 61억km 떨어진 지점에서 촬영한 지구의 모습이며 천문학자이자 인류학자인 칼 세이건이 '창백한 푸른 점'이라고 이름 붙인 사진이다. 동그라미 내부에 있는 것이 지구이며, 그 지구를 관통하는 빛은 보이저1호의 카메라 렌즈가 태양빛을 받아서 내는 빛이다. 칼 세이건은 자신의 저서 『창백한 푸른 점』에서 다음과 같이 기록했다. "이렇게 멀리 떨어져서 보면 지구는 특별해 보이지 않습니다. 하지만 우리 인류에게는 다릅니다. 저 점을 다시 생각해 보십시오. 저 점이 우리가 있는 이곳입니다. 저곳이 우리의 집이자, 우리 자신입니다. 여러분이 사랑하는, 당신이 아는, 당신이 들어본, 그리고 세상에 존재했던 모든 사람들이 바로 저 작은 점 위에서 일생을 살았습니다. 우리의 모든 기쁨과 고통이 저 점 위에서 존재했고, 인류의 역사 속에 존재한 자신만만했던 수천 개의 종교와 이데올로기, 경제체제가, 수렵과 채집을 했던 모든 사람들, 모든 영웅과 비겁자들이, 문명을 일으킨 사람들과 그런 문명을 파괴한 사람들, 왕과 미천한 농부들이, 사랑에 빠진 젊은 남녀들, 엄마와 아빠들, 그리고 꿈 많던 아이들이, 발명가와 탐험가, 윤리도덕을 가르친 선생님과 부패한 정치인들이, '슈퍼스타'나 '위대한 영도자'로 불리던 사람들이, 성자나 죄인들이 모두 바로 태양빛에 걸려 있는 저 먼지 같은 작은 점 위에서 살았습니다."

제7부

트레킹의 실행(실습)

트레킹에 대하여 전반적으로 이해했으니 이제는 넓은 세상으로 나갈 시간이다. 일상을 벗어나는 세상이라는 장소는 언제나 비, 바람, 햇빛 등 자연에 노출되어 있으며, 부상, 야생동물, 조난 등 다양한 변수가 존재하는 곳이다. 그러나 그곳에는 자유와 기쁨이 있고, 우리가 미처 모르고 있었던 세상의 성스러움이 있고, 우리를 기쁘게 존재하는 방법이 있다. 제7부는 계획한 트레킹을 차질 없이 완주하는 그 성공에 대한 전략이다. 트레킹에 대한 이론의 공부와 실제 경험은 마치 게임기로 자동차를 운전할 때와 진짜 자동차를 타고 거리를 운전하는 것에 비유된다. 진짜 자동차를 타고 운전할 때에는 연료가 얼마만큼 남아 있는지 확인해야 하며, 내비게이션 작동법을 알아야 하고, 사고가 발생하면 보험회사와 연락하는 방법도 알아야 하는 등 실제로 발생하는 변수에 대처해야 한다. 7부에서는 실제 트레킹에서 발생 가능한 상황들과 변수의 해결방법을 중심으로 소개했다. 물론 이 중에 일부분은 평생의 트레킹에서 경험되지 않을 사항들도 있다. 그러나 마트나 병원이 없고, 사고가 발생할 수 있는 자연 지역에는 우리를 난처하게 만드는 일들이 예상하지 못하는 곳에서 종종 발생한다.

　트레킹에서 지내고자 하는 시간은 한정되어 있고, 우리는 일상생활로 안전하게 복귀해야 하는 현대인이다. 자연으로 떠날 계획을 세웠다면 교통편이나 숙박시설을 예약해야 하며, 사용할 물품들을 점검해야 한다. 장거리 트레킹을 계획했다면 계획서를 작성하여 빠진 물품이나 예약을 메모해야 하며, 사전에 체력과 컨디션을 만들어 놓아야 한다. 그리고 발생 가능한 다양한 변수들에 대처하는 기술도 알아 두어야 한다. 그래야만 예정된 시간에 만족스러운 트레킹을 마치고 안전하게 집으로 돌아올 수 있으며, 세상으로 나아가 얻게 되는 그 모든 혜택을 누리면서 트레일을 완주할 수 있다.

| 1장 사전 준비

A. 사전정보 파악

　가고자 하는 트레일과 그 지역에 대한 사전정보는 관련 서적이나 해당 트레일 공식 홈페이지, 해당 국립공원 홈페이지, 그밖에 인터넷 서핑이나 유튜브 등에서 파악이 가능하다. 사전정보는 트레일의 난이도를 비롯하여, 숙박시설, 교통편, 식사관계 등을 포함한다. 그리고 해변 트레일이 포함되어 있다면 물이 빠지는 시간간조/만조을 알아보고, 간조 시간을 이용하여 멋진 해변을 걸을 수 있도록 준비한다. 여행 날짜가 다가오면 현지의 날씨를 알아보고 만약 악천후가 예보된다면 그에 따라 일정을 조정한다. 사실 트레킹의 성공 여부는 현지의 사전정보를 얼마나 정확하게 파악하느냐에 크게 좌우된다. 현장에서 헛고생을 하지 않고 원하는 트레킹을 하려면 충분한 사전정보의 파악이 절대적이다.

　네팔 안나푸르나 베이스캠프(ABC)Annapurna Base Camp 트레킹을 예로 들어보자. 우선 인터넷 서핑을 통하여 ABC 트레킹에 대한 전반적인 정보 파악이 가능하다. ABC 트레킹의 개요는 네팔 포카라 근처 나야풀에서 도보로 출발하여 몇 곳의 로지lodge 에서 숙박을 거쳐 안나

---

* 로지는 사냥꾼들이 사냥을 위해 산속에 만들어 놓은 임시가옥 형태를 말하는데 트레커를 위한 산장 개념의 가옥을 흔히 로지라고 부른다. 음식과 침대 시설을 제공하는 로지가 있는가 하면 단지 대피소 개념의 간단한 로지도 있다. 네팔 히말라야산맥 지역에 있는 로지들은 트레커들을 위한 숙소 개념으로 음식과 침대를 제공하며 높은 고도에 마을과 함께 자리 잡고

푸르나 베이스캠프까지 다녀오는 일정이다. ABC 트레킹에 대한 정보는 블로그, 유튜브, 관련 서적, 그리고 현지 여행사 홈페이지 등에서 코스, 로지, 교통 등 상세한 정보의 파악이 가능하다. 이러한 정보를 통하여 로지에서 최소 6일 정도는 숙박해야 하며, 로지에는 충분한 난방이 되지 않기 때문에 침낭을 준비해야 하는 점도 인식해야 한다. 트레일의 최고 고도 지점 안나푸르나 베이스캠프에 근접할 때는 고소병고산병에 대비해야 한다. 고소병의 원인과 증상, 예방과 치료방법에 대해서는 '제7부 트레킹의 실행실습/5장 고소병고산병/331-337P'를 참고한다.

　이해를 돕기 위해 한 가지 더 예를 들어보자. 미국의 존 뮤어 트레일(JMT)John Muir Trail은 요세미티의 해피 아일즈Happy Isles에서 시작하여 시에라 네바다 산맥을 거쳐 미국 본토에서 가장 높은 휘트니산4,421m까지 연결된 약 350km의 장거리 트레일이다. 종주를 하는데 일반적으로 20일 정도가 소요되며, 모든 일정을 야영장에서 캠핑을 하며 걸어야 한다. 장거리 일정이므로 중간에 만나는 대피소 부근에 미리 필요한 물품들을 보내두는 방식으로 걸으며, 숙식할 짐을 배낭에 메고 종주를 하는 것이 JMT의 일반적인 걷기 방법이다. JMT는 종주하기도 힘들지만 입산에 대한 허가받기permit가 까다롭기로 소문나있다. JMT는 구간별로 예약이 가능하며, 구간별로 제한된 인원만이 입장 가능하며, 전반적으로 경쟁이 치열하다. 인기 있는 구간은 예약이 더욱 어려우며, 일행이 적을수록 예약에 유리하다. 예약은 미국 국립공원 사이트에서 가능하며, 예약할 때에는 트레일 입구와 출구, 그리

있거나 로지만 있는 곳도 있다. 일반적으로 도보로만 접근이 가능하며 트레커들에게 음식과 숙소를 제공하기 위해 만들어졌다.

고 참여자 이름, 캠핑 장소 등을 입력해야 한다. JMT 역시 인터넷 서핑, 유튜브 서핑, 트레킹 전문여행사, 트레킹 전문잡지, 그리고 선답자를 통해 사전에 정보를 충분히 숙지하고 트레킹에 임해야 한다.

B. 팀원 구성하기

현지에 대한 사전정보를 충분히 숙지하였다면, 함께 다녀올 팀원을 구성하고 팀원들에게 준비물이나 예약에 대한 일을 분배시킨다. 그러는 과정에서 전체 과정을 총괄할 리더를 선정해야 하는데, 보통 트레킹을 기획한 사람이 리더 역할을 맡는다. 미지의 세계에 가고자 하는 욕망은 누구나의 본능이지만, 기획자야말로 그곳에 갈 수 있도록 현지 정보를 숙지하는 시간을 오래 가졌으며 그러한 시간을 통해 그곳에 가고 싶다는 의지력을 만들었기 때문이다.

트레킹 난이도를 감안하여 팀원을 구성해야 한다. 숙박 용품, 먹을거리 등 숙식에 관한 모든 것을 짊어지고 걸어야 하는 종주 트레킹에는 그에 맞는 경험과 체력 그리고 가고자 하는 의지력이 필요하다. 이러한 점에 유의하여 팀원들의 의지력이나 체력, 트레킹 경험을 점검해야 한다. 하루 일정의 트레킹이라도 부상의 위험을 가진 팀원이 있다면 전체의 안전한 트레킹을 위해 참여 여부에 대해 진심 어린 재고를 유도해야 한다. 트레킹의 야생성을 인식하지 못한 채 그저 트레킹에 대한 즐거운 상상만으로 참가하겠다는 의지는 서로에게 위험한 발상이다.

회계담당자를 지정하고 준비물을 팀원들에게 분배하여 준비의 효율성을 높인다. 이러한 준비물 분배에 대한 서로 간의 의견 조율과 의사소통은 팀원들이 그곳에 가고자 하는 의욕을 북돋아 주는 계기가 되며, 팀원들의 유대를 돈독하게 하는 계기를 제공해 준다.

C. 예약하기

현지 정보를 숙지하고 팀원을 구성하였다면, 그곳에 가기 위해 전반적인 사전 준비를 시작한다. 그중에서도 숙소나 교통편, 그리고 국립공원 등 탐방에 예약이 필요한 부분들은 미리 서둘러야 한다. 섬에서 진행되는 일정이라면 여객선을 예약해야 하며, 자동차로 이동해야 하는 일정은 현지 자동차를 미리 예약렌트해야 한다. 주의할 것은 인기가 있는 트레일이나 숙소는 예약이 일찍 마감되므로, 서둘러서 예약을 해야 한다. 예약의 성공은 트레킹에 있어서 절반의 완주이다.

산티아고Santiago 순례길의 예를 들어보자. 산티아고 순례길은 예수의 열두 제자 중 야고보의 무덤이 있는 스페인 북서쪽 산티아고 데 콤포스텔라Santiago de Compostela로 가는 고대 순례길의 광범위한 네트워크이다. 이 중에 가장 인기 있는 '프랑스의 길Camino de Santiago; 까미노 프란세스'은 약 800km의 장거리 트레일이다. 그 '프랑스의 길'을 걷고자 한다면 항공권을 미리 구입해 두어야 하는데 여행 출발 6개월 전이 가장 저렴하며, 일반적으로 출발과 도착을 같은 항공사로 선택하면 가격이 저렴하다. 800km의 코스에는 약 10km 단위로 순례자들을 위한 숙소들이 있는데 이러한 순례자들을 위한 숙소를 '알베르게alberque; 게스트하우스'라고 한다. '알베르게'의 예약은 대표적인 알베르게 예약 사이트인 https://www.gronze.com에서 할 수 있으며, 각 숙소의 이용 후기와 평점을 잘 살펴보면 어느 숙소가 좋은지 알 수 있다.

2장 준비물

  자연과 하나가 되기 위해서는, 인간이 만든 모든 인위적인 물품들을 배제하고 그곳으로 들어가는 게 적절한 논리라고도 할 수 있다. 다시 말해서 춥지만 않다면 원시인들처럼 의류나 신발을 걸치지 않은 채로 자연과 동일한 인간이 되어 자연 속을 걸어야만 완벽한 자연동화가 이루어지는 게 아닌가 생각해 볼 수도 있다. 이러한 탈문명적인 트레킹은 언젠가는 한번 도전해 볼 만한 행위이며, 충분히 보상받을 만한 행위라고 생각한다. 트레킹이 자연과 하나가 되기 위한 행위라면, 문명의 혜택에서 완전히 벗어난 조건으로 그 속을 걷는 것이 마땅하기 때문이다.

  그러나 트레킹이라는 행위는 몇 가지 주의점과 준비물을 필요로 하는 현대적 개념의 걷기 여행이다. 지금 우리의 몸과 마음은 원시인으로 복귀하여 야생의 자연 길을 걷기에는 너무나 문명화되어 있다. 그 몇 가지 주의점과 준비물이란 야생에서 안전하게 걷는 즐거움과 정해진 시간에 집에 돌아와야 한다는 안전성, 그리고 그것에 따르는 건강의 이득과 연결지어져 있다. 현재 우리가 야생에서 걷는 즐거움을 오랫동안 지속시키려면, 튼튼한 신발이 필요하며, 마실 물과 간식을 넣을 배낭도 필요하고 낙상 방지를 위한 트레킹 폴도 필요하다. 숲속에서 하룻밤을 지내야 하는 백패킹에서는 위의 준비물보다 훨씬 더 많은 물품을 준비해야 한다.

  중요한 것은 준비물이 많아질수록 배낭의 무게는 무거워지며, 배낭의 무게가 무거워질수록 무릎과 허리에 오는 중력의 하중이 커져서 좋은 컨디션으로 오랫동안 걷기가 힘들다는 사실이다. 결론은 이제

드러났다. 자연과 동화되는 데 필요한 가장 최소 단위의 물품들을 선택하는 일이다. 가장 최소의 물품들은 그 트레킹에서 없어서는 안 될, 꼭 필요한 것들이다. 그것들은 자연의 깊숙한 곳으로 걸어 들어가 자연과 동화되고 싶은 트레커들이 준비해야 할 필수 불가한 것들이며 긴 시간 함께 여행해야 하는 동반자이기도 하다. 트레킹에 임하면서 눈앞에 보이는 많은 물품들로 인하여 마음에 안심을 찾고자 하는 도시 생활식 발상은 트레킹의 본질에서 벗어나 몸과 마음을 무겁게 만들 소지가 다분하다. 트레킹에 임할 때는 최소한의 준비물로 몸과 마음의 자유로움을 얻는다는 마음이 중요하다. 그러한 태도에서 몸과 마음을 치유하거나 성찰을 위한 영혼의 사유에 접근이 가능하다.

이후에 열거한 물품들은 자연과 동화하는 데 필요한 최소한의 준비물들이다. 이 물품들 중에는 상황에 따라 불필요한 것들이 분명히 있다. 최소한의 물품을 선택하는 일은 신중한 고민이 필요하며 커다란 결단이 필요한 작업이다. 그 작업에는 걷는 거리가 길면 길수록 더욱 커다란 결단이 필요하다.

A. 당일 트레킹

◆ 참고:　▶ 꼭 필요함　▷ 상황에 따라 필요함

▶ 스마트폰 + 트레킹 앱APP

스마트폰으로 길의 방향을 안전하게 일러주는 트레킹 앱의 실행이 가능하다. 그리고 트레킹에서 같은 팀과의 의사전달통신이 가능하며, 위급한 상황이 초래됐을 때 119의 도움 요청 시 필요한 준비물이다.

트레킹 앱에 해당 트레일의 정보지도가 없을 경우에는 지면으로 제작된 지참해야 한다. 스마트폰에 실려 있는 각 트레킹 앱들의 사용법이 각기 다르므로, 필요하면 인터넷을 이용하여 그 사용법을 숙지하도록 한다. 1박 이상의 캠핑식 트레킹에서는 보조 배터리도 필요하다.

▶ 트레킹 지도

스마트폰으로 이용 가능한 트레킹 앱이 없을 경우 지면으로 된 트레킹 안내도가 필요하다. 트레킹 안내도는 안내판이 잘 설치되어 있는 트레일에서도 내가 어디쯤 가고 있는지를 알기 위해서 꼭 필요하다. 무엇보다도 안내판이 제대로 설치되어 있지 않은 트레일 또는 오지 탐험코스에서는 반드시 필요하다.

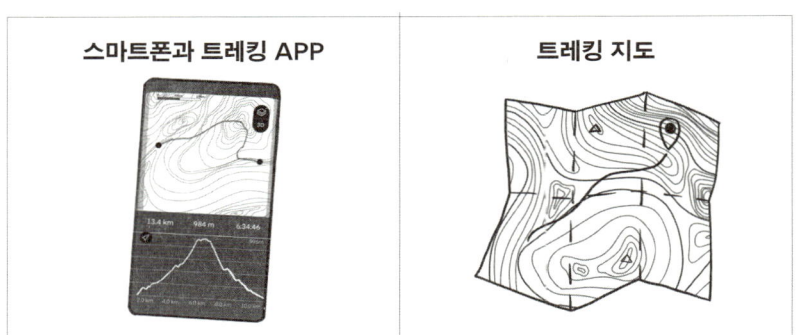

▷ 나침판오리엔티어링 나침판

나침판은 길 안내판이 부족하고 스마트폰이 작동되지 않는 오지 길에서 필요하다. 이러한 환경에서 나침판은 지도를 참고하여 자신이 가고 있는 방향을 알려주는 작지만 중요한 준비물이다. 참고로, 스마트폰의 트레킹 앱에도 나침판 기능이 포함되어 있고, 나침판의 기능만 탑재되어 있는 나침판 앱도 있다. 해가 뜨고 지는 방향으로도 자신의 진행 방향을 대략 알 수 있지만, 스마트폰이 작동되지 않고 길 안내판이 없는 오지 길에 들어가면 방향감각을 잃기가 쉽다. 이럴 때를 대비해서 나침판을 하나씩 준비해 가지고 다니는 게 좋다. 기왕이면 독도법에 용이한 오리엔티어링 나침판을 권장한다.

▶ 트레킹 폴스틱

트레킹 폴은 장시간 이어지는 트레킹에서 무릎과 허리에 가중되는 중력의 무게를 분산시켜 주는 특별한 역할을 해준다. 더불어, 고르지 못한 야생 길에서 중심을 잡아주며 부상 방지의 효과도 톡톡히 볼 수 있으며, 두 발로만 걸음으로 인하여 하체에 집중되던 운동 효과를, 폴을 잡은 두 손에 지속적으로 힘을 줌으로써 상체운동을 포함하는 전신운동의 효과도 볼 수 있는 건강 지향적인 준비물이다. 폴의 자세한 기능은 '제4부 트레킹의 기술/4장 두 발에서 다시 네발로트레킹 폴 기술/149-153P'를 참고한다.

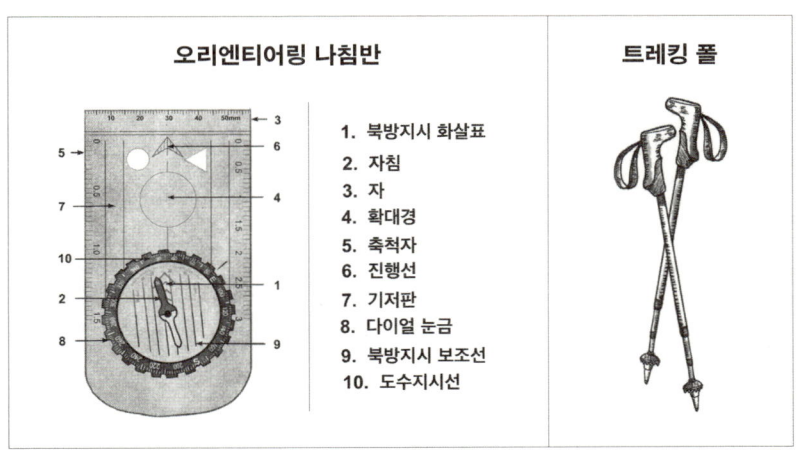

▶ 배낭

배낭은 트레킹 중에 먹을 식량이나 식수, 간식, 비상약품 등을 담을 수 있는 트레킹용 가방이다. 당일 트레킹에는 20~35리터 정도가 적당하며, 백패킹처럼 야외에서 숙식을 해결해야 하는 경우에는 60~80리터로 대용량 배낭을 준비해야 한다. 대용량 배낭에는 텐트, 침낭, 코펠, 버너휴대용 스토브 같은 야외숙박에 필요한 준비물들을 차곡차곡 넣어서 부피를 최대한 줄여야 한다. 효과적인 배낭 꾸리는 법은 '제7부 트레킹의 실행실습/3장 배낭 꾸리는 법/315P'를 참고한다.

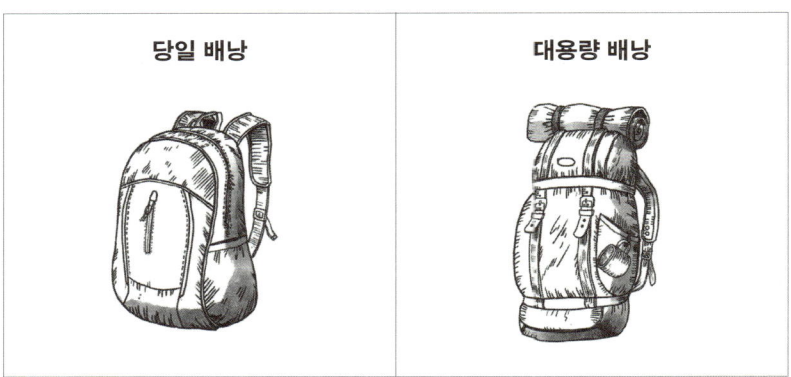

▶ 트레킹 신발

트레킹화는 일반 운동화와 비교해 볼 때, 신발 바닥이나 신발 몸통들이 질긴 소재로 구성되어 있어야 한다. 야생 길에서 많이 등장하는 돌부리나 나뭇가지들로 인하여 발바닥에 닿는 충격을 흡수해 주어야 하며, 장시간 걷기에 일반 운동화보다 안정성에서 유리해야 한다. 그리고 바닥에 미끄럼 방지 기능이 있는 트레킹화가 있어서 미끄러운 바위나 돌에서 그 기능을 발휘한다. 트레킹화에는 발과 무릎 연골의 충격을 흡수하기 위해 쿠션이 있는 깔창을 사용하기도 하지만 신발 자체에 쿠션이 있는 트레킹화를 선택하기도 한다. 그러나 쿠션이 있는 트레킹화는 발을 안전하게 잡아주는 안정성이 부족하다는 평이 있어서 각 트레킹화가 가진 기능의 장단점을 고려해야 한다. 트레킹화는 그 모양과 기능으로 볼 때 크게 두 가지로 구분이 가능하다. **첫 번째**, 비교적 가벼운 소재들로 제작된 일반 트레킹화경등산화가 있고 **두 번째**, 일반적인 트레킹화보다 길이 거칠거나 먼 거리를 위해 사용하는 단단하고 발목이 있는 트레킹화중등산화가 있다. 그러나 일반 트레킹화나 발목 트레킹화도 그 재질에 따라 당일 트레킹용 신발이 있는가 하면, 거칠거나 멀거나 높은 산에 오르거나 추운 겨울에 보온을 겸해서 사용하는 다양한 신발들이 있다. 크기size는 발에 너무 딱 맞는 것을 피하고 중지손가락이 발뒤꿈치에 들어갈 정도의 크기가 좋다.

▶ 트레킹 양말

일반적으로 4시간 이상 걸어야 하는 길에서는 발이나 발바닥에 가해지는 충격을 조금이라도 흡수하기 위해서 두툼한 트레킹용 양말을 신어야 한다. 비 오는 날이나 숙박 트레킹에는 갈아신을 여벌용 트레킹 양말도 필요하다. 며칠 이상을 걷는 장거리 트레킹에 임한다면 두 터운 트레킹용 양말 안에 얇은 폴리에스테르 양말을 함께 신어주는 것도 발의 보호와 물집 예방에 커다란 도움이 된다제7부 트레킹의 실행(실습)/6장 조난과 응급처치법/341-342P 참고.

▶ 의류

의류는 현지 온도와 날씨에 따라 선택해야 한다. 중요한 것은 너무 무겁지 않은 의류를 갖추어야 하며, 덥거나 추울 경우에 옷을 벗거나 입으면서 걷는 것이다. 즉, 너무 두텁거나 얇은 옷을 입어서 옷의 무게나 추위로 고생을 하지 말아야 한다. 몸에 붙는 옷은 몸의 움직임을 방해하는 요인이 되므로 피해야 한다. 꾸준히 걸을 경우 흔히 몸에서 땀이 나는데, 그럴 때를 대비하여 땀의 배출을 수월하게 하거나 체온을 보호하는 데 도움을 주는 방풍, 방수, 투습의 기능성 소재에, gore-tex를 준비하면 좋다. 여름에는 옷의 무게가 가볍고 땀을 빨리 흡수하고 배출 기능이 있는 쿨맥스cool max 소재를 많이 이용하고 있다.

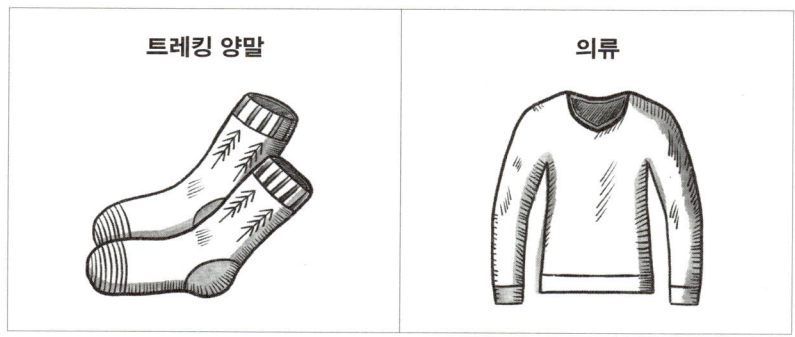

▷ 모자

추운 날씨에는 머리에서 빼앗기는 열을 보호해 주고, 더운 날에는 햇볕으로부터 피부를 보호하고, 열사병을 예방해 준다.

▷ 장갑

트레킹에서는 다양한 환경에 노출되기 때문에 넘어지면 손이 다칠 위험이 있다. 특히 추운 날씨에서 손은 체온을 잃기 쉬운 부위 중 하나인데 장갑은 손을 따뜻하게 온도를 유지해 준다.

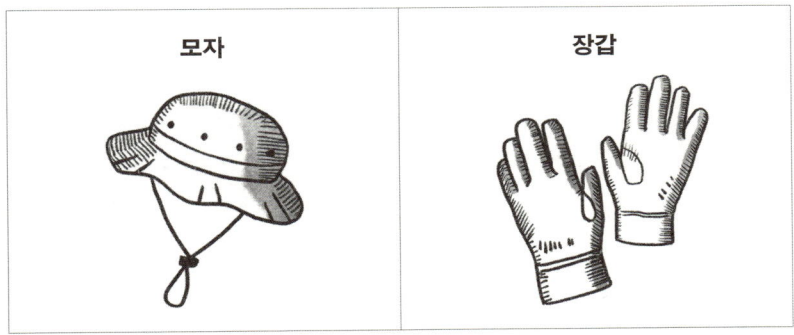

▷ 보온병

보온병은 음료의 온도를 오랜 시간 유지하도록 설계되어 있다. 뜨거운 음료는 추운 날씨에서 체온을 유지하는 데 도움을 주며, 차가운 음료는 더운 날씨에 수분을 보충하며 상승된 체온을 내리는 데 유용하다.

▷ 우의

비를 맞게 되면 여름이라도 체온이 급격히 떨어질 가능성이 있으며, 이는 저체온증으로 이어지게 하는 요인이 된다. 우의는 비와 바람으로부터 체온을 유지하는 데 도움을 주기 때문에 고산 지대에서도 필요하다.

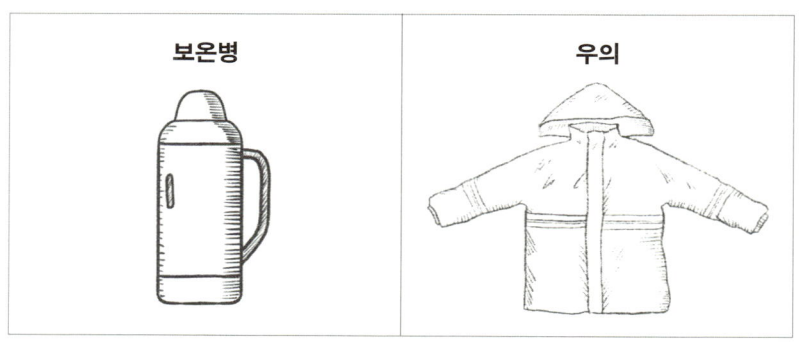

▷ 호루라기

문명과 멀리 떨어져 있고, 야생성이 강한 지역을 혼자 트레킹을 할 때에는 호루라기를 준비하는 게 좋다. 그러한 깊은 야생 지역에는 공격적이거나 배가 고프거나 새끼들과 함께 있는 커다란 야생동물들을 만날 수도 있다. 호루라기를 세게 불게 되면 그 소리에 압도당하여 동물들이 도망간다.

▶ 식수식수수통

장시간 걷기는 몸에서는 지속적으로 에너지가 소모되고, 체온은 상승하기 마련이다. 상승된 체온을 식히기 위해 우리 몸은 수분을 꾸준히 땀으로 배출한다. 이렇게 체내에서 꾸준히 소비되는 수분을 보충하기 위해서는 수시로 물을 마셔야 한다. 한꺼번에 많이 마시는 것을 피하고 조금씩 자주 마시는 것이 좋다. 한꺼번에 많은 물을 마시면 위장의 부담이 신체의 움직임에 영향을 주며, 과다한 수분 섭취는 염분이 수분과 함께 몸 밖으로 빠져나가면서 혈중 나트륨 농도가 낮아지는 전해질 장애의 원인이 된다. 장시간 트레킹에서의 식수는 전해질이 포함된 이온 음료 종류가 좋다. 이온 음료는 수분과 더불어, 땀으로 손실된 염분, 칼륨, 마그네슘과 같은 전해질도 같이 공급해 준다. 좀 더 체액에 가까운 성분을 공급함으로써 체내 항상성을 유지시키는 데 도움이 된다.

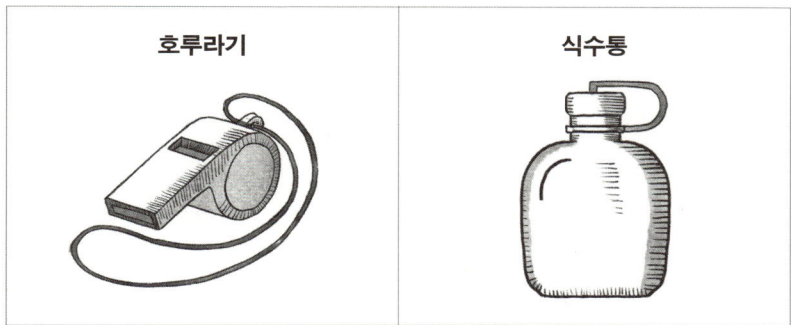

▶ 식량도시락

지속적인 에너지원을 필요로 하고 지구력을 요하는 트레킹에서는 탄수화물 지방 단백질로 대표되는 세 가지 에너지원을 준비하되 고칼로리와 고단백을 중심으로 준비한다.제4부 트레킹의 기술/5장 인체의 에너지/158-159P 참고. 탄수화물은 광합성으로 만들어진 것들로 밥, 빵, 면류 등에 많으며 소화가 잘되는 게 특징이다. 지방은 육류고기, 생선나 유제품우유, 치즈, 기름류기름류, 견과류에 많으며, 소화의 속도는 탄수화물보다 늦으나 열량은 탄수화물의 2배로 높다. 단백질 역시 소화 속도가 탄수화물보다 늦으며 지방 함유량이 높은 육류돼지고기, 소고기나 생선, 달걀, 콩류에 많이 포함되어 있다. 장거리 캠핑식 트레킹에서는 무게가 가벼운 건조식 식량 위주로 준비하며, 현지에서 구입 가능한 식품들은 현지에서 구입하는 게 좋다.

▶ 간식

　장시간 걷는 트레킹에서는 꾸준한 열량섭취를 위해 쉬는 시간에 간식을 먹어야 한다. 간식은 소화가 잘되는 탄수화물이 좋으며, 몸이 지치기 전에 섭취하는 게 좋다. 간식으로는, 당일 일정 코스에서는 몸에 흡수력이 좋고 에너지 효율이 좋은 탄수화물 위주로 빵 종류나, 초콜릿 바, 당분이 포함된 과일 등이 좋고, 장거리 숙박 일정 코스에서는 당일 일정 코스의 간식과 더불어 견과류 같은 지방질이 포함된 음식들과 육포 같은 단백질이 포함된 음식들도 함께 준비한다.

▶ 비상약품

　편의시설이나 의료시설이 존재하지 않는 자연 길에서는 뜻하지 않은 부상을 당하거나 여러 가지 위급한 상황이 생길 가능성이 있다. 이럴 때를 대비해서 본인의 신체에서 자주 발생하는 부상이나 위장 관련 비상약구급약을 준비한다. 독충에 쏘였을 때 사용할 항히스타민제벌레 물린 데 바르는 약, 탈진이나 근육경련이 발생했을 때 사용할 정제 소금, 찢어진 상처를 감쌀 붕대나 압탁 붕대, 소독제, 솜, 상처의 감염을 예방하는 항생제 연고, 진통제, 소화제, 지사제 등을 준비한다. 고도 3,000m 이상의 고산 트레킹에서는 고소병고산병의 예방과 치료에 대비해 다이아목스acetazolamide; 아세타졸아마이드, 덱사메타손dexamethasone, 부루펜brufen 등을 준비한다. 다이아목스와 덱사메타손은 구입하는 데 의사의 처방이 필요하다제7부 트레킹의 실행(실습)/5장 고소병(고산병)/332-334P 참고.

▷ 랜턴(lantern)

동이 트기 전 혹은 야간 트레킹을 위해 손전등이나 머리에 모자처럼 쓰면서 사용하는 랜턴이 필요하다. 착용 방법에 있어서 다양한 랜턴들이 있으나, 트레킹에서는 두 손에 트레킹 폴을 사용할 경우가 많으므로 머리에 모자처럼 쓰면서 사용하는 헤드 랜턴head lantern이 좋다. 백패킹야영 캠핑이 포함된 트레킹에서는 야간에 캠핑을 위한 불빛으로도 랜턴을 사용한다.

▷ 접이식 의자

휴식 시간에 허리와 무릎의 피로감을 덜어준다.

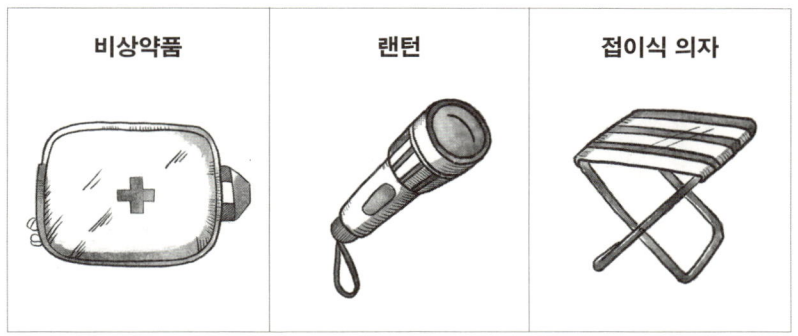

| 비상약품 | 랜턴 | 접이식 의자 |

▷ 아이젠(크램펀)

　아이젠크램펀; crampons은 눈 위나 얼음 위를 걸을 때 미끄러짐을 방지하기 위해 신발 아랫부분에 착용한다. 눈이 쌓인 길이나 얼음길을 걸을 때 반드시 사용해야 하는 준비물이다. 두 가지 스타일의 아이젠이 있는데, 하나는 발톱이 4개, 6개, 혹은 8개가 달려 있는 발톱형 아이젠이고, 또 하나는 덧버선처럼 신발 위에 신는 체인형 아이젠이 있다.

▷ 스패츠

　스패츠spats는 바지나 신발에 흙, 먼지, 눈雪, 등이 튀어 묻는 것을 방지하기 위해 무릎 아랫부분에 장착하는 각반을 말한다. 영어권에서는 흔히 가이터gaiter라고 부른다. 눈이 쌓인 트레일, 즉 설산에서는 눈이 신발 속으로 들어가는 것을 방지하기 위해 꼭 착용해야 한다. 발목 정도까지 올라가는 짧은 스패츠에서 무릎 아래까지 올라가는 긴 스패츠가 있다. 눈의 깊이 혹은 침투가 예상되는 흙이나 먼지에 따라 스패츠의 길이가 짧은 것, 긴 것을 선택하여 사용한다.

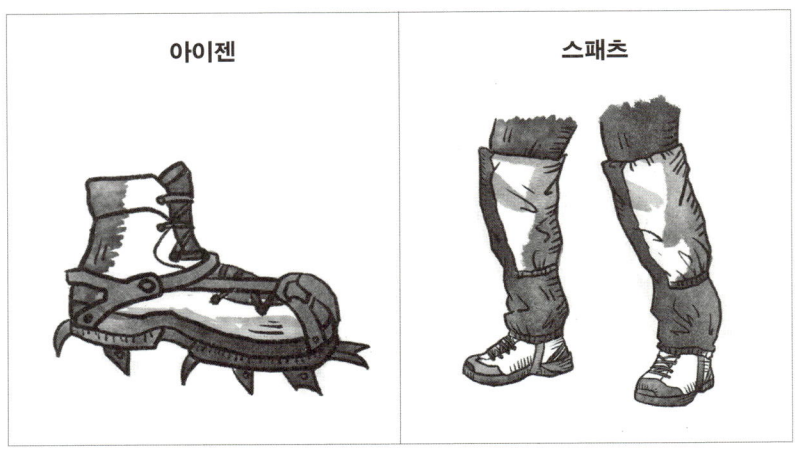

| 아이젠 | 스패츠 |

B. 숙박 트레킹

숙박 트레킹의 물품은 당일 트레킹의 물품에 숙박 트레킹의 물품이 추가된다.

▶ 텐트

텐트는 야외에서 숙식을 해결하면서 걷는 백패킹에서 임시가옥의 용도로 사용한다. 그 설치 방법에 따라 구분하자면, 땅에 펙peg을 박아서 설치하는 '비자립 형태'와 펙을 박지 않아도 저절로 설치가 되는 '자립 형태'로 구분한다. 그 모양에 따라 구분하자면, '3각형', '지붕형', '원형', '가옥형' 등이 있다. 수용할 수 있는 인원에 따라 1인용에서 10인용까지 크기가 다양하다. 야외에서 캠핑으로 여러 날을 숙박해야 하는 장거리 트레킹에서는 그 무게를 고민해야 하는데, 텐트가 트레킹 준비물 중에 가장 무거운 준비물이기 때문이다. 텐트를 사용하는 장소를 선택하는 기준과 주의점은 '제7부 트레킹의 실행실습/4장 백패킹, 비박, 야생동물/321-322P'를 참고한다.

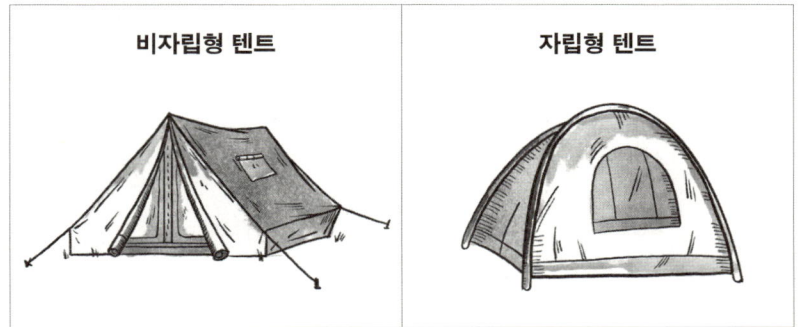

비자립형 텐트 / 자립형 텐트

▶ 침낭 + 매트리스

　백패킹이나 비박biwak: 텐트 없이 자연의 지형지물을 이용하여 야외에서 잠을 자는 형태일 경우에 침낭을 이불 대용으로 사용한다. 비박일 경우에는 침낭 전체를 비닐 같은 방수천으로 포장하여 습기가 침낭으로 침투하는 것을 방지한다. 보온 기능에 따라 가격의 차이가 크고, 무게에 따라서도 가격이 천차만별이다. 물론 가볍고 보온의 기능이 높을수록 가격은 올라간다. 봄·가을용, 여름용, 겨울용이 있으나 어떤 장소, 어떤 고도에서 사용하느냐에 따라 선택이 달라지므로 계절용의 구분은 의미를 두기 힘들다. 야외에서 백패킹이나 비박을 할 경우 바닥에 쿠션감을 주고 한기가 올라오지 않도록 깔아주는 매트리스도 꼭 필요하다. 일반적인 발포 매트리스와 공기를 넣어 사용하는 에어 매트리스로 구분하는데, 발포 매트리스는 가격이 저렴하나 부피가 큰 특징이 있고, 에어 매트리스는 부피는 작고 쿠션감이 좋으나 한번 찢어지거나 작은 구멍이라도 생기면 A/S를 받아야 하거나 사용이 불가능해진다.

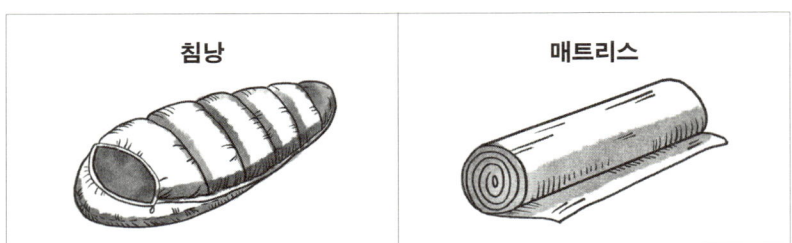

▶ 휴대용 스토브

　야외에서 음식을 조리하거나 물을 끓일 때 쓰이는 물품을 버너라고 부르고 있으나 세계 표준 용어는 휴대용 스토브portable stove이다. 부탄가스용 버너, 휘발유용 버너, 알콜용 버너, 고체연료용 버너 등 연료에 따라 종류가 다양하고, 그 구조에 따라 다양한 디자인의 버너가 시판되고 있다. 가스버너는 휴대하기 간편하고 무게도 가볍지만 영하 10℃ 이하로 내려가는 추위에서는 발화기능이 약해지는 단점이 있으며, 휘발유 버너는 무겁지만 영하 10℃ 이하에서도 발화가 용이한 장점이 있다. 겨울철 고도가 높은 산에서 사용할 때는 온도가 급격히 내려가서 점화력이 낮아지는 것을 방지하기 위해 버너에 바람막이를 둘러주면 가스통이 상온을 유지하며 점화력을 증가시켜 준다. 이 방법은 영하 10℃ 이하의 추운 날씨에서만 사용하는 것이 좋으며, 바람막이로 인해 가스통의 온도가 너무 올라가서 폭발하지 않도록 세심하게 살펴보아야 한다. 그러나 추운 날에는 매우 효과적인 방법이다.

▶ 코펠

야외에서 식사를 조리할 때 버너휴대용 스토브와 함께 사용하는 취사도구로 1인용부터 10인용까지 다양하다. 일반적으로 찌개와 밥 그리고 커피 등 기호식품을 만들어 먹을 때 사용한다. 일반적으로 숟가락과 젓가락, 포크, 그리고 밥그릇과 국자, 프라이팬까지 세트로 구성되어 판매되고 있다. 알루미늄 합금과 티타늄 소재들을 많이 애용하고 있으며, 알루미늄 제품보다는 티타늄 제품이 가벼우나, 가격 면에서는 알루미늄 제품이 저렴하다.

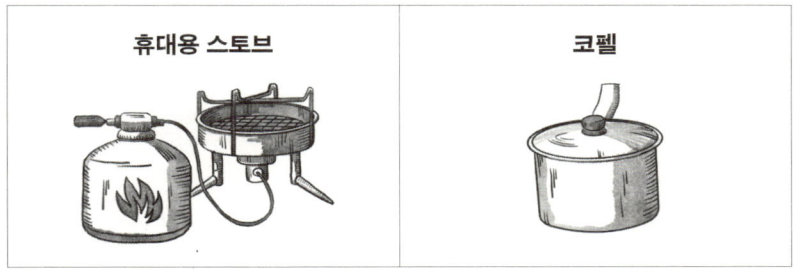

[표1]은 캠핑 트레킹_{백패킹}: backpacking을 기준으로 작성한 필요한 준비물들의 예시다. 이 중에는 일정, 상황, 계절, 개인의 취향에 따라 필요 있는 물품이 있을 수도 있고, 필요가 없는 물품들이 있으니 결정에 신중을 기해야 한다. 준비물 표를 반드시 작성하여 준비물 미비로 고생하는 일이 없도록 한다.

[표1]

준비물	참고사항	수량	체크
국립공원 예약			
교통, 항공권 예약			
호텔 예약			
스마트폰+배터리			
트레킹 지도			
나침판			
트레킹 폴(스틱)			
배낭			
트레킹 신발			
트레킹 양말			
의류			
모자			
장갑			
보온병			
우의			
호루라기			
식수(식수통)			
랜턴(손전등)			
비상약품			
아이젠(크램폰)			
스패츠			

준비물	참고사항	수량	체크
방석 or 접이식 의자			
텐트			
침낭			
매트리스			
베개			
취사도구 • 코펠 • 식기(수저, 접시, 후라이팬, 물컵 등) • 조리용 도마, 칼 • 버너(스토브) • 버너 연료 • 비닐팩(음식물 저장) • 파우치(음식물 저장)			
기타용품 • 핫팩(신체 보온) • 아이스팩(음식 보관) • 쓰레기봉투 • 신분증 • 충전기 • 필기도구 • 샌들 • 수건			
식량 • 건조식품(점심) • 간식(행동식) • 쌀 • 찌개거리 • 고기, 야채 • 반찬 • 기호식품(커피 등) • 조미료			

3장 배낭 꾸리는 법/체력 만들기/스트레칭

A. 배낭 꾸리는 법

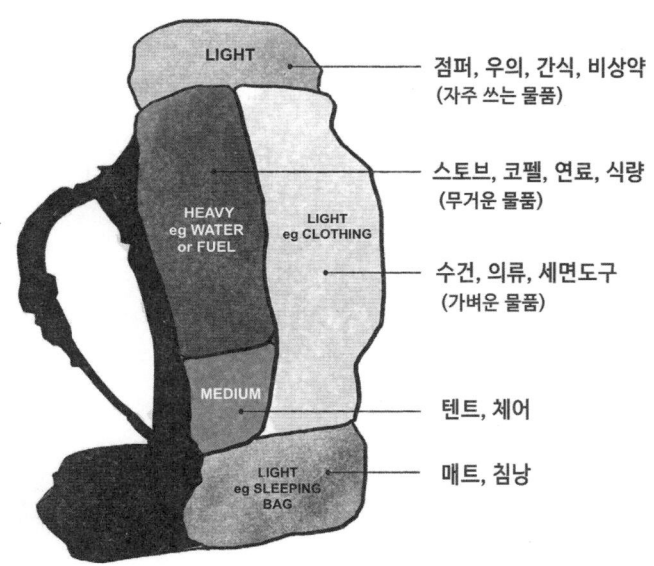

캠핑 트레킹을 위해 무거운 배낭을 멜 경우, 같은 무게라도 배낭에 들어가는 물품들의 위치를 잘 배치하면 신체에 가해지는 무게감이 줄어든다. 가벼운 것들침낭, 의류은 배낭의 아래쪽에 두고, 무거운 것들버너, 식량, 텐트은 위쪽이나 등이 닿는 쪽으로 넣는다. 그리고 트레킹 중에 자주 사용하는 물품들물통, 간식, 재킷은 맨 위쪽에 넣어서 수시로 편하게 사용할 수 있게 한다.[1] 침낭이나 매트리스를 배낭 안에 넣으면 안정된 배낭의 착용감이 있으며, 배낭 아래나 위쪽에 매달면 더 많은 수납공간의 확보가 가능하다. 매트리스를 배낭 안에 넣을 때에는 매트리스를 배낭 안에 한 바퀴 둘러서 배낭의 수납공간과 착용감도 안정화시킨다.

B. 체력 만들기

장거리 트레킹의 준비 중에는 체력 만들기도 포함이 돼야 한다. 장거리 트레킹은 며칠 이상 야생 지역을 걸어야 하는 강인한 체력을 요구한다. 게다가 숙식용 용품들을 모두 짊어지고 걸어야 하는 코스들도 많아서 일상에서 느슨해진 육체의 기능을 실전에 적응하도록 준비해야 한다. 다녀올 트레킹의 난이도를 기준으로 그보다 조금 수월한 코스를 찾아서 동료들과 함께 다녀온다. 체력 만들기를 하다가 오히려 부상을 당한다면 애써 예약하거나 구입해 놓은 물품들이 무용지물이 될 가능성이 있으니 무리하지 않는 정도에서 연습용으로 혹은 팀워크 다지기용으로 2~3차례 진행한다.

체력 만들기에서는 준비한 물품들의 능숙한 사용을 위해, 그리고 그것들의 고장 유무를 확인하기 위해, 준비한 물품들을 모두 가지고 출발한다. 위에 제시한 적응코스 훈련 이외에도 일상에서 빠르게 걷기, 달리기, 계단 오르기, 스쿼트 등 유산소 운동과 기초 근육들의 단련을 위한 스트레칭을 포함시킨다면 더욱 완벽한 체력 만들기가 된다.

C. 준비 스트레칭

스트레칭stretching의 필요성에 대하여 '제5부 트레킹의 효과/4장 트레킹의 부작용/215P'에서 소개한 바 있다. 트레킹 전에 스트레칭이 불가능한 환경이라면, 초반에 느리게 걷기를 통해 준비운동으로 대신한다. 당신이 트레킹 리더라면 처음에 20분 정도 느리게 걸은 후에 의도적으로 걸음을 멈추고, 길가에 야생화에 대하여 이야기를 늘어놓거나, 전체 트레일에 대한 설명을 하면서 계획에 없는 휴식을 취할 것을 권장한다. 그 엉뚱한 휴식은 팀원들의 신체에 예열을 완료시키고, 무엇보다도 걷기 중단에서 오는 심리적 요인으로 인하여 걷고 싶은 욕망을 강하게 일으켜 주기도 한다.

스트레칭에 의한 근육온도 muscle temperature가 1℃ 상승할 때마다 근관절근육과 관절 기능이 2~5% 증가된다는 실험 결과들이 스트레칭의 효과를 증명한다.[2][3] 그리고 스트레칭을 통해 이루어진 신체 근육들과 관절들의 예열상태는, 움직이는 동작들을 효과적으로 제어컨트롤해 줄 뿐만 아니라, 체력이 바닥난 상태에서도 보다 좋은 컨디션을 유지하는 데 도움을 준다는 실험 결과도 있다.[4]

트레킹은 종아리와 허벅지를 많이 쓰는 운동으로 이를 중심으로 하는 스트레칭이 필요하다. 트레킹 폴을 잡고 하루 종일 걸어야 하므로 손목의 운동도 필요하다. 이밖에 장시간 걷는 데 중요한 기능을 하는 무릎, 골반, 허리, 그리고 어깨와 목의 운동도 필요하다. 의식적으로 호흡 운동을 함으로써 우리 몸에 호흡과 관련하여 평소와 다른 움직임을 예고하여, 걷는 내내 충분한 양의 산소를 흡입하게 연결하여 좋은 컨디션이 되도록 유도한다. 무엇이든 그렇겠지만 스트레칭도 과하면 피로감을 유발하게 된다. 관절과 근육을 중심으로 10분 내외로 운동하면서 호흡 운동으로 마무리한다.

D. 마무리 스트레칭

험난한 길을 완주하여 기쁨에 들뜨거나 집에 갈 생각에 사로잡혀 마무리 스트레칭을 할 기분이 아니더라도, 가장 많이 사용하여 뭉쳐진 종아리나 허벅지 근육, 그리고 무릎과 허리, 어깨 부위의 관절과 근육 정도는 풀어주고 집으로 향해야 한다. 마무리 스트레칭은 장시간 걷기로 인하여 경직된 신체의 골격을 풀어주고, 근육을 이완시켜 주며, 신체에 축적된 젖산lactic acid이라는 피로물질을 제거하고 생리 기능들이 다시 제자리로 돌아올 수 있도록 도와준다. 역시 마무리는 의식적인 호흡으로 체내에 산소공급을 충분히 해줌으로써 신진대사를 원활하게 할 수 있도록 해준다.

스트레칭은 운동 전후에 꼭 해야 하는 내 몸을 사랑하는 방법이지만, 평소에도 일상생활의 건강을 위한 운동방식으로도 추천하고 있다. 이러한 트레킹 전후 스트레칭의 습관화가 우리의 건강을 위한 중요한 사항인 것을 인지할 때, 귀찮아 보이는 마무리 운동을 기꺼이 해주는 것이 내 몸을 사랑하는 적극적인 방법이다. 건강을 위해 장시간을 투자했다면, 나의 몸은 10분 정도의 마무리 스트레칭을 학수고대하고 있다는 것을 생각해야 한다.

손목 돌리기	발목 돌리기
두 손을 들어 가볍게 털어 주고 원을 그려 좌우로 돌려 준다 	발목을 세워서 원을 그리며 돌려주고 반대 방향으로도 돌려 준다. 
무릎 돌리기	**허벅지 앞쪽 펴기**
무릎을 모아 원을 그리며 돌려 주고 반대 방향으로도 돌려 준다 	한쪽 다리를 접어서 뒤쪽으로 잡고 30초 유지하며 다리를 바꿔 번갈아 운동한다 
종아리 펴기	**골반과 허벅지**
한쪽 다리를 앞으로 편 채로 뻗어주고 발가락을 상체 방향으로 오도록 최대한 당겨서 30초 유지 한다. 다리를 바꿔 번갈아 운동한다. 	허리를 펴고 한쪽 다리를 앞으로 뻗어 구부리고 다른 다리를 뒤로 뻗어 편 상태로 30초 유지한다. 다리를 바꿔 번갈아 운동 한다 

4장 백패킹/비박/야생동물

A. 캠핑 트레킹 혹은 백패킹

한국에서의 '캠핑'은 단순히 야외에서 숙식을 해결하는 행위 자체를 칭하고 있으며, 그것에 트레킹이 포함되고 있다면 '캠핑 트레킹' 혹은 '백패킹'으로 부르고 있다. 이 지면에서는 야외에서 숙식을 해결하는 트레킹을 한국식 표현인 '캠핑 트레킹'으로 통일하여 표기한다. 더불어 한국과 일본 그리고 영국이나 미국에서는 텐트천막 없이 자연 속에서 하룻밤을 지내는 행위를 '비박독일어, Biwak/프랑스어, Bivouac'이라 부른다.[5]

트레킹이 일상의 굴레를 벗어나 대자연과 접촉하면서 즐거움을 얻거나 의식의 성장을 기대하는 행위라면, 캠핑 트레킹은 트레킹 방법 중에서 으뜸으로 여겨야 마땅하다. 이 방법은, 당일 트레킹이나 숙식이 제공되는 산장을 이용하는 트레킹보다 가중되는 체력의 부담감을 이겨내야 하고, 기술적으로도 텐트를 조작하거나 여러 가지 캠핑 도구를 다루어야 하는 번거로움을 수반한다. 그러나 대다수의 트레커들이 아직도 이러한 고전적인 트레킹 방식을 고수하고 있는 이유도 분명히 있다. 캠핑 트레킹은 보다 심도 있는 자연과의 접촉이 가능하며, 그러한 자연과의 다양한 접촉에서 확실한 일상에서의 탈출을 경험하기 때문이다. 자연의 낮과 밤 그리고 새벽의 흥미로운 모습들과의 접촉이 가능하며, 그 속에서 먹거리, 잠자리를 직접 해결하면서 자연과 동화되는 감동적인 체험이 가능하다. 숲 사이 밤하늘을 수놓는 은하수를 보며 즐기는 따끈한 저녁 식사, 그리고 자연 한가운데에서 들려오는 온갖 미미한 생명체들의 울음소리, 그리고 그 속에서 오가는 진지한 대화들은 평생 동안 잊혀지지 않는 행복한 추억으로 남기도 한다.

  자연친화성과 안전성의 두 마리 토끼를 잡아야 하는 캠핑 장소 정하기에는 몇 가지 선택해야 할 사항과 주의해야 할 사항이 있다. 그것들은 자연경관이 좋은 장소, 잠자기에 편안한 장소, 위험 사항이 발생 가능성이 적은 장소 선택이다. 가장 유의해야 할 사항은 사전에 일기예보를 살펴보고 캠핑 장소를 정하는 것이다. 비가 많이 올 때에는 캠핑을 포기하고 비를 피할 수 있는 산장이나 일반숙소를 선택하는 게 현명하다. 비가 많이 올 때에도 캠핑을 해야 한다면 아래의 '캠핑 장소 정하기'를 참고한다.

캠핑백패킹 장소 정하기

- 캠핑은 누구나 멋진 장소에서 하기를 원한다. 멋진 장소에서 하룻밤을 보내는 것이 트레커들의 피부에 와닿는 가장 중요한 목적이기 때문이다. 그러나 멋진 풍경도 좋겠지만 안전을 우선으로 고려해야 한다. 물을 사용하기 용이한 계곡이나 강가가 좋지만 비가 오면 물이 침투하는 장소가 아닌지 세심하게 살펴보고, 뱀을 비롯한 야생동물들의 침입이 예상되는 장소인지 살펴본다.
- 캠핑 장소는 평평하고 마른 지역을 선택한다. 바닥에 돌이 많거나 움푹 들어가거나 습기가 있는 장소는 피한다. 장소가 맘에 들기는 하는데 돌이 있다면 돌들을 옆으로 치워서 바닥을 평평하게 한다. 그리고 장소를 사용한 뒤에는 그 돌들을 다시 제자리로 가져다 놓는다.

- 바람이 불지 않는 장소를 선택한다. 아름다운 경치나, 물이 가까이 있는 장소보다도 바람을 피할 수 있는 장소가 더욱 좋다. 바람은 취사나 취침을 방해하는 요인이다. 바람을 피하기 힘들 경우에는 텐트의 출입구를 바람이 불어오는 반대 방향으로 설치해서 텐트가 무너지는 것을 방지한다.
- 낙뢰가 떨어지는 장소가 아닌지 살핀다. 낙뢰가 예상되는 날씨에는 외떨어져 있는 큰 나무 아래, 높은 바위, 넓은 언덕 정상은 피해야 한다.
- 돌이나 흙이 떨어지지 않는 장소인지 살핀다.
- 예기치 않은 비와 함께 자연에서 하룻밤을 지내야 한다면, 물 배수가 용이한 장소를 선택하고 텐트 주변에 배수로를 파서 텐트 안으로 물이 들어오는 것을 방지한다.

캠핑백패킹 중 유의사항

- 사전에 텐트를 비롯한 캠핑 물품들의 사용 방법을 숙지한다. 새로 구입했거나 기존에 사용하던 물품들도 고장이 없는지, 불량으로 다른 제품으로 교환해야 하는지 사전에 미리 점검한다.
- 체온을 유지하기 위해서 가스스토브나, 가스등 같은 것을 텐트 안에 켜놓고 잠이 들 경우, 일산화탄소 중독으로 인한 산소 부족으로 질식사하는 경우가 종종 발생한다. 추운 경우에는 핫팩(hot pack) 여러 개를 침낭 안에 두고 취침할 것을 권장한다.
- 화장실이 따로 없는 자연에서의 용변은 텐트에서 멀리 떨어진 곳에서 깊게 땅을 파서 자신의 용변을 묻는다, 소변을 본 후에도 낙엽이나 흙으로 덮어서 자신의 흔적을 없앤다.

- 저녁 식사 후 낭만과 피로에 젖어서 음식물을 치우지 않고 잠이 든다면, 야생동물의 공격 대상이 된다. 남은 음식들은 진공 비닐 주머니에 넣어서 안전하게 처리하고, 특히 단 음식커피, 설탕, 과일 등들은 곰이나, 벌 등 야생동물이 좋아하기 때문에 잘 처리해야 한다.
- 캠핑이 완전히 종료된 후에는 내가 다녀간 흔적은 모두 없앤다. 불을 피웠다면 불씨와 타다 남은 재들을 땅속에 묻어야 하며, 남은 음식들과 쓰레기들은 모두 가지고 이동한다. 그 이유는 두 말할 필요 없이 자연을 자연 그대로 유지해야 하기 때문이다.

B. 비박

비박은 텐트의 중량을 줄이고 자연과의 일체감을 갖기 위해, 침낭 하나에 의지한 채 자연에서 하룻밤을 지내는 방법이다. 비박은 그야말로 전문적인 트레킹 방식이며 고난이도의 방식이라고 할 수 있다. 또한 비박은 텐트를 지참했지만 길을 잃거나 적당히 텐트를 펴지 못하는 상황이 도래했을 때 시행하는 비상 대처 방법이기도 하다. 추위와 습기, 그리고 바람에 대비를 해야 하는 부담이 있기 때문에 침낭의 기능성에 상당히 의지한다. 습기를 막아줄 침낭커버혹은 비닐포켓를 준비하여 침낭을 모두 덮고 숨구멍만을 내어 하룻밤을 지내기도 한다. 습기를 막아주기 위해 가벼운 비박용 텐트플라이를 준비하기도 한다.

비박에 사용하는 물품에는 침낭, 침낭커버, 매트리스, 비비색, 플라이, 해먹 등이 있다. 비비색bivy sack은 방수 기능이 있는 침낭 주머니를 말한다. 비박의 장소로는 동굴이나, 나무 사이에 해먹을 칠 수 있는 장소가 좋으나 그러한 장소가 없을 때는 커다란 바위 아래나 커다란 나무 아래, 혹은 낙엽이 쌓여 습기가 없고 평평한 장소가 적합하다. 또한 눈이 많이 쌓인 지역에서는 설동눈 동굴을 만들어 그 속에서 하룻밤을 보내는 것이 체온을 유지하는 데 유리하고 안전하다.

C. 야생동물, 곤충들을 만났을 때

야생적인 자연 길을 걸을 때 가장 두려운 상황이 야생동물과의 만남이라고 생각하는 사람들이 있다. 그러나 그러한 생각은 입증되지 않은 과장된 소문에서 비롯된 사실이다. 자연에 대한 진심 어린 애정이 있는 트레커들의 경험담을 종합해 볼 때, 우리가 먼저 그들을 자극하지 않는 이상, 그들은 우리를 공격하지 않는다제3부 트레킹의 심리/5장 현상학적 태도/118P 참고. 대부분의 야생동물과 곤충과의 만남에서 일어나는 마찰은 사람이 먼저 그들을 흥분시키거나 우연한 돌발적인 만남에서 발생한다.

사람은 야생동물을 만나면 많은 경우에 겁을 먹거나 흥분하게 된다. 야생동물을 만나면 사람들이 먼저 소리를 지르거나 돌멩이를 던지거나 호들갑을 떨며 도망치려는 움직임을 보이는 게 일반적인 현상이다. 여기에서 '일반적인 현상'이란 많은 트레커들의 경험담에서 야생동물을 만났을 때의 기억이 대부분 그렇게 호들갑스러웠다는 점에서 비롯된다. 이러한 호들갑스러운 '일반적인 현상'을 보면, 야생동물을 만났을 때의 주의점 중에 하나로 '야생동물을 자극하지 마라.'라는 통상적인 지침이 매우 적절한 표현이라 판단된다.

이러한 호들갑스러운 분위기는 야생동물로 하여금 사람들이 자기를 공격하려는 줄 착각하게 만들어서 동물적 본성에 의해 즉각적인 공격 태세로 돌입하게 된다. 그들과 싸우지 않고 아무 일 없이 그 자리를 벗어나려면 그들을 자극하거나 건드리지 않는 게 상책이다. 평생에 처음으로 야생동물을 보았다는 호들갑이든지 공포감에 의한 비명이든, 야생동물을 만났을 때 주의해야 할 '일반적인 현상'이 일어날 가능성을 지극히 배제해야 한다. 이 원칙은 멧돼지나 야생곰, 뱀과 같은 야생동물뿐만 아니라 벌과 같은 곤충에도 동일하게 적용된다. 이후는 야생동물, 곤충들과 돌발적으로 만났을 때 대처 방법이나, 우연히 접촉하여 부상을 당했을 경우를 대비한 응급처치 방법들이다.

멧돼지를 만났을 때

비명을 지르거나, 사진을 찍거나, 갑자기 도망가거나, 또는 돌을 던지거나 하는 행동을 하지 말고 움직임을 최대한 자제하는 것이 좋다. 멧돼지와 눈이 마주치면 눈빛을 피하지 말고 지긋이 응시하는 것이 좋다. 도망가려고 등을 보이면 멧돼지는 동물적 본능에 의해 공격 태세로 전환할 가능성이 있다. 트레킹 폴을 천천히 위로 들고 자신의 덩치를 크게 보이게 하는 행위도 도움이 된다. 자신보다 덩치가 크거나 위협적으로 보이면 공격하지 않는 것이 자연에서 통하는 중요한 법칙 중의 한 가지이다.[6]

멧돼지는 새끼들을 데리고 있을 때나 부상을 당했을 때 가장 민감하므로 이럴 때 멧돼지를 만난다면 조용히 뒷걸음질로 그곳을 떠나는 것이 현명하다. 멧돼지가 공격 자세를 취하면 역시 바위 뒤쪽이나 커다란 나무 뒤로 숨어야 한다. 무방비로 멧돼지에게 공격을 당할 경우 배낭을 벗어 방어하거나, 뽑히는 돌멩이를 찾아 방어하는 것이 좋다.

곰을 만났을 때

곰을 만났을 때는, 멧돼지의 경우처럼, 곰의 눈을 지긋이 바라보며 뒷걸음으로 조용히 자리를 피하는 것이 좋다. 갑자기 비명을 지르거나, 사진을 찍거나, 등을 보이고 도망가거나, 또는 돌을 던지는 행위는 곰을 자극시키는 행위로 곰의 공격을 유도하는 호들갑스러운 행위에 포함된다. 멧돼지의 경우처럼 트레킹 폴을 위로 들고 자신의 덩치를 크게 보이게 하는 행위도 도움이 된다. 곰은 나무를 잘 오르는 동물이기에 피신 장소를 나무 위로 택하는 것은 좋지 않다.[7] 먹을 것을 주거나 친근감을 보이며 곰을 부르는 것도 위험한 행위에 속한다.

어떠한 이유로든 곰이 공격을 개시했을 때 나무 위보다는 바위 뒤쪽으로 피하는 게 좋다. 또는 주변에 돌멩이를 찾아서 곰을 퇴치하는 것도 좋은 방법이다. 최후에 이도 저도 없을 경우에는 트레킹 폴이나 배낭을 벗어 힘껏 휘두르며 방어한다. 미국 국립공원 지침에는, 곰에게 공격을 당할 때에는 곰 스프레이bear pepper spray/내용물, 캡사이시노이드; capsaisinoids로써 곰의 퇴치가 가능하다고 안내되어 있다.[8]

뱀을 만났을 때

뱀을 만났을 때에도 사람이 먼저 놀라서 호들갑을 떨거나, 뱀에게 돌을 던지거나, 호기심으로 뱀을 트레킹 폴로 찔러보거나 들어 올리려는 행위는 하지 말아야 한다. 뱀을 만나면 그 자리에서 멈추고 뱀이 사라지지 않으면 뱀을 그대로 두고 우회하여 가야 한다. 파충류도 여타 포유류나 곤충들과 마찬가지로 자신이 공격을 받지 않는다면 인간을 공격하지 않는 습성을 지니고 있다. 물론 아마존 지역에 살고 있는 배가 고픈 아나콘다라는 뱀은 예외이다.

뱀이 출몰할 가능성이 있는 계곡이나 습지, 풀 길에서는 선두에서 걷는 사람이 3m 이내에 시선을 두며 뱀이 있는지 살펴보며 걷는다. 뱀은 사람의 발걸음 소리가 들리면 그곳에서 멀어지는 습성이 있지만 앞장서 가는 사람은 주의를 요한다. 어쩌다 뱀에 물리는 경우의 대부분은 사람과 뱀의 우연한 접촉에 의해 일어난다. 사람이 모르고 뱀을 밟았을 경우에 또는 사람이 뱀의 언저리에 발을 딛을 때 발걸음 소리에 놀라서 사람을 무는 경우이다. 뱀이 출몰할 가능성이 높은 지역에서는 긴바지에 발목을 덮어주는 트레킹화 중등산화가 유리하다.

◆ 뱀에게 물렸을 때 나타나는 증상

뱀에게 물렸을 때에는 뱀의 모양이나 뱀에게 물린 상처를 확인하여 독사인지 아닌지를 판단한다. 독이 있는 뱀은 대체적으로 다음과 같은 특징이 있다. ① 삼각형의 머리모양 ② 수직으로 가늘게 세워진 동공 ③ 눈과 코 사이에 움푹 팬 구멍 ④ 뾰족한 송곳니 ⑤ 꼬리 쪽이 단일 비늘줄이다. 한편 독이 없는 뱀은 대체적으로 다음과 같은 특징이 있다. ① 둥근 머리모양 ② 둥근 동공 ③ 눈과 코 사이에 움푹 팬 구멍 없음 ④ 뾰족한 송곳니 없음 ⑤ 꼬리 쪽의 비늘줄이 2줄이다. 단, 송곳니를 잇몸으로 집어넣을 수 있으므로 송곳니가 없는 뱀으로 보이더라도 독이 없는 뱀이라고 생각해서는 안 된다.[9]

물린 상처가 2개의 이빨 자욱이 선명하게 나 있다면 독이 있는 뱀에게 물린 것이다. 물린 자욱이 U 자이면 독이 없는 뱀에게 물린 것으로 간주한다 한국 뱀의 특성. 독이 없는 뱀에게 물린 경우 단순한 찰과상 정도에 불과하며, 가벼운 통증이 발생한다. 독사에게 물리면 대부분의 경우 바로 통증을 유발한다. 그리고 보통 30~60분 내에 물린 부위 주변이 붉어지고 부으며, 부기가 급속히 진행되어 수 시간 내에 다리나 팔 전체에 퍼진다. 전신으로 열이 나고, 오한, 허약감, 실신, 발한, 불안, 혼란, 메스꺼움, 구토 및 설사가 일어난다.

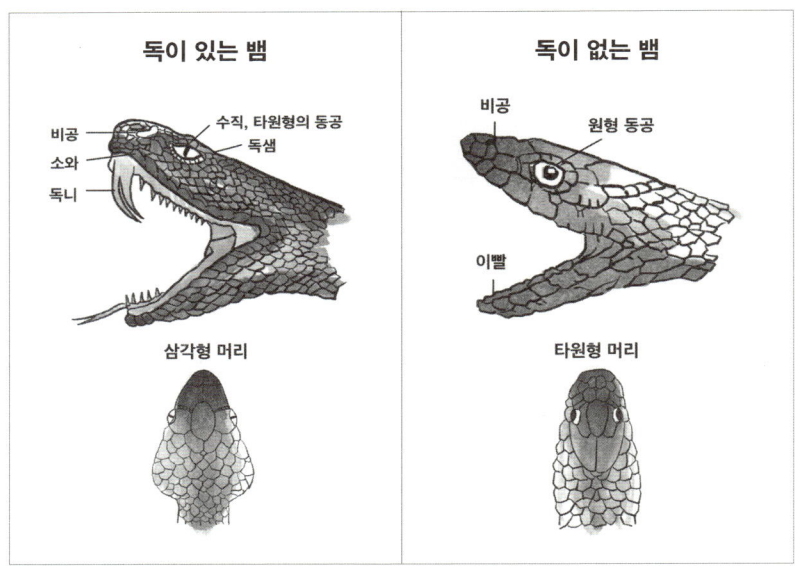

◆ 뱀에게 물렸을 때 응급처치

물은 뱀이 독사일 가능성이 있으면 ① 신속히 119에 신고하여 응급실로 이송해야 한다. 신고할 때 기억이 나면 뱀의 머리, 모양, 색깔을 이야기해 준다. ② 하체를 독이 있는 뱀에게 물렸을 경우 독이 전신에 퍼지는 것을 방지하기 위해 가급적 걷지 않는다. ③ 뱀에게 물린 부위는 독이 혈류를 통하여 퍼지는 것을 늦추기 위해 물린 부위가 심장보다 낮은 위치에 오도록 하여 느슨하게 묶어 고정한다. 다리나 발이 물린 경우에는 신발을 벗기고 상처 부위가 편안한 자세가 되도록 앉거나 눕힌다. 상처 부위를 물이나 비누로 깨끗하게 하고, 깨끗한 옷이나 붕대로서 느슨하게 덮는다. ④ 압박 붕대나 손수건, 머플러 혹은 내의를 벗어, 물린 부위에서 심장 방향으로 5~15cm 위쪽에 너무 강하지 않게 적당한 압력으로 묶어준다. ⑤ 통증이 심한 경우에는 타이레놀을 먹도록 한다. 아스피린, 부루펜 등의 진통제의 복용은 출혈이 많아질 수 있다.

벌을 만났을 때

곤충들도 자극하거나 가까이 접근하지 않으면 사람들을 쉽게 공격하지 않는다. 물론 곤충들은 그 접근 범위가 포유류나 파충류에 비해서 매우 넓다. 짙은 향수를 뿌리거나 냄새가 짙은 음식물이 옷이나 배낭에 배어 있는 것을 조심해야 한다. 벌은 향수나 여타 짙은 냄새로 말미암아 경계심을 갖는다. 벌이 사람을 빤히 주시하며 주변을 맴도는 경우가 있는데, 이때는 함부로 움직이거나 벌을 쫓으려 하면 안 된다. 벌을 주시하며 가만히 서 있으면 벌은 경계를 풀고 그 자리를 벗어난다. 이때 뒷걸음질이나 낮은 자세로 서서히 그 자리에서 빠져나오는 게 좋다.

◆ 벌에게 쏘였을 때의 증상

벌에게 쏘인 후의 반응은 개인에 따라 다르게 나타난다. 꿀벌, 말벌에게 쏘이면 즉시 통증이 발생하고 쏘인 부위가 1cm 정도 붉어지고 부어오르고 때로는 가려워진다. 일부 사람들에게는 2~3일 동안 쏘인 부위가 직경 5cm 이상, 심한 경우에는 쏘인 사지 전체가 부을 정도로 심하게 나타날 수 있다. 일부에서는 두드러기 발진, 전신 가려움증, 천명, 호흡 곤란 및 쇼크 등의 전신증상이 동반되는 아나필락시스가 나타날 수 있다.

◆ 벌에게 쏘였을 때 응급치료

벌에게 쏘였을 때는 우선 피부에 침이 박혀 있는지를 확인한다. 특히, 꿀벌은 피부에 침을 남겨둔다. 이를 그대로 두면 2~3분간 침에서 독이 계속 나오므로 신용카드 등을 사용하여 쏘인 부분을 천천히 밀면서 독침을 뽑아낸다. 감염 방지와 혈관 팽창에 의한 부기를 가라앉히기 위해 쏘인 부위를 차가운 물로 씻는다. 꿀벌이나 말벌 모두 국소 반응만 있는 경우에는 타이레놀, 아스피린 등의 진통제를 복용하고, 항히스타민제벌레 물린 데 바르는 약로 치료할 수 있다. 전신 반응이 있다면 신속하게 119를 부르거나 병원으로 가야 한다.

5장 고소병고산병

　인간은 진화가 계속되는 500만 년 동안 대부분 2,500m 이상의 높은 곳에서는 생활하지 않았다. 그곳에서는 생존이나 번식이 매우 어렵기 때문이다. 우리 몸은 2,500m 이하에서 생활하기에 적합하게 만들어진 몸이다. 그래서 민감한 사람들은 고도 2,500m 이상의 높이에 가면 두통, 구토, 무기력감 등의 고소병 증상이 나타난다. 해발 높은 고도 환경에서는 저습도, 자외선 조사량 증가, 저기압 등 건강 문제를 일으킬 수 있는 여러 가지 인자들에 노출된다. 그러나, 고소병의 가장 큰 원인은 산소분압 감소에 따른 저산소증hypoxia이다. 아래에 소개하는 바와 같이 고소병에 몇 가지가 있지만, 일반인들은 흔히 통틀어서 고산병이라고 칭하기도 한다. 고소병에 대한 감수성 및 내성은 어느 정도 유전적으로 결정되는 소인이지만, 위험도를 예측할 수 있는 간단한 선별검사 방법은 없다. 트레커들이 가고 싶어 하는 에베레스트 베이스캠프5,400m를 비롯한 히말라야산맥의 많은 트레일, 남미 안데스산맥의 잉카 트레일4,200m 등 고소병을 일으키는 트레일들이 많이 있다.

　필자는 의사로 재직 중이던 61살의 나이에 처음으로 해외 트레킹을 시작하였으나, 젊은 시절에 앓은 폐결핵 후유증으로 인하여, 정상인에 비해 폐 기능이 30% 이상 저하된 상태라서 고산 트레킹에 대한 두려움이 많았다. 그러나 낮은 곳부터 시작하여 점차 높은 곳으로 도전하여 많은 고산 트레킹을 완주한 경험이 있다. 낮은 곳부터 높은 곳으로 순차적으로 도전한다면 어렵지 않게 고소병을 극복할 수 있을 것으로 생각된다.

고산 지역 트레킹을 다니면서 많은 사람들을 만난 경험에 의하면, 의외로 고산 트레킹을 가는 사람들 중에 고소병에 대해서 잘 모르거나 잘못된 지식을 가지고 있는 사람들이 많이 있었으며, 고산 트레킹을 안내하는 일부 여행사들도 고소병을 소홀히 취급하는 경우가 많았다. 이로 인해 예방 요법 등을 시행하지 않아 많은 사람들이 불필요한 고생을 하는 것이 아닌가 하는 느낌을 받았다. 이후의 내용은 미국 2024년 미국 질병통제예방센터(CDC)Center for Disease Control and Prevention의 'Yellow Book'을 주로 참고하였음을 밝혀둔다.[10]

고소(고산) 적응을 위한 팁(tips)

- 천천히 올라간다.
- 첫날에는 낮은 고도에서 시작하고, 숙소의 고도를 2,750m 이상으로 높이는 것을 피한다.
- 2,750m 이상의 고도에서는 숙소 고도를 하루에 500m 이하로 높이며, 1,000m를 높일 때마다 하루씩 고소 적응 기간을 둔다.
- 추천되는 속도보다 빨리 고도를 높이는 것이 불가피한 경우에는 고소 적응을 위해 다이아목스(acetazolamide; 아세타졸아마이드) 복용을 추천한다.
- 고소 적응에서 첫 48시간 동안은 알코올 섭취를 피한다.
- 카페인을 자주 섭취하는 사람은 고소 두통과 혼돈할 수 있는 카페인 금단 두통을 피하기 위해 카페인을 계속 섭취한다.
- 고도 도달 48시간 내에는 무리한 체력 소모를 피한다.
- 트레킹 30일 이내에 2,750m를 넘는 고도에서 2일 이상 머무른 경험이 있으면 고소 적응에 도움이 되며, 그 경험은 날짜가 가까울수록 더 도움이 된다.

고소병은 일반적으로 3개의 증후군으로 분별한다. **급성고산병**(AMS)acute mountain sickness, **고소뇌부종**(HACE)high altitude cerebral edema 그리고 **고소폐부종**(HAPE)high altitude pulmonary edema이다.

A. 급성고산병 AMS

급성고산병은 고소병 중에 가장 흔하고 가벼운 상태로서, 2,450m의 높이에서 숙박을 하는 사람의 25%에서 발생한다. 급성고산병의 증상은 음주 상태와 비슷하다. 두통이 가장 흔한 증상이며 식욕부진, 어지러움, 피로, 구토 등이 나타나기도 하며 드물게는 두통이 없이 나타나기도 한다. 급성고산병은 더 이상 올라가지 않으면 대개 12~48시간 후에 좋아지며, 300m 정도 내려오면 증상이 바로 호전된다. 산소를 분당 1~2리터의 양으로 공급해 주면 두통은 약 30분 이내에 좋아진다. 깡통에 들어 있는 압축 산소는 잠깐은 도움이 될 수 있으나 지속적인 효과를 기대하기에는 양이 너무 적다 압축 산소의 양은 최대 5리터 정도이다. 급성고산병이 있는 사람들은 부루펜 ibuprofen 600mg, 타이레놀 acetaminophen 500mg 등을 복용하면서 자가 치료가 가능하다. 산소를 공급해 주거나 약을 먹어도 증상이 나빠지면 고도를 최소한 300m 낮추어야 한다.

[표-1]
고소병의 예방과 치료에 사용되는 약제들의 용법

약제	적응증	경로	용법 (성인 기준)
아세타졸아마이드 (acetazolamide)	AMS, HACE 예방	경구	125mg (반알), 하루 2회; 몸무게 100kg 이상이면 250mg 하루 2회
	AMS 치료	경구	250mg (1알), 하루 2회*
덱사메타손 (dexamethasone)	AMS, HACE 예방	경구	2mg 6시간마다 또는 4mg 12시간마다
	AMS, HACE 치료	경구, 정맥, 근육	AMS: 6시간마다 4mg HACE: 8mg 1회, 이어서 6시간마다 4mg
니페디핀 (nifedipine)	HAPE 예방, 치료	경구	30mg SR 12시간마다 또는 20mg SR 8시간마다
살메테롤** (salmeerol)	HAPE 예방	흡입	125μg, 하루 2회
시데나필(sidenafil) (비아그라)	HAPE 예방	경구	8시간마다 50mg
타다라필(tadalafil)	HAPE 예방	경구	10mg 하루 1회

주: AMS: acute mountain sickness(급성고산병); HACE: high altitude cerebral edema(고소뇌부종); HAPE: high altitude pulmonary edema(고소폐부종); SR: sustained release(서방제)
* 이 용량을 HACE 치료에 덱사메타손과 같이 투여할 수 있다; HACE의 치료에는 덱사메타손이 1차 치료제이다.
** HAPE의 예방을 위해 경구약과 병용하며 이 약 단독으로 사용하지 않는다.

[표-2]
기저 질환의 종류에 따른 고소 여행/트레킹 위험

고소에 따른 위험 거의 없음	고소에 갈 때 주의를 요함*	고소 여행/트레킹 금지
천식(잘 관리되는 경우)	협심증(안정적임)	협심증(불안정 상태)
소아 및 청소년	부정맥(잘 조절되지 않음)	천식(불안정, 잘 관리가 안됨)
만성 폐쇄성 폐질환(경증)	만성 폐쇄성 폐질환(중등도)	대뇌 공간점유병터(cerebral space-occupying lesion)
관상동맥질환 (혈관재건 후)	간경화	대뇌 혈관류 또는 동정맥류 (치료하지 않은 고위험군)
당뇨병	관상동맥질환 (혈관재건 하지 않음)	만성 폐쇄성 폐질환(중증)
고령자	심부전(보상됨, compensated)	심부전(보상되지 않음, decompensated)
고혈압(잘 관리되고 있음)	고혈압(잘 조절되지 않음)	심경색(고소 가기 전 90일 이내)
종양 질환	비만(3급)*	임신(고위험)
비만(1급 및 2급)*	폐쇄성 수면 무호흡(중증)	폐동맥 고혈압(폐동맥 수축기 혈압 60mmHg 이상)
폐쇄성 수면 무호흡 (경증/중등도)	폐동맥 고혈압(경증)	낭성섬유증(1초 강제날숨량 [FEV1] 30% 미만)
임신(저위험)	경련성 질환 (잘 관리되지 않음)	낫적혈구빈혈(sickle cell anemia)
정신병(안정적임)	방사상 각막 절개술 (근시 교정 수술의 하나)	
경련성 질환 (잘 관리되고 있음)	낭성섬유증(1초 강제날숨량 [FEV1] 30~50%)	
	낫적혈구형질 (sickle cell trait)	

약어: FEV1; forced expiratory volume in 1 second.

주: 이 범주에 속하는 기저 질환을 가진 사람은 여행 전에 고산 관련 의학 및 종합적인 관리 경험이 많은 전문가와 상담이 필요하다.

* 1급 비만: 체질량지수(body mass index, BMI) 30~35 미만; 2급 비만: BMI 35~40 미만; 3급 비만: BMI 40 이상

B. 고소뇌부종 HACE

고소뇌부종은 뇌의 질병으로서 급성고산병의 마지막 단계로 간주되며, 대부분의 고소뇌부종 환자들은 선행하는 다른 고소 증상들을 거친다. 대부분은 고소에 올라간 후 2일 후에 발생하며, 고도 4,300m 이하에서는 드물게 발생하지만 생명을 위협할 수 있다. 급성고산병과는 달리 고소뇌부종에서는 의식 장애, 운동실조걷는 동작이 이상함, 정신착란 및 졸음 등의 신경증상이 나타난다. 치료하지 않고 그대로 둘 경우에는 증상 시작 후 24시간 내에 혼수상태에 빠지고 사망에 이를 수 있다.

고소뇌부종이 의심되면 조속히 1,000m 이상 하강하여야 한다. 이 때 산소와 덱사메타손이 있으면 복용한다. 하강이 불가능하면, 산소 공급 또는 휴대용 고압 용기상품명: 가모백; gamow bag 로 치료한다.

C. 고소폐부종 HAPE

고소폐부종은 급성고산병 및 고소뇌부종과 같이 발생할 수 있으며, 대부분의 경우 가벼운 급성고산병 증세가 먼저 발생한다. 4,300m 이상까지 오르는 트레커 100명당 한 명 이하의 빈도로 발생하며, 고소에 올라간 후 2~5일 내에 발생한다.

---

* 고압 용기: gamow bag(가모백)은 밀폐식 지퍼가 달린 나일론 소재의 주머니로서 환자를 주머니 안에 넣고 기압을 올리는 방식이다. 1980년대 말에 이고르 가모(Igor Gamow)라는 사람이 개발했으며, 고산 트레일 근처 도시에서 렌탈이 가능한 곳도 있다.

고소폐부종은 고소뇌부종보다 더 빨리 사망에 이를 수 있기 때문에 조기 인지가 매우 중요하다. 초기 증상에는 가슴이 답답함, 기침, 조금만 움직여도 숨이 참, 운동 능력 저하 등이 나타난다. 치료하지 않으면, 가만히 있어도 숨이 차고 호흡곤란이 뚜렷해지며 가끔 혈액이 섞인 가래가 나온다. 치료하지 않을 경우에 치명률이 50%에 이른다.[11] 요즘은 산소 포화도를 측정할 수 있는 기능이 탑재된 스마트폰이 많이 있다. 산소포화도를 측정해 보면 고소폐부종 환자는 같은 고도에서의 건강한 사람에 비해 산소포화도가 10% 이상 낮으며, 그 값이 흔히 50~70% 정도다.

치료를 위해서는 조속히 1,000m 이상, 또는 증상이 호전되는 지점까지 하강해야 한다. 즉각적인 하강이 불가능하면 산소를 공급해 주고 휴대용 고압 용기가 있으면 사용해야 한다.

고소병 예방과 치료에 사용되는 약제들

고소병의 예방과 치료에 사용되는 약제들의 사용과 용량은 '표-1'과 같다. 고소병의 예방과 치료에 사용되는 약제들은 타이레놀, 부루펜 등을 제외하고는 모두 전문의약품으로서 구입하기 위해서는 의사의 처방이 필요하다. 처방을 받기 위해서는 의원/병원을 방문하여 고산 트레킹을 간다는 이야기를 하고 처방을 받을 수 있다. 단, 덱사메타손은 국가마다 다르지만 고산 트레일 근처 도시의 일반 상점이나 약국에서 처방 없이 판매하기도 한다.

6장 조난과 응급처치법

조난이란 부상이나 길을 잃음으로써 극한 위험에 처하는 것을 말한다. 조난은 트레킹을 너무 안일하게 생각하거나, 무모하게 도전할 때 발생하기 쉽다. 즉, 트레일에 대한 정보가 부족한 상태에서 걷는다든지, 물이나 행동식 등을 부족하게 챙겨가거나, 길에 대한 집중력이 없이 잡담으로 일관하는 경우나, 해가 저물었는데도 무모한 코스에 도전한다든지 하는 경우에 발생한다. 그리고 불가항력적인 경우, 이정표가 없는 오지 야생 길에서 길을 잃었을 경우와 자연재해낙석, 폭우, 폭설 등가 일어나는 경우에도 발생한다.

A. 조난신고 방법

전화 통화가 가능한 지역이라면 근처의 국가지점번호판을 찾아서 그 번호를 119에 알려준다. 국가지점번호를 찾기가 어렵고, 스마트폰의 GPS트레킹 앱, 트레킹용 GPS 기기를 활용하고 있다면 자신의 GPS 좌표를 알려주거나 화면을 캡처하여 알려준다. 참고로, 119 구조대와 전화 통화가 가능하다고 해서, 즉시 조난자의 통화 위치를 알아낼 수 있는 것이 아니다. 단지 조난자 핸드폰과 연결되는 가장 가까운 위성안테나의 위치를 파악할 뿐이다.

전화 통화가 불가능한 지역도 트레킹 앱을 사용 중이라면 사고지점의 GPS 좌표를 메모해 두거나 화면을 캡처해 준다. 그리고 부상자가 움직이기 불가능하거나 부축하여 이동하기 어려운 지형에 있다면, 부상자를 GPS 좌표 지점에 두고, 움직일 수 있는 사람은 전화 통화가 되는 곳까지 이동하여 119 구조대와 통신하여 부상자가 있는 지점의 GPS 좌표를 알려준다.

B. 삐었을 때염좌/sprain

자연 길을 오래 걷다 보면 체력 저하 등으로 인해 불규칙한 지면을 잘못 밟아 발목을 삐는 경우가 종종 발생한다. 혹은 넘어지는 상태에서 손으로 바닥을 짚다가 손목을 삐는 경우도 발생한다. 염좌 발생 시 증상은, 인대 손상 정도에 따라 다양하게 나타나지만, 가만히 있을 때나 체중이 실릴 때 모두 통증이 있으며, 부종, 멍이 듦, 닿으면 아픔, 관절의 불안정 등의 증상이 나타난다. 염좌가 심한 경우에는 골절뼈가 부러지거나 금이 가는과 혼동할 가능성이 있다.

삐었을 때 응급처치

환부를 움직이지 않도록 압박 붕대나 머플러 혹은 옷내의 같은 천을 찢어서, 그것으로 묶어서 고정시키거나 부목을 대서 환부를 고정시킨다. 부목은 휴대용 방석이나 나뭇가지를 꺾어서 사용할 수도 있다. 이동 시에는 환부가 움직이지 않도록 조심해서 걸어야 하며, 동행인이 있다면 부축하여 이동하거나 등에 업혀서 이동해야 한다.

C. 발목 골절

골절은 뼈가 갑작스러운 충격에 의해 부러지거나 금이 가는 경우를 말한다. 발목 골절의 흔한 증상으로는 심한 통증, 부종, 멍이 듦, 닿으면 아픔, 다친 발을 디딜 수 없음, 특히 발목 관절의 탈골이 동반된 경우에는 발목의 모양이 변형되며, 일부는 발이 저리거나 서늘한 느낌이 발생하기도 한다. 증상이 심한 염좌와 흡사하여 전문인들도 구별하기 힘든 경우도 있다.

발목 골절 응급처치

염좌의 경우와 동일하며, 염좌의 경우보다 통증이 심하니 환자를 더욱 조심스럽게 다뤄야 한다.

D. 무릎 통증

장시간 걷거나 높은 산에서 내려올 때 무릎의 통증으로 인하여 걷기에 불편을 초래하거나 심할 경우 걷기가 불가능한 상태에 도달하는 경우가 종종 발생한다. 이 증상은 이미 퇴행성 관절염이나 연골파열, 십자인대파열, 연골연화증단단해야 할 연골이 약해지는 등 무릎관절의 질환이 있는 사람이 무모한 트레킹에 도전하는 경우에 다수 발생한다.

무릎 통증 응급처치

무릎 통증이 발생하면 가능하다면 시원한 물에 담그는 것이 좋고, 얼음이 있다면 얼음찜질을 하고 쉬는 것이 좋다. 계속해서 이동해야 한다면, 쉬는 시간에 환부를 식혀주고 일행의 도움을 받아서 배낭의 무게를 줄인다. 주변에 압박 붕대나 무릎 보호대가 있다면 무릎 부위를 감싸거나 압박하여 보호한다. 트레킹 폴이나 나무막대 2개를 구하여 목발처럼 지지대로 삼고, 무릎에 힘을 최소한으로 실으면서 이동한다. 통증이 심각하다면 동료들에게 부축하거나 등에 업혀서 이동한다. 이부프로펜 등 소염진통제를 복용하면 무릎 통증을 일시적으로 잠재우는 효과가 있다.

E. 물집이 생겼을 때

트레킹에서 생기는 물집은, 발가락이나 발뒤꿈치에 지속적인 마찰과 압력이 가해지면서 마찰이 심한 부위에 액체가 고이는 것이다. 신발이 너무 크거나 신발을 편안하게 신으려고 신발 끈을 헐렁한 상태로 유지하며 장시간 걸으면 물집이 생기는 원인이 될 수 있다. 양말을 제대로 신지 않아서 양말이 주름진 상태에서 오래 걷거나, 너무 습한 양말을 신고 장시간 걸으면 이 또한 지속적인 마찰이 일어나면서 물집을 유발하는 요인이 된다. 최소한 7일 이상 미국 아파레치안 트레일을 걸은 트레커 280명을 대상으로 조사한 연구에 의하면 발의 물집이 트레킹 중에 가장 흔히 발생하는 의학적인 문제였다.[12)]

장거리 트레킹에서 물집을 예방하려면 적당한 사이즈의 트레킹용 신발을 착용하고 2개의 양말 두꺼운 것과 얇은 것을 함께 신으며,[13)] 젖지 않은 여벌 양말을 준비해 두는 것이 좋다. 그리고 가끔 신발과 양말을 벗어서 발을 말려주고 숨 쉬게 해주는 것도 중요한 예방책이다. 양말은 면 소재보다는 습기를 흡수하지 않는 소재가 좋다.[14)] 물집이 자주 생기는 사람들은 잘 생기는 부위에 종이테이프를 붙이는 방법도 좋다.[15)]

물집의 응급처치

물집의 응급처치는 환부에 밴드를 붙이는 것이 수월한 방법이다. 밴드가 땀에 미끄러져 떨어지지 않도록 잘 붙이는 게 중요하다. 물집은 터뜨리지 않는 것이 좋다. 물집이 터지면 그곳을 통해 세균이 침입하여 2차 세균감염이 발생할 수 있기 때문이다. 신발 속은 습도가 매우 높아서 세균이 번식하기에 매우 좋은 환경이다. 물집을 꼭 터트려야 할 상황이라면 뾰족한 바늘 같은 것을 불에 소독한 후에 조심스럽게 터트린 후 환부에 소독된 거즈나 밴드를 붙이는 게 좋다.

F. 근육경련쥐가 나는 현상

소위 '쥐가 난다.'라는 증세는 장시간 트레킹 시 너무 무리한 속도로 걷거나 무리하게 고도를 높이거나 내리는 경우에 하체에 근육경련으로 발생한다. 증상은 발목이나 종아리 근육이 순식간에 수축하면서 근육경련과 통증을 유발한다. 빠른 시간에 저절로 호전되는 가벼운 경련으로부터 수 분 동안 다리를 꼼짝 못 하게 만드는 심한 경련까지 사람에 따라 다양하게 나타난다.

콜레스테롤을 조정하는 스타틴 계열의 약을 비롯하여 당뇨병, 콩팥질환, 간질환 등에 관련된 약을 꾸준히 복용하던 사람도 근육경련이 발생할 가능성이 있으며, 과도한 음주나 카페인의 섭취를 생활화하는 사람도 그 대상이 된다. 의욕만 앞서는 무리한 트레킹을 하지 않으며, 트레킹 전에 충분한 스트레칭으로 근육의 놀람을 예방하고, 맹물보다는 전해질이 포함된 수분이온음료 종류을 충분히 보충하여 체내에 수분과 전해질 부족 현상을 사전에 방지하는 것이 근육경련의 예방법이다.

쥐가 났을 때 응급처치

근육경련의 치료는 수축된 근육을 인위적으로 펴는 것이다. 종아리 근육에 근육경련이 발생했을 경우 신발을 벗고 무릎을 편 채 다섯 발가락을 손으로 잡고 자신의 가슴 쪽으로 당겨서 쥐가 난 근육을 펴준다. 이러한 동작을 5초 정도, 3~4회 반복하면서 근육경련의 상태를 지켜보다가 경련이 멎지 않을 경우 1분 정도 쉬었다가 다시 위의 동작을 반복한다. 근육경련이 멈추었다고 하더라도 휴식하면서 환부를 마사지해 주거나, 몸을 따뜻하게 해주고, 에너지원인 당분을 충분히 섭취한다. 그렇게 10분 이상 휴식한 후 트레킹을 이어간다.

G. 갑작스러운 사망 및 급성 심근경색증

이탈리아에서의 한 연구에 의하면 운동 중에 사망을 초래하는 원인의 86%는 심혈관 질환이며, 8%에서는 뇌졸중, 천식 등이 원인이고, 6%에서는 원인을 알 수 없었다.[16] 미국에서 수행된 다른 연구에서는 야외 레크리에이션 운동recreational exercise 중 또는 직후에 사망한 81명 중 71명88%은 관상동맥 질환*이 원인으로 지목되었다.[17]

---

* 관상동맥 질환: 심장 근육에 산소와 혈액을 공급하는 혈관은 관상동맥이며, 이 혈관이 동맥경화에 의해 좁아지면 심장 근육으로 혈액 공급이 줄어서 흉통을 유발한다. 협심증과 심근경색증이 여기에 속한다.

갑작스러운 사망 및 급성 심근경색의 예방 및 응급처치

본인이 관상동맥 질환 또는 다른 심장병, 조절되지 않은 고혈압 등이 있다는 것을 알고 있으면 무리한 트레킹을 하지 않아야 한다. 트레킹을 포함하여 다른 운동을 하는 사람들은 가슴이 답답하거나 설명할 수 없는 호흡곤란 등의 심장 관련 증상이 나타나면 운동을 중지하고 경과를 지켜보면서 적절한 판단을 해야 한다. 심근경색이 생겨서 심근에 혈액 공급이 부족해지면 가슴, 팔 등에 통증이 생기고 명치 부위의 불쾌감 등이 나타나며, 호흡곤란과 피로감으로 나타날 수도 있다. 심근경색이 의심되면 조속히 응급실로 이송하여야 하며, 심정지가 있으면 즉시 심폐소생술˚을 시행한다.

˚ 심폐소생술(cardiopulmonary resuscitation; CPR): 심장의 기능이 정지하거나 호흡이 멈추었을 때 사용하는 응급처치이다. 심장마비의 경우 신속히 조치하지 않을 시 사망하거나 심각한 뇌 손상을 입을 수 있으므로, 환자를 처음 발견한 목격자가 신속히 심폐소생술을 실시하는 것이 매우 중요하다. 심폐소생술의 방법은 ① 환자를 바닥이 평평한 곳에 하늘을 보도록 눕힌 뒤에, 가슴뼈의 아래쪽 절반 부위에 깍지를 낀 두 손의 손바닥 뒤꿈치를 댄다. ② 양팔을 쭉 편 상태로 체중을 실어서 환자의 몸과 수직이 되도록 가슴을 압박한다. 가슴 압박은 분당 100~120회의 속도로 30회, 약 5cm 깊이(성인 기준)로 강하고 빠르게 시행한다. ③ 곧이어 인공호흡을 2회 시행한다. 인공호흡은 환자의 머리를 뒤로 젖히고, 턱을 들어 올려 환자의 기도를 개방시킨 다음 환자의 코를 막고 입을 크게 벌려 환자의 입을 완전히 막은 후, 가슴이 올라올 정도로 1초에 걸쳐서 숨을 불어 넣는다. 숨을 불어 넣은 후에는 입을 떼고 코도 놓아주어서 공기가 배출되도록 한다. ④ 다른 구조자가 있는 경우에는 한 구조자는 가슴 압박을 시행하고 다른 구조자는 인공호흡을 맡아서 시행하며, 심폐소생술 5주기(가슴 압박 30회 + 인공호흡 2회가 1주기)를 시행한다.

7장 극한 상황의 대처법

A. 극한 추위에 대한 극복

　겨울철에 차가운 바람으로 인하여 추위가 온몸을 급습할 때 우리는 생명의 위협을 느끼며 불안감에 사로잡힐 때가 있다. 또한 여름철에도 예기치 못한 폭우로 인하여 체온이 급격히 내려가는 상황에서도 이러한 불안감에 사로잡힐 때가 있다. 이럴 때는 걷게 되면 몸에서 꾸준히 열이 발생한다는 사실을 인식하고 춥지 않을 정도로 꾸준히 걸음을 지속하면서 추위에 의한 불안감을 떨쳐버릴 수 있다. 중요한 것은 마음의 안정이다. 마음을 느긋하게 가지고 걷는 것이 중요하다. 추우면 평소보다 조금 빠른 속도로 걷고, 온몸이 다시 온기가 돈다면 정상 속도로 걸으면 된다. 체온을 가장 많이 빼앗기는 부분이 귀를 포함한 얼굴과 손이다. 손으로 귀와 얼굴을 보온해 주거나 양손을 서로 마찰하여 수시로 귀와 얼굴, 그리고 손의 체온을 정상으로 끌어 올리는 것도 좋은 방법이다.

　추위에 의한 불안감이 지속되면, 판단력이나 체력이 저하되어 길을 잃을 염려가 다분하며, 급기야 위험한 상황에까지 도달할 수 있다. 그러한 현상 중에 하나가 판단력 저하로 같은 지역에서 계속 맴도는 링반데룽ringwanderung 현상이다. 이러한 혼란 속에서 같은 장소가 계속 나타나는 현상을 인식했다면 일단 마음을 진정시켜야 한다. 내가 여기서 죽을 수도 있겠구나 하는 불안감이 확장하여, 자신의 체력보다 빠르게 걷거나 뛰게 되면 체력이 순식간에 소진되어 더욱 위험한 상황에 도달하게 된다. 중요한 것은 꾸준히 걷는다면 살 수 있다는 자신감을 갖는 것이다.

B. 극한 더위에 대한 극복

트레킹은 사막이나 해변 길, 마을 길처럼 햇빛에 노출된 길도 있다. "높은 열 앞에서 인간의 몸은 추위에서보다도 더 무능하다."라는 말이 있다. 실제로 추운 곳에서는 인간들이 여러 가지 방법으로 추위를 극복할 수 있지만, 더위를 피할 수 없는 곳에서는 어떻게 해결할 방법이 마땅치 않다. 덥다고 옷을 벗을 경우, 뜨거운 태양의 온도가 온몸으로 스며들어 열사병을 촉진할 뿐이다. 오히려 넓은 챙이 있는 모자를 쓰고, 얇고 통풍이 잘되는 옷으로 태양의 직사광선을 차단해야 한다. 그리고 물을 너무 자주 마시게 되면 체내에 염분과 다른 미네랄 부족 현상이 일어나서 몸에 이상 현상이 일어날 수 있으니 전해질과 미네랄이 함유된 이온 음료를 조금씩 자주 마시는 게 좋다.

뜨거운 태양 아래에서 장시간 걷는 코스에 직면했다면, 추위와 맞설 때와 같이 마음을 느긋하게 가지는 게 중요하다. 그리고 '저 태양으로 말미암아 내가 에너지를 얻으며 앞으로 갈 수 있으며, 내가 지금 여기에 존재하고 있구나, 나는 사막의 뿔도마뱀처럼 이 길을 지나가리라.'라는 생물학적이면서도 원시 생명체와도 같은 초긍정적인 마음을 갖는 게 중요하다. 그래야 마음이 편안해지고 좋은 컨디션을 지속할 수 있다.

C. 극한 체력의 한계에 대한 극복

　많은 사람들이 트레킹에 임하기 전에 체력에 대한 부담감을 갖는 경우가 많다. 그것은 실제로 트레킹에서 소모되는 체력이 체감적으로 상당하기 때문이며, 대부분의 트레킹이 평소에 걷던 거리보다 훨씬 길기 때문이다. 이러한 이유로 '극한 체력의 한계에 대한 극복'의 방법은 트레커들에게 매우 중요하다. 필자가 트레킹을 인솔할 때 가장 많이 받는 질문이 "코스의 난이도가 어느 정도인가."라는 질문이다. 그리고 "지금 체력이 바닥난 것 같은데 탈출구가 있습니까?"라는 질문도 종종 있다. 그럴 때에 필자가 가장 많이 써먹는 말은, "좀 편안하게 쉬시고, 간식을 충분히 드시면 괜찮아질 겁니다."라는 말이다.

　다리가 후들후들 떨리는 체력 부족의 상태에 도달한 참가자에게 던진 그 말은 그 사람에게는 오래 기억되는 위로의 말이 되었다고, 이후에 그 사람이 전해왔다. "다리가 후들거릴 때까지만 해도 내가 올 곳이 아닌데 괜히 왔다라는 생각을 했어요. 그야말로 나는 약해 빠진 사람이었죠. 그런데 말씀하신 대로 휴식을 하면서 음식을 좀 먹었더니 금세 기운이 회복되었어요. 신기하기까지 했어요. 내 몸이 이렇게 살아 있는 생명체로 느낀 적은 그때가 처음이었어요."

　체력의 한계를 극복하는 방법은 충분한 휴식과 열량, 수분을 섭취하면서 천천히 그것을 극복하는 것 이외에는 마땅하게 알려줄 방법이 없다. 그것 이외에 이를 악물고 그 상황을 견디라는 말을 하고 싶지도 않으며, 피로회복제를 먹으면서 그 상황을 극복해야 한다는 말도 적절하지 않은 표현이다. 그러나, 기왕이면 체력의 한계에 도달하기 전에 그 상황에 미리 대비하는 방법에 관하여 생각해 보는 것이 어떠한가. 고통을 참는 것보다는 사전에 충분한 체력을 길러서 그 상황에 대비하는 것이 훨씬 현명하다. 그 한계에 대한 준비성이 있는 사람과 그렇지 못한 사람과의 컨디션은 실로 차이가 크다고 말하고 싶다.

그러나 이러한 사실을 알고는 있지만 체력의 한계에 도달했을 때, 중요한 것은 포기하지 않는 마음이며 '나'라는 생명체가 가지고 있는 끈질긴 생명력을 믿는 것이다. 사실 우리 인간은 수백만 년, 수천만 년 동안 지구의 모든 생명체가 멸종할 만한 위기를 수차례 딛고 일어선 끈질긴 포유류가 아니던가. 그 끈질긴 생명력이 나의 유전자들 속에서 살아 숨 쉬고 있음을 자각해 보자. 우리 인간종들은 도시에서는 나약해 보여도 자연에서는 그 기나긴 시간 동안 버텨왔던 끈질긴 생명력이 되살아나는 이상하고 신비스러운 종임을 자각해 보자.

체력의 한계점을 높이려면 사전에 체력을 길러놓는 것 외에 무엇보다도 여러 환경에서의 트레킹 경험이 도움을 준다. 추울 때, 더울 때, 체력이 바닥났을 때, 이러한 다양한 환경에서의 경험은 다음 트레킹에서 여러 환경에서의 한계점에 대한 수치를 높여준다. 모든 경험이 그러하겠지만 트레킹의 다양한 경험 또한 그 한계점에 대한 면역력으로 적용되어 그 수치를 높여준다. 물론 그 경험은 준비성이나 겸손함이 포함된 지혜로운 경험이어야 한다. 이러한 지혜로운 경험은 어떠한 자연의 극한 상황도 슬기롭게 헤쳐 나가게 만들어 주는 트레킹 특유의 속성인 극복의 즐거움을 만들어 준다. 나아가서 이러한 극복의 즐거움은 일상의 다양한 역경에서도 적용 가능한 기능으로 승화된다. 일상에서의 극한 상황들은 우리가 트레킹에서 경험하는 그러한 역경의 심리 상태와 연결이 가능하기 때문이다. 이것이 바로 니체가 역설한 '위버맨쉬극복하는 자' 혹은 '아모르파티'의 실체이다제6부 트레킹의 의미/3장 수용, 긍정, 극복, 자존감/245-248P 참고.

부록

세계 베스트 트레일
world best traill
33선

트레일 선정 기준

　세계 베스트 트레일은 공신력이 있는 객관적인 단체, 세계적으로 잘 알려진 언론, 여행 전문 잡지사 또는 출판사들이 추천하는 트레일들 목록에서 발췌하였으며 일부는 필자들이 직접 경험하였다. 이 트레일들은 세계적으로 인증을 받고 있고 많은 사람들의 발걸음에 의해서 길이 다져지고 지켜져 온 길들이며, 각각 고유의 이름을 가지고 있다. 소개하는 트레일 선정에 참고한 여행 관련 단체, 기구, 언론 및 잡지사(이하 '단체'라 함)는 다음과 같다. 미국지리학회와 연관하여 다양한 매체를 통해 지리 자연과학 등의 주제를 다루는 『내셔널 지오그래픽』, 미국 스미소니언 박물관에서 발행하는 예술 환경 과학 매거진 『스미스 소니언』, 독립여행 전문 출판사 『론리 플래닛』, 건강 생활 역사 문화 매거진 『리더스 다이제스트』, 미국 뉴스 전문 TV 채널 『CNN』, 영국 공영방송 「BBC」, 아웃도어 계열 여행잡지 『Blue』 등이다.

　위에 열거한 단체에서 추천하는 트레일의 수는 대부분 10곳 내외로 한정되어 있어서 아쉬움이 있다. 이 부록에서는 독자들의 다양한 체력, 트레킹에 참여할 수 있는 시간, 경제적 여건, 그리고 개인의 취향에 맞게 적절한 선택이 가능하도록 좀 더 많은 트레일을 소개했다. 세상에는 우리가 알고 있는 트레일 이외에도 셀 수 없을 정도로 많은 대자연의 아름다운 풍경들과 문화들을 마주할 수 있는 길들이 존재한다. 수많은 길들을 모두 경험할 수 없으므로 이 부록에서는 비교적 공신력이 있는 단체에서 추천하는 트레일들을 종합하여 저자들 나름의 기준으로 선정하여 제시함으로써, 독자들에게 그러한 다양한 풍경과 넓은 세상으로 다가갈 수 있는 기회를 제공하고자 한다.

첫 번째 요건은, 위에 언급한 여러 단체가 선정한 베스트 트레일에 다수 포함되는 것이다. 다수의 단체에서 선정되었다는 사실은 그 트레일이 가지고 있는 고유의 아름다운 풍경과 문화가 다수에게 인정을 받았다는 의미이기도 하다. 자연의 풍경과 오래된 유적지에서 받은 감동은 사람마다 다르게 느껴질 수 있으며, 그 감동은 과거의 경험, 그 여행을 준비해 온 과정이나 그날의 컨디션 등에 따라 다를 것이다. 그러나 이렇게 각기 다른 개개인의 평가에서 공평해질 수 있는 요건은 공신력이 있는 관련 단체들의 의견을 취합하는 것이라 생각된다.

두 번째 요건은, 자연과 문화유적의 원형 보전이 잘되어 있는 트레일이다. 세상에는 사람이 다니는 길들 만큼이나 많은 트레일들이 존재하고 있다. 그러나 그중에서 추천 가능한 요건 중에 중요한 부분이 그 자연성과 문화유적의 모습을 원형 그대로 유지하고 있느냐는 점이다. 이 부분은 어찌 보면 왜 그렇게 걷기 힘든 코스가 세계적인 트레일이 되어야 하느냐는 트레킹의 본질과도 연관된 문제이기도 하다. 그러한 자연과 유적의 원형성은 트레커들을 감동으로 이끌어 내는 트레킹을 하는 이유에 부합하며, 그러한 원형성은 일반적으로 문명의 세계에서 아주 멀리 떨어진 곳에 위치하고 있음을 이 세계적인 트레일들에서 찾아볼 수 있다.

세 번째 요건은, 선정된 트레일들이 특정한 대륙에 치우치지 않고 가능한 한 대륙별로 고르게 분포하도록 하는 것이다. 위에 거론한 공신력 있는 관련 단체들은 한정된 국가에 위치해 있으며 일반적으로 그 단체들이 선정하는 베스트 트레일들은 그 단체가 속한 국가의 트레일에 점수를 많이 주고 있다. 이러한 점을 고려하여 대륙별로 고른 선정을 하고자 하였다. 그렇다고 무리하게 숫자를 맞추어 형식적으로 나열하지는 않았다. 다만, 아름다운 풍경이나 문화를 많이 간직한 대륙에서는 좀 더 많은 트레일이 선정되었다. 이러한 선정의 방법은 다양한 국가를 여행하고 싶은 여행의 본능에서 비롯되었다.

유럽 지역 - 11선

프랑스, 스페인: 산티아고 순례길
Camino de Santiago; 까미노 프란세스; 프랑스의 길

산티아고 순례길은 여러 지역에서 스페인 북서부의 산티아고에 있는 성 야고보의 무덤으로 모이기 위한 고대 순례길의 광범위한 네트워크이다. 9세기 스페인 산티아고 데 콤포스텔라에서 야고보의 유해가 발견되고 야고보를 스페인의 수호성인으로 모시게 되면서 순례길이 생겼다. 야고보는 영어권에서는 세인트 제임스St. James로, 불어권에서는 생 자끄St. Jacques로 불리며 스페인어권에서 산티아고Santiago로 불린다. 이 길은 종교 순례의 길로 시작하여 지금은 세계적으로 인기 있는 장거리 걷기 여행길이 되었다. 중세부터 내려온 이 순례길에는 다양한 경로가 있으나, 많은 순례자 혹은 여행자들이 주로 걷는 길은, 생장 피에 드 포르St Jean Pied de Port에서 산티아고 데 콤포스텔라Santiago de Compostella까지 808km 장거리 길이다. 피레네산맥의 우거진 숲과 평원, 깊은 계곡 등 스페인 북부에서 볼 수 있는 다양한 자연과 50여 개에 달하는 자연보호구역에서 다양한 자연경관을 볼 수 있다. 이렇게 훌륭한 자연풍경과 더불어 프랑스와 스페인의 시골 풍경과 오래된 성당들의 아름다운 모습은 이 길을 걷게 만드는 주요 요인으로 자리 잡고 있다.

산티아고 데 콤포스텔라에 있는 순례 사무국에서는 산티아고 데 콤포스텔라까지 마지막 100km 이상을 걸은 순례자에게 콤포스텔라compostela; 순례완료증서를 수여한다. 순례자 수는 야고보 성인의 축일인 7월 25일 전후에 절정을 이룬다. 약 10km 단위로 순례자들을 위한 숙소가 있는데 이러한 순례자들을 위한 숙소를 '알베르게alberque; 게스트하우스'라고 한다. 알베르게는 산티아고 길을 걷는 이들에게는 매우 중요한 의미를 지닌다. 순례자들에게 따뜻한 잠자리와 푸짐한 식사도 제공하지만 무엇보다도 먼 길을 가는 사람들이 한곳에 모여 서로의 관심사에 관한 정보 취득 장소 역할을 하기 때문이다. '알베르게'의 예약은 대표적인 알베르게 예약 사이트인 https://www.gronze.com에서 할 수 있다.

- ▶ **걷는 거리:** 편도형. 808km
- ▶ **소요 시간:** 30일~40일

- ▶ **출발 지점:** 생장 피에 드 포르St Jean Pied de Port
- ▶ **종료 지점:** 산티아고 데 콤포스텔라Santiago de Compostella
- ▶ **좋은 계절:** 3~11월겨울철 제외
- ▶ **참고 사이트:** http://caminocorea.org/
- ▶ **참고 사이트:** https://santiago-compostela.net/

프랑스, 이탈리아, 스위스: 뚜르 드 몽블랑(TMB)Tour du Mont Blanc

뚜르 드 몽블랑Tour du Mont Blanc은 유럽의 지붕이라 불리는 알프스산맥의 몽블랑4,810m 산군 주변을 한 바퀴 돌아서 걷는 알프스 둘레길이라고 할 수 있다. 주로 반시계 방향으로 걷는다. 프랑스, 이탈리아, 스위스를 통과하는 170km의 이 트레일은 3개 국가의 문화와 풍습을 경험할 수 있는 세계적인 트레일 중 하나이며 대부분의 진지한 트레커들의 버킷리스트에 포함되어 있다. 트레킹의 매력은 3개의 국가를 걸어서 여행할 수 있다는 여행적 본능을 충족하고, 몽블랑 산군에서 볼 수 있는 빙하, 고산 초원, 눈 덮인 봉우리, 호수, 강, 폭포, 그리고 산속 마을들이 놀라울 정도로 다양하게 조합된 풍경들이 끝없이 펼쳐지는 데 있다. 더불어, 길을 따라 머무는 높은 산장에서 만들어지는 맛있는 음식들과 음료들은 이 트레킹의 매력을 더욱 발산하게 한다. 그러나 이 둘레길은 오르고 내리는 총 고도차가 1만m에 달하는 만만치 않은 자연 길로 되어 있다. 알프스의 따뜻한 날씨가 이어지긴 하지만, 거대한 산 폭풍이 몰아칠 수 있다. 170km를 완주하려면 사전에 충분한 체력 훈련을 하고 여행일에는 일기예보를 살펴보아야 하는 만만치 않은 트레일이다.

　약간의 비용을 지불하면, 트레킹을 구성하거나 산장을 예약하거나 24시간 유선상으로 트레킹 안내를 받을 수 있는 '셀프 가이드 트레킹self guided treks' 제도의 이용이 가능하다. 그리고 이 트레일의 장점은 무엇보다도 구간을 단축할 수 있는 대중교통케이블카/셔틀버스/7~8월에 운영의 정보를 자세하게 제공해 주고 있기에 본인이 코스를 선택하여 마음에 드는 코스만 걸을 수도 있다. 아래의 뚜르 드 몽블랑 공식 홈페이지에서 셀프 가이드 제도와 그 대중교통편의 정보를 볼 수 있다.

- ▶ 걷는 거리: 원형. 170km *최고 고도: 2,60Cm
- ▶ 소요 시간: 7~11일
- ▶ 출발 지점: 샤모니 계곡의 레 후슈Les Houches 마을
- ▶ 종료 지점: 샤모니 계곡의 레 후슈Les Houches 마을
- ▶ 좋은 계절: 7~9월 중순
- ▶ 참고 사이트: https://tourdumontblanchike.com/

프랑스, 스위스: 오뜨 루트 Walker's Haute Route

뚜르 드 몽블랑Tour du Mont Blanc이 몽블랑을 중심으로 알프스 산군의 능선을 넘어 한 바퀴 도는 둘레길이라면, 오뜨 루트는 그 알프스의 산군을 가로질러 그것들과 하나가 되어보는 전문 트레일 코스이다. 알프스의 지붕인 몽블랑에서 마터호른에 이르는 오뜨 루트는 알프스의 12개 최고봉 중 10개 봉우리를 오르는 산악인들의 트레일로 시작되었다. 가장 잘 알려진 샤모니에서 체어마트까지의 구간은 산악인들의 트레일 구간과 스키를 타며 횡단하는 구간이 있는데, 이 코스들과 구별하기 위해 워커의 오뜨 루트Walker's Haute Route가 적절한 트레일 이름이다. 워커들의 오뜨 루트는 더 낮고 약간 수월한 고도에서 동일한 풍경을 즐길 수 있는 트레일이다. 산악인들을 위한 코스나, 스키를 위한 코스는 워커들의 오뜨 루트보다 남쪽을 따라 이어지고 있다.

아름다운 알프스의 속살을 들여다볼 수 있는 방대한 만년설과 위압적으로 보여지는 빙하, 그리고 산 위에 자리 잡은 산장에서의 밤들은 세상과는 동떨어진 다른 행성에 와 있는 착각을 불러일으키게 한다. 이러한 모험과 역경을 딛고 이 길을 걸었던 전문 트레커들은 전설을 이야기하듯 워커스 오뜨 루트를 말하고 있다. 워커스 오뜨 루트는 대부분의 시간을 알프스 계곡에서 보내지만, 11개의 고개를 넘고 총 누적 오름길이 12,000m 이상이며 누적 내림길이 10,000m 이상인 매우 힘든 구간이다. 알프스의 속살을 들여다볼 수 있는 이 코스를 완주하려면 기본적으로 건강한 체질을 보유하고 있어야 하며, 그러한 사람들일지라도 평소에 체력을 만들어야 급격한 오름길과 내림길을 이겨낼 수 있다. 오뜨 루트는 코스의 난이도에 비해 산장에 머물면서 식사가 가능하여, 가벼운 배낭을 들고 걸을 수 있는 매력도 있다. 그 외에 캠핑장도 있고, 호텔 분위기의 숙소도 트레일 선상에 위치하고 있다.

- ▶ **걷는 거리:** 편도형. 210km *최고 고도: 2,937m
- ▶ **소요 시간:** 11일~14일
- ▶ **출발 지점:** 샤모니Chamonix
- ▶ **종료 지점:** 체어마트Zermatt
- ▶ **단축 코스:** 오뜨 루트는 샤모니에서 체어마트 중간지점인 아롤라Arolla를 기점으로 동쪽 코스, 서쪽 코스로 구분하여 절반만 걷거나, 일부 구간은 대중교통을 이용하면서 걸을 수도 있다6~8일 소요.
- ▶ **좋은 계절:** 6~9월
- ▶ **참고 사이트:** https://tourdumontblanchike.com/
- ▶ **참고 사이트:** https://besthike.com/europe/alps/haute-route/

프랑스: 코르시카 GR20 Corsica GR20

GR20은 나폴레옹의 고향으로 유명한 프랑스 남부의 코르시카섬을 북쪽 칼렌자나부터 남쪽 콘가까지 대각선으로 횡단하는 장거리 트레일이다. 200km 길이의 트레일은 섬을 둘로 나누는 산의 화강암 등뼈를 따라가며, 그중 대부분은 고도 2,000m 이상 솟아 있다. 이 트레일은 비자보나Vizzavona 기차역을 기준으로 북쪽 지역과 남쪽 지역으로 구분한다. 북부 지역은 가파른 암석지대로 이루어져 있고, 남쪽은 상대적으로 암석 지역이 적으며 푸르른 초원 지대가 펼쳐지기도 한다. 이 트레일은 사진에서 보는 GR20보다 다양하고 아름다운 섬의 풍경을 지니고 있다. 영국의 세계적인 트레커이자 100권 이상의 트레킹 안내서적을 발간한 작가 패디 딜런Paddy Dillon이 "최고의 트레일 중 하나"라고 소개할 정도로 놀랍고도 다양한 풍경을 품고 있다. 하루에 한 코스를 걷는다면 대략 16일 정도가 소요된다. 트레일은 북쪽에서는 가파르게 올랐다가 급강하하는 길이 끊임없이 반복되며, 남쪽에는 길게 노출된 능선과 같은 고난이도의 길들로 이루어져 있다. 아마도 GR 중에서 가장 난이도가 높은 코스가 아닌가 싶다. GR은 프랑스어로 그랑 랑도네grande randonnée; 장거리 걷기 트레일이라는는 뜻이며, GR에는 이름 대신 각각에 고유의 번호를 붙이는데 20은 코르시카의 옛 우편번호다.

　트레일을 따라 대피소refuges 또는 지트gite로 알려진 공식 산장이 있다. GR20에서는 야생 캠핑이 엄격히 금지되어 있다. 대피소나 사설 산장에서 숙박해야 한다. 트레커들은 산장 근처의 텐트에서 잠을 잘 수 있지만, 트레일을 따라 텐트를 치는 것은 허용되지 않는다. 하루 일정에 하나 혹은 2개의 산장을 만나게 되며 산장에는 2층으로 되어 있는 침대와 매트리스가 놓여 있으며, 조리 기구를 갖춘 실내 주방과 식사 공간이 있다. 매점에서는 음식 구입이 가능하고, 그곳에서 만들어 주는 따뜻한 식사의 예약도 가능하다. 아래의 GR20 공식 사이트에서 산장이 가능하다. 현지 여행사에서는 GR20 패키지로 수하물 이동 서비스를 제공하는데 역시 GR20 공식 사이트에서 추천해 주는 여행사에서 예약이 가능하다.

▶ **걷는 거리:** 편도형. 200km *최고 고도 2,700m

- ▶ **소요 시간:** 12~16일
- ▶ **출발 지점:** 북쪽 칼렌자나Calenzana
- ▶ **종료 지점:** 남쪽 콘가Conca
- ▶ **단축 코스:** 트레일 중간지점 비자보나Vizzavona/기차역에서 출발과 종료가 가능하다.
- ▶ **좋은 계절:** 6~10월겨울 제외
- ▶ **참고 사이트:** GR20 공식 – https://www.le-gr20.fr/en/
- ▶ **참고 사이트:** GR20 추천 여행사 – https://www.corsica-aventure.com/gb/

스웨덴: 쿵스레덴Kungsleden

쿵스레덴은 길 중의 왕King's Trail이란 뜻으로 북극권 대자연의 매력과 장엄함을 지닌, 아름다운 풍경을 자랑하는 트레일이다. 아비스코Abisko에서 헤마반Hemavan까지로 잘 알려진 이 길은 북극권의 가장 아름다운 트레일로 정평이 나 있으며 그 아름다움은 영적인 길로 통하고 있다. 불모의 고원으로 보이는 구릉들과 울퉁불퉁한 자작나무 숲, 때로는 높은 산이 있는 이 길은 그 자연의 원형이 가장 잘 보존된 자연보호구역에 위치하고 있다. 트레킹 중에 순록 떼를 만나고, 아늑한 산장에서 밤을 보내고, 운이 좋으면 가을 하늘을 가로질러 춤추는 북극광오로라을 볼 수도 있다. 이 길이 영적인 길로 불리는 이유는 이 길의 풍경들이 단지, 바위, 자갈, 흙으로만 보여질 수도 있지만 이곳에서는 어쩌면 사물에 대한 새로운 해석, 세상을 좀 더 아름답게 보이게 해줄 무언가를 만날 수 있기 때문이다.

　대부분의 트레커들은 하이라이트라 할 수 있는 초반 110km 구간만을 걷는 것이 일반적인데, 그 이유는 전반부의 스펙타클한 경관과 비교해 트레일의 중반부와 후반부는 풍경이 다소 단조로우며 120km가 지나는 구간부터 종료 지점까지는 모기떼의 악명이 높은 곳이기 때문이다. 아비스코에서 니카루옥타Nikkaluokta 구간이 바로 그 인기 구간이다. 이 루트에서는 원한다면 스웨덴 최고봉인 케브네카이세Kebnekaise/2,096m 정상에 도달할 수도 있으며, 이를 위해서는 일정의 하루가 더 추가되어야 한다. 이 루트에서는 자연이 선사하는 최고의 아름다움, 즉 자연스러움이 남아 있다. 트레커가 하루에 걷는 거리인 9~22km에 한 곳씩 자연을 거스르지 않는 소박한 산장들이 만들어져 있지만 산장이 부족한 경우가 많으므로 숙식 물품들을 지참하여야 한다. 산장은 스웨덴 관광협회Svenska Turistföreningen; Sweden Tourisn Association에서 운영하며 매트리스, 베개, 담요 및 간단한 조리 시설을 제공한다. 산장 부근의 정해진 장소에서 텐트를 칠 수도 있고, 일부 산장매장에서는 보급품 구입도 가능하다.

- ▶ **걷는 거리:** 편도형. 110~440km *최고 고도: 1,150m
- ▶ **소요 시간:** 7~30일
- ▶ **출발 지점:** 아비스코Abisko
- ▶ **종료 지점:** 니카루옥타Nikkaluokta 혹은 헤마반Hemavan
- ▶ **좋은 계절:** 6월 말~9월 말
- ▶ **참고 사이트:** https://www.swedishtouristassociation.com/

영국스코틀랜드: 웨스트 하이랜드 웨이(WHW) West Highland Way

세계 최초로 도보여행의 역사를 만든 영국에는 그 역사에서 다수의 장거리 트레일을 만들어 냈다. 그중에 대표적인 것이 웨스트 하이랜드 웨이다. 이 트레일은 영국의 북쪽 스코틀랜드 내에 남북으로 길게 이어진 장거리 트레일이며 영국에서 가장 인기 있는 트레일이다. 울창한 숲, 맑은 호수, 구릉과 계곡, 거친 산을 지나, 먼 옛날 양치기들이 양 떼를 끌고 오가던 길이다. 이 루트에는 멋지고 경외심을 불러일으키는 풍경이 상당히 많지만, 끊임없이 변화하는 풍경들의 등장이 이 트레일에 몰입되게 만드는 가장 큰 매력이다. 이 길의 장점을 압축하여 표현하자면, 다른 영국의 장거리 트레일들보다도 수월하다는 점과 스코틀랜드 옛 모습의 모든 것을 보여주며, 동시에 끊임없이 변화하는 풍경과 만날 수 있다는 것이다. 중간중간 대중교통이 연결되기 때문에 구미에 맞는 코스를 선택하여 걸을 수 있는데, 대체적으로 남쪽 시작 지점 멀가이Milngavie부터 북서쪽 종점 포트 윌리엄Fort William까지의 중간지점인 틴드럼Tyndrum까지 걷는 여행자들도 많다. 이는 남쪽 구간이 북쪽 구간보다 수월하기 때문이다.

　해마다 5만 명의 사람들이 찾아오는 인기 있는 걷기 여행길인 만큼 유스호스텔, 호텔, 게스트하우스 등 여러 가지 숙박시설들이 코스 선상에 존재한다. 영국의 어느 지역이든 여행 중에 비가 올 가능성이 높다. 북쪽 추운 지방인 스코틀랜드에서 따뜻한 기온을 원한다면 6월, 7월, 8월의 여름을 선택하면 된다. 하지만 이 시기에는 폭우에도 대비해야 하며, 방수 기능이 좋은 트레킹용 신발, 상하로 분리된 우의, 배낭 커버 등을 준비하는 게 좋다. 봄에는 장담하기 힘들지만 따뜻하고 건조한 날씨에서 여행이 가능하다. 5월은 가장 인기 있는 달이다. 이유는 날씨도 그렇지만 현지에서 미지midge라고 불리는 날파리 같은 곤충들로 인하여 받는 스트레스에서 벗어날 가능성이 많기 때문이다 여름에 심하다. 미지는 떼를 지어 얼굴 주위를 맴돌기 때문에 성가실 뿐만 아니라 물리면 매우 가려운 상처가 1~2주 이상 지속된다. 그러므로 긴팔, 긴바지 옷 착용으로 피부 노출을 피해야 하며, 양봉업자들이 사용하는 그물망, 미지 기피제 등도 유용하게 사용된다.

- ▶ **걷는 거리:** 편도형. 154km *최고 고도: 548m
- ▶ **소요 시간:** 7~8일
- ▶ **출발 지점:** 멀가이 Milngavie
- ▶ **종료 지점:** 포트 윌리엄 Fort William
- ▶ **단축 코스:** 멀가이에서 중간지점 틴드럼 Tyndrum 까지 걸어도 된다.
- ▶ **좋은 계절:** 5월 초~9월 말
- ▶ **참고 사이트:** WHW공식 – https://www.westhighlandway.org/
- ▶ **참고 사이트:** https://westhighlandway.com/

영국: 코스트 투 코스트 워크(CTC) Coast to Coast Walk

가장 영국적인 자연과 낭만적인 유럽의 시골 풍경이 담겨 있는 코스트 투 코스트 워크는 영국 북부의 서해안과 동해안 사이를 잇는 309km에 달하는 장거리 트레일이다. 1973년 전설적인 트레커이자 작가인 알프레드 웨인라이트 Alfred Wainwright가 고안한 이 코스는 레이크 디스트릭트 국립공원, 요크셔데일스 국립공원, 노스요크무어스 국립공원 등 대조적인 세 국립공원을 통과한다. 이 길의 장점은 영국 옛 모습의 모든 것을 보는 동시에 아름다운 자연풍경들을 지속적으로 만나는 것이다. 이 길은 그의 상세한 저서인 『A Coast to Coast Walk』로 대중화되었으며, 수십 년이 지난 지금도 다양한 자연의 아름다움과 문화 체험을 통해 전 세계의 트레커들에게 감동을 주고 있다. 그러나 영국의 자연과 풍습을 한껏 경험해 볼 수 있는 이 장거리 코스를 완주하려면 떠나기 전에 단단한 체력을 만들어 놓아야 한다. 그러나 체력이 부담이 된다면 구미에 맞는 구간을 선택해서 걸을 수도 있다.

코스트 투 코스트 워크는 전통적으로 서쪽에서 동쪽으로 걷는다. 그 이유는 바람을 등지고 걷게 될 확률이 많고, 그렇게 걷는 사람들이 많기 때문에 같은 방향으로 걷고 있는 길벗들을 사귈 수 있기 때문이다. 길을 걷는 동안 다양한 기상 조건을 접하게 되는 것은 거의 확실하다. 영국의 습한 기후를 최대한 즐기기 위해서는 방수용품들을 준비해야 한다. 이 먼 길에서는 그 유명세만큼이나 많은 숙박 옵션의 선택이 가능하다. 게스트하우스에서부터 멋진 별장 같은 숙소까지 다양한 숙박시설들은 친절함과 다양한 영국 음식으로 여행자들에게 깊은 감동을 주고 있다.

- ▶ **걷는 거리:** 편도형. 309km *최고 고도: 950m
- ▶ **소요 시간:** 15~16일
- ▶ **출발 지점:** 세인트 비즈 St. Bees
- ▶ **종료 지점:** 로빈후드 만 Robin Hood's Bay
- ▶ **좋은 계절:** 비가 상대적으로 적게 오는 9~11월
- ▶ **참고 사이트:** https://www.coasttocoast.uk/
- ▶ **참고 사이트:** https://tmbtent.com/coast-to-coast-walk/

아이슬란드: 라우가베구르Laugavegur Trail와 핌보르듀할스Fimmvörðuháls

아이슬란드는 얼음과 불의 나라다. 이 특징을 가장 잘 설명할 수 있는 길이 라우가베구르와 핌보르듀할스 트레일이다. 이 2개의 트레일을 합친 길은 아이슬란드에서 가장 유명한 코스이며 세계적 트레일 목록에서 자주 등장하는 길이다. 화산과 빙하 그리고 초원과 눈이 덮인 비현실적인 지구 북구의 풍경은 세계 어디에서도 찾아볼 수 없는 매우 독특한 풍경이다. 마치 다른 행성에 온 듯한 착각을 불러일으킬 정도다. 라우가베구르 트레일은 란드만날라우가르Landmannalaugar 산장에서 시작하여 소스모르크Thorsmork 계곡까지이며, 핌보르듀할스 코스는 소스모르크에서 스코가 폭포Skogarfoss까지를 말한다. 이 코스는 남부 아이슬란드 고원에 위치하고 있으며 활기 넘치는 화산지대의 용암 냄새와 검은 모래사막, 분화구 호수, 빙하와 녹색 평야를 지나게 된다.

이 트레일들은 이 지역 도로들이 수월하게 운행될 수 있는 적설량에 기준해서 대체적으로 6월 중순부터 9월 초까지 개방된다. 이 독특하고 이국적인 트레일들을 경험하기 위해 전 세계에서 많은 트레커들이 이곳을 방문하는데, 머물 수 있는 산장의 규모가 소규모로 한정되어 있기 때문에 원하는 날짜에 이용하기 위해서는 1년 전에 예약을 해야 한다. 그러나 산장 예약에 실패한 사람이라도 지정된 캠핑장에서 캠핑으로 트레일 탐방이 가능하다. 이 트레일들의 들머리와 날머리인 란드만날라우가르와 스코가 폭포를 오고 가는 셔틀버스가 있는 데레이캬비크 익스커젼; Reykjavik Excursion 이 또한 예약 경쟁이 치열해서 사전 예약이 필요하다. 아래의 아이슬란드 관광협회 홈페이지에서 산장과 캠핑장 그리고 가이드 예약이 가능하다.

- ▶ **걷는 거리:** 편도형. 라우가베루그 55km + 핌보르듀할스 24km; 합 79km *최고 고도: 1,165m
- ▶ **소요 시간:** 라우가베루그 – 4일, 핌보르듀할스 – 9시간 1~2일
- ▶ **출발 지점:** 란드만날라우가르 산장 Landmannalaugur
- ▶ **종료 지점:** 스코가 폭포 Skogarfoss
- ▶ **단축 코스:** 라우가베루그 트레일만 걸을 경우 소스모르크에서 종료.
- ▶ **좋은 계절:** 6월~9월 초
- ▶ **참고 사이트:** 아이슬란드 관광협회 – https://www.fi.is/is
- ▶ **참고 사이트:** https://guidetoiceland.is/

이탈리아: 돌로미테Dolomites 알타비아 No. 1 Alta via No. 1

 스위스 프랑스의 알프스 산군이 설산과 초원 야생화로 이루어져 있다면, 이탈리아의 돌로미테 산군은 예술과도 같은 수직 바위들과 초원 그리고 야생화들이 펼쳐지는 산군이라고 할 수 있다. 전통적인 트레킹 코스들이 실낱처럼 이어지고, 케이블카나 곤돌라, 혹은 버스를 타고 봉우리 정상 부근으로 접근이 가능하여 전 세계에서 많은 관광객들과 트레커들이 찾고 있다. 돌로미테에는 '알타비아 1'을 비롯한 전통적인 트레일들이 서로 연결되어 있는데 '알타비아 2', '알타비아 3', '알타비아 4'…들이 그것이다. 돌로미티의 남북을 관통하는 '돌로미테 1'은 이곳의 고전적인 코스이자 가장 쉬운 코스임에도 불구하고 아름다운 코스로 알려져 있어서 가장 인기가 있다. 프라그저 호수Pragser Wildsee와 콜다이Coldai 호수는 에메랄드색으로 빛이 나며, 삼면이 우뚝 솟은 석회암 절벽으로 둘러싸여 있는 빙하에서 유래한 고산 호수이며, 친퀘 토리Cinque Torri는 5개의 독특한 암석 탑의 집합체이다. 또한 2,752m 고도에 위치한 산장인 리푸지오 라가주오이Rifugio Lagazuoi, 1883년 건축는 주변 산의 360도 전망과 일출 일몰을 모두 감상 가능한 완벽한 산장으로 돌로미테뿐만 아니라 전 세계에서 인기 있는 산장 목록에 속한다.

휴가철에 알타비아 1은 산장 구하기가 쉽지 않다. 그래서 이 코스의 산장은 예약도 수월치 않고 개인의 소유도 많아서 가격도 다른 돌로미테 코스들의 산장보다 더 비싸다. 그 대신 다른 코스들보다 서비스는 좋다. 산장 예약이 어렵다면 돌로미테의 많은 다른 코스를 이용하면 된다. 알타비아 1에서는 캠핑이 금지되어 있다.

- ▶ **걷는 거리:** 편도형. 120km *최고 고도: 2,752m → 케이블카, 버스를 이용하여 거리 단축이 가능함.
- ▶ **소요 시간:** 9~10일
- ▶ **출발 지점:** 라고 디 브라이에스Lago di Braies
- ▶ **종료 지점:** 라 피사 La Pissa버스 정류장/발 코르데볼; Val Cordevole
- ▶ **좋은 계절:** 7월 중순~9월 말
- ▶ **참고 사이트:** https://huttohuthikingdolomites.com/
- ▶ **참고 사이트:** https://www.thehiking.club/alta-via-1-dolomites

이탈리아: 친퀘 테레Cinque Terre

친퀘 테레는 이탈리아 라스페치아La Spezia의 서쪽에 있는 리구리아Liguria 해안절벽에 위치해 있다. 이곳 사람들은 몇 세기 동안 절벽을 포함한 바위투성이의 가파른 지형에서 마을을 구축했다. 그러한 특별한 지형에서 개발이 되지 않은 마을의 풍경들과 풍습은 친퀘 테레의 매력이다. 많은 좁은 길과 기차, 배가 다섯 마을을 연결하고, 외부 지역에서 차를 들여올 수 없으나 매우 많은 사람들이 찾는 관광지이다. 친퀘 테레를 이루는 5개의 마을은 몬테로소알마레Monterosso al Mare, 베르나차Vernazza, 코르닐리아Corniglia, 마나롤라Manarola, 리오마조레Riomaggiore이다. 다섯 마을과 해변 그리고 주변 산들은 모두 친퀘 테레 국립공원에 포함되며 유네스코 세계문화유산으로 지정되어 있다. 트레일은 크게 해안 길해안절벽 길; blue path과 그 위쪽의 산길high path, 그리고 그 해안 길과 산길을 이어주는 길들로 거미줄처럼 연결되어 있다. 그중에 '사랑의 길Via dell'Amore'이라는 별칭이 붙여진 리오마조레와 마나롤라 간의 1km 구간은 리오마조레부터 몬테로소까지 친퀘 테레의 5개 마을을 잇는 해안 길12km의 첫 구간으로서 세계인들에게 가장 사랑을 받는 길이다.

친퀘 테레 트레킹은 마을에서 마을까지 그리고 그 위쪽 산길까지 연결하여 하루에 약 5~6시간을 걷는 3일 일정으로 구성되지만, 5일까지 연장하여 남쪽의 포르토 베네레Porto Venere 마을과 북쪽의 레반토Levanto 마을을 연장하여 걷기도 한다. 친퀘 테레로 갈 때는 차를 타고 가지 않는 게 좋고 어쩔 수 없이 가져가게 될 경우에는 라스페치아에 주차를 해놓고 기차를 타고 마을로 들어가는 게 좋다. 라스페치아에서 제노바Genoa 지역까지 가는 완행열차는 다섯 마을 모두 정차한다. 친퀘 테레에 입장하려면 친퀘 테레 카드를 구입해야 한다. 카드는 친퀘 테레의 입장에도 필요하지만 가이드 투어, 교통 등 다양한 혜택과도 연결되어 있다. 국립공원 내에서는 캠핑이 허용되지 않는다. 친퀘 테레 호텔 가격들이 비싼 편이어서 인근 도시 즉, 레반토나 라스페치아, 또는 포르토 베네레와 같은 곳에서 숙박하는 것도 추천한다.

- ▶ **걷는 거리:** 편도형. 12~65km. 다양한 루트를 연결하여 걸을 수 있음.
- ▶ **소요 시간:** 2~5일
- ▶ **출발 지점**5일 일정: 포르토 베네레Porto Venere
- ▶ **종료 지점**5일 일정: 레반토Levanto → 다양한 샛길로 루트들이 연결되어 있음.
- ▶ **좋은 계절:** 3~5월/9~11월
- ▶ **친퀘 테레 공식 사이트:** https://www.parconazionale5terre.it/Eindex.php
- ▶ **친퀘 테레 공식 사이트:** https://www.cinqueterre.eu.com/en/

핀란드: 카르훈키에로스 트레일Karhunkierros Trail

　핀란드에서 가장 인기 있는 카르훈키에로스 트레일은 문명에서 벗어나 자연으로 가는 궁극적인 숲길이다. 이 코스에서는 마을이 없는 야생 지역 오울란카 국립공원Oulanka National Park을 거쳐 원시림의 숲과 맑은 물이 흐르는 오울란카조키강River Oulankajoki의 아름다운 풍경을 감상할 수 있다. 거대한 바위 협곡과 폭포들을 몇 번이고 만나며 다양한 동식물군으로도 유명하여 비버, 곰, 순록, 물수리, 흰꼬리독수리 등 귀한 동물들도 볼 수 있다. 이 코스는 곰이 자주 출현하여 '곰의 길The Bear's Trail 또는 Bear's Ring'이라고도 한다. 이 코스가 세계인들에게 인기 있는 이유는, 체력적으로 크게 부담이 되는 구간이 없으며, 북극권과 가까운 푸르고 야생적인 자연의 모습도 있지만, 국립공원의 인간적인 정책에서 그 인기의 이유를 찾아볼 수 있다. 인간적인 정책이란 최대한 자연을 보호하되 탐방객들을 위해 최소이지만 가장 인간적인 배려를 해주고 있다는 것이다. 즉 침낭만 가지고 잠을 잘 수 있도록 무인산장에서 난로를 피우게 장작을 제공한다든지_{장작 무료}, 필요한 위치에 매점을 설치하여 최소한의 식량을 판매한다든지, 필요한 위치에 자연친화적인 화장실을 제공하는 것 등이다. 단, 비가 내리지 않는 시기에는 벽난로 사용이 금지된다.

카르훈스키에로스의 정책은 여러 방면에서 자연친화적이다. 인간이 자연에서 해서는 안 될 행위를 무조건 금지하는 게 아니라 스스로 알아서 조심하도록 한다. 그리고 그런 가운데 자연을 사랑하도록 하는 마음을 만들어 주는 듯하다. 이 트레일의 안내센터에서는 트레일 출입에 대한 신고의 의무가 없다. 그러나 무인산장에 사람이 얼마나 많은지는 알려준다. 사람이 많으면 그 주변에서 캠핑을 해야 하므로 텐트가 필요하다. 필요한 텐트나 트레킹 용품들은 안내센터에서 대여가 가능하다. 탐방로에서 발생하는 쓰레기들은 모두 자신의 배낭에 넣어야 한다. 그러나 무인산장에서는 유해성이 없는 불에 잘 타는 쓰레기는 난로에서 연료로 사용이 가능하며 생분해성 폐기물은 화장실 변기나 퇴비통에 넣으면 된다. 탐방로에는 10개의 무인산장과 몇 곳의 지정된 캠핑장이 있으며 전부 무료이다. 그리고 몇 곳의 무인산장 중에는 기본적인 식료품들을 판매하는 매점도 있다.

- ▶ **걷는 거리:** 편도형. 82km *최고 고도: 470m
- ▶ **소요 시간:** 4~7일
- ▶ **출발 지점:** 라플란드 살라_{Lapland Salla}의 하우타야르비_{Hautajärvi} 마을
- ▶ **종료 지점:** 쿠사모_{Kuusamo}의 루카_{Ruka} 마을 → 중간중간 탈출로들이 있어서 단축 트레킹도 가능하다.
- ▶ **좋은 계절:** 6~10월

▶ **참고 사이트:** 카로훈키에로스 국립공원 – https://www.nationalparks.fi/karhunkierros

▶ **참고 사이트:** https://inthewoodsdear.fi/

아시아 지역 - 7선

네팔: 에베레스트 베이스캠프(EBC) Everest Base Camp

이 트레일은 지구에서 가장 높은 에베레스트산8,848m을 오르기 위해 정상 아래에 만들어 놓은 베이스캠프를 다녀오는 코스이다. 에베레스트산에는 2개의 베이스캠프가 있다. 남동쪽 능선을 오르는 네팔 베이스캠프5,364m와 북동쪽 능선을 오르는 중국 티베트 베이스캠프5,150m가 그것이다. 이 중에 네팔의 베이스캠프는 전 세계 트레커들이 사랑하는 코스이며, EBC 트레일의 최고 고도 지점이기도 하다. 이 길은 육체적인 여행이자 영적인 여행이다. 푸모리Pumori, 로체Lhotse, 눕체Nuptse, 초오유Cho Oyu 등 만년설로 덮인 7,000~8,000m급 봉우리들은 그야말로 엄숙한 감동 속으로 빠져들게 한다. 그것들은 태초의 모습이며 신들의 영역으로서 사람이 이곳에 살기 시작했을 때부터 숭배의 대상이었다. 그 신들을 모시던 세르파족들은 히말라야 지역의 초기 탐험가들에게 중요한 역할을 했으며, 지금도 에베레스트산을 오르는 원정대에서 가이드 역할을 하고 있다. 네팔 쪽 베이스캠프로 가는 트레커들은 에베레스트 정상을 가까이서 조망할 수 있는 베이스캠프 근처에 있는 칼라파타르봉5,550m을 오르기도 한다.

이 트레일에서는 트레커들의 숙식을 위한 로지lodge들이 마을 단위로 형성되어 있다. 이곳을 찾는 사람들은 원주민 마을의 로지를 이용하고 있으며, 흔히 원주민 가이드와 포터짐꾼들을 고용하여 가벼운 배낭으로 트레킹한다. 참고로 이들 로지에서는 침구를 제공하기는 하나 미흡한 경우가 많아서 침낭을 지참하여야 하며, 원주민 가이드들은 고산의 날씨와 고산증 적응에 대하여 많은 도움을 준다. 시작 지점인 루클라Lukla/2,804m에서 베이스캠프까지 왕복 130km이며, 고산 트레킹의 원칙에 따라 고도 3,000m 이상에서는 하루에 숙소 고도를 500m 이상 올라가지 않고 1,000m를 올라갈 때마다 하루씩 고도 적응 기간을 두면 16~17일이 소요된다. EBC에 나서는 트레커들의 일부는 고도 적응에 실패하여 베이스캠프에 도달하지 못하고 있음으로 고도 적응 사항을 꼭 지켜야 한다. 네팔의 거의 모든 트레일에는 반드시 자격증을 갖춘 가이드와 동행해야 하며, 정부 자격증을 갖춘 트레킹 대행사를 통해 트레커 정보 관리 시스템(TIMS)trekkers' information management systems 카드를 발급받아야 하며, 이 카드는 카트만두나 포카라에 소재한 네팔관광청에서 구입이 가능하다.

- ▶ **걷는 거리:** 왕복형 130km *최고 고도: 5,364m
- ▶ **소요 시간:** 15~16일
- ▶ **출발 지점:** 루클라Lukla
- ▶ **종료 지점:** 루클라Lukla
- ▶ **좋은 계절:** 가을 시즌; 10~12월/봄 시즌; 3~4월
- ▶ **참고 사이트:** https://trekthehimalayas.com/
- ▶ **참고 사이트:** https://www.acethehimalaya.com/

네팔: 안나푸르나 서킷Annapurna Circuit

히말라야의 유명한 트레일 중에서도 안나푸르나 서킷은 안나푸르나 산군을 한 바퀴 돌아보는 원형 코스이다. 이 원형 코스는 안나푸르나를 비롯한 히말라야의 웅대한 설산 풍경과 문명에 때 묻지 않은 순박한 마을 사람들의 인심을 함께 체험하기에 히말라야 트레일 중에 최고의 고전으로 꼽힌다. 계속해서 바뀌는 풍경과 문화들이 펼쳐지는 장대한 드라마이다. 웅장한 만년설산, 깊은 협곡, 환상적인 전망대, 온천, 불교와 힌두 사원, 끝없이 펼쳐지는 다랑이, 그것을 일구고 살아가는 한적한 농촌 마을, 열대 우림들, 이러한 다양한 풍경들이 세계에서 가장 인기 있는 트레일로 만들어 놓았다. 6,000~8,000m급 안나푸르나 산군들과 다울라기리, 마차푸차레, 마나슬루, 틸리초 등 산악인이 아니더라도 익히 들어봤을 법한 봉우리들을 가까운 곳에서 볼 수 있다. 토룽 라Thorung La/5,416m 고개는 이 코스의 상징성을 가지고 있는 최고 높은 지점이다. 그러나 이 코스를 동쪽에서 서쪽시계 반대 방향으로 걸으면 트레커들이 자연스럽게 고도에 적응할 수 있는 지형적인 특성을 가지고 있다. 엄격한 의미에서 안나푸르나 서킷은 타알에서 시작하여 안나푸르나 산군을 시계 반대 방향으로 한 바퀴 도는 240km의 일정이나, 많은 사람들은 베시사하르에서 나야풀까지 210km를 걷는다. 최근에는 자동차로 접근이 가능한 길이 더 많이 개설됨에 따라 차메에서 묵티나트까지 85km를 6~7일 일정으로 걷기도 한다.

  길을 따라 있는 로지lodge에 머무르면서 네팔 산악 공동체의 삶에 대해 배우고 현지인을 알아가고 다른 트레커들을 만나는 기쁨은 이 길을 걷는 또 다른 이유 중의 하나이다. 네팔의 모든 트레킹은 짐꾼과 가이드를 고용할 수 있으며, 트레커들은 필요한 물품만 넣은 가벼운 배낭여행으로 트레킹이 가능하다. 로지에서 만나는 트레커들은 쉽게 친구가 될 수 있고, 그곳에서 지내는 하룻밤은 복잡한 도시 생활을 잊고 좀 더 자유로운 영혼을 위한 분명한 휴식처가 된다. 안나푸르나 서킷 트레킹에도 자격증을 갖춘 가이드가 필요하며, 정부 자격증을 갖춘 트레킹 대행사를 통해 TIMS 카드를 받아야 한다.

- ▶ **걷는 거리:** 타원형 210km *최고 고도: 5,416m
- ▶ **소요 시간:** 19~22일 푼힐 전망대 포함
- ▶ **출발 지점:** 베시사하르 Besisahar
- ▶ **종료 지점:** 나야풀 Nayapul
- ▶ **단축 코스:** 자갓 Jagat 에서 좀솜 Jomsom 까지; 136km 9~11일 소요 → 좀솜에서 포카라까지 비행기 이용 가능
- ▶ **단축 코스:** 차메 Chame 에서 묵티나트 Muktinath - 85km 6~7일 소요
- ▶ **좋은 계절:** 가을 시즌; 9~12월 / 봄 시즌; 2~5월
- ▶ **참고 사이트:** https://www.discoveryworldtrekking.com/
- ▶ **참고 사이트:** https://nepalnirvanatrails.com/

인도: 히말라야 라다크 마카밸리 트레일
Himalaya Ladakh Markha Valley Trail

문명의 저편에서 힐링을 얻고 가장 순수하고 희석되지 않은 불교문화를 체험하고 싶다면 히말라야 라다크 마카밸리를 걸을 것을 권장한다. 마카밸리 트레일은 인더스 계곡의 가장자리에서 잔스카르의 일부까지 원을 그리며 4,575m가 넘는 2개의 고개를 건너 히말라야의 높은 곳으로 모험을 떠난다. 믿을 수 없을 만큼 좁은 계곡에서 넓게 펼쳐진 광활한 지형으로 변하는 지형을 통과한다. 여행은 높은 언덕 꼭대기에 산재해 있는 고대 형태의 많은 수도원과 불교사원으로 인해 더욱 흥미로워진다. 모든 것이 문명의 손길이 닿지 않은 것처럼 보이고 세상과 단절된 것처럼 보인다. 그리고 트레커는 모든 것에서 믿음의 손길을 발견할 것이다. 여러 곳에서 펄럭이는 깃발들타르초와 룽다, 수도원의 건축물들, 돌마니석을 쌓은 마니벽에 새겨진 진언들, 매일 아침 모든 라다크족 집에서 타는 향까지. 그리고 이 계곡에서 만날 수 있는 스라소니, 라다크 염소, 티베트 양, 붉은 여우, 티베트 늑대, 들새는 이곳이 문명의 세계와는 별개의 세계라는 사실을 분명하게 일깨워 준다. 라다크 문화를 경험하는 가장 좋은 방법은 홈스테이에 머무르는 것이다. 홈스테이는 트레일 선상에의 모든 마을에서 만날 수 있다.

마카밸리 트레일은 두 가지 코스가 있다. 징첸Zingchen에서 시작하여 간다라Gandla/4,878m 고개와 콩마루 라Kongmaru La/5,200m 고개를 넘어 샹숨도Shangsumdo에 이르는 전통적인 루트와 전통 루트에서 서북 방향으로 벗어난 칠링Chilling에서 시작하는 단축 코스가 있다. 이 단축 코스는 간다라 고개를 생략한다1일 단축. 트레킹을 시작하기 전에 옛 라다크 왕국의 수도였던 '레Leh'에서 고소 적응을 하는 것이 좋다. 그곳에는 16세기 라다크 왕조가 발티 카쉬미르 군대를 물리친 것을 기념하기 위해 세워진 남걀체모 곰파, 과거의 영광을 보여주는 '레 왕궁', 라다키인들의 생활상을 엿볼 수 있는 레 시장들을 둘러볼 수 있다. 스웨덴의 언어학자이자 사회운동가인 헬레나 노르베리 호지가 1970년대 레를 포함한 라다크 지방 주민들의 순박한 생활상을 기록한 서적인 『고대의 미래Ancient Futures』가 잘 알려져 있다.

- ▶ **걷는 거리:** 편도형 65km *최고지점: 고도 5,150m
- ▶ **소요 시간:** 6~7일
- ▶ **출발 지점:** 징첸Zingchen
- ▶ **종료 지점:** 샹숨도Shangsumdo
- ▶ **좋은 계절:** 5월 초~10월 초
- ▶ **참고 사이트:** https://www.tourmyindia.com/
- ▶ **참고 사이트:** https://www.himalayanpassion.com/

요르단: 페트라 트레일Petra Trail & Wadi Rum
페트라 트레일 + 와디 럼 사막

이 코스는 감성적인 사막의 풍경이 있는 요르단 남부 와디 럼Wadi Rum에서 시작하여, 세계 7대 불가사의 중 하나인 고대 암석 도시 페트라Petra를 둘러보는 것으로 마무리된다. 와디 럼은 영화「아라비아의 로렌스」1962의 광활하고 신비스러운 사막과 메마른 협곡의 풍경을 추억할 수 있으며, 페트라 유적지 코스에서는 영화「인디아나 존스」의 아랍 지역의 시간여행으로 보여지기도 하는 신비하고 아름다운 코스

이다. 낮에는 아름다운 사막과 협곡을 트레킹하고 밤에는 별이 쏟아지는 텐트에서 잠을 잔다. 페트라 지역에만 9개가 되는 트레일이 페트라 방문자 센터를 중심으로 방사선처럼 얽혀져 있다. 이 코스들은 화려했던 나바테아 문명의 2,000년 역사를 속속들이 탐험하는 코스이다. 거대한 암벽과 협곡 안에 도시와 사원들을 건설한 나바테아의 문명은 이곳을 방문하게 하는 가장 커다란 매력이다.

트레일에 진행경로 표시가 없어서 많은 여행자들은 현지 가이드를 고용한다. 가이드를 고용하면 나바테아 문명의 역사를 이해하고 현지 사막 날씨를 견뎌 내는데 적절한 팁을 받을 수 있어서 도움이 된다. 출발 지역 와디럼과 종료 지점 페트라는 가이드와 SUV 차량, 낙타 구입이 가능한 관광 도시이다. 페트라 방문자 센터에 가면 고대 유적지 루트들에 관한 지도의 구입이 가능하고 가이드를 고용해야 입장 가능한 코스의 가이드를 구할 수 있다. 물론 유료 가이드이다.

- ▶ **걷는 거리:** 편도형. 와디럼에서 페트라까지 94km *최고 고도: 900m → 페트라 유적지에만 9개의 고대 유적지 루트가 있다. *총 90km이 중에 보통 20~30km를 걷는다
- ▶ **소요 시간:** 5일 페트라 유적지 제외
- ▶ **출발 지점:** 와디 럼 마을 Wadi Rum Village
- ▶ **종료 지점:** 페트라 Petra
- ▶ **최적기:** 10~2월
- ▶ **참고 사이트:** https://international.visitjordan.com/
- ▶ **참고 사이트:** https://www.jordantrail.org/petra-to-wadi-rum/

중국: 호도협虎跳峽; Tiger Leaping Gorge Hike

중국 윈난성에 있는 호도협중국어로 후탸오샤; Hutiaoxia은 세계에서 가장 깊고 아름다운 트레일 중 하나이다. 미국 그랜드캐니언보다 더 깊은 협곡의 측면을 따라 이어지는 오래된 고대의 무역로이다. 이른바 중국, 티베트, 인도를 잇는 차와 말의 길tea and horse road이다. 리장Lijiang과 샹그릴라Shangri-La의 경계에 위치한 호도협은 까마득한 협곡 절벽을 따라 이어진 좁은 길로서 유유히 흐르는 진샤강과 웅장한 옥룡설산5,596m과 하바설산5,396m을 끼고 걷기 때문에 고대의 시간으로 돌아가는 느낌을 받는다. 이 트레일은 트레킹의 경험이 별로 없는 사람도 가능하고 고소병을 걱정할 필요 없이 웅장한 고산 지대를 가까이서 관람할 수 있는 접근성이 훌륭한 트레일이다. 트레일 초반에 유일하게 힘든 구간은 '28밴드28 Bends'라고 불리는 1시간 정도의 오름길이 있지만, 그마저도 나귀를 타고 오를 수 있으며 배낭만 나귀 등에 신고 오를 수도 있다. 나머지 길들은 거의 평지이며 좁은 길이다.

호도협에는 그 역사만큼이나 오래된 숙소들이 정겨운 마을에 자리 잡고 있다. 중국 나시Nakhi족 풍습에 따라 만들어진 숙소에는 공용 화장실과 욕실, 온수 공급 장치가 있다. 가격은 시설과 위치에 따라 다양하고 식사 메뉴는 중국 음식이 기본이며 기본적인 서양 음식과 음료도 제공한다. 호도협을 가기 위해 들러야 하는 도시 리장Lijiang은 나시족의 옛 왕국의 수도였으며 지금도 대부분의 건물들이 나시족의 전통 건물이다. 세계문화유산으로 등록되어 있을 만큼 도시 미관이 뛰어나서 호도협을 방문하는 사람들이 1일 관광으로 거쳐 가는 도시다.

- ▶ **걷는 거리:** 편도형. 25~28km *최고 고도: 2,650m
- ▶ **소요 시간:** 2~3일
- ▶ **출발 지점:** 차오터우Qiaotou
- ▶ **종료 지점:** 호두 정원Walnut Garden
- ▶ **좋은 계절:** 4~6월, 9~10월
- ▶ **참고 사이트:** https://www.chinadiscovery.com/yunnan/lijiang/tiger-leaping-gorge/hiking.html
- ▶ **참고 사이트:** https://www.asia-hikes.com/yunnan-china-tiger-leaping-gorge/

한국: 제주 올레 트레일 Jeju Olle Trail

　제주도는 한국에서 가장 큰 섬이다. 중앙에 위치한 한라산을 중심으로 완만한 경사를 이루어 동서 73km, 남북 31km의 타원형 모양을 하고 있다. 제주 올레 트레일은 제주도를 원형으로 한 바퀴 이어놓은 길인데 주로 해안선과 내륙 그리고 작은 섬들과 이어진다. 제주도는 비교적 젊은 화산섬으로 신생대 제3기 말에 바닷속에서 화산 활동이 시작되어, 신생대 제4기120만 년 전~25,000년 전 동안 화산 활동의 결과로 만들어진 섬이다. 한라산은 제주도를 구성하고 있는 가장 큰 화산이자 정상에는 분화구 호수가 있는 남한에서 가장 높은 산이기도 하다. 마지막으로 분출된 바닷가 화산은 약 5,000년 전에 분출한 성산일출봉으로 아름다운 해안가의 커다란 바위 봉우리이다. 360여 개에 달하는 기생화산오름들은 세계적으로 유래가 드물게도 독특한 모양을 하고 있다. 거대한 원뿔 모양의 동산 위에 화산이 솟구쳤던 분화구가 있는 미니화산이라고 생각하면 된다. 제주 올레를 걷다 보면 이러한 오름들을 많이 걷게 된다. 남부 해변에서는 용암과 바다가 만나 육각 기둥을 이룬 주상절리대를 관찰할 수 있다. 탐방로는 주로 바닷가를 지나게 되지만 육지로 들어가게 되면 많은 농장길과 숲길 그리고 계곡을 지나게 되는데 계곡을 지날 때에는 화산섬의 속살인 듯 커다란 현무암들이 원시의 그 모습을 유지하고 있다.

'올레'는 집 대문에서 큰 거리까지 이어지는 골목길을 뜻하는 제주도 방언이다. 제주 올레 트레일은 총 27개의 코스가 있으며, 그중 21개는 계속 연결되는 코스이며 다른 6개는 별도로 독립된 코스들이다. 코스 주변의 마을과 항구에는 다수의 숙박시설들과 식당들이 있어서 숙식 해결은 어렵지 않다. 그리고 캠핑은 현지인들의 생활에 불편이 없는 장소에 적당히 자리 잡으면 된다. 캠핑을 하다가 현지인들을 마주치게 될 경우 "올레"라고 인사하면 문제는 발생하지 않는다. 트레킹은 시계 방향으로 1코스부터 시작하여 제주도를 한 바퀴 돌아서 다시 1코스로 돌아오는 게 일반적인 방법이나, 제주 올레 안내센터가 있는 서귀포시7코스 시작 지점에서 걷기 시작하는 사람들도 많다.

- ▶ **걷는 거리:** 원형. 473km
- ▶ **소요 시간:** 25~30일
- ▶ **출발 지점:** 시흥 초등학교Siheung-elementary school
- ▶ **종료 지점:** 시흥 초등학교Siheung-elementary school → 총 27개의 구간 어느 지점이든지 출발과 종료가 가능하다.
- ▶ **좋은 계절:** 3월 하순~5월 중순/9월 중순~11월 중순
- ▶ **참고 사이트:** 제주올레 공식사이트 – https://www.jejuolle.org/
- ▶ **참고 사이트:** 제주올레 영어 가이드 – https://jejuolletrailguide.net/

일본: 야쿠시마 트레일Yakushima Trail

　야쿠시마는 일본의 큐슈 지역 최남단 가고시마에서 60km 남쪽에 위치한 작은 섬이다. 이 섬은 일본에서 가장 습한 곳이어서 지금까지 산불이 난 전례가 없다. 그런 이유로 대단한 산림자원을 보유하고 있으며, 일본에서 최초로 유네스코 세계자연유산으로 등재되었다. 애니메이션 영화「원령공주」의 제작에 영감을 주기도 한 일본에서 최고의 계곡과 나무들이 있는 곳이다. 트레킹 시작 지점인 시라타니운스이Shiratani Unsui 계곡이 바로 그 영감을 준 계곡이며 푸른 이끼가 온 계곡을 덮고 있는 신비로운 분위기가 감도는 곳이다. 그 계곡을 따라 산 정상 부근까지 올라가면 나이테 연대측정법으로 연구한 결과 최소한 2,000년, 탄소 측정에 따르면 믿기지 않겠지만 7,000년 가까이 살았다고 하는 삼나무 '조몬스기'와 상봉이 가능하다. 그 주변에는 1,000년에서 3,000년의 수령을 자랑하는 삼나무들을 흔히 볼 수 있는데 이러한 오래된 삼나무들에는 고유의 이름이 붙여져 있다. '야요이스기. 弥生杉', '부교우스기. 奉行杉' '산봉아시스기. 三本足杉' 등이 그것이다. 조몬스기까지 가는 코스를 따라가다 보면 다른 유명한 나무도 몇몇 볼 수 있다. 남편과 아내가 서로 끌어안고 있는 모습을 닮은 한 쌍의 나무 메오토스기, 섬에서 덩치가 가장 큰 편에 속하는 다이오스기대왕 삼나무, 그리고 1580년대에 쓰러진 거대한 삼나무의 잔재인 윌슨의 그루터기영국인 식물학자 어니스트 헨리 윌슨의 이름을 붙임 등이 대표적이다.

야쿠시마는 덥고 습한 기후와 가파른 지형이 만나 많은 폭포가 생겨났으며, 야생 원숭이들을 흔히 볼 수 있다. 야쿠시마섬은 시라타니운스 계곡 코스와 조몬스키 나무를 보러 가는 코스 등 2개의 코스를 나누어서 걸을 수 있으며, 한 번에 모두 걷는 사람들도 있다. 한 번에 모두 걷는 방법은 시라타니운스 계곡 입구에서 시작하여 계곡을 따라 올라가, 조몬스키 삼나무에서 가까운 다카트수카 무인산장에서 1박을 해야 한다. 코스는 시라타니운스이 계곡 입구~조몬스키 루트 중간지점쿠스가 와 카레에서 우측 방향~조몬스키 삼나무~다카트수카 무인산장1박~조몬스키 삼나무~쿠스카와 와카레~아라카 트레일 입구까지 총 21km 정도이다. 야쿠시마는 작은 섬이지만 여러 가지 대중교통편과 일본 문화 체험이 가능한 다양한 숙박업소를 이용할 수 있다.

- **걷는 거리:** 3개 지점 연결형. 21km *최고 고도: 1,300m
- **소요 시간:** 1~2일
- **출발 지점:** 시라타니운스이Shiratani Unsui 계곡 입구
- **종료 지점:** 아라카 트레일 입구Arakawa Trailhead
- **좋은 계절:** 4~5월/9~11월6~8월은 우기라서 피하는 게 좋다
- **참고 사이트:** 일본 관광청 – https://www.japan.travel/가고시마/야쿠시마
- **참고 사이트:** https://yesyakushima.com/

🌐 오세아니아 지역 - 4선

뉴질랜드: 밀포드 트랙Milford Track

 오세아니아 지역은 세상에서 자연이 가장 잘 보존된 지역이라 해도 과언이 아니다. 그중에서도 밀포드 트랙은 뉴질랜드뿐만 아니라 세상에서 가장 자연미가 훌륭한 트레일로 알려져 있다. 밀포드는 남섬 남서쪽에 위치한 피오르드랜드 국립공원, 피오피오타히 해상 보호구역, 그리고 세계자연유산인 테 와히포우나무 공원 내에 위치한다. 이 트레일은 뉴질랜드의 시인 밸런치 보한Blanche Baughan이『런던 스펙테이터London Spectator』에 기고한 글에서 원래는 '유명한 도보'라는 말이 편집자에 의해 '세계에서 가장 멋진 도보The Finest Walk in the World'

로 바뀌어 실리면서 유명해졌다. 세상에서 가장 멋진 길이라는 표현은 걷는 사람마다 느끼는 감정이 다르겠지만, 이 길이 주는 자연성, 그러니까 훼손되지 않은 자연과 멋진 풍경은 모두가 공감하는 부분임이 틀림없다. 태곳적 모습을 간직하고 있는 푸르른 이끼 숲, 깨끗한 호수, 하늘을 찌를 듯한 산봉우리, 그리고 거대한 계곡의 거대한 폭포들이 바로 그것이다. 퀸틴 맥키넌Quintin Mackinnon, 1851~1892은 밀포드 트랙을 일반에게 널리 알린 최초의 등반가이자 기업가이다. 그는 그 자신이 가이딩 투어를 하면서 그곳에서 마케팅 활동을 확장시켰다. 가장 높은 구간인 '맥키넌 패스' 등 밀포드 트랙의 많은 지명들이 맥키넌에 의해 이름이 붙여졌다.

밀포드 트레일은 잘 꾸며진 로지와 식사 등이 제공되는 '가이드 트레킹'과 자신의 물품을 모두 어깨에 짊어지고 걷는 '자유 트레킹' 중 한 가지를 선택해야 한다. 밀포드에서는 캠핑이 허용되지 않는다. '자유 트레킹'을 할 계획이라면 아래의 참고 사이트에서 산장을 미리 예약해야 하며, 침구와 식량을 휴대해야 한다. 성수기10월 하순에서 다음 해 4월 하순에는 가이드 트레킹, 자유 트레킹 모두 일방통행으로 진행된다. 밀포드 트랙에는 자연보호부Department of Conservation가 운영하는 3곳의 공공 산장과 얼티밋 하이크스Ultimate Hikes가 운영하는 3곳의 사설 로지가 있다. 성수기에는 예약이 필수이다. 일일 탐방객 인원이 가이드 트레킹 50명, 자유 트레킹 40명으로 한정되어 있으므로, 6개월 전에 예약을 서둘러야 원하는 날짜에 트레킹이 가능하다. 어느 세계적 트레일이든지 단점이 있을 수 있다. 종료 지점인 샌드플라이 포인트에서는 샌드플라이라는 파리에 대비해야 한다.

- ▶ **걷는 거리:** 편도형. 54km *최고 고도: 1,140m
- ▶ **소요 시간:** 4일
- ▶ **출발 지점:** 글레이드 워프Glade Wharf
- ▶ **종료 지점:** 샌드플라이 포인트Sandfly Point
- ▶ **좋은 계절:** 11~4월
- ▶ **참고 사이트:** https://www.newzealand.com/
- ▶ **참고 사이트:** https://www.ultimatehikes.co.nz/

뉴질랜드: 루트번 트랙Routeburn Track

뉴질랜드의 그레이트 워크New Zealand Great Walks는 환경보존부Department of Conservation에서 개발하고 관리하는 인기 있는 트레일들의 집합체이다. 이 트랙들은 아름다운 해안선부터 울창한 우림과 고산 지형에 이르기까지 뉴질랜드 최고의 경관을 보여준다. 세계적으로 유명한 밀포드 트랙과 아벨 태즈먼 해안 트랙Abel Tasman Coast

Track, 그리고 루트번 트랙을 포함한 10개의 루트가 그레이트 워크 시스템에 의하여 관리된다. 루트번 트랙은 그중 짧은 루트로 분류되며, 마운트 어스파이어링Mount Aspiring과 피오르드랜드 국립공원Fiordland National Park을 통과한다. 날지 못하는 거대한 새들이 있고, 옥으로 반짝이는 계곡이 있는 고대 마리오 길을 따라가는 태초의 자연 그대로의 길이다. 루트번 트랙의 일부 구간에서는 빙하로 덮인 땅이 보이고, 또 일부 구간에서는 우뚝 솟은 해안절벽, 호수와 폭포 등이 보인다. 숲이 우거진 구역에서는 토종 톰티트, 울새, 부채꼬리새, 나무비둘기, 방울새 등 태초부터 있었을 법한 동물들을 볼 수 있다.

　밀포드 트랙이 아름다운 숲길로서 여성적인 자연의 모습이라면 루트번 트랙은 산길로서 남성적인 느낌을 주고 있기에, 이 2곳을 같이 걸으면 좋은 조합이 될 것이다. 이 지역을 위탁 관리 하고 있는 Ultimate Hikes참고 사이트를 참고에서는 이 2개의 코스를 묶은 트레일 상품을 판매하고 있다. 그레이트 워크Great Walk 시스템에서는 취사 시설과 이층침대가 있는 산장식 트레킹과 캠핑식 트레킹이 모두 가능하다. 11월부터 4월까지는 모든 산장과 캠핑장은 예약이 필요하며, 아래의 뉴질랜드 국립공원 사이트에서 예약할 수 있다. 원하는 날짜에 트레킹을 하려면 서둘러야 예약해야 한다. 5월부터 9월까지는 미리 예약하지 않아도 된다.

- ▶ **걷는 거리:** 편도형. 32km *최고 고도: 1,255m
- ▶ **소요 시간:** 2~4일
- ▶ **출발 지점:** 루트번 쉘터Routeburn Shelter
- ▶ **종료 지점:** 더 디바이드The Divide

▶ 좋은 계절: 10월 하순~4월 하순
▶ 참고 사이트: 뉴질랜드 국립공원 – https://www.doc.govt.nz/
▶ 참고 사이트: https://www.ultimatehikes.co.nz/

호주: 오버랜드 트랙 Overland Track

이 트레일은 호주 최남단에 위치한 섬, 태즈메이니아 야생 세계유산지역 Tasmanian Wilderness World Heritage Area의 일부분인 태즈매니아의 크래들 산-세인트 클레어 호수 국립공원 Cradle Mountain-Lake St. Clair National Park을 횡단하는 루트이다. 빙하에 덮인 산, 온대 우림, 거친 강, 고산 평원에 이르는 매우 다양한 지형을 통과한다. 이것은 빙하로 깎인 계곡, 온대 우림, 향기로운 유칼립투스 숲, 황금색 단추풀 button grass들로 덮인 황무지와 아름다운 고산 초원의 풍경이다. 선택 사항인 사이드 트립을 통해 태즈메이니아 최고봉인 오사산 Mt. Ossa; 1,617m을 포함하여 계단식 폭포와 산 정상을 방문할 수 있다 트레일의 공식적 최고 고도는 펠리온 갭(Pelion Gap 1,250m)으로 펠리온 이스트 산(Mt. Pelion East; 1,461m)과 오사산 사이에 있는 고개이다.

트레킹은 성수기 10월 1일~5월 31일에는 북쪽에서 남쪽으로만 통행이 가능하다. 트레일의 거의 절반이 일기 변화가 심한 고원에 위치해 있으며 해발 1,000m 이상이기 때문에 철저한 체력 대비와 적절한 용품들의 준비가 필수이다. 가이드 트레킹과 자유 트레킹이 있다. 자유 트레킹은 하루에 34명까지 입장할 수 있으며, 숙식은 태즈매니아 공원이 관리하는 6개의 산장을 이용할 수 있다. 산장에서는 침대와 취사장, 화장실을 제공한다. 산장은 예약제가 아니므로 성수기에는 침대가 부족할 수 있으므로 텐트를 지참해야 한다. 공원 입장권은 계절권한 계절 동안 이용할 수 있음으로 판매되며, 아래의 태즈매니아 국립공원에서 예약할 수 있다. 가이드 트레킹Tasmanian Walking Company은 하루에 12명만 참여할 수 있으며, 별도 5개의 사설 산장을 이용하고, 숙소, 침구, 식사, 와인 등의 음료를 제공하는데 가격이 만만치 않다.

- **걷는 거리:** 편도형. 65km *최고 고도: 1,250m
- **소요 시간:** 6~7일
- **출발 지점:** 크래들 마운틴Cradle Mountain의 로니 크릭Ronny Creek
- **종료 지점:** 세인트 클레어 호수Lake St Clair → 세인트 클레어 호수에서 신시아 베이Cynthia Bay까지 17km 연장가능
- **좋은 계절:** 10월 초~5월 말
- **참고 사이트:** 태즈매니아 국립공원 – https://parks.tas.gov.au/
- **참고 사이트:** 공원입장권 예약 – www.overlandtrack.com.au.
- **참고 사이트:** https://greatwalksofaustralia.com.au/our-walks/cradle-mountain/

호주: 그레이트 오션 워크Great Ocean Walk

그레이트 오션 워크는 아름답고 야생적이기도 한 장엄한 해안선을 따라 걷는 장거리 해안 트레일이다. 이 루트는 그레이트 사우스 웨스트 웍스(GSWW)The Great South West Walk보다 동남쪽으로 250km에 위치한 아폴로 베이Apollo Bay에서 출발하여 그레이트 오트웨이 국립공원Great Otway National Park과 포트캠벨 국립공원Port Campbell National Park을 통과하여 세계적으로 유명한 12사도 바위The Twelve Followers에서 마무리된다. 코스에서는 해안 풍경뿐만 아니라 우뚝 솟은 절벽과 캥거루, 왈라비, 코알라를 흔히 볼 수 있는 유칼립투스 숲과 새들의 낙원인 하구를 지나가기도 하며 혹등고래와 긴수염고래를 흔하게 볼 수 있는 해안가를 지나가기도 한다. 호주의 9월에서 5월까지봄, 여름, 가을는 이곳을 탐험하기에 가장 좋은 시기이다. 그러나 6월부터 9월까지의 겨울철에는 이동하는 고래들을 관람할 수 있는 가장 좋은 시기이기도 하다. 이 길고 아름다운 해안에는 예로부터 다양한 난파선들의 역사 이야기가 산재해 있다. 추가 난파선을 방지하기 위해 1848년 케이프 오트웨이 등대Lighthouse at Cape Otway가 건설되었다. 걷는 동안 트레킹의 난이도가 증가하는 것을 인식해야 한다. 아폴포 베이와 케이프 오트웨이 사이의 구간은 초보자에게 적합하며 라이언스 덴Ryans Den을 지나면 탐방로가 더욱 거칠어지면서 난이도가 증가한다. 그리고 해안 탐방로가 만조 때에는 위험하거나 통행이 불가능할 수 있다는 점에 유의해야 한다. 이 코스는 일정을 단축하여 단기 트레킹 혹은 일일 트레킹으로도 즐길 수도 있다.

그레이트 오션 워크는 코스를 따라 10~15km 간격으로 7개의 공식 캠핑장을 제공한다유료입장. 가이드 트레킹도 여러 여행사에서 제공받을 수 있다. 공원 관계자들은 공식 캠프장부터 대체 에너지를 활용하는 현대적인 로지에 이르기까지 숙박시설을 오가는 셔틀버스 서비스를 제공하며, 그밖의 다양한 호텔과 사설 로지들에서 이러한 서비스를 제공받을 수 있다. 케이프 오트웨이 등대에서도 사전 예약으로 숙박이 가능하며, 공식 캠핑장은 아래의 공식 사이트에서 예약이 가능하다.

- ▶ **걷는 거리:** 편도형. 110km
- ▶ **소요 시간:** 11일
- ▶ **출발 지점:** 아폴로 베이방문자 센터Apollo Bay Visitor Information Centre
- ▶ **종료 지점:** 12사도 방문자 센터Twelve Apostles visitor centre
- ▶ **좋은 계절:** 9~5월
- ▶ **참고 사이트:** 공식 사이트 – https://www.thegreatoceanwalk.

com/
- ▶ **참고 사이트:** 탐방 예약과 캠핑장 예약 – https://www.parks.vic.gov.au/places-to-see/parks/great-otway-national-park/things-to-do/great-ocean-walk

🌐 아메리카 지역 - 8선

미국: 그랜드캐니언 림 투 림 트레일 Grand Canyon Rim to Rim Hike

　그랜드캐니언Grand Canyon은 미국 애리조나주 북부에 있는 고원지대를 흐르는 콜로라도강에 의해서 깎인 거대한 계곡이다. 지구 태초의 모습을 간직한 거대한 협곡 길 그랜드캐니언은 20억 년에 걸친 역동적인 지각 활동 결과, 계곡 안에 노출된 수평 단층은 선캄브리아대 초기와 말기, 고생대, 중생대, 신생대 등 크게 4개의 지질 시대에 대한 증거를 보여준다. 몇 시간 동안 무릎에 오는 과부하를 딛고 콜로라도강Colorado River의 모래 둑에 도달하게 되면 그랜드캐니언 바닥에는 수십 개의 거대한 암석이 사방에서 우뚝 솟아 있다. 이것은 자연을 사랑하는 사람들에게 감동과 스릴 그리고, 아름다움을 주는 태초의 모습들이다. 림 투 림 트레일은 Y 자를 거꾸로 세워놓은 모양을 하고 있다. Y 자의 3곳의 끝 지점은 계곡의 상단 부분이고 Y 자를 이어주는 선들은 계곡의 바닥으로 통하는 길이라고 생각하면 된다. 3곳의 끝은 바닥과 평균 1,200m의 고도차가 존재한다. 이 3곳의 끝 지점을 모두 찍는 것이 그랜드캐니언 림 투 림 트레일이다 South Rim 2곳 + North Rim 1곳.

걷는 순서는 사우스 림 South Rim의 사우스 카이밥 트레일 입구 South Kaibab Trailhead에서 시작하여 바닥을 거쳐서 노우스 림 North Rim의 노우스 카이밥 트레일 입구 North Kaibab Trailhead에 갔다가 다시 바닥을 거쳐서 사우스 림의 브라이트 엔젤 트레일 입구 Bright Angel Trailhead로 와서 종료하는 것을 추천한다. 왜냐하면 사우스 림의 두 지점에 셔틀버스가 운행하기 때문이다. 루트의 걷는 거리는 고도차가 1,500m가 되는 노우스 카이밥 트레일 입구까지 올라갔다가 다시 내려오는가, 아니면 그 아래에서 쉬다가 다른 지점으로 가는가에 따라 많이 달라진다. 70km의 거리는 카이밥 트레일 입구까지 포함한 거리이다. 숙식은 강바닥의 지정 캠핑장에서 캠핑을 할 수도 있으며, 미국에서 가장 고급스러운 로지 중 하나인 팬텀 랜치 Phantom Ranch에서 휴식과 하룻밤을 보낼 수도 있다. 캠핑을 하려면 캠핑 예약 사이트에서 경쟁이 심한 추첨식 예약을 통과해야 한다. 북쪽 노우스 카이밥 트레일에서 남쪽 브라이트 엔젤 트레일로 오는 림 투 림 트레킹도 매우 인기가 있다.

- ▶ **걷는 거리:** 3개의 지점 연결형. 70km *최고 고도: 2,509m
- ▶ **소요 시간:** 3~4일
- ▶ **출발 지점:** 사우스 카이밥 트레일 입구 South Kaibab Trailhead/South Rim

- ▶ **반환 지점:** 노우스 카이밥 트레일 입구 North Kaibab Trailhead/North Rim
- ▶ **종료 지점:** 브라이트 엔젤 트레일 입구 Bright Angel Trailhead/South Rim
- ▶ **단축 코스:** 노우스 카이밥에서 사우스 카이밥까지 39km
- ▶ **좋은 계절:** 5~10월
- ▶ **참고 사이트:** 그랜드캐니언 국립공원 - https://www.nps.gov/grca/index.htm
- ▶ **참고 사이트:** 미국 국립공원 - https://www.nationalparks.org/connect/blog/

미국: 존 뮤어 트레일(JMT)John Muir Trail

미국은 그 넓이가 광대해서 유명 트레일들의 길이도 대부분 장거리이다. 그중에 가장 인기 있는 장거리 트레일이 존 뮤어 트레일이다. 이 트레일은 미국 서부 북쪽에 위치한 북쪽 요세미티 국립공원에서 시작하여 남쪽 해안 방향으로 이어지는 시에라 네바다Sierra Nevada산맥을 따라 안셀 아담스 황야Ansel Adams Wilderness, 존 뮤어 황야John Muir Wilderness, 세쿼이아 국립공원Sequoia National Park, 킹스캐니언 국립공원King's Canyon National Park을 거쳐 미국 최고봉 휘트니산Mount Whitney;4,418m에서 346km 대단위의 막을 내린다. 이 코스에서는 장대한 능선과 만년설, 그리고 아름다운 숲과 호수, 폭포, 다양한 동물들 등 모든 풍경을 품고 있는 대자연의 서사시를 경험할 수 있다. 이 산길은 미국 자연보호의 아버지 존 뮤어John Muir; 1838~1914를 기리는 장거리 트레일이며, 애파레치안 트레일, 컨티넨탈 디바이드 트레일과 더불어 미국 3대 장거리 트레일 중 하나인 퍼시픽 크레스트 트레일Pacific Crest Trail;PCT;4,265km의 일부 구간이기도 하다. 이 트레일은 총 누적고도 14,000m를 오르고 6개의 높은 산길을 통과하며 대부분의 사람들이 완주하는 데 약 3주 소요된다.

  트레일에서는 먹고 자는 데 필요한 모든 짐들을 배낭에 꾸리고 캠핑 트레킹을 해야 하며, 중간에서 필요한 물품을 제공받으면서 트레킹을 이어갈 수 있다. 남쪽에서 출발하고 싶다면 Recreation.gov에서 트레킹 허가증을 신청하고, 북쪽 요세미티에서 출발하려면 NPS.gov에서 허가를 받아야 한다. 이는 신청자의 97%가 다음 해를 기다려야 하는 복권 추첨식 경쟁이어서 이 루트에 진입하기 전에 거쳐야 하는 또 하나의 힘든 과정에 속한다. 요세미티 출발 루트는 168일 전부터, 휘트니산 출발 루트는 2월 1일부터 3월 15일까지 신청이 가능하다. 그리고 3주 동안 산속에서 숙식을 해결해야 하는 물품들의 엄밀한 선택과 강인한 체력을 길러야 하는 사전 준비가 필요하다.

- ▶ **걷는 거리:** 편도형. 346km *최고 고도: 4,418m
- ▶ **소요 시간:** 약 3주
- ▶ **출발 지점:** 북쪽 요세미티 해피아일즈 Yosemite Happy Isles
- ▶ **종료 지점:** 남쪽 휘트니산 Mount Whitney
- ▶ **좋은 계절:** 6월~10월 초
- ▶ **참고 사이트:** 미국 국립공원 관리청 - https://www.nps.gov/index.htm
- ▶ **참고 사이트:** 퍼시픽 크레스트 트레일 보존협회 - https://www.pcta.org/

미국: 컨티넨탈 디바이드 트레일(CDT)Continental Divide Trail

미국의 3대 장거리 트레일은 세계 어느 곳에서도 찾아보기 힘든, 최고로 긴 장거리 트레일들이다. 이 트레일들은 광대한 넓이의 국토를 가졌고, 도전정신을 매우 사랑하는 미국이기에 존재할 수 있는 거대하고 아름다운 트레일들이다. '퍼시픽 크레스트 트레일(PCT)4,265km', '애팔래치아 트레일(AT)3,540km' 그리고 '컨티넨탈 디바이스 트레일(CDT)5,000km'이 바로 그것이다. 이 트레일들은 주로 미국의 산줄기를 위주로 걷게 되는데, 수많은 아름다운 국립공원 지역을 포함하여, 산 아래의 황무지 같은 들판, 농장 길, 도로, 그리고 도시들을 포함하여 미국의 대륙을 횡단 혹은 종단하게 된다. 이 압도적인 길이와 스펙터클한 풍경들을 지닌 트레일들은 먹을 것과 잘 것을 메고 걸어야 하며, 중간중간에서 보급품을 소포로 받을 수 있도록 제도화되어 있다. 미국 3대 장거리 트레일 중에 CDT는 제왕 트레일The king of long-distance trail로 불린다. 거리가 5,000km로서 미국의 3대 장거리 트레일 중에서도 가장 길며, 그 풍경과 역사적 의미에서도 으뜸이라는 뜻이다.

미국 지도를 보자면 PCT는 미국 서쪽 해안을 타고 남북으로 흐르는 산줄기를 걷는 트레일이고, CDT는 그와 유사한 방향이면서 PCT에 보다 더 가깝게 위치한 산줄기를 타고 걷는 트레일이다. 대륙 분할Continental Divide은, 말 그대로 미국 대륙의 동쪽과 서쪽을 나누는 산줄기의 분수령을 말한다. 비가 탐방로에 내리게 되면 어떤 빗방울은 서쪽의 태평양으로 어떤 빗방울은 동쪽의 대서양으로 강을 타고 흘러간다는 의미가 있다. CDT는 뉴멕시코의 건조하고 광활한 사막부터 시작하여, 옐로스톤 국립공원의 신비로운 풍경, 로키산맥의 고산 봉우리들, 와이오밍주의 초원 지대와 글래시어스 국립공원의 설산과 호수들을 포함한 미국 특유의 웅장하고 다양한 풍경을 담고 있으며, 미국 역사의 많은 결정적인 시간들이 대륙의 등뼈를 따라 이어진다.

미국 3대 장거리 트레일에서는 모두 캠핑식 하이킹으로만 가능하다. CDT의 허가는 공식적으로 존재하지 않으나, 로키 마운틴 국립공원과 옐로스톤 국립공원, 글래시어 국립공원에서는 캠핑을 위한 허가가 필요하다. 허가증은 국립공원 내 사무실에 도착해서 구매할 수 있지만, 도착 1~2주 전에 전화로 구입하는 것이 좋다. PCT와 AT에서와 마찬가지로 CDT에서도 하이커들은 며칠에 한 번씩 음식과 물품을 구입하기 위해 트레일 분할점혹은 구간들에서 근처 도시로 히치하이킹을 하기도 하며 분할점에서 우편으로 물품들을 전달받기도 한다.

- ▶ **걷는 거리:** 편도형. 5,000km *최고 고도 4,352m
- ▶ **소요 시간:** 5~6개월
- ▶ **출발 지점:** 미국 뉴멕시코주, 크레이지 쿡 기념비New Mexico State, Crazy Cook Monument

- ▶ **종료 지점:** 캐나다, 글레이셔 국립공원Glacier National Park의 고우트혼트 레인저 스테이션Goat Haunt Ranger Station → 캐나다 여권이 없으면, 치프산Chief Mountain의 캐나다 국경 교차점에서 종료한다.
- ▶ **좋은 계절:** 4~9월
- ▶ **참고 사이트:** CDT 보존협회: https://continentaldividetrail.org/

캐나다: 웨스트 코스트 트레일(WCT) West Coast Trail

원래 도미니언 인명 구조 트레일Dominion Lifesaving Trail이라고 불리었던 이 트레일은 브리티시 컬럼비아주 밴쿠버섬 남서쪽 가장자리를 따라 이어지는 캠핑식 트레일이다. 이곳은 해안에 난파된 생존자들의 구조를 용이하게 하기 위해 1907년에 만들어진 코스다. 현재는 퍼시픽 림 국립공원Pacific Rim National Park의 일부이며 극한 도전을 연상하는 서바이벌 게임 같은 구간이 다수 포함된 세계적 트레일이다. 그러나 최근 극도로 위험한 구간에 안전시설들을 보충하여 위험요인이 감소하였다. 자연의 아름다움은 그 보존의 상태가 태곳적 모습에 가까울수록 트레커들에게 감동과 환희를 불러일으킨다. 이 해안 코스에는 그러한 감동을 체험하기 위해 해마다 수많은 모험 트레커들이 위험을 무릅쓰고 찾아온다. 수억 년 동안 변하지 않은 해안 암석층, 광대한 백사장, 깎아지른 해안절벽, 푸르른 이끼가 지배하는 오래된 밀림의 숲들이 인간의 욕망에서 벗어나 변하지 않고 그 자리에 남아 있다. 더불어 이곳에서 만날 수 있는 흑곰, 늑대, 벌새, 범고래 물개, 바다사자, 독수리 등은 트레커들을 자연에 흠뻑 젖게 만드는 요인이다.

이러한 야생동물들을 만났을 때 대처하는 방법은 트레일을 시작하기 전 필수 오리엔테이션에서 배워야 한다. 이 세계적인 해안 코스는 경험이 많은 트레커들이라도 중간에서 포기할 수 있는 험난한 코스임을 인식해야 한다. 무거운 짐을 메고 70개 이상의 사다리를 오르고, 깊은 진흙 속을 걸어야 하고, 계곡을 다리 없이 건너야 하고, 바람과 비를 이겨내야 한다. 많은 트레커들이 중간지점인 니티나트 내로우Nitinat Narrows 캠프촌에서 수상택시를 타고 나가는 것을 선택한다. 숙식은 캠핑으로만 할 수 있다. 해변을 따라 5~10km 간격으로 배치된 12개의 지정된 캠프장을 이용해야 한다. 트레일 중간에 2곳에서 음식을 구입할 수 있다.

- ▶ **걷는 거리:** 편도형. 공식거리 75km *GPS 거리: 88km
- ▶ **소요 시간:** 6~7일
- ▶ **출발 지점:** 북쪽 파체나 베이Pachena Bay → 중간지점 니티나트 내로우Nitinaht Narrows; 캠핑촌에서 종료할 수 있다. → 니티나트 이후 남쪽 루트는 북쪽보다 더욱 험난하다.
- ▶ **종료 지점:** 남쪽 고돈 리버Gordon River
- ▶ **좋은 계절:** 5월 초~9월 말
- ▶ **참고 사이트:** 웨스트 코스트 트레일 예약 – https://reservation.pc.gc.ca/
- ▶ **참고 사이트:** 캐나다 국립공원 – https://parks.canada.ca/pn-np/

캐나다: 로키산맥, 스카이라인 트레일The Skyline Trail

이 트레일은 캐나다 재스퍼 국립공원에 있는 44km 길이의 트레일이다. 같은 이름을 가진 캐나다의 짧은 트레일7km이 있는데 그곳은 노바스코시아Nova Scotia주의 케이프 브레턴 하이랜드 국립공원Cape Breten Highlands National Park에 있으니 주의를 요한다. 미주대륙의 방대한 로키산맥이 대부분 그러하겠지만 가장 원시 자연의 모습을 보여주는 지역은 재스퍼 국립공원Jasper National Park이다. 스카이라인 트레일의 대부분은 재스퍼 국립공원을 통과한다. 원시 자연시대의 바위 봉우리와 산 능선길, 그리고 호수에서 만나는 깊은 숲길과 초원들에서 쉽게 만날 수 있는 야생동물들, 원시 자연의 모습이란 아마도 이럴 것이다. 이 트레일이 원시 자연의 표본이라 불리는 이유는 수목한계선 지역의 특성으로 수많은 종류의 나무들과 야생동물들이 서식하고 있기 때문이라고 할 수 있다. 목재늑대, 흑곰, 코요테, 회색곰, 무스, 흰꼬리사슴, 큰뿔양, 담비, 피카, 산양, 스라소니, 마멋marmot, 노새사슴, 고슴도치, 비버, 엘크, 울버린, 쿠거 등 셀 수 없는 많은 생명체들이 바로 이곳의 주인들이다. 사람들은 그저 손님에 불과하다. 그러한 이유로 이 트레일은 재스퍼 국립공원뿐만 아니라 방대한 로키산맥에서 가장 인기 있는 트레일 중 하나로 꼽히고 있다.

스카이라인 트레일은 미주대륙에서도 가장 인기 있는 오지 트레킹 코스로 캠프장 예약이 빨리 마감된다. 아래의 캐나다 국립공원 사이트에서 캠프장을 예약할 수 있다. 가장 인기 있는 방향은 남쪽Maligne Lake에서 북쪽으로 가는 것이다. 왜냐하면 북쪽에서 시작하면 올라가야 하는 고도가 많기 때문이다. 수목한계선을 넘는 이 높고 추운 지역의 트레일에서는 여름 시즌 후반까지 눈이 계속 내릴 수 있으니 유의해야 한다. 날씨가 좋지 않을 때는 15km 지점의 와바소 트레일Wabasso Trail로 탈출이 가능하다. 5km, 8km, 12km, 19km, 30km, 35km에 6개의 캠프장이 있다. 캠프장은 텐트 패드, 피크닉 테이블, 곰 기둥bear pole[*] 및 화장실 등을 제공한다.

- ▶ **걷는 거리:** 편도형. 44km *최고 고도: 2,511m
- ▶ **소요 시간:** 3일
- ▶ **출발 지점:** 멀린 트레일 헤드Maligne trail head
- ▶ **종료 지점:** 시그널 트레일 헤드Signal trail head
- ▶ **좋은 계절:** 7월 중순~9월 말
- ▶ **참고 사이트:** 캐나다 국립공원 – https://parks.canada.ca/pn-np/ab/jasper/activ/passez-stay/arrierepays-backcountry/sugg-sentiers_trip-ideas/Skyline
- ▶ **참고 사이트:** 재스퍼 국립공원 – https://www.hikejasper.com/Hiking-The-Jasper-Skyline-Trail.html

---

[*] 곰 기둥은, 음식들을 연결선을 이용하여 높은 기둥 위에 매달아 놓음으로써 곰들의 침입을 방지하는 장치이다.

페루: 잉카 트레일 Inca Trail

콜럼버스 이전 아메리카 대륙에서 가장 큰 제국이었던 잉카 제국은 수천 년에 걸친 안데스 문명의 마지막 제국이었다. 제국의 행정, 정치, 군사 중심지는 현재의 쿠스코시에 있었으며, 유명한 마추픽추는 1,450년대 잉카 황제 파추쿠티 통치 기간에 건설된 황제의 사유지이거나 중요한 예배 장소로 여겨진다. 잉카인들이 어떻게 그렇게 큰 돌을 그렇게 정밀하게 이동하고 배치할 수 있었는지는 아직도 수수께끼로 남아 있다. 성채 내에 있는 태양의 사원, 천문대 등 많은 유적지는 잉카인들이 자신들의 왕을 태양의 아들로 여겼다는 명확한 증거이기도 하다. 그 높은 위치에 건설된 이 찬란한 문명은 그래서 더욱 신비롭게 보인다. 마추픽추로 가는 가장 인기 있는 트레킹은 고전적인 잉카 트레일로, 잉카인들이 성스러운 계곡Sacred Valley에서 마추픽추까지 갔을 원래의 길을 따라간다. 흔히 마추픽추에 가기 위해서는 쿠스코에서 기차로 가나, 트레킹을 하면 중간에 있는 오얀타이탐보에서 내려서 걸어서 간다. 원래 잉카 제국을 통치하기 위해 전령들이 다니던 신성한 길이 스페인 정복 후 소실되었으나 마추픽추 발견 후 쿠스코 방향으로 일부 복원된 역사적인 길이다. 길을 따라 트레커들은 다양한 잉카 유적지와 멋진 자연풍경들을 접하게 된다. 눈 덮인 안데스 산맥부터 울창한 아마존 밀림 숲까지 다양한 전경을 포함하는 4일간의 트레킹 마지막 날 해가 뜰 무렵에 태양의 문에 올라서면 발아래에 펼쳐진 숨 막히는 마추픽추의 전경과 마주하게 된다.

잉카 트레일의 고도는 높은 편이어서 고소병 적응을 위해 흔히 트레킹 시작 전에 쿠스코에서 며칠을 보낸다. 쿠스코는 해발 3,200m로 맞추픽추$_{2,430m}$보다 높지만 잉카 트레일에는 이보다 고도가 더 높은 곳들이 있으며, 고도 4,215m의 '죽은 여인의 고개'를 넘어야 한다. 페루 정부는 잉카 트레일에 하루 500명에게만 허가증을 발급한다. 이 중에 300명은 가이드와 포터다. 허가는 정부에 등록된 여행사를 통해서만 얻을 수 있다. 잉카 트레일은 현지 전문 가이드, 숙식을 위한 모든 캠핑 용품들을 옮기며 함께 걸어줄 포터들, 그리고 요리사까지 기본 옵션으로 예약해야 한다. 4일의 트레킹 여정을 위해 최소 3달 전 모든 인프라가 준비되어야 한다.

- ▶ **걷는 거리:** 편도형. 39km *최고 고도: 4,215m
- ▶ **소요 시간:** 4일

- ▶ **출발 지점:** 쿠스코Cusco 지역의 오얀타이탐보Ollantaytambo
- ▶ **종료 지점:** 마추픽추 Machu Picchu
- ▶ **좋은 계절:** 건기 4월 초~5월 말/9월 말~11월 초
- ▶ **참고 사이트:** 잉카 트레일 – https://www.incatrail-peru.com/
- ▶ **참고 사이트:** 마추픽추 트렉 – https://www.machupicchutrek.net/

칠레: 토레스 델 파이네 서킷(O trek) Torres del Paine Circuit

　남미에서 가장 독특하며 아름다운 풍경을 품고 있는 이 코스는 한마디로 말해서 세상에서 가장 사진이 잘 나오는 풍경이라고 소문이 나 있다. 날카롭게 솟은 침봉의 독특한 산군이 가득하고 푸른 빙하군들이 끝없이 이어지는 안데스산맥을 바라보며 걷는 광활한 초원길, 토레스 델 파이네 국립공원에서 가장 큰 호수인 파이네 호수Lake

Paine의 푸른 물빛, 딕슨 빙하Dickson Glacier, 그리고 토레스 델 파이네 국립공원에서 가장 크고 유명한 그레이 빙하Gray Glacier 등 사진을 환상적으로 만들어 줄 수 있는 조건들을 갖추고 있다. 옵션으로 그 빙하를 트레킹할 수도 있다. 그리고 높이 솟은 3개의 암석기둥 파이네의 탑Torres del Peine, 프렌치 밸리French Valley의 영국 전망대Mirador Britanico에서 바라보는 경치 등이 이곳 풍경의 핵심이다. 이 가장 독특한 풍경들은 초보 사진가들이라도 범상치 않은 사진을 만들어 내는 절묘한 빛과 풍경을 제공해 준다. 이 서킷 트레일은 파타고니아 국립공원 핵심지역을 통과하는 W트랙3~4일 소요; 트랙이 지도상 W 형태이다과 이를 포함하여 더 연장해서 이어지는 완전 순환코스 'O 트랙7~9일 소요'을 포함한다. 즉, 이 두 코스를 모두 걷는 것이 'O 트랙'이며 파타고니아 토레스 델 파이네 서킷이다. 'W 트랙'만 걷는 사람들이 더욱 많으나 난이도가 있는 'O 트랙'의 호젓함과 독특한 경치를 보려는 사람들도 많다.

'W 트랙'의 경우 예약인원의 한계가 없으나 'O 트랙'의 상단 루트에는 한 번에 80명의 트레커만 허용된다. 숙식은 로지와 캠프장 두 가지를 선택할 수 있다. 'W 트랙'에서는 원할 경우 로지를 이용할 수 있으며 캠핑도 가능하다. 'O 트랙'에서는 로지가 없기 때문에 캠핑이 필수이다. 로지나 캠프장을 예약하지 않은 트레커는 입장이 불가하다. 숙박 예약은 빨리 마감되므로 미리 예약을 해야 한다.

▶ **걷는 거리:** 완전한 원형. 110km *최고 고도: 1,220m
▶ **소요 시간:** 7~9일
▶ **출발 지점:** 라구나 아마르가 관리소Laguna Amarga

- ▶ **종료 지점:** 라구나 아마르가 관리소 Laguna Amarga
- ▶ **단축 코스:** 중간지점이자 'W trek'의 서쪽 종점, 그레이 빙하 Gray Glacier 전망대에서 종료. 이 단축 코스를 흔히 'W 트랙'이라 함약 71km.
- ▶ **좋은 계절:** 10월 초~4월 말
- ▶ **참고 사이트:** 토레스 델 파이네 - https://torresdelpaine.com/
- ▶ **참고 사이트:** 트레일 예약 - https://www.aspticket.cl/index.xhtml

아르헨티나: 피츠 로이 트레일 Fitz Roy Trail + 세로 토레 트레일 Cerro Tore Trail

피츠 로이는 인간이 사는 가장 먼 땅 세상의 끝, 인적과 문명, 그리

고 소음으로부터 벗어난 남미대륙의 끝자락에 있다. 하늘을 향해 사납게 솟아오른 피츠로이 산군의 첨봉들이 바람의 땅 파타고니아의 축을 이루고 있어 원시적인 자연미를 선사해 주고 있다. 피츠 로이로 가는 길은 빙하와 만년설, 호수와 강, 숲과 습지가 어우러져 태초의 풍경을 선사한다. 피츠 로이는 칠레의 토레스 델 파이네Torres del Paine 국립공원보다는 규모가 작고 트레킹 코스도 짧은 편이지만 지형적으로는 더욱 빼어난 풍광을 자랑하고 있다. 이는 주요 봉우리의 높이가 모두 3,000m가 넘어서 토레스 델 파이네 쪽보다도 더 웅장한 것이 근거가 되고 있다. 유네스코 세계문화유산인 로스 글라시아레스 국립공원Los Glaciares National Park의 중심부를 통과하는 피츠로이 트레킹은 파타고니아의 상징적인 화강암 대산괴 성벽으로 가는 관문이다. 톱니 모양으로 뾰족하게 서 있는 봉우리들은 마치 공상과학영화에 나오는 이름 모를 행성의 모습이다. 세로 피츠 로이Cerro Fitz Roy의 원래 이름은 Cerro Chalten이며, 이는 Aoniken 언어로 '담배 연기가 나는 산'을 의미한다. 이름은 늘 봉우리 주위에 형성되는 구름을 나타낸다.

피츠 로이 트레일은 피츠 로이Fitz Roy와 세로 토레Cerro Tore의 산괴를 잇는 두 가지 코스를 아우른다. 두 가지의 코스는 모두 엘 찰텐El Chaltén이라는 산속의 마을에서 시작할 수 있으며 대체적으로 두 산괴 모두 엘 찰텐에서 숙박을 하면서 당일 코스 왕복으로 다녀온다. 하지만 캠핑을 좋아하고 좀 더 모험적인 트레킹을 원하는 사람들은 캠핑 트레킹으로 이 두 가지 산괴들을 모두 한꺼번에 걷는다. 피츠 로이와 세로 토레 코스를 이어주는 중간 고도의 탐방로가 있기 때문이다. 피츠 로이 트레일은 왕복 26km의 거리이며, 세로 토레 트레일은 왕복 24km의 거리이다. 2곳 모두 고도차 700m 이내의 어렵지 않은 코스여서 이틀이면 2곳을 완주할 수 있다. 트레킹에는 허가가 필요하지 않으며 무료로 캠핑을 즐길 수 있다. 세로 토레와 피츠 로이의 거점마을 엘 찰텐에는 호텔을 비롯한 다양한 숙소와 음식점들이 성업 중이다. 칠레 토레스 델 파이네의 의 'W 트랙'이나 'O 트랙'을 마친 후 피츠로이를 방문하려면 푸에르토 나탈레스에서 버스를 타고 아르헨티나 국경을 넘어 엘 칼라파테에서 다시 버스를 갈아타고 엘 찰텐으로 이동하면 된다.

▶ **걷는 거리:** 왕복형. 세로 토레 24km + 왕복형. 피츠 로이 26km; 합 50km *최고 고도: 1,270m

▶ **걷는 거리:** 세 지점 연결형엘 찰텐-피츠 로이-세로 토네. 합 38km * 최고 고도: 1,270m

▶ **소요 시간:** 2~3일

▶ **출발 지점:** 엘 찰텐El Chaltén 마을

▶ **종료 지점:** 엘 찰텐El Chaltén 마을

▶ **좋은 계절:** 10~4월

▶ **참고 사이트:** https://57hours.com/review/fitz-roy-trek/

▶ **참고 사이트:** https://www.back-packer.org/fitz-roy-trek/

🌐 아프리카 지역 - 3선

에디오피아: 시미엔 마운틴 트렉Simien Mountain Trek

시미엔산맥Simien Mountains은 에티오피아 북부에 있는 아름다운 산맥이다. 마치 공상과학소설 속에서 문명이 멈추어진 지 10만 년이나 지난 미래의 도시처럼, 침식된 빌딩들인 듯 그렇게 기이한 모양의 바위 첨탑들이 지평선에 서 있다. 아찔한 절벽들과 4,000m가 넘는 여러 봉우리들, 그리고 광활한 마른 초원들, 게다가 이렇게 메마른 지역에 500m 이상 떨어지는 폭포까지, 에티오피아의 이 고원 트레일은 아프리카의 고정관념들을 깨트리는 환상적인 풍경들을 보여준다. 그러나 키디스 야레드Kidis Yared 산의 고도는 해발 4,453m에 이르며, 에티오피아에서 가장 높은 라스 다셴Ras Dashen 산의 고도는 4,550m에 이른다. 고산증에 대비해야 한다. 다행히도 시미엔 트렉은 자연스럽게 고도 적응이 잘될 수 있도록 루트가 형성되어 있어서 완주의 성공률은 매우 높다. 시미엔 국립공원은 유네스코 등재 세계문화유산에 포함되어 있으며, 겔라다gelada 개코원숭이, 스라소니caracal를 포함하여 여러 가지 동물과 식물들을 수시로 볼 수 있다. 운이 좋으면 큰 산양인 왈리아 아이벡스walia ibex와 멸종 위기에 처한 희귀종인 에티오피아 늑대도 볼 수 있다.

공원 전체에 여러 개의 지정된 캠프장이 있으며, 매우 기본적 시설만 갖춘 로지와 그보다 더 고급스러운 로지가 있으나 대부분의 트레커는 캠핑을 선택한다. 그것은 아프리카의 야생을 체험하기에 캠핑이 힘든 것도 없고 부족한 것도 없기 때문이다. 시미엔 마운틴 국립공원에서는 개인이나 단체든 독립적으로 트레킹을 할 수는 없으며 인증된 가이드와 야생동물들의 위험에 대비한 허가된 총을 소지한 가이드와 함께해야 한다. 여행사들은 이들의 고용과 트레킹에 필요한 모든 용품과 음식들 그리고 이것들을 운반해 주는 포터들을 준비해 준다. 총을 소지한 가이드의 고용은 아프리카에서만 체험할 수 있는 야생 그 자체를 체험할 수 있는 상징이라고 할 수 있다.

- ▶ **걷는 거리:** 3개의 지점 연결형. 50~144km *최고 고도: 4,542m
- ▶ **소요 시간:** 4~10일 *각 여행사마다 다양하게 판매함
- ▶ **출발 지점:** *10일 코스 기준 – 데바크 관리센터Debark Trailhead
- ▶ **종료 지점:** *10일 코스 기준 – 아디 아르케이Adi Arkaye
- ▶ **좋은 계절:** 11~4월
- ▶ **참고 사이트:** 시미엔 국립공원 – https://simienpark.org/

탄자니아: 킬리만자로 마차메 루트 kilimanjaro Machame Route

킬리만자로산은 동아프리카 탄자니아에 위치해 있으며 해발 5,895m로 아프리카에서 가장 높은 산이면서 세계에서 가장 큰 독립 산이다. 눈 덮인 봉우리는 주변 사바나보다 월등하게 높게 솟아 있으며 다양하고 독특한 동식물이 서식하는 킬리만자로 국립공원의 일부이다. 휴화산이지만 여전히 전 세계의 등산가와 야외 활동 애호가들에게 중요한 영감의 원천이 되는 산이다. 아프리카의 만년설이 있는 킬리만자로를 오르는 7개의 코스 중에 잘 알려진 세 가지 코스가 있는데, 마차메 루트 Machame Route: 62km, 마랑구 루트 Marangu Route: 왕복 82km, 그리고 레모쇼 루트 Lemosho route: 71km가 그것이다. 이 세 가지 코스 중에 마랑구 루트만이 산장을 이용하며, 나머지 코스에서는 가이드 포터 요리사를 고용하는 캠핑 트레킹으로 진행한다. 정상 완주 성공률은 상대적으로 체력 소모가 많은 마차메 루트와 레모쇼 루트가 높은데, 최근에는 레모쇼 루트에서 시작하여 정상 부근에서는 마차메 루트를 이용하는 코스도 인기 있다. 이 코스는 아름다운 풍경과 정상 완주율을 높여주는 대안 코스로서 인기가 있는데 체력 소모가 많은 게 특징이다.

마차메 루트는 남서쪽에서 레모쇼 루트보다 약간 낮은 고도에서 시작된다. 캠핑식 트레킹으로만 걸을 수 있으며, 산장 시설이 있는 마랑구 루트보다 고소병 적응에 효과적인 코스로 구성되어 있다. 킬리만자로에서 고소병을 이겨낼 수 있는 트레일의 형태를 고민한 사람들은 마차메 루트를 선택한다. 마차메 루트는 6일보다는 7일 일정을 선택할 경우 성공률이 높다는 것을 명심해야 한다. 마랑구 루트는 킬리만자로의 7개 코스 중에 산장 시설이 있는 유일한 경로이지만 가격이 저렴하고 산장에서 침대와 청량음료를 제공받을 수 있기 때문에 '코카콜라 루트'라고도 한다. 하지만 완주 성공률은 상대적으로 낮다. 마랑구 루트를 고려하고 있다면, 5일 여행이 아닌 6일 여행 일정을 선택해야 완주 성공률이 높아진다. 레모쇼 루트는 풍경이 가장 좋으며, 고소 적응력에도 좋은 코스이다. 단 마차메와 마랑구 루트보다 체력적으로 힘든 코스이다. 7~8일 일정으로 트레킹하는 것이 정상 완주에 가장 좋다. 킬리만자로를 오르려면 관련 여행사에 예약하여 자신의 적성에 맞는 코스를 선택하면, 입산 허가부터 시작하여 모든 것을 알아서 해준다. 모든 코스에서는 고소병에 대한 응급처치 자격을 갖춘 숙련된 산악 가이드와 요리사 및 포터의 서비스를 받을 수 있다.

마차메 루트 기준 킬리만자로 트레킹 개요

- ▶ **걷는 거리:** 3개의 지점 연결형. 62km *최고 고도: 5,895m
- ▶ **소요 시간:** 6~7일
- ▶ **출발 지점:** 마차메 게이트Machame Gate
- ▶ **종료 지점:** 뭬카공원 게이트Mweka Park Gate
- ▶ **좋은 계절:** 7~9월
- ▶ **참고 사이트:** https://www.climbing-kilimanjaro.com/
- ▶ **참고 사이트:** https://www.climbkilimanjaroguide.com/

모로코: 사하라 사막 트렉Sahara Desert Trek

사하라 사막은 세계에서 가장 커다란 사막이다. 알제리, 차드, 이집

트, 리비아, 말리, 모리타니아, 모로코 니제르, 서사하라, 수단, 튀니지 등 아프리카 11개국을 통과한다. 트레일은 5일 동안 구불구불한 모래 언덕과 오아시스를 지나게 되는데 이 길은 수 세기 동안 낙타와 인간이 이용했던 고대 강바닥의 경로이다. 사막의 캠프는 현지 주민이 운영하는 경우가 많으며 카펫이 깔린 고급스러운 텐트에서 잠을 자고 서양식과 아프리카식의 식사와 함께 민트 차를 즐길 수 있다. 저녁이 가까워지면 모래 언덕 위에 주황색으로 물드는 노을을 볼 수 있고, 저녁이 되면 건조한 하늘에서 무수히 빛나는 별들의 향연을 볼 수 있다. 대부분의 여행자는 거대한 모래 언덕을 걷기를 원하는데, 에르그 셰비Erg Chebbi와 에르그 치가가Erg Chigaga가 그것이다. 시간이 지나고 바람이 불면 지형이 바뀌는 사하라 사막의 지형을 잘 알고 있는 현지 여행사들은 이들 중 하나, 혹은 2곳 모두를 트레일에 포함하여 안내하고 있다.

사하라 사막은 1년 내내 방문할 수 있으나, 봄 3~5월이 방문하기 가장 좋은 시기이다. 주간 기온은 22~28℃이며, 밤 기온은 10~15℃이다. 오아시스에는 식물이 피어나고, 맑은 하늘은 별을 관찰하기에 이상적인 조건을 가지고 있다. 사막은 덥고 건조하고, 이정표도 드물기 때문에 전문적인 사막 적응방법을 알고 있는 현지여행사의 전문 가이드와 함께 트레킹하는 것을 권장한다. 현지 여행사는 사막을 안내해 주는 사막 전문 가이드와 캠핑에 필요한 짐을 운반해 주는 낙타들 그리고 먹을 음식들을 제공한다. 매일 밤, 전통적인 아프리카식 캠프에 자리를 잡고 캠프파이어 주위에서 축제를 즐기기도 한다. 사하라 사막 트레킹의 거점도시 와르자자트Ouarzazate시는 '사막의 문'을 의미하는 고대 도시이다. 이 도시에서 촬영된 영화들, 즉「글래디에이터Gladiator」, 「왕좌의 게임Game of Thrones」, 「아라비아의 로렌스Lawrence of Arabia」는 이 도시가 화려하고 아름다운 사막의 도시임을 말해준다.

- ▶ **걷는 거리:** 편도형으로 트레킹 후 사륜구동으로 원점회귀. 80km
  *최고 고도: 730m
- ▶ **소요 시간:** 4~5일
- ▶ **출발 지점:** 메르주가Merzouga or 므하미드M'hamid
- ▶ **종료 지점:** 메르주가Merzouga or 므하미드M'hamid → 공식 탐방로는 없으며, 여행사마다 코스들을 각기 다르게 설정하고 있다. → 트레킹은 걷기도 하고 걷다가 낙타를 타고 이동할 수도 있다.
- ▶ **좋은 계절:** 11~5월
- ▶ **참고 사이트:** 현지여행사 - https://wildmorocco.com/sahara-desert-trekking/
- ▶ **참고 사이트:** 현지여행사 - https://www.moroccotreks.co.uk/sahara/sahara-desert-trek

참고문헌

제1부 신비로운 트레킹

1) 조대호. 『아리스토텔레스』. 경기 파주: 아르테 2019:110p/134-135p.
2) Breton DL(다비드 르 브르통). 『걷기 예찬』(김화영 역). 서울: 현대문학 (원서출판 2002) 2006:21p.
3) Wilson EO(에드워드 윌슨). 『바이오필리아(Biophilia)』(안소연 역). 서울: 사이언스북스 (원서출판 1984) 2010.
4) Purves WK, Heller HC, Orians GH, et al. 『생명: 생물의 과학』(이광웅, 강봉균, 김영상 등 역). 8판. 서울: 교보문고 (원서출판 2008) 2010:200-201p.
5) 김서형. 『빅히스토리: 인류 역사의 기원』. 파주: 살림출판, 2018:23-24p.
6) Harari Y(유발 하라리) 『사피엔스』(조현욱 역). 파주: 김영사 (원서출판 2014) 2021:110-129p.
7) Bush D(데이비드 버스). 『진화심리학』(이충호 역). 파주: 웅진지식하우스 (원서출판 2012) 2022:54-57p.
8) 정기현. 그린광고와 웰빙광고에 나타난 자연주의 이데올로기에 관한 연구. 광고학연구 2005;15:177-200.
9) Gould van Praag CD, Garfinkel SN, Sparasci O, et al. Mind-wandering and alterations to default mode network connectivity when listening to naturalistic versus artificial sounds. Sci Rep 2017;7:45273.
10) Alvarsson JJ, Wiens S, Nilsson ME. Stress recovery during exposure to nature sound and environmental noise. Int J Environ Res Public Health 2010;7:1036-1046.
11) Dawkins CR(리처드 도킨스). 『이기적 유전자』(홍영남, 이상임 역). 서울: 을유문화사 (원서출판 1976) 2018: 79p, 119-144p
12) Dawkins CR(리처드 도킨스). 『이기적 유전자』(홍영남, 이상임 역). 서울: 을유문화사 (원서출판 1976) 2018: 99-100p.
13) Dawkins CR(리처드 도킨스). 『이기적 유전자』(홍영남, 이상임 역). 서울: 을유문화사 (원서출판 1976). 2018b: 135-136p.
14) Dawkins CR(리처드 도킨스). 『이기적 유전자』(홍영남, 이상임 역). 서울: 을유문화사 (원서출판 1976). 2018c: 359-378p.
15) Dawkins CR(리처드 도킨스). 『이기적 유전자』(홍영남, 이상임 역). 서울: 을유문화사 (원서출판 1976). 2018d: 378p.

16) Kuo FE, Sullivan WC. Aggression and violence in the inner city: effects of environment via mental fatigue. Environment and Behavior 2001;33:543-571.

17) Sagan C(칼 세이건). 『코스모스』(홍승수 역). 특별판, 서울: 사이언스북 (원서출판 1980) 2023:66p.

18) Schulkin J Evolutionary basis of human running and its impact on neural function. Front Syst Neurosci 2016;10:59.

19) Raven PH. A suggestion concerning the Cretaceous rise to dominance of the angiosperms. Evolution 1977;31:451‐452.

20) Stebbins GL. Why are there so many species of flowering plants? Bioscience 1981;31:573‐577.

21) Crepet WL. Advanced (constant) insect pollination mechanisms: patterns of evolution and implications vis‐à‐vis angiosperm diversity. Ann Mo Bot Gard 1984;71:607‐630.

22) Krassilov VA. Changes of Mesozoic vegetation and the extinction of dinosaurs. Palaeogeogr Palaeoclimatol Palaeoecol 1984;34:207-224.

23) Magsamen S. Your brain on art: the case for neuroaesthetics. Cerebrum 2019; ;2019:cer-07-19.

24) Harari Y(유발 하라리). 『사피엔스』(조현욱 역). 파주: 김영사 (원서출판 2014) 2021:130-177p.

25) 김서형. 『빅히스토리: 인류 역사의 기원』. 파주: 살림출판, 2018:156-162p.

26) Hansen A(안데르센 한센). 『인스타 브레인』(김아영, 역). 서울: 동양북스 (원서출판 2019) 2020:22-25p.

제2부 트레킹의 역사

1) Aiello LC. Terrestriality, bipedalism and the origin of language. In: Runciman WG, Smith JM, Dunbar RIM, (eds). Evolution of culture and language in primates and humans. Oxford, UK: Oxford University Press. 1996;269-289
2) Harari Y(유발 하라리)『사피엔스』(조현욱 역). 파주: 김영사 (원서출판 2014) 2021:27-28p.
3) Solnit R(리베카 솔닛).『걷기의 인문학』(김정아 역), 서울: 반비(원서출판 2003) 2003;258-260p.
4) Solnit R(리베카 솔닛).『걷기의 인문학』(김정아 역), 서울: 반비(원서출판 2003) 2003;254-256p.
5) Vidon ES. Why wilderness? Alienation, authenticity, and nature, Tourist Studies, 2019;19:3-22.
6) Olafsdottir G. "... sometimes you've just got to get away: on trekking holidays and their therapeutic effect", Tourist Studies 2013;13:209-231.
7) Costa RP, Infante P, Afonso A, et al. Making sense of the lonely crowd, today: youth, emotions and loneliness in a networked society. In: Fox B (ed), Emotions and loneliness in a networked society. Cham, Switzerland: Palgrave MacMıllan 2019:155-178.
8) Solnit R(리베카 솔닛).『걷기의 인문학』(김정아 역), 서울: 반비(원서출판 2003) 2003;263-265p.
9) 영국 걷기연맹(BWF): https://www.bwf-ivv.org.uk
10) 영국 램블러 협회(ramblers): https://www.ramblers.org.uk/
11) 프랑스 랑도네협회: https://www.ffrandonnee.fr/s-informer/sante/la-marche-bonne-pour-le-coeur
12) 오스트레일리아 부시워킹협회: https://bushwalkingvictoria.org.au/
13) 일본의 국립공원에서 산림욕: https://www.japan.travel/national-parks/ko/plan-your-visit/guides-and-stories/forest-bathing-in-japans-national-parks/

제3부 트레킹의 심리

1) Wilson EO(에드워드 윌슨).『바이오필리아(Biophilia)』(안소연 역). 서울: 사이언스북스 (원서출판 1984) 2010
2) 나무위키. 검색어; 바이오필리아: namu.wiki/w/바이오필리아 [접속날짜: 2024. 10. 25.].
3) Gould van Praag CD, Garfinkel SN, Sparasci O, et al. Mind-wandering and alterations to default mode network connectivity when listening to naturalistic versus artificial sounds.

Sci Rep 2017;7:45273.

4) Alvarsson JJ, Wiens S, Nilsson ME. Stress recovery during exposure to nature sound and environmental noise. Int J Environ Res Public Health 2010;7:1036-1046.

5) Kuo FE, Sullivan WC. Aggression and violence in the inner city: effects of environment via mental fatigue. Environment and Behavior 2001;33:543-571.

6) 전미경. 자연치유적 관점에서 산림치유가 건강증진에 미치는 영향에 대한 연구, 석사학위논문, 서울장신대학교 자연치유선교대학원, 서울, 2020:18-20p.

7) 쓰치야 도모요시.『울트라 라이트 하이킹』(최종호 역). 서울: 진선출판사 (원서출판 2012) 2019:22-23p.

8) 쓰치야 도모요시.『울트라 라이트 하이킹』(최종호 역). 서울: 진선출판사 (원서출판 2012) 2019:15-17p.

9) Pretty J, Peacock J, Sellens M, et al. The mental and physical health outcomes of green exercise. Int J Environ Health Res 2005;15:319-37.

10) McGonigal K(켈리 맥고니걸).『움직임의 힘』(박미경 역) 서울: 안드로메디안 (원서출판 2020) 2021:11-17p.

11) Ungvari Z, Fazekas V, Pongor, Csiszar A, et al. The multifaceted benefts of walking for healthy aging: from Blue Zones to molecular mechanisms. GeroScience 2023;45:3211 – 3239.

12) 이시형.『숲으로 가면 깨닫는 것들』. 2판, 서울: 자음과모음 2020:27-31p.

13) 황농문.『인생을 바꾸는 자기혁명 - 몰입』. 서울: 알에이치코리아 2007:6p/35-36p.

14) Rousseau JJ(장자크 루소).『고독한 산책자의 몽상 - 일곱 번째 산책』(문경자 역). 서울: 문학동네 2016;109~110p.

15) Goleman D, Davidson R(대니얼 골먼, 리처드 데이비슨).『명상하는 뇌』(김완두 역). 파주: 김영사 (원서출판 2017) 2022:229-233p.

16) Kabat-Zinn J(존 카밧진).『온정신의 회복』(안희영, 김재성, 이재석 역). 서울: 학지사 (원서출판 1990) 2017:72-77p.

17) Dawkins CR(리처드 도킨스).『이기적 유전자』(홍영남, 이상임 역). 서울: 을유문화사 (원서출판 1976) 2018: 362p.

18) Tomasello M. The ultra-social animal. Eur J Soc Psychol 2014:44:187-194.

19) Harari Y(유발 하라리)『사피엔스』(조현욱 역). 파주: 김영사 (원서출판 2014) 2021:79-80p.

20) 위키백과. 검색어; 에이브러햄 매슬로 - 욕구 단계설: https://ko.wikipedia.org/wiki/%EC%97%90%EC%9D%B4%EB%B8%8C%EB%9F%AC%ED%96%84_%EB%A7%A4%EC%8A%AC%EB%A1%9C [접속날짜:2023. 10. 25.]

21) Whittaker,D, Knight RL. Understanding wildlife responses to humans. Wildlife Society. Bulletin 1999;26:312- 317.

22) Pierre Thévenaz(피에르 테브나즈).『현상학이란 무엇인가』(김동규 역). 서울: 그린비출판사 (원서출판 1966) 2020: 103p.

제4부 트레킹의 기술

1) Solnit R(리베카 솔닛). 『걷기의 인문학』(김정아 역). 서울: 반비 (원서출판 2003) 2003;10p.
2) Kyle G, Graefe A, Manning R, et al. Effect of activity involvement and place attachment on recreationists' perceptions of setting density. J Leis Res.
3) Breton DL(다비드 르 브르통). 『걷기 예찬』(김화영 역). 서울: 현대문학 (원서출판 2002) 2006;9p.
4) Triarhou LC. Tripartite concepts of mind and brain, with special emphasis on the neuroevolutionary postulates of Christfried Jakob and Paul MacLean. In: Weingarten SP, Penat HO (eds), Cognitive Psychology Research Developments. Hauppauge, USA: Nova Science Publishers, Inc. 2009:183-208p.
5) Spinoza B(바뤼흐 스피노자). 『에티카』(강영계 역). 2판. 경기 파주: 서광사 (원서출판 1677) 2007:315-317p.
6) Cichy RM, Pantazis D, Oliva A. Resolving human object recognition in space and time. Nat Neurosci 2014;17:455–462.
7) 최재천. 『생명이 있는 것은 다 아름답다』. 3판. 파주: 효형출판 2024:45-47/232-234p
8) Darwin CR(찰스 다윈). 『종의 기원』(장대익 역) 서울; 사이언스북 (원서출판 1859) 2020:237p/650p.
9) Snodgrass SE, Higgins JG, Todisco L. The effects of walking behavior on mood. Conference Paper. 94th Annual Convention of the American Psychological Association, Washington, DC, 22-26 August, 1986.
10) Bird W, Reynolds V. 『건강워킹 백과사전』(권은정, 조승연 역). 서울: 홍익출판사 2003:33p.
11) Bird W, Reynolds V. 『건강워킹 백과사전』(권은정, 조승연 역). 서울: 홍익출판사 2003:34p.
12) Bird W, Reynolds V. 『건강워킹 백과사전』(권은정, 조승연 역). 서울: 홍익출판사 2003:39-42p.
13) Jacobson BH, Wright T, Dugan B. Load carriage energy expenditure with and without hiking poles during inclined walking. Int J Sports Med. 2000;21:356-359.
14) Bohne M, Abendroth-Smith J. Effects of hiking downhill using trekking poles while carrying external loads. Med Sci Sports Exerc. 2007;39:177-183
15) 양창수, 채원식. 운동역학: 보행 시 폴의 사용이 하지 근육 활동에 미치는 영향 분석. 한국체육학회지 2005;44:657-667.
16) Jacobson BH, Caldwell B, Kulling FA. Comparison of hiking pole use on lateral stability while balancing with and without load. Percept Mot Skills 1997;87:435–438.
17) 강경환. 「내리막 보행 시 등산스틱 사용이 하지관절의 운동역학적(biomechanical) 변인에 미치는 영향」. 석사학위논문 경북대학교. 2016;7p.
18) Brooks R(롭 브룩스). 『매일 매일의 진화생물학』(최재천, 한창석 역). 서울: (주)바다출판사 (원서출판 2011) 2022:46-47p.

19) Hall KD, Heymsfield SB, Kemnitz JW, et al. Energy balance and its components: implications for body weight regulation. Am J Clin Nutr. 2012 ;95:989-94.

20) Hargreaves M, Spriet LL. Skeletal muscle energy metabolism during exercise. Nat Metab. 2020:2:817-828.

21) 김법모, 『등산교실』. 2판. 서울: 사람과 산. 2001:95p

22) 코오롱등산학교 홈페이지. 검색어: 등산식량과 취사. https://blog.naver.com/kolon_school/221245633135?trackingCode=blog_bloghome_searchlist [접속날짜:2024. 08. 18.]

23) 강관서. 유산소성 운동 시 휴식시간의 차이가 지방대사에 미치는 영향. 석사학위논문 고려대학교 교육대학원, 2011

24) Pilkis SJ, el-Maghrabi MR, Claus TH. Hormonal regulation of hepatic gluconeogenesis and glycolysis. Annu Rev Biochem 1988;57:755-783.

25) Bird W, Reynolds V. 『건강워킹 백과사전』(권은정, 조승연 역). 서울: 홍익출판사. 2003:38-41p.

26) 이용대. 『등산교실』. 서울: 해냄출판사. 2016: 219-220p.

27) 코오롱등산학교: https://blog.naver.com/kolon_school [접속날짜: 2023. 07. 18.]

28) 한국등산학교: http://www.alpineschool.or.kr/ [접속날짜:2023. 07. 18.]

29) 한국산악회: http://www.cac.or.kr/ [접속날짜:2023. 07. 18.]

제5부 트레킹의 효과

1) Best A, Lieberman DE, Kamilar JM. Diversity and evolution of human eccrine sweat gland density. J Therm Biol. (2019):84:331-338.

2) Spirduso WW, Francis KL, MacRae PG. Physical dimensions of aging. 2nd ed. Champaign, USA: Human Kinetics 2005:3-28p.

3) McArdle WD, Katch FI, Katch VL, Exercise physiology: energy, nutrition, and human performance, 7th ed. Philadelphia, USA: Lippincott Williams & Wilkins. 2010.

4) Jacobson BH, Wright T, Dugan B. Load carriage energy expenditure with and without hiking poles during inclined walking. Int J Sports Med 2000;21:356-359.

5) Jefferson RJ, Whittle MW. Performance of three walking orthoses for the paralysed: a case study using gait analysis. Prosthet Orthot Int 1990;14:103-110.

6) Ohta T, Kawamura T, Hatano K. et al. Effects of exercise on coronary risk factors in obese, middle-aged subjects. Jpn Circ J 1990;54:1459-1464.

7) Duncan JJ, Gordon NF, Scott CB. Women walking for health and fitness: how much is enough?. JAMA 1991;266:3295-3299.

8) Butts N K, Knox K M, Foley TS. Energy costs of walking on a dual-action treadmill in men and women. Med Sci Sports Exerc 1995;27: 121-125

9) LaCroix AZ, Leveille SG, Hecht JA, et al., Does walking decrease the risk of cardiovascular disease hospitalizations and death in older adults? J Am Geriatr Soc 1996;44:113-120.

10) Morris JN, Hardman AE. Walking to health. Sports Med 1997;23:306-332.

11) Williams KJ, Ayekoloye O, Moore HM, et al. The calf muscle pump revisited. J Vasc Surg Venous Lymphat Disord 2014;2:329-34.

12) Imran TF, Orkaby A, Chen J, et al. Walking pace is inversely associated with risk of death and cardiovascular disease: the physicians' health study. Atherosclerosis 2019;289:51-56.

13) DeVoe D, Lipsey T, Womack C. Backpacking normalizes lipids without medication: a case study on the Appalachian trail. J Exerc Physiol 2014;17:10-14.

14) Faber M, Spinnler Benadé AJ, et al. Changes in plasma lipoprotein levels during a hiking expedition in South America. Int J of Sports Med 1992;13:279-284.

15) Brown MJ, Graham G. Ketonæmia and ketonuria in childhood. Arch Dis Child 1926;1:302-21.

16) 신준범, 이경호. 등산학교 명강사의 족집게 강좌: 등산식량 - 코오롱등산학교 원종민 강사. 월간 산 기사. 입력 2010. 11. 10. 10:16. https://san.chosun.com/news/articleView.html?idxno=5752#:~:text.

17) Gleeson M. Immune function in sport and exercise. J Appl Physiol 2007;103:693-699.

18) Greene E. How walking benefits the brain: Researchers show that foot's impact helps control, increase the amount of blood sent to the brain. Experimental Biology 연례학술회의, 시카고, 미국. 2017. ScienceDaily 2017 April 24 기사에서 인용. 〈www.sciencedaily.com/releases/2017/04/170424141340.htm〉.

19) Pedersen BK. Physical activity and muscle-brain crosstalk. Nat Rev Endocrinol. 2019;15:383-392.

20) Erickson KI, Voss MW, Prakash RS, et al. Exercise training increases size of hippocampus and improves memory. Proc Natl Acad Sci USA 2011;108:3017-3022.

21) Harari Y(유발 하라리). 『사피엔스』(조현욱 역). 파주: 김영사 (원서출판 2014) 2021:83-86p.

22) 윤혜인. 골다공증·비만 여성은 등산, 뱃살 남성은 유산소 운동을. 중앙SUNDAY 스페셜리포트 2021. 06. 05. https://www.joongang.co.kr/article/24074980#home

23) U.S. Department of Health and Human Services. 2008 Physical Activity Guidelines for Americans. 2008 https://health.gov/sites/default/files/2019-09/paguide.pdf

24) Kany S, Al-Alusi MA, Rämö JT, et al. Associations of Weekend Warrior Physical Activity With Incident Disease and Cardiometabolic Health. Circulation 2024;150:1236-1247.

25) 우쓰노미야 미쓰아키. 『햇빛을 쬐면 의사가 필요없다; 病気は光線で直せ』(성백희 역). 서울 전나무숲출판사 (원서출판 2010). 2022a: 34-35p.

26) 우쓰노미야 미쓰아키. 『햇빛을 쬐면 의사가 필요없다; 病気は光線で直せ』(성백희 역). 서울 전나무숲출판사 (원서출판 2010). 2022b: 36-37p.

27) Office of Dietary Supplements, National Institutes of Health. Vitamin D - Ffact sheet for health professionals. https://ods.od.nih.gov/factsheets/VitaminD-HealthProfessional [접속 날짜: 2023. 07. 30.]

28) 우쓰노미야 미쓰아키. 『햇빛을 쬐면 의사가 필요없다; 病気は光線で直せ』(성백희 역). 서울 전나무숲출판사 (원서출판 2010). 2022c: 115-117p.

29) U.S. Department of Health and Human Services. The surgeon general's call to action to prevent skin cancer. Washington, DC: U.S. Dept of Health and Human Services, Office of the Surgeon General; 2014. (https://www.hhs.gov/surgeongeneral/reports-and-publications/skin-cancer/executive-summary/index.html)

30) Institute of Medicine, Food and Nutrition Board. Dietary reference intakes for calcium and vitamin D. Washington, DC: National Academy Press, 2010. (https://www.ncbi.nlm.nih.gov/books/NBK56070/pdf/Bookshelf_NBK56070.pdf)

31) Moritz A(안드레아스 모리츠). 『햇빛의 선물(Heal Yourself with Sunlight)』(정진근 역). 서울: 에디터출판사 (원서출판 2010) 2024:136-138p.

32) Rosenthal NE., Sack DA, Gillin JC, et al. Seasonal affective disorder: a description of the syndrome and preliminary findings with light therapy. Arch Gen Psychiatry 1984;41:72-80.

33) 아리타 히데호. 『생활 속에서 실천하는 세로토닌 뇌 활성법』(윤혜림 역). 2판, 서울: 전나무숲 (원서출판 2016) 2022

34) Garland CF, Garland FC, Gorham ED. Calcium and vitamin D: their potential roles in colon and breast cancer prevention. Ann N Y Acad Sci . 1999:889:107-19

35) Martineau AR, Honecker FU, Wilkinson RJ, et al. Vitamin D in the treatment of pulmonary tuberculosis. J Steroid Biochem Mol Biol 2007;103:793-798.

36) Martineau AR, Wilkinson KA, Newton SM, et al. IFN-gamma- and TNF-independent vitamin D-inducible human suppression of mycobacteria: the role of cathelicidin LL-37. J Immunol. 2007;178:7190-7198.

37) Li Q. Effect of forest bathing trips on human immune function. Environ Health Prev Med 2010;15: 9 - 17.

38) Peterfalvi A, Miko E, Nagy T, et al. Much more than a pleasant scent: a review on essential oils supporting the immune system. Molecules 2019;24:4530.

39) Hansen MM, Jones R, Tocchini K. Shinrin-yoku (forest bathing) and nature therapy: A state-of-the-art review. Int J Environ Res Public Health. 2017;14:851.

40) Cheng WW, Lin CT, Chu FH, et al. Neuropharmacological activities of phytoncide released from Cryptomeria japonica. J Wood Sci 2009;55:27 - 31.

41) Woo J, Lee CJ. Sleep-enhancing effects of phytoncide via behavioral, electrophysiological, and molecular modeling approaches. Exp Neurobiol 2020;29:120 - 129.

42) Antonelli M, Donelli D, Barbieri G, et al. Forest volatile organic compounds and their effects on human health: a state-of-the-art review. Int J Environ Res Public Health 2020;17:6506.

43) Park BJ, Tsunetsugu Y, Kasetani T, et al. The physiological effects of Shinrin-yoku (taking in the forest atmosphere or forest bathing): evidence from field experiments in 24 forests across Japan. Environ Health Prev Med 2010;:15:18-26.

44) Annerstedt M, Jönsson P, Wallergård M, et al. Inducing physiological stress recovery with sounds of nature in a virtual reality forest-results from a pilot study. Physiol Behav 2013;118:240-250.

45) Gould van Praag GD, Garfinkel S, Sparasci O, et al. Mind-wandering and alterations to default mode network connectivity when listening to naturalistic versus artificial sounds. Sci Rep 2017;7:45273.

46) 아리타 히데호. 『생활 속에서 실천하는 세로토닌 뇌 활성법』(윤혜림 역). 2판, 서울: 전나무숲 (원서출판 2016) 2022

47) Franco LS, Shanahan DF, Fuller, RA. A review of the benefits of nature experiences: more than meets the eye. Int J Environ Res Publ Health 2017;14:E864.

48) Jiang SY, Ma A, Ramachandran S. Negative air ions and their effects on human health and air quality improvement. Int J Mol Sci 2018;19:2966.

49) Dufek JS, Bates BT. The evaluation and prediction of impact forces during landings. Med Sci Sports Exerc 1990;22:370-377.

50) Bohne M, Abendroth-Smith J. Effects of hiking downhill using trekking poles while carrying external loads. Med Sci Sports Exerc 2007;39:177-183.

제6부 트레킹의 의미

1) Ponty MM(모리스 메를로 퐁티). 『지각의 현상학』(류의근 역). 서울: 문학과지성사 (원서출판 1945) 2002:238P/289P/479P/610P/642p

2) 박찬국. 『삶은 왜 짐이 되었는가』. 서울: 21세기북스 2020:122-124p.

3) Sartre JP(장 폴 사르트르) 『존재와 무 1권』. (손우성 역) 서울: 삼성출판사 (원서출판 1943) 1982:116p.

4) 김강임. 사르트르의 자유와 책임. 석사학위논문 동아대학교 교육대학원, 2002;18p.

5) 이정림. 사르트르의 "자유"에 대한 윤리적 고찰. 석사학위논문 부산가톨릭대학교 대학원, 2005. 24p.

6) Montaigne MD(미셸 드 몽테뉴). 『몽테뉴 수상록』(손우성 역). 2판. 서울: 문예출판사 (원서출판 1580) 2022:236-237p.

7) Montaigne MD(미셸 드 몽테뉴). 『몽테뉴 수상록 1』(손우성 역). 서울: 동서문화사 (원서출판 1580) 2016:254-260p.

8) 서울삼성병원(홈페이지) 스트레스관리-이완요법 소개: http://www.samsunghospital.com/home/healthMedical/corporate/lifeClinicStress05.do [접속날짜: 2024. 04. 28.]

9) Maddock JE, Simon-Friedt BR, Pan AP, et al. Effects of trail and greenspace exposure on hospitalisations in a highly populated urban area: retrospective cohort study of the Houston Bayou Greenways program. Local Environment 2023;28:365-378.

10) Kashdan TB. The mental benefits of vacationing somewhere new. Harvard Business Review https://hbr.org/2018/01/the-mental-benefits-of-vacationing-somewhere-new [접속날짜: 2024. 11. 08]

11) Breton DL(다비드 르 브르통). 『걷기 예찬』(김화영 역). 서울: 현대문학 (원서출판 2002) 2006:251p.

12) Breton DL(다비드 르 브르통). 『걷기 예찬』(김화영 역). 서울: 현대문학 (원서출판 2002) 2006:21p.

13) Nietzsche FW(프리드리히 니체). 『자라투스트라는 이렇게 말했다』(사순옥 역), 2판 서울: 홍신문화사 (원서출판 1885) 2020:210-211p.

14) 문지은. 도보여행경험에 관한 현상학적 연구. 석사학위논문 전남대학교 문화전문대학원 2015:42p.

15) Thoreau HD(헨리 데이비드 소로) 외. 『소로우에서 랭보까지, 길 위의 문장들』(윤희기 역). 서울; 예문 2013:130p.

16) Breton DL(다비드 르 브르통). 『걷기 예찬』(김화영 역). 서울: 현대문학 (원서출판 2002) 2006:91-93p.

17) Aristoteles(아리스토텔레스). 『니코마코스 윤리학』(김상진, 김재홍, 이창우 역). 서울: 도서출판 길 (원서출판 기원전 4세기) 2006:26-27p.

18) Aristoteles(아리스토텔레스). 『니코마코스 윤리학』(김상진, 김재홍, 이창우 역). 서울: 도서출판 길 (원서출판 기원전 4세기) 2006:27-30p.

19) Aristoteles(아리스토텔레스). 『니코마코스 윤리학』(김상진, 김재홍, 이창우 역). 서울: 도서출판 길 (원서출판 기원전 4세기) 2006:51-53p.

20) Aristoteles(아리스토텔레스). 『니코마코스 윤리학』(김상진, 김재홍, 이창우 역). 서울: 도서출판 길 (원서출판 기원전 4세기) 2006:63-67p.

21) Aristoteles(아리스토텔레스). 『니코마코스 윤리학』(김상진, 김재홍, 이창우 역). 서울: 도서출판 길 (원서출판 기원전 4세기) 2006:53p.

22) 네이버 백과사전. 검색어, 찰스 다윈: https://terms.naver.com/entry.naver?docId=3534119&cid=60278&categoryId=60278 [접속날짜: 2023. 03. 25.]

23) The Science Times. 검색어, 우주의 미스테리 암흑에너지. https://bit.ly/3gzvpXg [접속날짜: 2023. 12. 27]

24) Dawkins CR(리처드 도킨스). 『이기적 유전자』(홍영남, 이상임 역). 서울: 을유문화사 (원서출판 1976) 2018: 377-378p.

25) 박찬국. 『삶은 왜 짐이 되었는가』. 서울: 21세기북스 2020:58-61p.

26) Spinoza B(바뤼흐 스피노자). 『에티카』(강영계 역). 2판. 경기 파주: 서광사 (원서출판 1677) 2007:315-317p.

27) Spinoza B(바뤼흐 스피노자). 『에티카』(강영계 역). 2판. 경기 파주: 서광사 (원서출판 1677) 2007:96-104p.

28) Spinoza B(바뤼흐 스피노자).『에티카』(강영계 역). 2판. 경기 파주: 서광사 (원서출판 1677) 2007:219-237p.
29) Spinoza B(바뤼흐 스피노자).『에티카』(강영계 역). 2판. 경기 파주: 서광사 (원서출판 1677) 2007:266-269p.
30) Spinoza B(바뤼흐 스피노자).『에티카』(강영계 역). 2판. 경기 파주: 서광사 (원서출판 1677) 2007:366-367p.
31) Aristoteles(아리스토텔레스).『니코마코스 윤리학』(김상진, 김재홍, 이창우 역). 서울: 도서출판 길 (원서출판 기원전 4세기) 2006:370-372p.
32) 박찬국.『하이데거의 존재와 시간 읽기』. 서울: 세창미디어 2013:32-35.
33) 박찬국.『하이데거의 존재와 시간 읽기』. 서울: 세창미디어 2013:125-128.
34) 윤병렬. 하이데거와 도가철학의 근친적 사유세계. 정신문화연구 제39권 제1호 2016:58-60p.
35) 윤병렬. 하이데거와 도가철학의 근친적 사유세계. 정신문화연구 제39권 제1호 2016:58p.
36) Wilson EO(에드워드 윌슨).『인간 존재의 의미』(이한음 역) 서울:사이언스북스 (원서출판 2014) 2023:42-44p

제7부 트레킹의 실행(실습)

1) 국립등산학교. 필수등산지식. Available from: https://www.nationalmschool.kr/form/ebook/Read.jsp?ntt_id=1735 [접속날짜: 2023. 07. 17.]
2) Bishop D. Warm up I: potential mechanisms and the effects of passive warm up on exercise performance. Sports Med 2003;33:439-54.
3) Bishop D. Warm up II: performance changes following active warm up and how to structure the warm up. Sports Med 2003;33:483-98.
4) McGowan CJ, Pyne DB, Thompson KG. Warm-up strategies for sport and exercise: mechanisms and aplications. Sports Med 2015;45:1523-46.
5) 김법모.『등산교실』. 2판 서울: 사람과산. 2001;116p.
6) 국립등산학교 필수 등산지식 4장 비상시 대처법. 2021;94p(https://www.nationalmschool.kr/form/ebook/List.jsp)
7) 국립등산학교 필수 등산지식 4장 비상시 대처법. 2021;95-96p(https://www.nationalmschool.kr/form/ebook/List.jsp)
8) 미국 국립공원관리청 홈페이지. https://www.nps.gov/subjects/bears/safety.htm [접속날짜: 2024. 01. 30.]
9) Barish RA, Arnold T. 뱀에 물린 상처. MSD 매뉴얼. 일반인용. https://www.msdmanuals.com/ko-kr/ [접속날짜: 2023. 08. 11.] 20-23
10) Hackett P, Shlim D. High elevation travel & altitude illness. CDC Yellow Book 2024.

11) Shroff NA, Balbin J, Shobitan O. High-altitude illness: updates in prevention, identification, and treatment. Emerg Med Pract 2021;23:1-24.

12) Boulware DR, Forgey WW, Martin II WJ. Medical risks of wilderness hiking. Am J Med 2003;114:288-293

13) Knapik JJ, Hamlet MP, Thompson KJ, et al. Influence of boot-sock systems on frequency and severity of foot blisters. Mil Med 1996;161:594-598.

14) Herring KM, Richie Jr DH. Friction blisters and sock fiber composition. A double-blind study. J Am Podiatr Med Assoc 1990;80:63-71.

15) Lipman GS, Sharp LJ, Christensen M, et al. Paper tape prevents foot blisters: a randomized prevention trial assessing paper tape in endurance distances II (Pre-TAPED II). Clin J Sport Med 2016;26:362-368

16) Corrado D, Basso C, Rizzoli G, et al. Does sports activity enhance the risk of sudden death in adolescents and young adults? J Am Coll Cardiol. 2003;42:1959-1963.

17) Ragosta M, Crabtree J, Sturner WQ, et al. Death during recreational exercise in the State of Rhode Island. Med Sci Sports Exerc 1984;16:339-342.

트레킹의 원리

초판 1쇄 발행 2025. 4. 16.

지은이 이환종, 조태봉
펴낸이 김병호
펴낸곳 주식회사 바른북스

편집진행 김재영
디자인 양헌경

등록 2019년 4월 3일 제2019-000040호
주소 서울시 성동구 연무장5길 9-16, 301호 (성수동2가, 블루스톤타워)
대표전화 070-7857-9719 | **경영지원** 02-3409-9719 | **팩스** 070-7610-9820

•바른북스는 여러분의 다양한 아이디어와 원고 투고를 설레는 마음으로 기다리고 있습니다.

이메일 barunbooks21@naver.com | **원고투고** barunbooks21@naver.com
홈페이지 www.barunbooks.com | **공식 블로그** blog.naver.com/barunbooks7
공식 포스트 post.naver.com/barunbooks7 | **페이스북** facebook.com/barunbooks7

ⓒ 이환종, 조태봉, 2025
ISBN 979-11-7263-307-3 93690

•파본이나 잘못된 책은 구입하신 곳에서 교환해드립니다.
•이 책은 저작권법에 따라 보호를 받는 저작물이므로 무단전재 및 복제를 금지하며,
이 책 내용의 전부 및 일부를 이용하려면 반드시 저작권자와 도서출판 바른북스의 서면동의를 받아야 합니다.